Golf von Neapel
Die Küsten · Ischia · Capri

Eva Gründel · Heinz Tomek

Inhalt

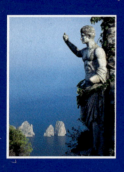

Neapel – Gestern und heute

Das Tor zum Süden	10
Kleine Landeskunde	15
Geographie und Natur	15
Wirtschaft – Abschied vom Stahl	17
Klima und Reisezeit	18
Tip Was Sie nicht versäumen sollten	19
Bilanz aus dreitausend Jahren: Kein Talent zur Macht	20
Mittellose Auswanderer als Gründerväter	21
Thema Parthenope – Neapels poetischer Name	21
Römische Bürger mit griechischer Zunge	22
Germanen, Byzantiner, Nomannen	22
Die Herrscher Neapels	24
Stauferkaiser als Universitätsgründer	26
Anjou: Blutige und goldene Jahre	26
Spanien übernimmt die Herrschaft	28
Wiener Zwischenspiel und Bourbonenpfründe	29
Die Einigung Italiens	30
Neapel ist keine ›treue Burg‹	30
Thema Achille Lauro – der letzte »Vizekönig«	31
Dilemma des Südens	32
Thema Die an Neapel glauben: Bassolino und De Crescenzo	33
Zeittafel: Daten und Taten	35
Gesellschaft	40
Gäßchenwirtschaft – Not macht erfinderisch	40
Thema Kinderarbeit	42
Autofahren – das lustvolle Chaos	45

Thema	Die antike Kunst, wortlos vielsagend zu sein	46
	Camorra: Tod in Neapel	51
	Umwelt: Silberstreifen am Horizont	56

Kunst und Kultur 61
   Griechische und römische Antike 61
   Von der Spätantike zur Romanik 62
   Gotik und Renaissance 63
   Barock, Klassizismus und Moderne 64
   Die Erben der neapolitanischen Malerschule 66

| Thema | Joseph Beuys und sein ›popolo‹ | 68 |

   Lebensfreude nach Noten 71
   Canzone gegen US-Hit 71
   Alte Hauptstadt der Oper 74

| Thema | Des Sängers Schwur | 75 |

Heiliges und Heidnisches 77
   San Gennaro: Nur dritte Kategorie 77
   Die Rosenkranz-Madonna von Pompeji 81
   Neapolitanische Krippen 84
   Hörner gegen den bösen Blick 87

Küche und Keller: Parthenope bittet zu Tisch 90

| Tip | Margherita – die königliche Pizza | 92 |

Rund um den Golf von Neapel

Neapel entdecken: 7 Spaziergänge 100

Spaziergang 1: Zur Orientierung – Übersicht vom Vomero 102

Spaziergang 2: Spaccanapoli – Das Zentrum des Zentrums 106

| Thema | Benedetto Croce: Philosoph der Freiheit | 110 |

**Spaziergang 3: Zwischen Dom
und Piazza Bellini – Via dei Tribunali** 116
- *Tip* Detektive des Glaubens 119
- *Thema* Höhlenwelt als Zukunftschance 122

Spaziergang 4: Castel Nuovo und Toledo 124
- *Tip* Ein Kaffeehaus mit Geschichte 127
- *Tip* Nationalmuseum:
  Götter, Helden und Mythen 130

**Spaziergang 5: Capodimonte
und die nördlichen Vorstädte** 132
- *Tip* Friedhof der Namenlosen 135

**Spaziergang 6: Gäßchen rund um
den Corso Umberto** 138

Spaziergang 7: Santa Lucia und Chiaia 140
- *Tip* Pietro – Das Original von Santa Lucia 142
- *Thema* Vergil, Dichter und Zauberer 146

Inseln im Golf 148

Wenn die rote Sonne im Meer versinkt ... 150
Capri: Despoten, Poeten und
Revolutionäre 150
Capri im Detail 156

Ischia oder Der Furor teutonicus 161
- *Tip* Der Paradies-Park von Negombo 168

**Procida: Aschenputtels Zitronengarten
im Meer** 173
- *Tip* Karfreitagszug der *misteri* 176

Es ist Feuer unter der Erde 179

Dem Vesuv ist nicht zu trauen 180
Tip Die »Goldene Meile«:
Villen unter dem Vulkan 182

Phlegräische Felder: Vorzimmer zur Unterwelt 184

Thema Bradisismus –
Leben auf einer Waagschale 185
Die Sybille von Kyme 186
Geheimnisvoller Averno-See 189
Luxuspark der Antike 190
Monumentale Wasserreservoirs 193
Wo die Loren ihre Kindheit verbrachte 194
Ins Vorzimmer der Hölle 196

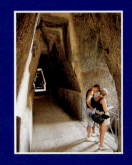

Antike zum Anfassen 198

Pompeji: Ein Ruinen-Management verkauft die Vergangenheit 200

Spaziergang 1: Von der Porta Romana zum Forum 204

Spaziergang 2: Vom Forum zum Haus der Vettier 209

Spaziergang 3: Stadtteil der Theater 211

Spaziergang 4: Vom Forum zur Villa der Mysterien 212

Spaziergang 5: Von der Porta Vesuvio zur Porta di Nola 214

Spaziergang 6: Via dell'Abbondanza – Straße des Reichtums 216

Spaziergang 7: Von der Porta Nocera zum Amphitheater 219

Thema Die hohe Schule der Gemmen und Kameen 220

Herculaneum: Magie der Zeitlosigkeit	222
Rundgang	225
Die Villa von Oplontis:	
Luxus der Superlative	227
Thema Römische Landhäuser: Villen mit jeglichem Komfort	228
Die Villen von Stabiae:	
Geheimtip mit Ablaufdatum	231
Thema Interieur à la Romana	232

Die Halbinsel von Sorrent und die Amalfiküste 236

Sorrent oder:	
Wo die Sirenen Tarantella tanzen	238
Tip Von der Tarantel gestochen	239
Thema Torquato Tasso	241
Die Halbinsel von Sorrent	244
Tip Feinschmecker-Dorado »Don Alfonso«	246
Amalfitana: Straße zwischen Himmel und Meer	249
Thema Edle Lumpen	258
Thema Eselritt in den Zaubergarten	266

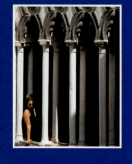

Hinterland mit Geschichte 270

Caserta und Capua	272
Caserta – Das kalte Versailles des Südens	272
Mittelalterliches Caserta Vecchia	277
Antikes Capua: Kurzes Gastspiel auf der Weltbühne	279
Neues Capua: Brücke zwischen Nord und Süd	284

Verzeichnis der Karten und Pläne

Vordere Umschlagklappe: Golf von Neapel
Hintere Umschlagklappe: Übersichtsplan Neapel

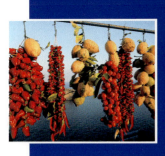

Neapel
Spaziergang 1: Übersicht vom Vomero	102
Spaziergang 2: Spaccanapoli – Das Zentrum des Zentrums	106
Spaziergang 3: Zwischen Dom und Piazza Bellini – Via dei Tribunali	116
Spaziergang 4: Castel Nuovo und Toledo	125
Spaziergang 5: Capodimonte und die nördlichen Vorstädte	132
Spaziergang 6: Gäßchen rund um den Corso Umberto	139
Spaziergang 7: Santa Lucia und Chiaia	138

Die Inseln im Golf
Übersichtskarte Capri	156
Übersichtskarte Ischia	162
Ischia-Stadt	166
Procida	173

Phlegräische Felder 187

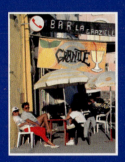

Archäologische Fundstätten
Pompeji	206/207
Herculaneum	222

Die Halbinsel von Sorrent und die Amalfiküste 238

Abbildungs- und Quellennachweis 285

Serviceteil

Inhaltsverzeichnis	289
Adressen und Tips von Ort zu Ort	290
Reiseinformationen von A bis Z	310
Register	321
Impressum	336

Neapel – Gestern und heute

Das Tor zum Süden

»**Hier ist alles echt,** weil die Menschen echt sind: in ihren Tugenden und auch in ihren Lastern. Das freilich muß man selbst erleben, in Begegnung und Gespräch. Fliegen und Kitsch darf man dabei nicht fürchten. Ein paar Mikroben festigen die Gesundheit und ein wenig schlechter Geschmack den Schönheitssinn. Wer das eingesehen hat, kann an einem Tag in Neapel so viel über die Menschen lernen wie anderswo in Wochen nicht. Darum möchte ich, wenn ich alt bin, in dieser Stadt leben, um den Menschen, ehe ich sie verlassen muß, recht nahe zu sein.«

(Eckart Peterich)

Einmal Hauptstadt – immer Hauptstadt. Mag auch das ›Königreich beider Sizilien‹ längst nicht mehr existieren und der gesamte Süden ein Teil der Republik Italien sein, für die Neapolitaner hat sich an ihrem Status nichts geändert: Die Tatsache, daß es in dem von Giuseppe Garibaldi 1860 vereinten Staat nur ein einziges Regierungszentrum – nämlich Rom – geben kann, wird zu Füßen des Vesuv bestenfalls formell zur Kenntnis genommen. Napoli denkt nämlich gar nicht daran, sich mit der Rolle zu bescheiden, nur noch eine der 20 regionalen Hauptstädte Italiens zu sein. Ganz im Gegenteil, wer sich einer bald dreitausendjährigen Vergangenheit rühmen kann, für den ist sogar die Ewige Stadt vergleichsweise jung. Am Tiber hockte man schließlich noch in malariaverseuchten Sümpfen, als Neapolis, die Neustadt Großgriechenlands, bereits ein kulturelles Zentrum erster Güte war.

Dementsprechend fühlen sich die Bewohner des Golfs nicht nur als privilegiert, sie benehmen sich auch nach wie vor als Weltbürger. Mit größer Selbstverständlichkeit sehen sie sich als Krone der Schöpfung, was freilich nicht mit Arroganz verwechselt werden darf. Wer Fortuna auf seiner Seite weiß, hat keine Dünkel, und was kann es schon für ein größeres Glück geben, als in dieser herrlichen Stadt geboren zu sein? Auf welcher Stufe der sozialen Leiter ein Neapolitaner auch immer stehen mag, jedem einzelnen wurden Humor, Esprit und Charme in die Wiege gelegt. Daß erst diese Göttergaben das Leben wirklich lebenswert machen, ist die erste Lektion, die Napoli einem Besucher erteilt. Lernt er sie nicht, wird er nur die Schattenseiten sehen und sich an Lärm, Schmutz und Chaos stoßen. Begreift ein Fremder jedoch, daß Chaos und Kreativität ursächlich zusammenhängen, dann hält er bereits den Schlüssel zu einer der interessantesten Städte der Welt in der Hand.

Schon für die alten Griechen stand einstmals ein unbeschreibliches Durcheinander am Anbeginn der Schöpfung. Erst daraus konnte sich ihr von Chaoten bevölkerter Götterhimmel entwickeln, der sich bis heute unter den legitimen Erben der Antike widerspiegelt. Nichts haben die Alten ausgelassen, als sie den Olymp mit ihrer schier unfaßlichen Phantasie bevölkert haben: Keine menschliche Größe, die nicht ihr göttliches Gegenstück erhielt, und auch keine Schwäche, für die es nicht ein entspre-

Neapels Jugend – trotz aller Probleme nicht ohne Hoffnung auf die Zukunft

chendes Pendant unter den Himmlischen gab. Nicht zufällig wählte der neapolitanische Bestseller-Autor Luciano De Crescenzo für seinen hinreißenden Napoli-Bildband, der anstelle touristischer Sehenswürdigkeiten das Alltagsleben seiner Heimatstadt zeigt, den Titel: »Ich bin ein Sohn antiker Menschen.«

Knollennasig wie Sokrates, krummbeinig wie Euripides – von göttlichem Aussehen waren die alten Griechen einstmals ebenso weit entfernt wie ihre Nachfahren. Aber geträumt haben die größten Bewunderer alles Schönen allesamt davon, Aphrodite oder Adonis zu sein! Für irgend jemand waren sie es schließlich dann auch – irgendwann. Ganz genau so wie die Neapolitaner von heute, von denen jeder einzelne sich als Nachfahre eines Olympischen – oder zumindest als dessen irdische Entsprechung – fühlt. Was zählen schon Gut oder Geld, solange man über etwas verfügt, das man um keinen Preis dieser Erde kaufen kann: Jene selbstverständliche Grandezza, die einen Gauner zum Gentleman und eine Dirne zur Dame werden läßt.

Natürlich kann dieser von mehr als einer Million bevölkerte Hafen kein Ausbund an Tugend sein, selbstverständlich gibt es in diesem mediterranen Schmelztiegel, in dem sich die Völker aus allen Teilen des Mittelmeeres seit jeher ein Stelldichein gegeben haben, Negatives *en masse*: Blutig ausgetragene Fehden der Camorra stehen ebenso an der Tagesordnung – und anschließend in der hervorragend redigierten Tageszeitung »Il Mattino« – wie die geradezu obligaten Diebstähle an unvorsichtigen Touristen.

Daß die Verbrechensrate im Vergleich mit anderen Metropolen Europas jedoch keineswegs höher liegt, daß man im nächtlichen Napoli weder aggressiven Skinheads noch Banden betrunkener Randalierer begegnen wird, darüber spricht allerdings kaum jemand. Und auch nicht darüber, daß sich in dieser Stadt, die sich in ihrer Gründungslegende auf die schöne, unglücklich in Odysseus verliebte Sirene Parthenope beruft, vor allem Frauen weit sicherer fühlen können als anderswo. Solange die Wäsche zwischen den engen Gassenschluchten des sogenannten »spanischen Viertels« gleich hinter den Nobelboulevards baumelt, solange breithüftige Matronen den Straßenverkauf geschmuggelter Zigaretten dominieren,

Blick auf Neapel und den Vesuv

solange Büstenhalter und Miederhosen im Jumbo-Format Signalfahnen gleich an den Marktständen flattern, herrscht hier immer noch das Matriarchat. Und damit der Respekt vor allem Weiblichen. Denn *mamma mia,* was gibt es schon Tröstlicheres auf dieser Welt, als sich am mütterlichen Busen einer waschechten Neapolitanerin geborgen zu fühlen!

Ein Klischee? Mitnichten, sondern nur eine weitere Facette dieser Stadt, die sich seit jeher jedweder Einordnung, jeder Normierung oder Kategorisierung entzogen hat. Napoli läßt sich nicht über einen Kamm scheren, diese Erfahrung mußten zuletzt sogar Mussolinis Braunhemden machen. Sie scheiterten kläglich, als sie dort, wo Individualismus das höchste Gut bedeutet, Zucht, Ordnung und Disziplin einführen wollten. Die uralte Griechenstadt hat sich dieser Bevormundung genauso entzogen wie der Reglementierung durch ihre amerikanischen Befreier – und diesen zum (Un)Dank sogar ein ganzes Schiff gestohlen. Tatsächlich ist es den Neapolitanern 1945 über Nacht gelungen, den in ihrem Hafen ankernden US-Kreuzer »Liberty« in seine Einzelteile zu zerlegen und spurlos verschwinden zu lassen. Ein Bravourstück, wie es wohl einzigartig in der Geschichte dasteht und das nur Spitzbuben von olympischem Format zu vollbringen imstande sind.

»Unter allen Völkerschaften haben die Griechen den Traum des Lebens am

Das Tor zum Süden

schönsten geträumt«, notierte vor mehr als zweihundert Jahren Johann Wolfgang von Goethe, als er auf seinem Weg nach Sizilien 1787 in Napoli Station machte und sich von hier aus nach Palermo einschiffte. Das Land der Hellenen befand sich damals in türkischer Hand und somit gleichsam hinter einem Eisernen Vorhang. Deshalb mußte sich der Deutschen größter Dichterfürst auf seiner Spurensuche nach der Antike auf die griechischen Kolonien im westlichen Mittelmeer – also auf das heutige Unteritalien – beschränken. Und nicht Venedig, Florenz oder Rom vermochten Goethe auf seiner ersten »Italienischen Reise« am meisten zu beeindrucken, sondern Neapel. In seinen Tagebuchaufzeichnungen echauffierte sich der damals 38jährige zwar seitenlang über Durcheinander, Lärm und vor allem den knöcheltief in den Straßen aufgehäuften Schmutz, doch der Faszination der vor Vitalität sprühenden Stadt zu Füßen des Vesuv konnte er sich dennoch nicht entziehen. Im Vergleich dazu erschien ihm die Ewige Stadt gar »wie ein verstaubtes, muffiges Kloster«.

Im Gegensatz zu Rom, wo schon zu Goethes Tagen die berühmten sieben Hügel der antiken Gründung unter einem Häusermeer verschwunden waren, konnte kein noch so exzessiver Bauboom der einzigartigen Lage Neapels etwas anhaben. Wie von Anbeginn schmiegt sich die Stadt als gigantisches

Straßenmusikanten gehören zum Altstadtbild von Neapel

Amphitheater an das natürliche Rund eines sanft abfallenden Hanges, von dem sich von allen Rängen ein freier Blick auf eine elegant geschwungene Bucht bis weit hinüber zu den steil abfallenden Klippen der Sorrentiner Halbinsel eröffnet. Auch die Inszenierung, die mit jedem Morgen aufs neue eine Aufführung erlebt, blieb seit Jahrtausenden die gleiche: Auf der in allen Regenbogenfarben schimmernden Wasserbühne des Golfs erheben sich mit dem ersten Sonnenstrahl die drei Inselschwestern Capri, Procida und Ischia, bewacht von der noch in zarte Dunstschleier gehüllten Silhouette des Vulkans.

Nicht minder beeindruckend präsentiert sich die Stadt jedem, der sich vom Meer aus der eleganten Hafenpromenade von Santa Lucia mit ihren Nobelhotels aus dem Fin de Siècle und dem goldgelben, aus der Normannenzeit stammenden Castel dell'Ovo nähert: Imposant thront die Aragonesenburg Castel Sant'Elmo als Krone des Hügels Vomero über einer verwirrenden Dachlandschaft, unter der sich elegante Palais, barocke Kirchen und großzügige Parkanlagen ebenso verbergen wie die von keinem Sonnenstrahl erhellten Gassenwohnungen der Altstadtviertel im Zentrum des Zentrums. Während sich in den dunklen Straßenschluchten rund um Dom und Spaccanapoli (s. S. 106 ff.) nach wie vor die längst schon zum Wahrzeichen avancierten Wäscheleinen spannen, zeigt sich Neapel in dem funkelnagelneuen Verwaltungsviertel »Il Centro Direzionale« nahe dem Hauptbahnhof von einer gänzlich unerwarteten Seite: Zu Beginn der neunziger Jahre entstand hier ein ganzer Stadtteil aus kühn emporragenden Wolkenkratzern von beeindruckender Architektur, deren glänzende Glasfassaden ein durch und durch optimistisches Neapel an der Schwelle ins dritte Jahrtausend widerspiegeln.

Die Symbolwirkung der imposanten Neubauten ist enorm, signalisieren sie doch den Neapolitanern mehr als alles andere Zukunftshoffnung, verheißen den Aufbruch zu neuen Ufern. Und jeder Fremde, der sich unvermutet nach New York, Los Angeles oder Sydney versetzt wähnt, begreift vielleicht erstmals, welch unglaubliche Vitalität nach wie vor in der uralten Hauptstadt des Südens steckt.

Kleine Landeskunde

Geographie und Natur

Das Gebiet um den Golf von Neapel mitsamt den vorgelagerten Inseln gehört zu **Kampanien** *(Campania),* mit 13 595 km² zwölftgrößte der 20 italienischen Regionen, mit knapp 5,6 Mio. Einwohnern jedoch (nach der Lombardei mit Mailand) an zweiter Stelle in der Bevölkerungsstatistik. Dazu trägt in erster Linie das Ballungszentrum mit Neapel im Mittelpunkt bei, das sich praktisch über den gesamten, fast 70 km langen Bogen der Golfküste erstreckt.

Neapel, Hauptstadt der gleichnamigen Provinz sowie der Region Kampanien, ist mit 1,3 Mio. Einwohnern nach Mailand und Rom die drittgrößte Stadt Italiens und nimmt eine Fläche von 117,3 km² ein. Die ineinander übergehenden Gemeinden von Castellammare di Stabia im Süden bis Pozzuoli im Norden mit eingerechnet, leben mehr als 3 Mio. Menschen am Fuß des Vesuvs, das sind laut offizieller Statistik 2580 Einwohner pro Quadratkilometer (Landesdurchschnitt: 191).

Neapel besteht aus 20 Bezirken. Für Touristen von Bedeutung sind *Fuorigrotta* (Ausstellungsgelände Mostra d'Oltremare, Stadion San Paolo), *Chiaia-San Fernando-Posillipo* (das eleganteste Viertel der Stadt mit viel Grün und dem romantischen Fischerhafen Santa Lucia), *Vicaia-San Lorenzo, Pendino Mercato* und *Avvocata Montecalvario San Giuseppe* (diese drei Bezirke umfassen Altstadt und Hafen) sowie *Vomero*.

Umrahmt wird die Bucht von Neapel von der rund 20 km langen **Halbinsel von Sorrent,** dem 1281 m hohen **Vesuv** und seinen Ausläufern, von Neapels Hausbergen **Vomero** und **Posillipo,** westlich davon von dem etwa

Prachtvolle Bougainvilleen schmücken Mauern und Hausfassaden

150 km² großen, vulkanisch nach wie vor hochaktiven Areal der **Phlegräischen** – der ›Brennenden‹ – **Felder** mit dem Capo di Miseno als äußerster Spitze sowie von den **Inseln Procida** (3,75 km²), **Ischia** (46,3 km²) – beide vulkanischen Ursprungs – und **Capri** (10,36 km²), wie die Sorrentiner Halbinsel ein Gebirgsstock aus Kalkstein. Im Hinterland bzw. südlich des Golfs erstrecken sich zwei an Sehenswürdigkeiten reiche Gebiete: die Flußebene des Volturno, im Osten begrenzt von sanftem Hügelland, sowie die geradezu atemberaubend schöne, 40 km lange **Amalfiküste** (Costiera Amalfitana) an den Hängen der Monti Lattari, einem Bergmassiv sedimentären Ursprungs.

Naturschutzgebiete sind aufgrund der dichten Besiedelung rar. Nur 250 ha umfaßt die *Riserva Naturale statale degli Astroni* auf den Phlegräischen Feldern, der *Parco Naturale del Vesuvio* wurde 1993 durch einen Waldbrand in weiten Teilen zerstört, das Vogelreservat des Inselchens Vivara darf nur mit Sondergenehmigung (s. S. 175) betreten werden. Für **Wanderungen** bieten sich vor allem die Insel Ischia mit dem **Monte Epomeo,** einem erloschenen Vulkan, sowie die **Monti Lattari** oberhalb der Amalfiküste an.

Die ursprüngliche natürliche **Vegetation** – Macchia und Steineichenwälder, wie für das Mittelmeer typisch – findet man nur mehr in den noch nicht gänzlich zersiedelten und landwirtschaftlich genutzten Gebieten, also an Steilhängen und in Bergregionen. Im übrigen bleibt das Grün recht spärlich, ausgenommen in den Fremdenverkehrsorten, wo eine Vielfalt subtropischer und tropischer Pflanzen in gepflegten Gärten und Parkanlagen das Auge erfreut.

Die Farben des Südens

Wirtschaft: Abschied vom Stahl

Zusammen mit seinem Umland stellt Neapel das wirtschaftliche Zentrum des *mezzogiorno* – so der landläufige Name für Süditalien, inklusive Sizilien und Sardinien – dar. Die Schwerpunkte liegen in der Elektrotechnik, Chemie-, Textil- und Bekleidungs- sowie Leder-, Nahrungs- und Genußmittelindustrie. Außerdem werden hier die landwirtschaftlichen Produkte der gesamten Region Kampanien (Tomaten, Zitrusfrüchte, Kartoffeln, Erbsen, Wein, Oliven, Tabak) national wie international vermarktet, die aufgrund ihrer fruchtbaren Erde nicht zufällig das Attribut ›glücklich‹ *(Campania felix)* führt. Daneben existieren unzählige Kleinbetriebe, in denen Kinderarbeit leider nach wie vor keine Seltenheit ist. Diese bilden einen wichtigen Bestandteil der sogenannten ›Gäßchenwirtschaft‹ (s. S. 40 ff.), ohne die das ökonomische Gefüge der Stadt längst zusammengebrochen wäre, und mildern ein wenig die Folgen der immer drückender werdenden Arbeitslosigkeit, die Behördenangaben zufolge Anfang 1998 in der Provinz Neapel bei 29,2 % lag, wobei der Anteil der Menschen ohne Beschäftigung in den städtischen Ballungsgebieten sowie besonders unter Frauen und Jugendlichen noch um einiges höher – bis zu 40 % und mehr – anzusetzen ist. Zum Vergleich: Die norditalienische Industrieprovinz Turin rangiert mit 11,6 % an 40. Stelle, die reichen Provinzen Bozen, Belluno, Vicenza oder Bergamo nehmen mit rund 4 % das Ende der landesweiten Arbeitslosenstatistik ein, während Neapel nur von den sizilianischen Provinzen Messina (30,7 %) und Enna (31,7 %) übertroffen wird. Nichts veranschaulicht die wirtschaftliche Lage des Südens nachdrücklicher als diese traurige Liste, deren 26 (!) erste Plätze von Provinzen des Mezzogiorno besetzt sind.

Von der höchst defizitären Stahlproduktion mußte sich Neapel in den 90er Jahren verabschieden. Das um die Wende zum 20. Jh. erbaute und technisch längst veraltete Stahlwerk in Bagnoli, einer der schlimmsten Umweltvergifter des gesamten Golfgebiets, wurde für den Abbruch freigegeben. Auf dem ehemaligen Fabrikgelände sollen Unternehmen mit sauberen Technologien sowie Süditaliens größter Freizeitpark mit Jachthafen, Hotels und ein Kongreßzentrum angesiedelt werden. Damit setzt Neapel endlich auf einen Wirtschaftszweig, der den Inseln im Golf, der Halbinsel von Sorrent und der Amalfiküste Arbeitsplätze und relativen Wohlstand beschert hat – den Fremdenverkehr.

Denn die Lage der Stadt am Schnittpunkt wichtiger Verkehrslinien (Auto-

Neapels Hafen ist ein bedeutender internationaler Warenumschlagplatz

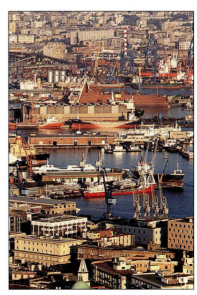

Der richtige Platz für Sonnenanbeter: die Spiaggia dei Pescatori auf Ischia (Ischia-Stadt)

und Eisenbahnen im Nord-Süd- bzw. West-Ost-Verkehr, internationaler Hafen, gut ausgebauter Flughafen) in einer landschaftlich reizvollen Umgebung mit einer kaum vergleichbaren Fülle an Sehenswürdigkeiten vor allem kulturhistorischer Art und einer perfekten touristischen Infrastruktur sollten Neapel den Anschluß an frühere große Zeiten erleichtern. Zählte doch die Metropole am Vesuv bereits im 18. und 19. Jh. zu den Hauptstationen europäischer Bildungsreisender und die Insel Capri zu den ersten Urlaubsadressen am Mittelmeer.

Klima und Reisezeit: 250 Sonnentage pro Jahr

Am Golf von Neapel herrscht ein typisch mediterranes Klima, das eine üppige Blütenpracht hervorbringt, die sich mit Frost schlecht verträgt. In der regenreichen Winterzeit kann es bisweilen ungemütlich feucht werden, die Sommermonate sind jedoch trocken und heiß, wobei die Hitze vor allem auf den Inseln häufig durch eine frische Brise gemildert wird. Pro Jahr kann man mit gut 250 Sonnentagen rechnen.

Die Durchschnittstemperaturen betragen im Winter 5 bis 10° C, im Frühjahr um 15° C, im Sommer 25 bis 30° C und im Herbst 18 bis 20° C. Wasserratten kommen zwischen Mai und Oktober auf ihre Kosten, liegen doch die mittleren Wassertemperaturen bei 18° C im Mai, 21° C im Juni, 24° C im Juli, 26° C im August, 23° C im September und 21° C im Oktober.

Neapel (mit den archäologischen Zonen Pompeji und Herculaneum) ist als Städtereiseziel – ausgenommen Juli und August – das ganze Jahr über beliebt, Capri und Ischia haben praktisch immer Saison, auch wenn es im November/Dezember recht still wird, an der Amalfiküste herrscht um Ostern sowie zwischen Juni und September Hochbetrieb.

Richtig Reisen Tip

Was Sie nicht versäumen sollten

- Spaccanapoli: das Herz Neapels mit Zeugnissen der dreitausendjährigen Geschichte (S. 106 f.)
- Archäologisches Nationalmuseum in Neapel: Zeitreise in die Antike (S. 130 f.)
- Santa Lucia: Neapels vielbesungener Hafen der romantischen Art (S. 140)
- Pompeji, Herculaneum und Villa Oplontis: So lebten die alten Römer (S. 200 ff.)
- Vesuv: Bedrohlicher Vulkan auf Sparflamme (S. 180 f.)
- Phlegräische Felder: Unruhiger Boden mit großer Vergangenheit (S. 184 f.)
- Costiera Amalfitana: Süditaliens konkurrenzlose Traumküste (S. 249 ff.)
- Eine Nacht auf Capri: Insel-Genuß ohne Massentourismus (S. 150)
- Thermalbäder auf Ischia: Wohltat für Leib und Seele (S. 161 ff.)
- San Michele auf Procida: Sakrale Rumpelkammer auf drei Etagen (S. 173)
- Basilika Sant'Angelo in Formis bei Capua: Mittelalterliche Fresken von höchster Qualität (S. 282 f.)
- Caserta Vecchia: Seit Jahrhunderten unverändertes Bergstädtchen (S. 277)

Bilanz aus dreitausend Jahren: Kein Talent zur Macht

Helden waren sie nie, weder zur See noch auf dem Schlachtfeld. Sie genossen den Glanz einer Hauptstadt, die von fremden Dynastien beherrscht wurde. Aber sie ließen sich auch niemals unterkriegen. Nicht von den Römern der Antike, nicht von der römischen Zentralverwaltung der Neuzeit, nicht von Päpsten und Kaisern, von Besatzungsmächten und faschistischen Schwarzhemden. Sie mögen Kriege verloren haben, aber eines konnten sie sich stets bewahren – ihren Stolz. Und damit auch ihre Eigenart, die sie als unverfälschte Töchter und Söhne Groß-Griechenlands, als Träger und Bewahrer einer dreitausend Jahre alten Kultur auszeichnet. Dazu gehören eine unbändige Lebenslust ebenso wie politisches Unvermögen. Die Neapolitaner haben einfach kein Talent zur Macht.

Genua und Venedig, ja selbst das kleine Amalfi beherrschten mit ihren Flotten das Mittelmeer. Neapels Flagge aber schreckte nicht einmal den lächerlichsten Piraten. Im Spiel der Mächtigen hatte die traditionsreiche Stadt schlechte Karten, fielen historische Entscheidungen immer nur über sie, aber nicht mit ihr. Heldensagen wurden auf dem heißen Boden rund um den Vesuv von anderen geschrieben, die Einheimischen blieben Zaungäste. Das hat nichts mit Lebensuntüchtigkeit zu tun. Die Waffen der Neapolitaner schmiedete nicht Mars, sie stammen vielmehr vom listigen Hermes, Patron der Kaufleute und Diebe, Beschützer der ›kleinen Leute‹.

Steinrelief eines Gladiators im Amphitheater von Capua Vetere

Parthenope – Neapels poetischer Name

Der kaum faßbare Zauber der Landschaft am Golf dürfte zur Legendenbildung um Parthenope inspiriert haben. Der Leichnam der Sirene, die wie ihre Schwestern nach der geglückten Durchfahrt des Odysseus den Tod im Meer gefunden hatte, war an den Strand gespült worden. Kolonisten aus Rhodos errichteten ihr am Eingang des Hafens ein Denkmal. Seither wacht Parthenope höchstpersönlich über das Schicksal der Menschen in Neapel, der Stadt, der sie ihren Namen lieh: Keine Kriegsgöttin, keine Heldin, sondern ein zartes Mädchen, das mit seinem Gesang Seeleute betörte – und ins Verderben riß.

Mittellose Auswanderer als Gründerväter

Arme Griechen waren es auch, die sich 800 Jahre vor Christus, vom kargen Boden ihrer Heimat zur Auswanderung gezwungen, vom Delta des Nil bis zu jenem der Rhône, von Kleinasien bis Unteritalien und über das Mittelmeer hinaus bis an die Gestade des Schwarzen Meeres niederließen. Die älteste griechische Kolonie auf der Apenninenhalbinsel, gegründet von ehemaligen Bewohnern der Nachbarstädte Chalkis und Eretria in Euböa, war Pithekoussai (Pithecusa) am Monte Vico bei Lacco Ameno auf Ischia. Erst von dort setzten die heimatlosen Ionier auf das Festland über und siedelten sich auf den Phlegräischen Feldern (Kyme – Cumae, Cuma; Dikaiarchia – Pozzuoli) sowie im Gebiet von Neapel an. Gräberfunde am Fuß des Pizzofalcone bestätigen eine frühgriechische Besiedlung durch Ionier aus Kyme oder andere Stämme Griechenlands. Die frühe Siedlung *Palaeopolis* (Altstadt) ging in der Neustadt *(Neapolis)* auf, ein Name war geboren, der in der Geschichtsschreibung einen prominenten Platz erhalten sollte.

Die Spuren der Griechen, die neben dem Handel dank der aus der alten Heimat importierten Frucht, der Olive, vor allem die Landwirtschaft zu großer Blüte führten, aber auch in geistiger Hinsicht – man denke nur an das Alphabet oder an die hochentwickelte Religion – Revolutionäres verbreiteten, konnten weder die Römer noch alle anderen Eroberer, die fortan die Geschicke der Stadt bestimmten, verwischen. *Magna Graecia* lebt, lebt bis zum heutigen Tag. In den Denkern von Cassiodorus über Giordano Bruno bis zu Benedetto Croce, in dem ungebrochenen Willen der Menschen, sich die kleinen Freiheiten ihrer epikureischen Lebensphilosophie zu erhalten, in der schier unerschöpflichen Sprache der Zeichen und Gebärden. Schließlich in der Lust auf eine ausführliche Plauderei und

Wandmalerei in der römischen Villa Oplontis am Fuße des Vesuv

auf endlose Diskussionen mit Gleichgesinnten unter freiem Himmel, wie sie die alten Griechen mit ihrem *agorazein* – den Versammlungen auf der *agora,* dem Marktplatz – pflegten. Im Griechentum ist der Schlüssel zur neapolitanischen Seele zu suchen. Wann immer sich das Volk Magna Graecias erhob, dann nur, um unmittelbare Bedürfnisse wie Hunger oder Durst zu stillen, und nicht, um Macht auszuüben. Zwar befehdeten auch die reich gewordenen griechischen Stadtstaaten einander bis aufs Messer, schlugen blutige Schlachten, doch die Streithähne brachten es niemals zu einem Imperium wie die Römer. Kampf als *l'art pour l'art* – ein ›neapolitanisches Schicksal‹.

Römische Bürger mit griechischer Zunge

Das waffenstarrende Rom hatte Kampanien ab dem 4. vorchristlichen Jahrhundert im Griff. Es kam als Retter vor den Neapel bedrohenden Samniten und blieb als Herrscher nahezu ein Jahrtausend lang. Die Griechen durften auch als römische Bürger – ein Privileg, das ihnen 89 v. Chr. zugestanden worden war – ihre Sprache und Kultur, ihre Sitten und Gebräuche weitgehend behalten. Mit der Zeit sank jedoch das Land um den Vesuv zur Agrarprovinz und zur beliebten Sommerfrische der neuen Herren vom Tiber darnieder. Das Geistesleben spielte sich in der Metropole ab, auch wenn im Gefolge der Kaiser und Konsuln Dichter und Architekten, Maler und Bildhauer die Landsitze der Potentaten bevölkerten und dort bedeutende Werke schufen. Zwar galt die Kultur der Griechen noch einige Jahrhunderte als ›schick‹, wurden Philosophenschulen und sogar die Olympischen Spiele nachgeahmt, aber Rom bügelte die Provinzen auch in dieser Hinsicht nach seinem Muster glatt.

Dennoch verdankt das Gebiet um den Golf vor allem den Römern und ihrer Vorliebe für standesgemäße Prunkbauten die eindrucksvollsten Zeugnisse antiker Kultur, die eine Naturkatastrophe, der Ausbruch des Vesuv im Jahre 79 n. Chr., über Jahrhunderte hinweg konservierte: Pompeji und Herculaneum.

Germanen, Byzantiner, Normannen

476 stirbt im *Castrum Lucullianum* in Neapel, wo sich heute die mächtigen Mauern des Castel dell'Ovo erheben, Rom beziehungsweise sein letzter Re-

präsentant Romulus Augustulus als Gefangener des Germanen Odoaker. Vorhang. Die Intermezzi sind zahlreich: Bereits 410 erzittert die Region am Golf von Neapel unter den Armeen des Westgoten-Häuptlings Alarich, 536 nimmt der Feldherr Belisar Neapel für das Byzantinische Reich ein, das die Stadt 763 zum selbständigen Herzogtum erhebt. Byzanz muß sich freilich die Herrschaft über die Apenninenhalbinsel mit den im Zuge der Völkerwanderung aus dem Norden einstürmenden Langobarden teilen, die politische Einheit Italiens geht für Jahrhunderte verloren. Die Situation in Kampanien: Die Küstenorte – von Gaeta über Neapel bis Amalfi – stehen unter dem Einfluß Ostroms, die Langobarden dringen nach der Eroberung ganz Norditaliens im Landesinneren bis Benevent, Capua und Salerno vor.

Nächster Akt im großen süditalienischen Welttheater: 1016 landet zunächst eine Vorhut von 40 normannischen Rittern in Salerno, Heimkehrer eines Kreuzzuges, weitere folgen. Die ebenso frommen wie rauflustigen und kampferfahrenen Nordmänner – 50 Jahre später werden sie sich unter Wilhelm dem Eroberer England einverleiben – kamen, sahen und blieben. Mit geschickter politischer und militärischer Strategie gelingt es ihnen unter der Führung der fünf Söhne Tankreds von Hauteville, sowohl die Langobarden als auch die Byzantiner zu vertreiben. 1072 stecken sie mit der Eroberung des sarazenischen Sizilien die Grenzen des normannischen Südreichs ab, 1139 ziehen sie auch in Neapel ein.

Die fremden Herren – Tankreds jüngster Sohn Roger I. regiert von 1072 bis 1101 als Graf von Sizilien, sein Nachfolger Roger II. läßt sich dann 1130 in Palermo zum König krönen und über-

Roger II.

nimmt neun Jahre später auch das Herzogtum Neapel – gebärden sich durchaus nicht als Besatzungsmacht. Sie sind vielmehr fasziniert von der hochstehenden orientalischen Kultur und der klugen Verwaltung der Araber in Sizilien und der Byzantiner in Unteritalien. Und bauen, ohne die bestehenden Strukturen stark zu verändern, behutsam einen zentralistischen Beamtenstaat im modernen Sinn auf, der das Reich der Normannen, das nun ganz Süditalien und Sizilien umfaßt, zusammenschweißt. Toleranz heißt das Zauberwort, mit dem Roger und seine Nachfolger von Palermo aus ihre Herrschaft festigen und die Achtung ihrer Untertanen erringen. Christen, Juden und Mohammedaner

NORMANNEN

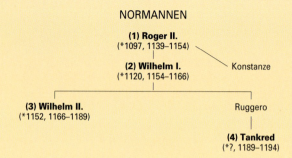

(1) Roger II.
(*1097, 1139–1154)

(2) Wilhelm I.
(*1120, 1154–1166)

Konstanze

(3) Wilhelm II.
(*1152, 1166–1189)

Ruggero

(4) Tankred
(*?, 1189–1194)

STAUFER

Friedrich I. Barbarossa
(Deutscher Kaiser, 1123–1190)

(1) Heinrich VI.
(*1165, 1194–1197)
verh. mit Konstanze, Tochter Roger II.

(2) Friedrich II.
(*1194, 1198–1250)

(3) Konrad IV.
(*1228, 1250–1254)

(4) Manfred
(*1232, 1258–1266)

ANJOU

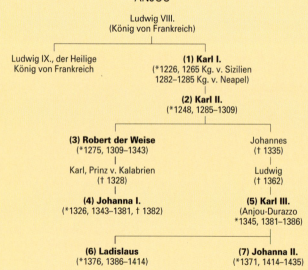

Ludwig VIII.
(König von Frankreich)

Ludwig IX., der Heilige
König von Frankreich

(1) Karl I.
(*1226, 1265 Kg. v. Sizilien
1282–1285 Kg. v. Neapel)

(2) Karl II.
(*1248, 1285–1309)

(3) Robert der Weise
(*1275, 1309–1343)

Karl, Prinz v. Kalabrien
(† 1328)

(4) Johanna I.
(*1326, 1343–1381, † 1382)

Johannes
(† 1335)

Ludwig
(† 1362)

(5) Karl III.
(Anjou-Durazzo
*1345, 1381–1386)

(6) Ladislaus
(*1376, 1386–1414)

(7) Johanna II.
(*1371, 1414–1435)

HAUS ARAGON

Ferdinand I.
König v. Aragon, Sardinien und Sizilien (1336–1416)

(1) Alfons I.
(von Johanna II. adoptiert,
*1385, 1442–1458)

(2) Ferdinand I.
(*1423, 1458–1494)

Johannes II.
(König v. Sizilien, Sardinien,
Navarra u. Aragon, † 1479)

(3) Alfons II.
(*1448, 1494–1495)

(4) Ferdinand II.
(*1467, 1495–1496)

(5) Friedrich IV.
(*1452, 1496–1501, † 1504)

(6) Ferdinand III.
(*1452, 1503–1516, als Ferdinand II. ab 1512
auch span. König, auch »der Katholische«
genannt

SPANISCHE HABSBURGER

Johanna
(verh. mit Philipp v. Habsburg,
Sohn des Kaisers Maximilian I.)

(1) Karl V.
(*1500, 1516–1556, ab 1519 deutscher Kaiser, † 1558 als span. König Karl I.)

(2) Philipp II.
(*1527, 1556–1598)

(3) Philipp III.
(*1578, 1598–1621)

(4) Philipp IV.
(*1605, 1621–1665)

(5) Karl VI.
(*1661, 1665–1700
als span. König Karl II.)

HAUS BOURBON

Philipp V.
(*1683, 1700–1713, † 1746
Universalerbe des kinderlosen spanischen Königs Karl II.,
Enkel des französischen Königs Ludwig XIV.)

(1) Karl III.
(*1716, 1734–1759, dann span. König, † 1788)

(2) Ferdinand IV.
(*1751, 1759–1825, ab 1815 Ferdinand I. des Königreiches beider Sizilien)

(3) Franz I.
(*1777, 1825–1830)

(4) Ferdinand II.
(*1810, 1830–1859)

(5) Franz II.
(*1836, 1859–1860, † 1894)

können unbehelligt nebeneinander leben, ihre Sprachen pflegen und ihre Religion ausüben. Ein solches geistiges Klima zieht Künstler aller Kulturkreise in seinen Bann; vor allem in Sizilien entstehen Kirchenbauten, wie sie die Welt in ihrer stilistischen Vielfalt, die zu einer harmonischen Einheit wird, noch nicht

Friedrich II.

gesehen hat: Cefalù, Monreale und die Palastkapelle in Palermo. Neapel steht in diesen Jahrzehnten ganz im Schatten der Hauptstadt Siziliens.

Staufer-Kaiser als Universitätsgründer

Als die Herrschaft über Unteritalien und Sizilien 1194 an den deutschen Kaiser Heinrich VI. von Hohenstaufen – der Schwabe heiratet Konstanze, die Tochter Rogers II. – übergeht, findet diese Blütezeit eine nahtlose Fortsetzung. Sein Sohn Friedrich II., in der Welt der byzantinisch-arabisch-normannischen Kultur geboren und aufgewachsen, regiert das Heilige Römische Reich Deutscher Nation als orientalischer Fürst ausschließlich von Palermo oder seinen apulischen Burgen aus. Neapel schenkte er, der *stupor mundi,* das »Staunen der Welt«, 1224 eine Universität, mehr als hundert Jahre vor der Gründung der ersten Hochschulen in Deutschland. Die Stadt am Golf wird wieder zu einem geistigen Mittelpunkt.

In Rom steigt inzwischen das Papsttum zur Territorialmacht auf, wissend, daß die Herrschaft über Süditalien den Schlüssel zur Macht über ganz Europa bedeutet. Karl von Anjou, der Bruder König Ludwigs IX. von Frankreich, schlägt sich auf die Seite des Papstes und erhält dafür Sizilien als Lehen zugesagt. Der Konflikt mit den staufischen Kaisern ist unausbleiblich. Friedrichs Sohn Konrad IV. stirbt in jungen Jahren, sein Bruder Manfred wird von Karl von Anjou in zwei Schlachten vernichtend geschlagen. Das Erbe Friedrichs II., dessen Schicksal und Gedankengut zur Legende geworden ist und auch noch an der Schwelle zum 3. Jahrtausend die Menschen bewegt, versinkt in Intrigen und Chaos.

Anjou: Blutige und goldene Jahre

Die Ära der Staufer endet kläglich. Erst sechzehnjährig, versucht Konradin von Schwaben, Konrads Sohn, mit untauglichen Mitteln sein Erbe zurückzuerobern und zieht von Deutschland aus mit einer Schar getreuer Jugendgenossen gegen den Anjou zu Felde. Seine kleine Armee wird auf dem Weg nach Apulien bei Tagliacozzo östlich von Rom aufgerieben, er selbst auf der Flucht gefangen und am 29. Oktober 1268 auf dem Marktplatz von Neapel enthauptet. Zu spät kommt die Mutter Konradins, Elisabeth von Bayern, mit einem Lösegeld nach Neapel. Karl von Anjou hat es eilig, das ihm vom Papst versprochene Lehen zu übernehmen, da kann er auch auf das jugendliche Alter seines Widersachers keine Rücksicht nehmen.

Das für die Befreiung des Jünglings vorgesehene Geld der trauernden Mutter wird für den Bau einer der schönsten Kirchen Neapels gestiftet: Santa Maria del Carmine, in der die Gläubigen *La Bruna*, ein wundertätiges Marienbild, verehren. Die Karmeliterkirche neben der ehemaligen Hinrichtungsstätte, mit ihrem 75 m hohen, majolikageschmückten Glockenturm eines der Wahrzeichen Neapels, birgt auch die Gebeine Konradins. Und seit 1847 erinnert ein im Auftrag des Bayernkönigs Maximilian II. geschaffenes spätklassizistisches Denkmal an das blutige Ende des letzten Staufers.

Das Regime der Anjou von der Päpste Gnaden übt eine brutale Fremdherrschaft aus. Anhänger der Staufer werden enteignet, ihre Ländereien übernehmen vorwiegend Edelleute aus Frankreich. Die Sizilianer erheben sich gegen den Terror Karls, der Neapel zur Hauptstadt gemacht und mit prächtigen Bauten ausgestattet hat, am Ostersonntag des Jahres 1282 in einem verzweifelten Aufstand (»Sizilianische Vesper«) und trennen mit der Inthronisierung Peters von Aragon, Manfreds Schwiegersohn, die Geschicke der Insel von jenen des Festlands.

Unter Karls Enkel Robert, genannt »der Weise«, erlebt Neapel nach all den Wirren wieder einmal ›goldene Jahre‹.

Dichter wie Petrarca und Boccaccio wirken ebenso am Hofe dieses geistvollen Fürsten wie Maler vom Rang eines Giotto. Roberts Regierung folgt jedoch erneut eine lange Periode schwerer innerer Kämpfe. Erbin des Thrones wird seine siebzehnjährige Enkelin Johanna I., die vier Ehemänner und unzählige

Karl III. von Anjou

Liebhaber ins Grab bringt. Sie wagt es, sich mit dem Papst anzulegen, der auf die ungarische Linie der Anjou (Anjou-Durazzo) setzt, und stirbt schließlich durch die Hand ihrer magyarischen Verwandtschaft. Drei Jahrzehnte später, 1453, endet die französische Herrschaft in Neapel mit Johanna II., die ihrer Namensvetterin an fatalem Ruf kaum nachsteht. Fortan sollten – mit kurzen Unterbrechungen – bis zur Einigung Italiens im Jahre 1860 Spanier im alten Großgriechenland das Sagen haben.

Spanien übernimmt die Herrschaft

Das spanische Haus Aragon, schon seit 1285 in Sizilien, vereint die Insel 1442 politisch wieder mit Neapel. Ganz friedlich gelingt auch das nicht, mehrmals versuchen die Franzosen, ihre ehemaligen Kolonien in Süditalien zurückzuerobern. Schlachten werden geschlagen, Bündnisse geschlossen und gebrochen. 1504 wird Neapel für die spanische Krone als Provinz des Weltreichs der spanischen Habsburger in Besitz genommen, die ihren ›göttlichen Willen‹ durch Vizekönige ausführen lassen. Einige dieser Statthalter Madrids, wie etwa Don Pedro de Toledo, der Schöpfer des barocken Neapel, schreiben sich in das Buch der Geschichte ein. Unter anderen Vizekönigen wiederum wird jede freie geistige Bewegung unterdrückt, häuft sich der Grundbesitz in den Händen von Adel und Klerus an, unterstützt von einem korrupten Beamtentum. Die Reichen feiern, das Volk hungert.

Wieder einmal Manege frei für einen Operetten-Coup, für ein bitterernstes neapolitanisches Straßentheater: 1647 kommt es zum Aufstand. Der Anlaß, die Erhöhung der Obststeuer, ist nichtig, bringt aber das Faß zum Überlaufen. Der 27jährige Tommaso Aniello, genannt Masaniello, ein Fischer aus Amalfi, ruft sich als Anführer eines Aufstands zum König aus. Kaum ist er an der Macht, wissen die Neapolitaner nichts mehr mit ihm anzufangen. Die Spanier haben leichtes Spiel, und nach einer ergreifenden Abschiedsrede von der Kanzel der Kirche del Carmine strecken die Schergen des Vizekönigs Tommaso Aniello durch mehrere Kugeln aus dem Hinterhalt nieder – so will es jedenfalls die Legende. Die nur einwöchige Herrschaft Masaniellos sollte Neapels einzige Revolution bleiben, die wirklich vom Volk ausging. Alle anderen Revolten und Aufstände der Stadt tragen die Handschrift der Aristokratie.

Pest- und Cholera-Epidemien, Hungersnöte, Erdbeben und Vesuvausbrüche raffen im 17. Jh. nahezu die Hälfte der Bevölkerung der Region am Golf dahin. Auch politisch kommt Italien nicht zur Ruhe. Nach dem Aussterben

Die meisten neapolitanischen Gassen stammen aus spanischer Zeit

der spanischen Habsburger – mit dem Tod Karls II. im Jahre 1700 – tobt in Europa der Spanische Erbfolgekrieg, in dessen Verlauf Neapel 1707 von den Österreichern unter General Daun besetzt wird und nach den Friedensschlüssen von Utrecht und Rastatt 1713 an die Habsburger aus Wien fällt.

Wiener Zwischenspiel und Bourbonen-Pfründe

Nur etwas mehr als 20 Jahre wird Neapel von der Wiener Hofburg aus regiert. 1735 tritt Kaiser Karl VI. im Frieden von Wien Neapel und Sizilien an den Infanten Karl von Spanien als eine mit diesem Königreich nie zu vereinigende Sekundogenitur der spanischen Bourbonen ab. Karl III. von Bourbon beruft den freisinnigen toskanischen Politiker Tanucci an die Spitze der Staatsgeschäfte. Dieser schränkt vor allem die Privilegien des allmächtigen und korrupten Klerus ein. Neapel atmet auf. Karl selbst verewigt sich als Bauherr des nach ihm benannten Opernhauses, der Schlösser Capodimonte und Caserta und anderer prunkvoller Gebäude, die das Stadtbild heute noch prägen und mehr als bloße Monumente imperialer Macht sind. Nie zuvor gab man den Menschen einen besseren Beweis, Bürger einer Hauptstadt, einer Weltmetropole vom Range Wiens, Madrids oder Paris' zu sein. Das Selbstbewußtsein der Neapolitaner, die Selbstverständlichkeit des Kosmopoliten stammen aus jener Epoche. Hat Karl sein Volk ausgenützt? Möglich. Aber er hat ihm etwas zurückgegeben, das nicht käuflich ist: Stolz.

Als der König 1759 auf den spanischen Thron berufen wird, überläßt er Süditalien seinem dritten, noch minderjähren Sohn Ferdinand, für den weiterhin Tanucci die Regentschaft ausübt. Schließlich verliert der Kanzler, unumschränkter Herr für ein Jahrzehnt, seinen Einfluß an Ferdinands Frau, Königin Caroline, eine Tochter der Österreicherin Maria Theresia. Die junge Habsburgerin macht ihre eigene Politik. Seit der Hinrichtung ihrer Schwester Marie Antoinette auf der Guillotine in Paris haßt Caroline die Franzosen und deren Revolution. Jeder Freiheitsgedanke wird ihr zum Trauma. Deswegen hetzt sie 1798 Ferdinand in einen Krieg gegen die von revolutionären Franzosen besetzte Republik in Rom. Schlecht ausgerüstet, erfährt das Bourbonen-Heer ein Debakel. Das Königspaar flüchtet samt Hofstaat nach Palermo, die Revolutionäre rücken in Neapel ein und rufen, von einem Großteil des Adels unterstützt, im Januar 1799 die »Parthenopäische Republik« aus. Während sich Ferdinand und Caroline in Sizilien nur unter dem Schutz der englischen Flotte und dank des Einflusses von Admiral Nelson halten können, werden die Parthenopäer, Träumer von einer besseren Welt, fünf Monate später von einem Haufen kalabresischer Banditen aus Neapel vertrieben. Kommandant des wild zusammengewürfelten Brigantenheeres ist Kardinal Ruffo, geistlicher Bluthund im Dienst weltlicher Ambitionen. Aufständische und ihre Sympathisanten trifft ein furchtbares Strafgericht: Der im Triumph heimkehrende Ferdinand läßt trotz zugesagter Generalamnestie alle exekutieren – die neapolitanische Elite endet am Galgen.

Bald weht aus Paris ein neuer, scharfer Wind. Nach seinem Sieg bei Austerlitz erklärt Napoleon 1805 König Ferdinand für abgesetzt. Des Kaisers Bruder Joseph erobert Neapel, die Bourbonen ziehen sich unter Nelsons schützende Flotte neuerlich nach Palermo zurück.

Neapel hat wieder einmal neue Potentaten: Joseph Bonaparte und nach dessen Berufung auf den spanischen Thron Napoleons Schwager Joachim Murat. Als der Stern des Korsen sinkt, wendet sich das Blatt wieder zugunsten Ferdinands. Er wird vom Wiener Kongreß 1815 als Herrscher über das Königreich beider Sizilien bestätigt. Das Schicksal des Emporkömmlings Murat erfüllt sich durch ein Hinrichtungskommando an einem kalabresischen Strand.

Froh werden die Bourbonen Neapels allerdings nicht mehr. Unruhen und Aufstände sind die Antwort auf die sofortige Rücknahme der zaghaften sozialen Reformen der Franzosen. In erster Linie gärt es im Adel, dem die Schreckenstage nach dem Ende der Parthenopäischen Republik noch in den Knochen stecken. Mit allem haben sich die *nobili* bisher abgefunden, mit jeder Fremdherrschaft, sogar mit der spanischen, doch jetzt ist das Maß voll, die Kluft zu den Regenten wird unüberwindlich.

Die Einigung Italiens

Einem faulen Apfel gleich fällt das Königreich beider Sizilien den italienischen Einigungsbestrebungen in den Schoß. Am 11. Mai 1860 landet Giuseppe Garibaldi mit den Freiheitskämpfern bei Marsala auf Sizilien. Seine Rothemden, anfangs nur 1000 an der Zahl, finden begeisterten Zulauf und rollen die Apenninenhalbinsel innerhalb kurzer Zeit von Süden auf – Franz II., der letzte Bourbone, flüchtet in die Festung Gaeta, in der er sich noch fünf Monate halten kann. Am 13. Februar 1861 unterzeichnet er die Kapitulations- und Abdankungsurkunde.

Mittlerweile haben sich die Italiener längst in Volksabstimmungen mit überwältigender Mehrheit für ein Königreich Italien unter Viktor Emanuel II. von Sardinien-Piemont ausgesprochen. Neapel hat als Reichshauptstadt ausgedient und wird zur Provinzmetropole degradiert.

Die Euphorie der Anhänger des neuen Nationalstaats weicht freilich bald nüchterner Enttäuschung, der Elan bricht sich in außen- und innenpolitischen Problemen. In Rom treibt die Zentralregierung den Modernisierungsprozeß des Landes nur schleppend voran, wobei der Süden, *il mezzogiorno*, sträflich vernachlässigt wird. Nach Cholera-Epidemien in Neapel verabschiedet sie zwar 1885 das erste von vielen Gesetzen zur Sanierung der Elendsviertel, aber es bleibt bei der bloßen Willensäußerung. Dem Volk hilft nichts und niemand. Wieder einmal. Aufstände der von der neuen bürgerlichen Ordnung benachteiligten Unterschichten des Mezzogiorno werden grausam unterdrückt, Kriege und Kolonialabenteuer stürzen Italien in ein wirtschaftliches Chaos, die Teilnahme am Ersten Weltkrieg kommt mit mehr als einer halben Million Gefallenen und einem finanziellen Bankrott teuer zu stehen, auch wenn der Sieg der Entente mit Gebietsgewinnen verbunden ist.

Neapel ist keine ›treue Burg‹

Im Oktober 1922 tagt im Teatro San Carlo in Neapel der Kongreß der Faschisten, die unmittelbar darauf ihren Marsch auf Rom antreten. Der Ort des unheilvollen Treffens der Schwarzhemden hat keinen Symbolwert, denn das Mussolini-Regime wird von den Neapolitanern zwar hingenommen, aber kaum unterstützt. Wieder kann das ›popolo‹ seine unnachahmliche, in Jahrtausen-

Achille Lauro – der letzte ›Vizekönig‹

Mit monarchistischer Etikette regierte er in einer demokratisch gewählten Stadtverwaltung beinahe wie ein absolutistischer Renaissance-Fürst: Achille Lauro, zwischen 1952 und 1958 und für kurze Zeit auch noch Anfang der 60er Jahre Bürgermeister von Neapel, millionenschwerer Herrscher über ein Wirtschaftsimperium, das eine Reederei, Baufirmen, Verlage und eine eigene Filmproduktionsfirma umfaßte. Ehe er 1982 starb, mußte er den Bankrott anmelden. Heute tragen nur noch die Schiffe eines Nachfolge-Unternehmens seinen Namen.

»Il Commandante«, wie sich der 1887 in Piano di Sorrento geborene italienische Onassis gern nennen ließ, begann seine Karriere als Schiffsjunge. Vor allem seine Zähigkeit, so sagte er, habe ihn zu einem der reichsten Männer des Landes gemacht. Für die Politik interessierte sich Lauro erst nach 1945, und um zur Macht zu gelangen, waren ihm alle Mittel recht. Der Monarchist, der 1954 seine eigene Partei gründete, ging mit Steuergeldern ebenso verschwenderisch um wie mit Versprechungen. Die Geschichten und Anekdoten über den ›letzten Vizekönig‹, dessen Popularität seine politischen Gegner in Panik geraten ließ, sind Legion. So soll er tonnenweise Brot und Spaghetti an die Armen verteilt und Bedürftigen Schuhe zukommen haben lassen – freilich auf Raten. Den linken Schuh vor und den rechten nach der Wahl, die er mit Grandezza gewann.

Unter seiner Ära wurde Neapel rücksichtslos zubetoniert: der wilden Bauspekulation waren Tür und Tor geöffnet. Statt dringend notwendiger Spitäler und Schulen ließ Lauro für den von ihm wie ein privates Spielzeug geführten Fußballclub Napoli ein riesiges Stadion – San Paolo – erbauen und teure ausländische Spieler engagieren, förderte Prestigeprojekte und setzte sich über alle gesetzlichen Vorschriften hinweg. Öffentliche Arbeiten vergab er nach Laune und Gutdünken, in der Kommunalverwaltung herrschten Korruption, Protektion und Nepotismus.

Als das Regime Lauro im Februar 1958 durch Regierungsdekret aus Rom zwangsweise aufgelöst wurde, kam es zu bürgerkriegsähnlichen Unruhen. Drei Jahre wurden die Geschicke Neapels dann von einem Regierungskommissar geführt, der die von Achille Lauro hinterlassenen Schulden glatt verdoppelte. Bis »Il Commandante« für kurze Zeit ein glückloses Comeback als Bürgermeister feierte. Sein politischer Stern war freilich verblaßt, die vernichtende Niederlage, die er bei dem Versuch, auch das Parlament zu erobern, erlitten hatte, konnte er nie mehr überwinden. Der Name des ›letzten Vizekönigs‹ tauchte schließlich vornehmlich in den Gesellschaftsspalten der Zeitungen auf, als er mit 83 ein Filmstarlet ehelichte, das seine Enkeltochter hätte sein können – und als er wenige Jahre vor seinem Tod publicityträchtig ein Waisenkind aus Vietnam adoptierte.

Napoli zur Jahrtausendwende: Wo Italien noch Italien ist

den geübte Kunst des heimlichen Widerstands, des Sich-Arrangierens und des Überlebens ausspielen, die zuvor schon Kaiser und Könige irritierte und nun einen Diktator zur Verzweiflung treibt. Für die Faschisten ist Neapel keine ›treue Burg‹.

Auch nicht für die deutsche Besatzung während des Zweiten Weltkriegs und später ebenso wenig für die Amerikaner, die 1943 nach heftigen Bombardements und im Feuerzauber eines Vesuv-Ausbruchs in die schwer getroffene Stadt einrücken. Da verschwinden Lebensmittel aus den Militärbeständen waggonweise in den hungrigen Bäuchen der Neapolitaner, werden Panzer gestohlen, zerlegt und als Alteisen verscherbelt, lösen sich US-Transportschiffe samt Inhalt bei Nacht und Nebel zur Gänze in Nichts auf (s. S. 12). Gott Hermes blickt voll Stolz vom Olymp auf seine Schüler herab, die sich einfach nicht unterkriegen lassen.

Dilemma des Südens

Als sich die Mehrheit der Italiener 1946 für die Republik ausspricht, akzeptieren die Neapolitaner das Votum, obwohl ihr Herz noch an der Krone hängt. Wie auch immer, ob Republik oder Monarchie, im Grunde bleibt das Dilemma des Südens unverändert. Milliarden über Milliarden pumpt ab 1950 die *Cassa per il Mezzogiorno* in den Fonds für die wirtschaftliche Erschließung Süditaliens, der im Laufe von 38 Jahren 40 000 Projekte der öffentlichen Hand, wie Hotelbauten oder Industrieansiedlungen, finanziert. Aber nur etwas mehr als 12 000 davon werden tatsächlich fertiggestellt. Das Geld versickert meist in dunklen Kanälen der Camorra und ihrer politischen Helfershelfer, wie auch später das Geld der 1986 als Nachfolgeorganisation gegründeten »Agentur für Entwicklungsförderung« *(Agenzia per la promozione dello sviluppo)*. Unter seinem korrupten Bür-

Die an Neapel glauben: Bassolino und De Crescenzo

Ein pfiffiger Linker und ein liebenswerter Bürgerlicher zählen zu den wichtigsten intellektuellen Hoffnungsträgern Neapels. Beide verbindet eine unerschütterliche Liebe zu der Stadt, die der eine praktisch-politisch und der andere literarisch-philosophisch besseren Zeiten entgegensteuern will: Antonio Bassolino, seit 1993 Bürgermeister der als unregierbar geltenden Kommune, und Luciano De Crescenzo, mit seinen zum Teil skurrilen Romanen und lebendigen Betrachtungen der griechischen Philosophie international höchst erfolgreicher literarischer Botschafter seiner Heimatstadt.

Bassolino, Jahrgang 1947, entschied sich statt des vom Vater erhofften Medizinstudiums für eine berufliche Karriere als politischer Funktionär. Schon mit 24 Jahren war der überzeugte, aber niemals dogmatische Linke Provinzsekretär der PCI (Kommunistische Partei Italiens), nach der Wende 1989 zog er als Abgeordneter der postkommunistischen Partei PDS in das italienische Parlament ein, besiegte im Dezember 1993 in einer Stichwahl zum Stadtoberhaupt Neapels die schrille Neofaschistin und Duce-Enkelin Alessandra Mussolini und wurde Ende 1997 in seinem Amt bestätigt. Seit der Austragung des Weltwirtschaftsgipfels im Sommer 1994 in Neapel bemüht er sich mit Erfolg um Stadterneuerung und Image-Verbesserung. Sein primäres

Neapels Bürgermeister Bassolino

Hauptanliegen: »Die Neapolitaner sollen wieder stolz auf ihre Stadt sein!«

Vorerst einmal galt es, verkrustete Strukturen aufzubrechen und die durch Ignoranz und Korruption paralysierte Stadtverwaltung zu erneuern, was bei der Bevölkerung Beifallsstürme hervorrief. Mit seinen radikalen Eingriffen in liebgewordene, aber unhaltbare Gewohnheiten zog sich der zierliche Politprofi, Vater zweier Kinder, allerdings wieder den Zorn vieler Bürger zu, vor allem mit den rigorosen Verkehrsbeschränkungen und dem Versuch, mit durchgehenden Ladenöffnungszeiten die geheiligte Mittagsruhe zu stören. »Wir müssen mit gutem Beispiel vorangehen und zeigen, daß man mit Ehrlichkeit, Transparenz und Tüchtigkeit eine Stadt verwalten kann und daß die

Neapolitaner, wenn sie nur wollen, auch tüchtiger sein können als die Bewohner anderer italienischer Städte«, lautet sein Credo.

Die in viele Sprachen, unter ihnen auch ins Deutsche, übersetzten Bücher von **Luciano De Crescenzo** sind eine einzige Liebeserklärung an Neapel.

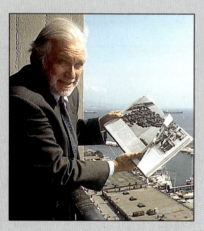

Luciano De Crescenzo

Dem gelernten Elektronikingenieur und ehemaligen IBM-Mitarbeiter, Jahrgang 1928, ist es vor allem in seinen in den 80er Jahren entstandenen Bänden »Also sprach Bellavista« und »Oi Dialogoi« meisterhaft gelungen, dem Leser die unvergleichliche Atmosphäre der Stadt näherzubringen. Für ihn sind die Neapolitaner »Menschen der Liebe«, im Gegensatz zu den Engländern, den »Menschen der Freiheit«. Und das erklärt er so:

»Also, die Liebe ist ein Gefühl, das uns dazu veranlaßt, die Gesellschaft der anderen zu suchen, Freud und Leid unseres Lebens mit ihnen zu teilen. In dem Wunsch nach Freiheit sehe ich die Neigung, die eigene Intimität, die Privatsphäre, zu verteidigen und jene der Mitmenschen zu achten. Neapel ist für mich die Hauptstadt der Liebe; keiner ist frei, aber keiner ist allein, und das milde Klima begünstigt den Strom der Nachrichten, da es erlaubt, Fenster und Haustüren offenstehen zu lassen. London halte ich für die Metropole der Freiheit, denn für den Engländer ist die Achtung des anderen wie eine Religion.«

Zur in aller Welt berühmten Gastfreundschaft der Neapolitaner weiß De Crescenzo folgende wahre Geschichte eines deutschen Touristen zu erzählen, der in Neapel einen Herzinfarkt erlitten und in das Ospedale Pellegrini eingeliefert worden war: »Eines der schrecklichsten Spitäler der Welt, vergleichbar mit den Krankenhäusern in Bombay oder Kalkutta. Unser armer Urlauber, der kein Wort Italienisch, geschweige denn Neapolitanisch, verstand, lag in einem großen Saal mit vielen Betten. In Süditalien werden Krankenhauspatienten immer von Freunden und Verwandten besucht. Für die Familienangehörigen ist das bis zum zweiten Grad sozusagen eine heilige Pflicht, die Betten werden von Vater, Mutter, Kindern, Enkeln, Nichten und Neffen, Vettern und Kusinen beinahe Tag und Nacht umlagert. Auch der Deutsche blieb nicht lange einsam, er wurde von den Besuchern seiner Bettnachbarn einfach adoptiert. Im wechselnden Turnus betreute ihn jeweils eine andere Familie. Man brachte ihm Getränke, Obst und Süßigkeiten und stellte sogar ein kleines Fernsehgerät auf sein Nachttischchen. Als sich der Gast aus dem Norden wieder erholt hatte und in seine Heimat zurückgekehrt war, wollte er in einem Brief an die Krankenhausverwaltung wissen, was er denn schuldig sei für seinen Aufenthalt. Schließlich habe er dort die bisher schönsten Tage seines Lebens verbracht. Sehen Sie, auch das ist Neapel, das sind die Menschen, die ich bewundere und bedingungslos liebe.«

germeister Achille Lauro (s. S. 31) fällt Neapel in den 50er Jahren einer wilden Bauspekulation zum Opfer, deren Sünden kaum mehr wiedergutzumachen sind. Die Stadt wird so gut wie unregierbar, auch eine kommunistische Verwaltung scheitert. Arbeitslosenelend, Kriminalität und Hoffnungslosigkeit nehmen überhand. Die Menschen suchen ihr Heil wie schon oft in der Auswanderung: 800 000 Neapolitaner verlassen zwischen 1950 und 1970 die Region am Golf.

Erst ein Erdbeben reißt Neapel 1980 wieder aus seiner Lethargie. Mit dem allgemeinen wirtschaftlichen Aufschwung Italiens in den 80er und 90er Jahren wird zwar die Kluft zwischen Nord und Süd noch größer, weil der Mezzogiorno mit dem Tempo nicht Schritt halten kann, der relative Lebensstandard der *terroni*, wie die *polentoni* aus Mailand ihre armen Vettern zu beschimpfen pflegen, bessert sich jedoch zusehends. Ein neues Selbstbewußtsein setzt sich in vielen Bereichen durch, ob in der Wirtschaft, der Politik oder der Kultur.

Gerade zur Jahrtausendwende will eine der ältesten Städte Europas – mit Hilfe ihres mutigen, innovativen Bürgermeisters Antonio Bassolino – der Welt noch einmal zeigen, welche Kraft in ihr steckt, allen Unkenrufen zum Trotz. Hat nicht die Zukunft Neapels bereits vor dreitausend Jahren begonnen?

Zeittafel: Daten und Taten

8. Jh. v. Chr.	Beginn der griechischen Kolonisation in Sizilien und Süditalien. In der Folge Gründung von Kyme (Cumae) sowie erste Ansiedlungen im heutigen Raum Neapel auf der Insel Megaris und auf dem Hügel Pizzofalcone.
6. Jh. v. Chr.	Griechen aus Kyme gründen eine »Neue Stadt« – Neapolis.
326–304 v. Chr.	Rom leistet dem von Samniten bedrohten Neapel Hilfe.
89 v. Chr.	Die Neapolitaner erhalten das römische Bürgerrecht.
79 n. Chr.	Pompeji, Herculaneum und Stabiae werden durch einen Vesuvausbruch vernichtet.
476	Im Castrum Lucullianum (heute Castel dell'Ovo) in Neapel stirbt Romulus Augustulus, der letzte Kaiser des Weströmischen Reiches. Byzanz erobert nach und nach den Mittelmeerraum.
536	Belisar, Feldherr des byzantinischen Kaisers Justinian I., nimmt Neapel ein.
763	Neapel wird selbständiges Herzogtum von Byzanz.
1139	Eroberung Neapels durch die Normannen.
1224	Kaiser Friedrich II. gründet die Universität Neapel.
1265–1268	Papst Clemens IV. belehnt Karl v. Anjou, den Bruder des französischen Königs Ludwig IX., mit Sizilien. Karl besiegt Friedrichs Sohn Manfred und den Kaiserenkel Konradin, den er hinrichten läßt, und übernimmt die Herrschaft über Süditalien. Statt Palermo wird Neapel Hauptstadt.

1282	Nach einem Volksaufstand, der »Sizilianischen Vesper«, werden die Anjou aus Sizilien vertrieben, das 1302 an den Schwiegersohn Manfreds, Peter III. von Aragon, fällt. In Neapel bleiben zunächst noch die Franzosen an der Macht.
1442	Alfons von Aragon erobert Neapel und erhält ein Jahr später als Alfons I. von Neapel-Sizilien die päpstliche Belehnung.
1504	Im Waffenstillstand von Lyon erkennt Frankreich die Herrschaft Spaniens über Neapel an, das als Vizekönigreich der spanischen Zentralgewalt unterstellt wird.
1532–1553	Vizekönig Don Pedro de Toledo läßt Neapel durch zahlreiche Bauten erweitern.
1647	Tommaso Aniello, genannt Masaniello, führt einen Volksaufstand gegen die Spanier an, der blutig niedergeschlagen wird.
1656	Eine Pestepidemie rafft gut ein Drittel der Bevölkerung Neapels dahin.
1688	Ein verheerendes Erdbeben richtet schwere Schäden an den Gebäuden der Stadt an und fordert Tausende von Toten.
1707	Im Spanischen Erbfolgekrieg wird Neapel von den Österreichern unter General Daun besetzt.
1713	Durch den Friedensschluß von Utrecht fällt Neapel an Österreich.
1735	Kaiser Karl VI. tritt Neapel und Sizilien an den Infanten Karl von Spanien als eine Sekundogenitur (Besitz des jeweils zweitgeborenen Sohnes) der spanischen Bourbonen ab.
1738	Beginn der archäologischen Ausgrabungen in Herculaneum.
1743	Gründung der Porzellanmanufaktur in Capodimonte durch Karl III.
1799	Französische Revolutionstruppen proklamieren in Neapel die »Parthenopäische Republik«, die nur ein knappes halbes Jahr überdauert.
1806	Joseph Bonaparte erobert Neapel und wird von seinem Bruder Napoleon mit der Krone bedacht.
1815	Josephs Nachfolger Joachim Murat wird in Kalabrien hingerichtet, der Wiener Kongreß gibt Neapel an den nach Sizilien geflüchteten König Ferdinand IV. zurück, der Festland und Insel zum »Königreich beider Sizilien« vereint und als König Ferdinand I. regiert.
1860	Giuseppe Garibaldi erobert Süditalien und zieht am 7. September in Neapel ein. Am 21. Oktober spricht sich die Bevölkerung mit überwältigender Mehrheit für eine Vereinigung mit dem Königreich Italien (Sardinien-Piemont) aus.
1865 und **1884**	Katastrophale Cholera-Epidemien in Neapel.
1885	*Legge Napoli:* Gesetz zur Sanierung der Elendsviertel von Neapel.

1943	Am 4. August beginnt ein viertägiges Bombardement der Alliierten auf Neapel, das verheerende Schäden – u. a. an der Santa Chiara-Kirche – anrichtet. Die Deutschen, die Italien nach Mussolinis Sturz besetzt halten, räumen im September die Stadt.
1946	In einer Volksabstimmung votieren die Italiener für die Einführung der Republik, die Neapolitaner, obwohl mehrheitlich monarchistisch, müssen dies akzeptieren.
1950	Das Programm für die wirtschaftliche Erschließung Süditaliens *(Cassa per il Mezzogiorno)* tritt in Kraft (bis 1984).
1952–1958	Unter dem korrupten Bürgermeister Achille Lauro blüht in Neapel die Bauspekulation.
1973	Erneute Cholera-Epidemie in Neapel.
1975	Eröffnung der Autobahn-Umfahrung Neapels, der *Tangenziale*.
1980	Ein schweres Erdbeben in Kampanien fordert 2700 Menschenleben.
1993	Antonio Bassolino von der postkommunistischen Partei PDS wird neuer Bürgermeister von Neapel (1997 in seinem Amt bestätigt) und verleiht der Stadt durch unkonventionelle Ideen neuen Elan. Zeitungen schreiben vom »Wunder von Neapel«.
1994	Für den Weltwirtschaftsgipfel (»G 7«) wird Neapel fein herausgeputzt. Endlich steht die alte Metropole wieder im Mittelpunkt internationalen Interesses.
1998	Verheerende Erdrutsche und Schlammlawinen fordern im Hinterland des Golfs von Neapel fast 300 Todesopfer.

Der Hafen von Cetara an der Amalfiküste ▷

Gesellschaft

Gäßchenwirtschaft:
Not macht erfinderisch

»Schirme! Taschentücher!« rufen die sich zwischen dem Verkehr durchschlängelnden Gassenkinder, unter denen mit steigender Arbeitslosigkeit auch immer mehr Jugendliche und Erwachsene anzutreffen sind. Minuten zuvor hatten dieselben Händler noch Sonnenbrillen und Luftballons feilgeboten. Wer etwas über die Flexibilität der Neapolitaner lernen möchte, muß nur den blitzartigen Wechsel im Angebot des Straßenverkaufs beobachten, sobald sich so etwas Wesentliches wie das Wetter ändert. Die ersten Regentropfen sind kaum gefallen – und schon wird umdisponiert. Nur ständige Verkaufsschlager wie Feuerzeuge und Zigaretten verbleiben im Repertoire jener, die sich ihr täglich Brot auf diese Weise verdienen müssen.

Ihr einziges Geschäftskapital sind Phantasie und eine nicht geringe Portion Hartnäckigkeit. Mit kundigem Blick wählen sie in einer Reihe im Stau steckender Autos zielsicher das eines Touristen aus, um ungefragt die Scheiben zu putzen. Ein Fremder, verwirrt ob der ungebetenen Dienstleistung, wird sich vielleicht eher mit einem größeren Geldschein freikaufen als ein Einheimischer, dem selten mehr als 500 Lire zu entlocken sind. Ohne Obolus aber stiehlt sich auch dieser nicht davon, weiß er doch genau, wie bitter notwendig der Junge diese Einkünfte hat.

Das ungeschriebene Gesetz, auch den Ärmsten leben zu lassen, hat Neapel erfolgreich vor einem völligen Kollaps bewahrt. Eine Stadt, die weit mehr Menschen beherbergt, als es jemals Arbeitsplätze geben wird, überlebt ökonomisch auf ihre Weise. »Gäßchenwirtschaft« heißt das System der gegenseitigen Hilfestellung, *economia del vicolo*. Man begegnet ihr auf Schritt und Tritt, sei es in der Zigarettenschmugglerin, die ihr ›Verkaufspult‹ – eine hochgestellte Obstkiste – ausgerechnet vor einem Tabakladen aufgebaut hat, sei es im Losverkäufer, der lauthals Glück verkündet. Der Tabakhändler läßt die Frau ohne weiteres vor seinem Geschäft Zigaretten unter dem Ladenpreis anbieten, hält sie sich doch an die Abmachung, nicht mehr als drei, maximal vier Marken zu führen. Solcherart bleibt ihm jene Kundschaft erhalten, die Exquisiteres will – und die Schwarzmarkt-Verkäuferin kann ihrer Familie am Abend einen Topf Spaghetti vorsetzen. Mehr als das. Sie wiederum hilft der kleinen Bar vis-à-vis, indem sie sich mehrmals am Tag einen Espresso bringen läßt.

Kellner, meist Knaben zwischen acht und zwölf Jahren in etwas schmuddeligen weißen Jacken und schwarzen Hosen, tragen unentwegt Tabletts mit Kaffee, Campari oder Mineralwasser in die umliegenden Büros und Läden. Plastik scheint für diese Stadt extra erfunden worden zu sein, denn nur noch selten sieht man, daß ein »Kaffee über die Straße« aus einer Tasse und nicht aus kleinen Kunststoffbechern geschlürft wird. Die Ästhetik kommt dennoch nicht zu kurz, denn fein säuberlich ist jedes einzelne Becherchen mit einer Papierserviette abgedeckt. Selbst in vielen Restaurants erhält man seinen Espresso zum Nachtisch aus der Nachbarschaft, weil auch der besser situierte Lokalbe-

Gäßchenwirtschaft: Die Bars versorgen die Büros ringsum

sitzer seinem Bar-Kollegen nicht ins Gehege kommen will. Und damit auch nicht den servierenden Kindern, von deren Einkünften oft die ganze Familie existieren muß.

Wie sehr Hunderte und Aberhunderte Neapolitaner auf ihren Nachwuchs angewiesen sind, zeigt eine erschütternde Statistik: 45 % der Kinder aus den ärmeren Vierteln verlassen die Pflichtschule lange vor Erreichen des 15. Lebensjahres. Kinder mit müden Augen, die für ihr Alter schon viel zuviel gesehen haben, sind in Neapel nichts Neues. Ob in einer der blutigen Revolutionen oder wie zuletzt im Zweiten Weltkrieg und in der von Hunger und unvorstellbarem Elend gezeichneten Nachkriegszeit, alle diese Greuel machten auch vor den Kleinsten nicht halt. Curzio Malaparte, der mit seinem weltberühmten Roman »La pelle« (»Die Haut«) diese düstere Vergangenheit auf eindrucksvolle Weise verewigte, setzte damit auch gleichzeitig den Gassenjungen ein Denkmal. Sobald nämlich die Amerikaner am Golf gelandet waren und Neapel besetzt hielten, stellten die Neapolitaner wieder einmal unter Beweis, was sie in jahrhundertelanger Fremdherrschaft gelernt hatten:

»Ein lebender Neger kostete sehr viel. Der Preis für lebende Neger war in Neapel seit einigen Tagen von zweihundert auf tausend Dollar gestiegen und tendierte, noch weiter zu steigen. Der Traum aller armen Neapolitaner, besonders der Scugnizzi, der Gassenjungen, war es, sich einen ›Black‹ kaufen zu können, sei es auch nur für wenige Stunden. Die Jagd auf Negersoldaten war das Lieblingsspiel der Jungen. Neapel war für die Scugnizzi ein endloser afrikanischer Urwald. Wenn es einem Scugnizzo gelang, einen Neger am Rockärmel zu fassen und ihn hinter sich her von Bar zu Bar, von Weinschenke zu Weinschenke, von Bordell zu Bordell zu schleifen, durch das Gewirr der Gassen um Toledo und Forcella, dann schrien ihm aus allen Fenstern, von allen Tür-

Kinderarbeit – Neapels zweifelhaftes Wirtschaftswunder

Neapel ist die einzige Stadt Italiens, die nicht durch Zuwanderung, sondern durch Geburtenüberschuß wächst. Kinder machen am Golf etwa ein Drittel der Bevölkerung aus. Mindestens 100 000 von ihnen müssen als Kellner, Laufburschen oder illegale und unterbezahlte Hilfsarbeiter einer für die Unternehmer blühenden Schattenwirtschaft ihre Familien unterstützen, wenn nicht gar erhalten. In ungesunden, schlecht beleuchteten Räumen oder in Heimarbeit werken sie an der Fabrikation von Schuhen, Handtaschen, Handschuhen, T-Shirts oder Plastikblumen.

Das Desinteresse und die Untätigkeit der Behörden – so die prominente Mailänder Journalistin Camilla Cederna – ist unglaublich. Alle verschanzen sich dahinter, es sei unmöglich, etwas gegen die Kinderarbeit zu tun, weil sie so verbreitet ist. Zur Rechtfertigung wird außerdem vorgebracht, man könne nicht in ein soziales Gleichgewicht eingreifen, für das die Kinder leider die Zeche zahlen müßten. Wenn sich also eines Tages alle Kinder Neapels entschließen sollten, nicht mehr zu arbeiten, würde die Industrie Kampaniens schlagartig zusammenbrechen.

schwellen, von allen Straßenecken hundert Münder, hundert Augen, hundert Hände zu: ›Verkauf mir deinen Black! Ich gebe dir zwanzig Dollar!‹ Dreißig Dollar! Fünfzig Dollar! Es war das, was man ›the flying market‹ nannte, den Fliegenden Markt. Fünfzig Dollar war der höchste Preis, den man bezahlte, um sich einen Neger einen Tag lang zu kaufen, das heißt für wenige Stunden: die Zeit, die nötig war, um ihn betrunken zu machen, ihm alles abzunehmen, was er am Leibe hatte, von der Mütze bis zu den Schuhen, und ihn dann, wenn es Nacht geworden war, nackt auf dem Pflaster einer Gasse liegen zu lassen.«

Besitzer und nicht nur Mieter eines amerikanischen ›Negers‹ zu sein, bedeutete bis auf weiteres eine gesicherte Existenz. Die farbigen US-Soldaten ahnten nie, daß sie selbst eine Goldgrube waren. Malaparte, der als italienischer Nachrichtenoffizier im Dienste der Amerikaner stand, hatte reichlich Gelegenheit, dieses unwahrscheinliche und nur schwer begreifbare System tatsächlich ›hautnah‹ zu studieren:

»Es war sicherlich nicht sehr ehrenvoll für die Neger im amerikanischen Heer, so kind, so black, so respectable, den Krieg gewonnen zu haben, als Sieger in Neapel an Land gegangen zu sein und nun verkauft und verhandelt zu werden wie arme Sklaven. Aber in Neapel ereignen sich diese Dinge seit tausend Jahren: Es ist das gleiche, was den Normannen geschah, den Anjou, den Aragoniern, Karl VIII. von Frankreich, selbst Garibaldi, selbst Mussolini. Das neapolitanische Volk wäre seit vielen Jahrhunderten Hungers gestorben, wenn ihm nicht von Zeit zu Zeit der Glücksfall widerführe, alle diejenigen, Italiener oder Ausländer, kaufen und verkaufen zu können, die in Neapel als Sieger und als Herren zu landen begehrten.«

Einen Touristen unserer Tage, wohlgekleidet, wohlgenährt, schmuckbehangen und mit den Statussymbolen eines teuren Autos oder einer Kamera ausgerüstet, ereilt fast zwangsläufig das gleiche Schicksal im Kleinen wie die Eroberer und Sieger im Großen. Neapel nimmt sich, was es zum Überleben braucht, ohne Skrupel, oder auch ohne Brutalität. Man will von dem Fremden Geld und Wertsachen, nicht aber seine Gesundheit oder gar sein Leben. Auch die Drogenszene, von der heute nahezu die gesamte Altstadt lebt, konnte die Situation nicht wirklich radikalisieren. Anders als in New York oder Rio, wo bei Straßenüberfällen mitunter gräßliche Aggressionen zutage treten und man unter Umständen nur deshalb ein Messer zwischen die Rippen bekommt, weil man den Ärmsten reich erscheint, passiert einem in Neapel außer einem finanziellen Verlust kaum etwas.

Seit neben professionellen Straßenräubern, den *scippatori*, immer mehr Süchtige Jagd auf die Handtaschen der Touristen machen, kommt es gar nicht so selten vor, daß Fremde ausgerechnet von Zigarettenschmugglern und anderen keineswegs vertrauenerweckenden Vertretern der Randgruppen dieser Hafenstadt gewarnt werden: »Vorsicht, Signori. Böse Menschen haben es auf Sie abgesehen«, raunen sie den Vorübergehenden zu – wenn sie ihnen sympathisch sind.

Nur wer begreift, wie unentwirrbar und lebensnotwendig das Geflecht gegenseitiger Unterstützung ist, wird die wahre Katastrophe des Erdbebens von 1980 verstehen. Als zahllose Häuser der Altstadtviertel in sich zusammenstürzten und die Obdachlosen in die Randbezirke umsiedeln mußten, verloren sie die Existenzgrundlage ihrer Gäßchenwirtschaft. Viele zogen es vor, selbst

Der Verkauf von geschmuggelten Zigaretten – ein ganz normaler Broterwerb

unter Lebensgefahr in den einsturzgefährdeten ebenerdigen Wohnhöhlen, den *bassi,* zu bleiben, weil sie nur dort weiter ihren Geschäften – sei es das Fälschen von Antiquitäten, sei es das Herstellen wertloser Papierblumen, die dennoch ein paar Lire bringen – nachgehen können.

Erstaunlicherweise finden sich weit weniger Bettler in den Straßen, als angesichts der Armut anzunehmen wäre. Lieber versucht man sich in kleinen Gaunereien oder im Verkauf von Schmuggelware, als sich zu erniedrigen und für nichts und wieder nichts Geld zu verlangen. Die Schattenwirtschaft hat dank der Erfindungsgabe der Italiener enorme Ausmaße angenommen, im Finanzministerium spricht man von 10 bis 30 % des gesamten Brutto-Inlandsprodukts. Und im Süden dürften die Zahlen sogar noch weit höher anzusetzen sein. Daß seitens der Politiker dennoch keine wirklich ernstzunehmenden Versuche gestartet werden, etwas gegen den enormen Steuerentgang zu unternehmen, kann wohl als Beweis dafür gelten, daß das gesamte Wirtschaftsgefüge ins Wanken geriete, ließe man die zahllosen illegalen Geschäfte nicht zu.

Die Kunst, sich irgendwie durchzuwursteln, zu arrangieren, ist älter als Neapel. Sie galt den alten Griechen so viel, daß es dafür sogar einen eigenen Schutzpatron, Poros, gab. An ihn richteten die Armen ihre Bitten, wenn sie in ernsten Schwierigkeiten waren. Platon berichtet in einem Dialog seines »Gastmahls« von diesem Gott, der sich laut Sokrates mit Penia, der Göttin der Armut, vereinigte und Eros zeugte. Nach den Vorstellungen des großen Philosophen sollen nämlich nicht Aphrodite und Ares, die Verkörperungen von Schönheit und Krieg, die Eltern des schalkhaften Gottes der Liebe gewesen sein, sondern Armut und Erfindungsgabe.

Sokrates beschreibt den Eros als einen Jüngling, der selbst nicht schön ist, aber das Schöne liebt, und fügt dann wörtlich an: »Zuerst ist er immer arm und bei weitem nicht fein und schön, wie die meisten glauben, vielmehr rauh, unansehnlich, unbeschuht, ohne Behausung, immer auf dem Boden umherliegend und unbedeckt, schläft vor den Türen und auf den Straßen im Freien und ist der Natur seiner Mutter gemäß immer der Dürftigkeit Genosse. Und nach seinem Vater wieder stellt er dem Guten und Schönen nach, ist tapfer, keck und rüstig, ein gewaltiger Jäger, alle Zeit irgend Ränke schmiedend, nach Einsicht strebend, sinnreich, sein ganzes Leben lang philosophierend, ein arger Zauberer, Giftmischer und Sophist.«

Mit dieser Beschreibung des Gottes Eros, die Sokrates vor bald zweieinhalb Jahrtausenden skizzierte, entwarf der Philosoph gleichzeitig ein Phantombild des kleinen neapolitanischen Gauners, wie es zutreffender nicht sein könnte. Ein Bild, das ganz gewiß selbst dann noch Gültigkeit besitzen wird, wenn sich der Überlebenskampf in dieser Stadt jemals in ruhigeren Gewässern abspielen sollte.

Autofahren – Das lustvolle Chaos

Die Straßenbahngleise entlang des Hafens, durch achsenbrechende ›Stuttgarter Schwellen‹ vom übrigen Verkehr getrennt, stellen die beliebteste Rennstrecke der Neapolitaner dar. Als ›Schikanen‹ des engen Parcours gelten die alten Trambahnen, die sich nicht wie andernorts ungeduldig bimmelnd ihren Weg erkämpfen, sondern mit heiseren Huptönen vergeblich um Vorfahrt bemühen. Diese Klapperkästen, die es auf eine erstaunliche Geschwindigkeit bringen, links zu überholen, bietet einen besonderen Nervenkitzel, da ja reger Gegenverkehr herrscht: Straßenbahnen, Busse und Autos.

Chancen auf schnelles und zügiges Vorwärtskommen – sei es mit öffentlichen oder privaten Verkehrsmitteln – sind in Neapel sonst sehr gering. Der erste Taxifahrer, vom Neuankömmling vor dem Hauptbahnhof angesprochen,

In den engen Gassen Neapels sind Zweiradfahrer eindeutig im Vorteil

Die antike Kunst, wortlos vielsagend zu sein

In jedem Neapolitaner steckt ein Stück von ihm: Pulcinella, ein Verwandter des französischen Polichinelle, des spanischen Don Cristóbal, des englischen Punch und auch des deutschen Hanswurst, der liebenswert tölpelhafte, aber dennoch pfiffige Komödiant aus der »Commedia dell'Arte«, ist ein Spiegel der neapolitanischen Volksseele. Der klassische Pulcinella trägt ein weites, weißes Gewand mit einem schwarzen Ledergürtel, eine hohe Mütze und bedeckt sein Gesicht zu drei Viertel mit einer schwarzen, vogelnasigen Maske. Trotz seines Buckels bewegt er sich äußerst flink, stets auf einen Fluchtweg bedacht, wenn ihm aufgrund seines losen Mundwerks oder seiner frechen Gebärden der Boden unter den Füßen zu heiß wird.

Die Symbolfigur der neapolitanischen Volkskomödie lebt in neuem Gewand nicht nur im Theater – wo in den vergangenen Jahrzehnten Eduardo De Filippo dieses Genre zu literarischen Höhen geführt hat – und im Film fort (hier galt vor allem der 1967 verstorbene Komiker Totò als Personifizierung des modernen Pulcinella), sondern auch im Alltag. Auf den Straßen und Märkten, in den Cafés und Restaurants, überall dort, wo mindestens zwei Menschen zusammenkommen, wird Pulcinellas Sprache der Zeichen und Gebärden gesprochen.

Die Kunst, wortlos vielsagend zu sein, ist keine Erfindung der Commedia dell'Arte. Sie stammt vielmehr aus der Antike, wie zahllose Abbildungen beweisen. Der Fischhändler auf der griechischen Vase unterscheidet sich in seiner Körpersprache kaum von seinem modernen Berufskollegen. Mag Neapel auch als Stadt des Lärms gelten, Unterhaltungen müssen nicht immer lautstark ausgetragen werden. Einige Handbewegungen sagen mehr als tausend Worte.

Die Zeichensprache mit ihrer vielfältigen Mimik und Gestik wird in der Schule des Lebens gelehrt. Als Fremder sollte man sich freilich hüten, dabei mitzureden. Denn schon die geringste Abweichung von einem der präzise festgelegten Zeichen kann eine völlig andere Bedeutung signalisieren. So gilt zum Beispiel die geballte Faust bei ausgestrecktem kleinen und Zeigefinger erhoben als Schimpfwort (cornuto – »Gehörnter«), während sie zu Boden gerichtet den bösen Blick (malocchio) und anderes Unheil abwehren soll. Kopf und Kinn nach oben gezogen, heißt schlichtweg no, hebt ein Neapolitaner dazu noch die Augenbrauen, wird's kritisch. Faltet er die fünf Fingerspitzen in Tulpenform und bewegt sie vor dem offenen Mund, geht man ihm eindeutig auf die Nerven. Daumen und Zeigefinger zu einem Kreis geschlossen, drücken nicht wie in mitteleuropäischen Breiten begeisterte Zustimmung aus, sondern bedeuten, daß eine bestimmte Person einer gewissen Körperöffnung gleicht. Wer Hunger hat, schlägt mit der flachen Handkante seitwärts in die Hüfte, wer trinken will, führt seinen Daumen zum offenen Mund.

Reichhaltig ist auch das erotische Vokabular der Zeichensprache. Wenn sich Neapolitaner über das ›Thema Nummer eins‹ unterhalten, dann rudern sie mit ihren Händen in der Luft, bewegen ihre Finger blitzschnell wie ein Klavierspieler, ballen ihre Fäuste (wobei der Daumen zwischen Zeige- und Mittelfinger herausschaut), schnalzen mit der Zunge und setzen ihr frechstes Grinsen auf. Pulcinella, wie er leibt und lebt!

zeigt glatt die kalte Schulter und verzichtet auf sein Geschäft. »Wenn Sie zur Piazza Dante wollen, gehen Sie besser zu Fuß. Das dauert nur eine halbe Stunde. Bis ich um den Bahnhofsplatz herum bin, sind Sie schon dort. Es hat wirklich keinen Sinn, sich jetzt da hineinzustürzen«, sagt er und weist mit resignierender Gebärde auf den Blechwurm, der auf der Piazza Garibaldi vor der Stazione Centrale in der Mittagshitze brodelt und stinkt und aus dem es offenbar kein Entrinnen gibt. Gemächlich wendet er sich wieder seinen Kollegen zu, die auf der Kühlerhaube seines Wagens Karten spielen.

Die Aussicht auf einen Spaziergang in verpesteter Luft, auf einen Spießrutenlauf zwischen Fahrzeugen, deren Lenker mit knurrenden Mägen dem Mittagstisch und der anschließenden Siesta entgegenfiebern und auch bei völligem Stillstand der Kolonne ständig auf das Gaspedal steigen, ist wenig reizvoll. Ein zweiter Versuch bei einem Taxistandplatz an einem Ausgang des Kreisverkehrs lohnt sich daher. Der Fahrer sieht eine winzige Lücke in der sonst dicht geschlossenen Reihe der Autos und stürzt sich blitzschnell in das Gewühl.

Völlig entspannt sitzt er hinter dem Steuer, dreht das Lenkrad geschickt mit zwei Fingern, als wäre er in einem Spielsalon und betätigte einen Flipper-Automaten. Ununterbrochen hupend, immer handbreit an anderen Verkehrsteilnehmern, an Passanten oder Hausmauern vorbei. In aller Ruhe zündet er sich eine Zigarette an, dann und wann winkt er aus dem Fenster Freunden zu, einmal bleibt er sogar mitten auf der Straße stehen, um mit einem entgegenkommenden Taxikollegen in für den Fremden unverständlichem Neapolitanisch einige Worte zu wechseln. »Eile mit Weile«, lautet offenbar die Devise. Zwei Auto-

Verkehr

fahrer haben sich etwas zu sagen, und das wird wohl wichtig sein. Kein Mensch will sie dabei stören. In einer solchen Situation drückt niemand voll Ungeduld auf die Hupe, selbst wenn die Schlange hinter den wild gestikulierenden Plaudertaschen wächst und wächst.

Der Chauffeur erweist sich – wie überhaupt alle in dieser Stadt – als begnadeter Fahrkünstler. Wenn er in den Augen des zitternden Neapel-Anfängers im Fond wieder einmal haarscharf dem sicheren Tod entronnen ist, lacht er freundlich und beschleunigt das Tempo. Dazwischen findet er noch Zeit, auf einige Sehenswürdigkeiten hinzuweisen. Nicht alle Vertreter seiner Zunft freilich verdienen Fuhrlohn und Trinkgeld so ehrlich wie dieser Mann, der sofort den Fahrpreisanzeiger eingeschaltet hat und den fremden Gast auch nicht auf eine unfreiwillige Besichtigungstour kreuz und quer durch die Metropole am Golf schleppt. Nur die gelben Taxis mit aufgemalten Nummern besitzen eine Beförderungskonzession. Man sollte sich tunlichst an diese halten und nicht auf die schwarzen Schafe der Branche hereinfallen, die ihre Dienste am liebsten Touristen anbieten, da kaum ein Neapolitaner ihre unverschämten Preisforderungen – Taxameter sind entweder manipuliert, laufen nicht mit oder existieren gar nicht – akzeptiert.

Verkehrshölle, sagen die einen. Lustvolles Chaos nennen es die anderen. Die Umsetzung der Straßenverkehrsordnung in die Praxis wird in Neapel nach eigenen Spielregeln mit Phantasie und Kreativität gehandhabt. Da die Vorschriften von niemandem eingehalten werden, kann niemand sie verletzen. Dieser krausen, für Süditaliener jedoch durchaus klaren Logik hat sich auch die Polizei angeschlossen, die das scheinbar heillose Durcheinander mit Langeweile betrachtet. Solange sich keiner beschwert, wird nicht eingeschritten. Parkende Autos in zweiter und dritter Spur sind durchaus üblich, allerdings sollte man sich in einem solchen Fall nicht allzu weit von seinem Fahrzeug entfernen, da Bürgermeister Antonio Bassolino für die Anschaffung zahlreicher Abschleppwagen gesorgt hat. Ebenso wie für die Einstellung einer starken Spezialtruppe, die den ruhenden Verkehr überwacht und mit der Verteilung von Strafzetteln nicht geizt.

Kostenpflichtige Kurzparkzonen, verkehrsfreie Viertel im Zentrum und teilweises Fahrverbot an Sonn- und Feiertagen – das sind nur einige der von großen Teilen der Bevölkerung mit lautstarkem Protest aufgenommenen Maßnahmen Bassolinos, um die chaotischen Zustände auf den Straßen einigermaßen in den Griff zu bekommen. Nach wie vor aber gelten Verkehrsschilder und -ampeln im motorisierten Tanz um den Vesuv als gutgemeinte Empfehlungen, die ein echter Sohn, eine echte Tochter Napolis kaum beachtet. Rotes Licht bedeutet für sie bloß ein bißchen Vorsicht. In der Kreuzungsmitte verständigt man sich dann schon irgendwie durch Blickkontakte oder Handzeichen darüber, wer Vorfahrt hat. »Gelb macht uns am meisten Spaß, denn da brausen nämlich alle gleichzeitig los«, beschreibt ein Einheimischer genußvoll die alltägliche Szenerie auf den Straßen. »Und Grün haben wir ohnedies immer.«

Den Polizisten in ihren schmucken Uniformen, häufig schwarzgelockte junge Männer oder rassige Mädchen mit wallendem Haar, würde es nicht im Traum einfallen, einen Autofahrer aufzuschreiben, nur weil er eine rote Ampel nicht beachtet hat. Oft geben sie sogar eindeutig fordernde Handzeichen, um den Verkehrsfluß zu beschleunigen:

Fahrt weiter und laßt euch von einem roten Licht nicht aufhalten. Kommt es zu einem Zusammenstoß und gibt es dabei keine Verletzten, so sollen die Kontrahenten die Angelegenheit gefälligst untereinander ausmachen. Die Obrigkeit hat sich da nicht einzumischen. Die Gesetzeshüter sind schließlich auch Neapolitaner, die ihren fahrbaren Untersatz heiß lieben und jahrelang gespart haben, um sich endlich auf zwei oder vier Rädern bewegen zu können. Sie fahren, wie alle in dieser Stadt, selbst dann mit dem Auto, wenn sie nur einmal um den Häuserblock wollen, um Zigaretten zu kaufen. Und packen am Sonntag nachmittag die ganze Familie in den Wagen, um eine Spazierfahrt auf der Caracciolo, der eleganten Uferpromenade am Fuß von Vomero und Posillipo, zu unternehmen. Weil Zehntausende auf dieselbe Idee gekommen sind, stecken sie stundenlang im Stau, der ihnen offensichtlich sogar noch Vergnügen bereitet. Stoßstange an Stoßstange, Autotür an Autotür bewegen sich die Ausflügler im Schritt-Tempo weiter, eine breite Kommunikationsbasis, auf der im Verlaufe hitziger Debatten über Fußball und Politik von Fenster zu Fenster schon so manche Freundschaft geschlossen wurde. Wirklich unverschämt, dieser Bürgermeister Bassolino, der den Neapolitanern solche kleine Freuden nicht gönnt und sie zu Fußgängern degradieren will!

Denn der eigene Wagen ist nicht nur Verkehrsmittel, sondern auch sozialer Ort und Lebensraum, wo man sich unterhält, aus Plastikbechern Kaffee trinkt und die Liebe pflegt. Intimsphäre wird ganz einfach durch innen an die Scheiben geheftete Doppelseiten großformatiger Tageszeitungen geschaffen. Die Wohnungsnot ist ebenso groß wie die Lust auf *amore,* und keiner stört die Pärchen, wenn sie an alles andere als lauschigen Plätzchen, nur wenig abseits des Fahrzeuggewühls, dafür sorgen, daß Neapel nicht ausstirbt.

Es gibt auch Ausnahmen zum sonst üblichen Verkehrschaos

Die »fieberhafte Erregung der Lebenstätigkeit, dieses allgemeine Mit- und Ineinanderhandeln des gesamten Volkes« hat schon vor mehr als hundert Jahren den deutschen Reiseschriftsteller Ferdinand Gregorovius nachhaltig beeindruckt. »Die Stadt scheint in fortdauernder Revolution – nichts bleibt, alles fließt, strömt von Lebensflut«, schreibt er in seinem berühmt gewordenen Werk »Wanderjahre in Italien« … »Gleich groß das Gewühl am Hafen, gleich groß auf den Kais, den Märkten, dem Toledo, und glaubt man sich aus ihm auf Capodimonte, den Vomero oder den Posillipo gerettet zu haben, so gerät man in ein neues Chaos strömender Menschenverwirrung. Man hat hier keine Zeit und keinen Raum. Man kann nicht betrachten; wo man auch sei, überall sind die Sinne in beständigem Verteidigungskriege. Selbst die strahlenden Lichter des Meeres und der Küsten machen unruhig; sie blenden das Auge und regen die Phantasie auf. Auch nicht in tiefster Nacht hat das Ohr vor dem Lärm der Stimmen und dem Rollen der Wagen Ruhe.«

Aggressiv wird in Neapel nicht gefahren. Und schon gar nicht rücksichtslos. Das unterscheidet den motorisierten Menschen am Golf von seinen nördlichen Nachbarn. Sture Autolenker, die auf ihr Recht pochen, die nicht imstande sind, die kunstvolle Choreographie des Verkehrsballetts zu begreifen, das da tagtäglich mit mehr oder weniger vielen Pferdestärken aufgeführt wird, ohne einen Dirigenten zu benötigen, weil jeder Teilnehmer die Reaktionen des anderen genau kennt, die »Jetzt-bin-ich-da«-Typen also, sollten ihr Vehikel besser am Stadtrand, auf den großen Parkplätzen im Hafengelände oder in einem der Parkhäuser abstellen. Sie würden nämlich mit ihrer Mentalität schon nach wenigen Kilometern scheitern, die Nerven verlieren und einen Unfall bauen. Wer sich langsam an die Situation gewöhnt und bereit ist, sich dem geheimnisvollen Rhythmus anzupassen, wird dem vermeintlichen Chaos bald seine schönen Seiten abgewinnen. Ja, es macht Spaß, in Neapel hinter dem Steuer eines Wagens zu sitzen. Es muß nicht gerade der eigene, liebevoll gepflegte, geputzte und gewartete sein. Ein Leihauto mit vollem Versicherungsschutz nimmt dem neapolitanischer Sitten Unkundigen die größten Sorgen ab. Und dann wird man bald feststellen, daß der Verkehr in anderen Großstädten viel gefährlicher ist, zumal man als Ausländer in Süditalien mit Nachsicht und Verständnis rechnen kann.

Das gilt auch für die Fußgänger. Der englische Reisejournalist H. V. Morton hatte schon in den 60er Jahren eine auch heute noch durchaus gültige Methode entwickelt, in dem Gewimmel der breiten, mehrspurigen Via Partenope im noblen Stadtviertel Santa Lucia nicht unter die Räder zu kommen: »Ich suche mir einen Fußgängerüberweg, werfe einen Arm in der abrupten Gebärde eines römischen Schauspielers, der den Cassius darzustellen hat, steil in die Höhe, verlasse das Trottoir und beginne, die Straße zu überqueren. Der Arm muß entschlossen emporgereckt bleiben, bis die andere Seite erreicht ist. Wer schwach wird, ist verloren. Beim geringsten Zeichen der Unentschlossenheit würden die Fahrer der vier Bahnen den Verzagten sofort mit Freuden hilflos einkreisen. Es handelt sich hierbei in der Tat um einen Kampf, bei dem der stärkere Wille siegt, wenngleich ich gerne zugebe, daß nahezu alle italienischen Autofahrer stets mit dem Fuß auf der Bremse fahren und imstande sind, notfalls binnen einer Spanne von dreißig Zentimetern zu stoppen.«

Eine Feststellung sollte man vor allem beherzigen, wenn man per pedes unterwegs ist: die Zielstrebigkeit beim Überqueren der Fahrbahn. Wer sich fürchtet und zögernd vom Bürgersteig tritt, bleibt übrig. Sicherlich ist es nicht jedermanns Sache, dem berühmten Reaktionsvermögen der PS-Artisten am sonnigen Mittelmeer blind zu vertrauen. Ängstlichkeit macht aber die Sache nur noch schlimmer. Fußgänger sind in Neapel als Verkehrsteilnehmer voll und ganz gleichberechtigt. Man kann sich also beruhigt auf die guten Eigenschaften der Auto- und Zweiradfahrer verlassen, die so lange Rücksicht nehmen, sofern nicht durch die Umständlichkeit eines Passanten alle Räder zum Stillstand kommen. Dann riskiert man aber allenfalls ein polyphones Hupkonzert und keineswegs sein Leben, wie das in den so wohlgeordneten Kommunen Mitteleuropas der Fall wäre.

Dort ist auch die Gefahr, von promilleträchtigen Lenkraddrehern über den Haufen gefahren zu werden, viel größer als in Neapel, wo Alkoholismus nur ein Randproblem darstellt. Außer der historischen Statue des »Trunkenen Silen« im Nationalmuseum wird man kaum Betrunkenen begegnen. Alkoholika sind im wahrsten Sinne des Wortes Genußmittel und nicht Sorgentröster und Problemlöser. Zum opulenten Essen einen Wein, zum Espresso eventuell ein Gläschen Grappa – unter südlicher Sonne wird nicht sinnlos gesoffen. Der Neapolitaner behält gern einen klaren Kopf.

Bürgermeister Bassolino setzt vernünftigerweise auf die öffentlichen Verkehrsmittel, das relativ dichte Netz der Bus-, Straßen- und Eisenbahnlinien sowie die *funicolari*, die Standseilbahnen. Busse und Straßenbahnen können sich trotz eigener Fahrspuren nur im Tempo des Individualverkehrs fortbewegen. Wesentlich schneller und bequemer kommt man mit der U-Bahn (*metropolitana,* bisher zwei Linien) ans Ziel. Die *funicolari* überwinden, ebenfalls in Tunnels, in wenigen Minuten einige hundert Höhenmeter zwischen der Altstadt und dem Vomero beziehungsweise dem Fährhafen Mergellina und dem Posillipo.

Ob Autofahrer, Motorradlenker, Fußgänger oder Benützer öffentlicher Verkehrsmittel, man wird in Neapel einander immer hautnah spüren. Der Tumult aus Körpern, Fahrzeugen, Lärm und Abgasen gehört eben zum Lebensgefühl dieser Stadt, deren Vitalität brodelnder ist als die glühende Masse im Inneren des schlafenden Vulkans. Eine Hölle zum Genießen für den, der sich ihrem rasenden Pulsschlag angleicht.

Camorra: Tod in Neapel

Der ›Beschützer‹ nannte sich »San Gennaro«. Mit unverhohlenem Nachdruck forderte er in hektographierten Briefen von den Kaufleuten der noblen Via Chiaia monatliche Zahlungen. »Wenn Sie unsere Bedingungen nicht annehmen«, drohte der Erpresser, erwarteten sie »negative Konsequenzen«.

Neapolitanischer Alltag. Ein ›kleiner Fisch‹ für die Polizei, eine Viertelseite im Chronikteil der Tageszeitung »Il Mattino«. Von den schätzungsweise hundert angeschriebenen Geschäftsinhabern wandten sich zunächst ganze fünf an die Behörden, womit der Fall aktenkundig wurde. Der für die Erhebung der ›Schutzgebühren‹ mißbrauchte Name des Stadtheiligen war nur einer von vielen der Camorra. Und der Erpressungsversuch auch nur ein Farbtupfer im breiten Spektrum des organisierten Verbrechens. Die Camorra hat viele Gesichter.

Gelangweilte und arbeitslose Jugendliche bilden nicht selten das Reservoir, aus dem die Camorra ihre Rekruten schöpft.

Vom Rauschgift- bis zum Babyhandel, vom Baugeschäft bis zum Fremdenverkehr, vom Zigarettenschmuggel bis zur Postenbeschaffung – die ›Ehrenwerten‹, wie sich die Bosse nach dem Muster der Mafia selbst nennen, haben Neapel fest im Griff. Zwar rotten die Clans einander gelegentlich fast bis zum letzten Mann aus, ein Ende der Camorra-Herrschaft aber wagen nicht einmal die größten Optimisten vorauszusagen. Zu tief ist das System in der Bevölkerung verwurzelt, zu weitverzweigt bis in höchste politische Kreise das mafiose Denken, zu groß das stets wachsende Heer der Arbeitslosen, der sozial Unterprivilegierten, der Menschen ohne Hoffnung, aus denen sich der kriminelle Nachwuchs rekrutiert.

Der Tourist, der die Sehenswürdigkeiten der Stadt besichtigt, süditalienisches Flair genießt, das bunte Leben und Treiben Neapels, bleibt von dem mörderischen Kampf um Vorherrschaft der ›Familien‹ weitgehend verschont. Im Preis für seinen Espresso, seine Pizza oder sein Muschelgericht sind ja die Abgaben, die der Lokalbesitzer dem Chef seines Bezirks zu entrichten hat, bereits enthalten. Und somit ist der fremde Gast nur für die Kleinkriminellen interessant, die *scippatori,* jene jugendlichen Akrobaten auf Motorrädern, die unvorsichtigen Urlaubern Handtaschen und Halsketten vom Leib reißen. Aber dieses Problem beschränkt sich keineswegs auf den Golf von Nepael, es gilt für Norditalien ebenso wie auch für Spanien oder Frankreich. Die neapolitanischen Taschenräuber stehen natürlich auch im Dienste der Camorra, der sie einen beträchtlichen Teil ihrer Einkünfte abzuliefern haben. Dafür genießen sie einen gewissen ›Gebietsschutz‹ und müssen sich in den ihnen als Arbeitsplatz zugewiesenen Straßen und Gassen nicht noch mit lästiger Konkurrenz herumschlagen.

Die Gefahr, in ein Feuergefecht rivalisierender Banden zu geraten, ist für den Touristen äußerst gering. Kein einziger derartiger Fall wurde in den vergangenen Jahrzehnten bekannt. Solche Szenen spielen sich gewöhnlich in Lokalen und Gegenden ab, um die ein Fremder ohnedies einen großen Bogen macht. Außerdem existieren selbst im brutalen Milieu des Stadtgangstertums noch gewisse ›Umgangsformen‹, ungeschriebene Gesetze, nach denen die Gastfreundschaft heilig ist.

»Warum haben die es dann auf meine Tasche, auf meinen Fotoapparat, auf mein Halskettchen abgesehen, wenn ich doch schon von weitem als Tourist erkennbar bin?« mag sich da so mancher mit Recht fragen. Die Antwort klingt relativ einfach, auch wenn das Problem äußerst komplex ist: In der Mentalität der Süditaliener hat das Gastrecht ebenso seinen Platz wie die Forderung, daß der Reiche mit dem Armen zu teilen hat. Wer mit Schmuck, eleganten Kleidern oder teuren Autos Wohlhabenheit signalisiert, darf sich nicht wundern, auf diese oder jene Weise zur Kasse gebeten zu werden.

Neapels Geschäftswelt – auch Ärzte, Advokaten und Architekten sind davon nicht ausgenommen – weiß davon ein traurig' Lied zu singen. Nach vorsichtigen Schätzungen der Polizei dürften rund um den Golf an die 300 000 Menschen von kriminellen Aktivitäten abhängig sein. Und von diesen wiederum müssen mindestens 70 000 dem harten Kern camorristischer Organisationen zugerechnet werden. Ihnen steht eine waffenstarrende Armee von einigen tausend Desperados zur Verfügung, die auf den kleinsten Wink des Capo jederzeit zum Töten bereit sind und dies um geringstes Honorar auch tun, ohne mit der Wimper zu zucken. Durchschnittlich 300 Morde pro Jahr – das ist die grauenhafte Bilanz des permanenten Krieges der verfeindeten Clans, seit das Geschäft mit harten Drogen in den 70er Jahren den vergleichsweise harmlosen Zigarettenschmuggel an Bedeutung überflügelt und Jahresumsätze in Milliardenhöhe – Euro, nicht Lire, versteht sich – erreicht hat.

Welche Chance besitzt ein Neapolitaner, den Fängen der Camorra zu entkommen? Stammt er aus gehobenen sozialen Verhältnissen, so wird er mit angemessenen Schutzgeldzahlungen von Bedrohungen verschont bleiben, solange er nicht gezwungen ist, einen der Mächtigen um einen Gefallen zu bitten. Das kann eine Baubewilligung sein, ein höherer Kredit, eine schwierige Intervention bei einer Behörde. Ab diesem Augenblick steht er bereits in der Schuld der ›Ehrenwerten‹, die irgendwann einmal eine entsprechende Gegenleistung verlangen.

Als arbeitsloser Jugendlicher – 80 % aller Neapolitaner ohne offizielle Beschäftigung sind unter 30 Jahre alt – kommt er um Kontakte mit Camorristen größeren oder kleineren Kalibers kaum herum. Mimmo Chinelli stammt aus dem Industrievorort Arenella. Mit zwanzig hatte er das Abiturzeugnis einer technischen Mittelschule in der Hand, das ihn als qualifizierten Flugzeugmechaniker auswies. In seinem erlernten Beruf hat er allerdings niemals arbeiten können. Zwei Jahre schuftete er gegen kärglichen Lohn in einer illegalen Glasfabrik, 18 Monate war er am Bau beschäftigt, bis er auch diesen Posten verlor. Den Traum, in der Luftfahrtindustrie unterzukommen, hat er längst aufgegeben. Wäre er vor

100 Jahren zur Welt gekommen, hätte er im Zwischendeck eines Auswandererschiffs auf ein besseres Leben in Amerika oder Australien hoffen dürfen. Noch in den 60er Jahren bestand am Förderband eines der großen Automobilwerke in der Bundesrepublik Deutschland oder in Norditalien die Möglichkeit, sich genügend Ersparnisse für eine Haushaltsgründung zurückzulegen.

Heute sieht Mimmo keinen Ausweg mehr. Daß er nicht sofort den Verlockungen der Camorra erlegen ist, verdankt er seinem Vater, der die achtköpfige Familie viele Jahre lang erhalten hat. Aber welcher junge Mann will nicht mit 25 endlich auf eigenen Beinen stehen? Wer möchte nicht seiner Freundin mit einem laut röhrenden Motorrad imponieren? Ein Posten im öffentlichen Dienst, der die meiste Sicherheit vor Kündigung bietet, ist nicht ohne einen einflußreichen ›Paten‹ oder hohe Schmiergelder – in der Regel das zwei- bis dreifache Jahresgehalt eines gelernten Arbeiters – zu ergattern, in der Industrie drängen sich um jede freie Stelle Hunderte von Bewerbern. »Wenn du weder Geld noch Beziehungen hast, dann bleibt dir nur die Camorra«, zuckt Mimmo resignierend die Schultern.

So trat er schließlich doch in die Dienste der ›Ehrenwerten‹ und verkauft jetzt für sie Methangas auf dem schwarzen Markt, eine nicht ungefährliche, aber recht lukrative Tätigkeit, dank derer er jetzt auch an Heirat und Kinder denken kann. An die 100 000 Fahrzeuge im Raum Neapel werden mit Gas betrieben, mit dem die Camorra – es gibt bloß acht dafür konzessionierte Tankstellen – blühende, steuerfreie Geschäfte betreibt. Die häufig schlampig gewarteten Gasflaschen sind rollende Bomben, die dann und wann explodieren – ein Risiko, um das man am Golf nicht viel Aufhebens macht. Auch Mimmo, der sich lange genug gegen eine kriminelle Laufbahn gewehrt hat, lassen die Opfer des illegalen Methangashandels inzwischen kalt. Er ist froh, von seinen Auftraggebern noch nicht zu ›höheren Aufgaben‹ herangezogen zu werden, allerdings ohne Illusion, dem Befehl zum Töten eines Tages zu entkommen.

Die Zukunft spricht nicht für Mimmo Chinella und seinesgleichen, eher für die Camorra. Arbeitsplätze werden immer rarer, und auf jede durch Pensionierung frei werdende Stelle kommen mehr als zwei Jugendliche, die in die Arbeitswelt eintreten wollen. So hat die durchschnittliche Arbeitslosenrate bereits die 20 %-Marke überschritten, wobei die Inseln und die Touristenorte an den Küsten dank Fremdenverkehr viel weniger betroffen sind als die städtischen Ballungsgebiete, in denen praktisch jeder zweite junge Mensch ohne Beschäftigung ist. So sieht der fruchtbare Boden aus, auf dem die Camorra wächst.

Während die historischen Wurzeln der sizilianischen Mafia im landwirtschaftlichen Feudalsystem der Mitte des 19. Jh. liegen, ist die Camorra ein reines Stadtgangstertum, auch wenn Aufbau, Methoden und Mentalität beider Organisationen sehr ähnlich sind. Die Unterweltler am Golf von Neapel halten sich, wie ihre ›Zunftgenossen‹ in Sizilien oder in den USA, für Mitglieder einer *onorata società*, was in der wörtlichen Übersetzung »geehrte« und nicht »ehrenwerte« Gesellschaft bedeutet. Auch für sie ist die *omertà*, das absolute Schweigen, ein ehernes Gesetz. Kein Wunder, daß gerade in Neapel die drei weisen Affen – nichts hören, nichts sehen, nichts reden – zu inoffiziellen Stadtheiligen avanciert sind.

Der Begriff Camorra – er dürfte vom neapolitanischen Dialektausdruck *morra*

Neapels Frauen haben der Camorra den Kampf angesagt

(Bande) stammen – wird laut Werner Raith, dem führenden deutschen Spezialisten für Italiens organisierte Kriminalität, seit 1865 meist synonym mit Mafia verwendet. Unter den Bourbonen, für einige Zeit auch noch nach der Einigung Italiens, wurden *camorristi* ganz legal zu polizeiähnlichen Aufgaben herangezogen. Sie stellten die Aufseher in den Gefängnissen und wachten über Märkte, Bordelle und Spielhöllen. Schon damals mischte sich das Verbrechen mit der Politik, wenn auch die Camorra – im Gegensatz zur Mafia, die ihre Repräsentanten immer wieder bis in einflußreiche Regierungsämter in Rom einschleust – bisher niemals hohe politische Posten besetzt hat.

Anders als bei Gangsterbanden in mitteleuropäischen Großstädten spielen bei der Camorra verwandtschaftliche Beziehungen eine wichtige Rolle. Der Einfluß der großen Clans konzentriert sich auf das Gebiet zwischen Caserta, Salerno, Battipaglia und Avellino, Zentren camorristischer Aktivitäten sind neben der Metropole Neapel vor allem die Gemeinden rund um den Vesuv. Wenn die Camorra in den Krieg zieht, so richtet sich der Kampf seit jeher vorrangig gegen konkurrierende Gruppen und erst in jüngster Zeit zunehmend auch gegen die Staatsmacht. Um ihre Positionen zu festigen, scheuen die Bosse vor nackter Gewalt und unvorstellbarer Brutalität nicht zurück. Selbst Frauen und kleine Kinder werden nicht geschont und von Killern gegnerischer Familien gnadenlos niedergemäht.

Weil Führerpersönlichkeiten mit Charisma wie Raffaele Cutolo – er regierte seine *Nuova Camorra organizzata* (NCO) in den 70er und 80er Jahren praktisch vom Gefängnis aus – oder seine erbittertste Gegnerin Pupetta Maresca, die »grausame Witwe mit dem Puppengesicht«, heute fehlen, herrscht so etwas wie ein permanenter Kriegszustand, dessen blutige Aktualität sich tagtäglich auf den lokalen Seiten der Zeitungen niederschlägt.

Bürgermeister Bassolino hat den Neapolitanern aber zumindest einen

Hoffnungsschimmer beschert, daß die Macht der Camorra eines Tages zurückgedrängt werden kann. Wenn es gelingt, die unheilvolle Phalanx aus Politik und Verbrechen zu durchbrechen, die sich jahrzehntelang unverschämt aus den öffentlichen Kassen bedient hat, wenn der organisierten Kriminalität der Nährboden entzogen wird, wenn sich die Bürger zusammentun, um ihre Stadt lebenswerter zu machen, dann sollte die Erneuerung gelingen. Das 3000 Jahre alte Neapel hätte sie verdient!

Umwelt: Silberstreifen am Horizont

Von dem prächtig renovierten Castel Sant'Elmo aus liegt an klaren Tagen der ganze Golf dem Betrachter zu Füßen: rechter Hand das Villenviertel am Monte Posillipo, dahinter die Inseln Procida und Ischia, geradeaus die weitläufigen Hafenanlagen und das zum Greifen nahe Capri mit seinen charakteristischen Bergformationen, links das Häusermeer, hinter dem sich der Vesuv erhebt und die Halbinsel von Sorrent, ein millionenfach porträtiertes Bild. Himmel und Meer sind kitschig blau, die Luft ist kühl und salzig-würzig, es weht ein frischer Wind.

Eine derartige Bilderbuchszenerie kann man in Neapel bestenfalls noch im Winter oder im Frühjahr erleben, wenn der Tramontana von den Bergen im Hinterland weht. Und wenn die rund um die Stadt angesiedelte Industrie einmal für wenige Stunden nicht ihre giftigen, ungefilterten Dämpfe ausstößt. Nur in solchen, immer seltener werdenden Augenblicken läßt sich die Schönheit dieser einstigen Perle des Mittelmeeres erahnen, die längst zu einer ökologischen Zeitbombe geworden ist. Die berühmte Schirmpinie vom Monte Posillipo, hinter der das Napoli-Panorama von Millionen Fotografen abgelichtet wurde, existiert nur mehr auf alten Postkarten. Sie mußte als eines der prominentesten Giftopfer bereits Mitte der 80er Jahre gefällt werden.

»Der herrlichste Sonnenuntergang, ein himmlischer Abend erquickten mich«, notierte Johann Wolfgang von Goethe am 20. März 1787 nach seiner Rückkehr von einem Ausflug auf den Vesuv. »Doch konnte ich empfinden, wie sinneverwirrend ein ungeheurer Gegensatz sich erweise. Das Schreckliche zum Schönen, das Schöne zum Schrecklichen, beides hebt einander auf und bringt eine gleichgültige Empfindung hervor. Gewiß wäre der Neapolitaner ein anderer Mensch, wenn er sich nicht zwischen Gott und Satan eingeklemmt fühlte.«

Goethe sprach vom Vulkan. Heute droht das Verderben nicht mehr aus dem Krater des Vesuv, sondern aus den Fabrikschloten, aus undichten Chemietanks, aus den Auspuffrohren Hunderttausender Fahrzeuge, aus den Kanälen ohne Kläranlagen und von unzähligen wilden Müllhalden. Die Menschen stehen dem Zusammenbruch ihrer Umwelt indifferent bis fassungslos gegenüber. Und jahrzehntelang waren Behörden und Politiker zu träge und unfähig, das Problem auch nur einigermaßen in den Griff zu bekommen. Erst seit dem Amtsantritt von Bürgermeister Antonio Bassolino zeigen sich Silberstreifen am Horizont, scheint eine Trendwende zum Positiven eingetreten zu sein. Freilich, um den ökologischen Augias-Stall auszuräumen, sind wohl Herkuleskräfte vonnöten.

Knapp 6 km^2 groß ist Neapels schlimmste Giftküche, die sich aus den im Osten liegenden Vierteln Barra, San Giovanni, Ponticelli und Poggioreale zusammensetzt. 110 000 Menschen leben in diesem Gebiet praktisch ohne Grün- und Erholungsanlagen. Von den Industriebetrieben der Zone wurden in einer Studie des Gesundheitsministeriums 10 % als »höchst risikoreich« eingestuft. Dabei handelt es sich vorwiegend um Raffinerien und Lager von Treibstoff, Flüssiggas und Sauerstoff in dicht besiedelten Bezirken, deren Bewohner mit der ständigen Gefahr von Giftwolken und Explosionen konfrontiert sind.

Die Gesundheitsstatistiken der Industriezone sprechen eine deutliche Sprache: Aufgrund von Lungenkrebs und anderen Erkrankungen des Atmungsapparates liegen die Sterblichkeitsraten weit über jenen der übrigen Teile Neapels. In Ponticelli etwa sind rund 10 % der Todesfälle auf Lungenkarzinome und 26 % auf schwere Schäden der Atemwege zurückzuführen. Die Ärmsten der Armen sind die Kinder. Ihre Chancen, gesund aufzuwachsen, sind geringer als anderswo in Europa.

Zu den Hauptverursachern der Luftverpestung gehört der Verkehr. Nach Angaben von Giancarlo De Riu, Ordinarius für Hygiene an der medizinischen Fakultät der Universität Neapel, haben die Anteile von Blei, Eisen, Kohlenstoffmonoxyd, Schwefeldioxyd und Stickstoffoxyden in der Luft längst alarmierende Werte erreicht. Insbesondere bei einer Inversionswetterlage hängen die Auspuffgase von gut 800 000 Fahrzeugen wie Nebelschwaden zwischen den Häusern der engen Gassen und Straßen der Stadt. Mit drastischen Verkehrsbeschränkungen und teilweisen Fahrverboten will die neue Stadtverwaltung die Qualität der Luft verbessern, um sie wieder atembar zu machen. Allerdings reagierten die Neapolitaner auf diese Maßnahmen zum Teil wie Kinder, denen man ihr liebstes Spielzeug weggenommen hat.

Sie kümmern sich ja auch nicht um die Verbotsschilder, die das Baden im total verdreckten Wasser entlang der

Stadt der Gegensätze: Aufbruchstimmung, aber auch Resignation

Die Idylle trügt: Noch sind die Gewässer um Neapel zum Baden nicht zu empfehlen

Hafen- und Uferpromenade nachdrücklich untersagen. Selbst der scheinbar harmlose Genuß der wärmenden Sonne auf den wellenbrechenden Steinquadern der Mole gilt als hygienisch äußerst bedenklich. Das hindert die schönheitsbewußte Jugend freilich nicht daran, sich ausgerechnet dort – zwischen stinkenden Fluten und dem Höllenlärm des Verkehrs – im Frühjahr die erste Bräune zu holen. Hingegossen auf die harten Steine, umgeben von Unrat, bieten Jünglinge und Mädchen ihre blanke Haut der noch schwachen Sonne dar, deren Strahlen von weit aufgeklappten Aluminiumfolien gebündelt und verstärkt werden. Und im Sommer tummeln sich Tausende von Menschen an diesen Gestaden, ›erfrischen‹ sich in den trüben Gewässern, tauchen nach Muscheln und anderem Meeresgetier. Kein Wunder, daß in Neapel 1973 sogar die Cholera ausbrechen konnte, ein Wunder aber, daß nicht noch viel mehr Seuchen grassieren.

Auch außerhalb der Stadt gehört die Wasserqualität des Golfs teilweise noch zu den schlechtesten des Mittelmeers. *Non balneabile* – »zum Baden nicht geeignet« – lautet oft das Urteil der Fachleute, das Touristen wie Hotelmanager gleichermaßen in Panik versetzt, allzu häufig jedoch einfach ignoriert wird. Die Postkartenidylle von der tiefblauen See täuscht: Die Eutrophie, das Absterben von Meeresflora und -fauna, hat einen Grad erreicht, der sich langsam, aber sicher dem *point of no return* nähert, dem Menetekel des totalen und nicht mehr wiedergutzumachenden Umkippens der Natur.

Wahrnehmbar für Auge und Nase wird der bedenkenlos ins Meer geleitete Abfall von Industrie und Haushalten vor allem bei Scirocco. Der heiße Südwind bläst manchmal nicht nur rötlich-gelben Wüstensand nordwärts, sondern fördert auch in den aufgewühlten Fluten das Unterste nach oben und legt die Umweltverbrechen an den Stränden schonungslos bloß. Beim Anblick unzähliger Plastiktüten und -flaschen, Aluminium-Getränkedosen und Bauholztrümmer, die auf den von einer weiß-bräunlichen Fäkalien-Schlammschicht überzogenen Wellen tanzen, wendet sich der Gast mit Grausen ab. Dabei sieht er die chemischen Gifte gar nicht, die das Wasser auch bei ruhiger See belasten.

Daß die Halden zur Müllablagerung bereits überzuquellen drohen und das Grundwasser verseuchen sowie die Tatsache, daß südlich von Rom noch keine einzige Verbrennungsanlage gebaut

Umwelt

wurde, die auch nur einigermaßen den gesetzlichen Bestimmungen entspricht, darüber zerbrechen sich höchstens ein paar ›Spinner‹ den Kopf, wie etwa der Physiker Gianni Mattioli, Spitzenexponent der italienischen Grünen: »Verglichen mit den Nachbarländern im Norden sind wir um 100 Jahre zurück. Wir können das sicherlich nicht mehr aufholen und müssen uns damit begnügen, das Schlimmste zu verhindern. Zu retten, was noch zu retten ist.«

Leider kommt die Mentalität der Menschen im Süden dem Umweltschutz nicht gerade entgegen. Die sinnen- und genußfreudigen Neapolitaner, die so viel Wert auf Ästhetik legen, ihr Äußeres niemals verkommen lassen und ihre private Umgebung, auch wenn es sich um die ärmlichste Basso-Wohnung handelt, peinlich sauber halten, betrachten offenbar alles, was außerhalb ihrer Haustüre liegt, als ›Feindesland‹, weil Staat und Bürger einander gleichermaßen verachten. *Governo ladro,* die diebische Regierung da oben in Rom, preßt bloß die Menschen aus, ohne im Gegenwert entsprechende soziale Leistungen anzubieten, lautet das Credo der Kummer gewohnten Süditaliener. Die Abneigung gegen alles, was öffentlich und staatlich ist, betrifft auch Natur und Umwelt. Beide werden entsprechend schlecht behandelt.

Kann man den Bewohnern Neapels die Haltung, daß sich die Behörden gefälligst um den Dreck kümmern sollen, verübeln, wenn Ämterbesuche zu Alpträumen kafkaesken Ausmaßes werden, man in den Amtsstuben ohne Beziehungen und Bestechungsgelder nichts erreicht, der Druck der Camorra immer stärker und die Arbeitslosigkeit immer drückender wird? Wenn Sommer für Sommer das Wasser nur jeden zweiten Tag – und dann lediglich für einige wenige Stunden – aus den Hähnen tröpfelt, weil die Trinkwasserversorgung nach wie vor nicht reibungslos funktioniert? Geringe Regenfälle im Winter lassen in der heißen Jahreszeit die von Leitungen aus den Abruzzen gespeisten Wasserreservoirs regelmäßig austrocknen, von denen übrigens auch Ischia abhängt. Während sich die Hotels auf der Insel mit riesigen unterirdischen Tanks behelfen, um ihre Gäste nicht zu vergrämen, bleiben den Neapolitanern nur Demonstrationen.

In den Bars müssen im Sommer häufig anstelle von Gläsern und Tassen Plastikbecher verwendet werden, weil Geschirrspülen infolge der Wassernot unmöglich geworden ist. An solchen Tagen machen die mit ihren kleinen Karren durch die Straßen fahrenden Wasserverkäufer blühende Geschäfte.

Es gibt am Golf aber auch durchaus positive Beispiele, einen Hoffnungsschimmer am Horizont. Anläßlich des Wirtschaftsgipfels der G 7-Staaten im Sommer 1994, als Neapel die Welt zu Gast hatte, beseitigten die Bürger der Stadt, angefeuert von Bürgermeister Bassolino, Tonnen von Müll und Unrat von ihren Straßen. Seither funktioniert endlich die Müllabfuhr, gibt es auch genug Mülltonnen und Abfallkörbe. Nach dem Abriß des stillgelegten riesigen Stahlwerks von Bagnoli soll zu Beginn des neuen Jahrtausends auf einer Fläche von 2,2 Mio. m² Süditaliens größter Freizeitpark entstehen. Schon jetzt nützen die Neapolitaner eifrig die nun zugänglichen Strände bei Bagnoli, die von den Behörden in weiten Abschnitten zum Baden freigegeben werden konnten.

Auf der Halbinsel von Sorrent funktioniert die Wasserversorgung selbst in den heißesten Sommermonaten. Von der 1983 gebauten, 70 km langen Leitung profitieren nicht nur die Ferienorte an der sorrentinischen und amalfitanischen Küste, sondern auch die Insel Capri, die zuvor von Tankern beliefert werden mußte. Und in dem malerischen Städtchen Positano ist man sich deutlich bewußt, daß die Grenzen der möglichen Ausbeutung der Natur erreicht sind. Die Vereinigung VEP *(Voluntari Ecologico Positanese)*, deren Vertreter auch im Stadtrat sitzen, hat dafür gesorgt, daß das weltberühmte Touristenzentrum zu einem Schmuckkästchen geworden ist, wie man es auf der Apenninenhalbinsel nirgendwo mehr finden wird. Nacht für Nacht wird der Ort fein säuberlich geputzt, alle Papier- und Kunststofftüten, die Besucherhorden trotz zahlreicher Abfallkörbe tagsüber achtlos auf den Straßen und Stränden zurücklassen, sind am nächsten Morgen beseitigt. Sogar an Behältnisse zur Aufbewahrung von Hundekot haben die durchwegs ehrenamtlichen Mitarbeiter der überparteilichen Umweltschutzorganisation gedacht.

Schon seit 1980 sorgt ein ›Meeresstaubsauger‹, das erste derartige Schiff an dieser Küste, für möglichst ungetrübtes Badevergnügen. Patrouillenboote kontrollieren regelmäßig die Wasserverschmutzung, Umweltsünder werden mit Hilfe erfahrener Rechtsanwälte, die alle gesetzlichen Möglichkeiten ausschöpfen, gnadenlos verfolgt.

Auf Plakaten und Mauerinschriften plädieren die VEP für eine heile und heilige Umwelt. Wenn die Natur erneut sakrosankt geworden ist, der Vesuv sich nicht mehr hinter giftigen Nebelschwaden verbirgt, wird der Neapolitaner, so er Kraft und Willen dazu aufbringt, Gott wieder näher kommen als dem Satan.

Kunst und Kultur

Zurück zu den Ursprüngen. Nach dieser Devise sollte eine Erkundung des Golfs eigentlich mit einem Besuch im Archäologischen Nationalmuseum von Neapel beginnen: bei den Göttern des Olymp und unsterblich gewordenen Helden von unfaßbarer Schönheit. Was macht es schon, daß die großartigsten Zeugnisse griechischer Bildhauerkunst zumeist nicht mehr im bronzenen Original, sondern ›nur‹ noch als marmorne Kopien aus der Römerzeit vorhanden sind. Die Hellenen heißen uns dennoch über die Jahrtausende hinweg an dieser Küste willkommen, die von ihnen besiedelt und in einen Kulturboden verwandelt wurde, von dem alle nachfolgenden Völker bis zum heutigen Tag zehren.

Griechische und römische Antike (8.Jh.v.–2.Jh.n.Chr.)

Glücklicherweise schätzten die Römer auch die Malkunst der Griechen so sehr, daß ein reicher Pompejaner sein Haus mit einer detailgetreuen Mosaiknachbildung eines Gemäldes aus dem 4. Jh. v. Chr. schmücken ließ – und damit zwei Jahrtausende später dem längst verlorengegangenen Originalbild der »Alexanderschlacht« zu Weltruhm verhalf. Dank der einzigartigen Funde aus den verschütteten Vesuvstädten gewährt Neapels Museo Archeologico Nazionale wie kein anderes auf der Welt Einblicke in die Lebensweise im Römischen Reich. Wer diesen Anschauungsunterricht noch vertiefen möchte, für den hält seit 1991 das Antiquarium des Städtchens Boscoreale (s. unter Pompeji, S. 302 f.) eine Ausstellung über den Alltag in der Antike bereit. Nur ein Bruchteil der alljährlich zwei Millionen (!) Pompeji-Besucher fand bisher den Weg zu den nur zwei Kilometer entfernten antiken Sammlungen über Fauna und Flora, Anbaukulturen und Viehzucht, Medizin, Kosmetik und Mode zu Füßen des Vulkans. Auch die erst Ende der 90er Jahre zur Besichtigung freigegebenen Römervillen »Ariadne« und »San Marco« im nahen Castellammare di Stabia (s. S. 231 ff.) zählen zu den Geheimtips abseits der großen Touristenströme.

Detail aus der berühmten »Alexanderschlacht« im Museo Archeologico Nazionale in Neapel

Von der Spätantike zur Romanik (3.–12.Jh.n.Chr.)

Eine Zeitspanne von nicht weniger als acht Jahrhunderten, kontinuierlich in Wandmalereien festgehalten: In den Katakomben des hl. Januarius am nördlichen Stadtrand von Neapel findet sich eine lückenlose Dokumentation abendländischer Kunstentfaltung von der Spätantike bis zum Hohen Mittelalter. Der leidenschaftliche Italien-Verehrer Gregorovius ging sogar so weit, diese unterirdische Gräberwelt als »Pompeji des Christentums« zu bezeichnen. Mag dieser Vergleich auch ein wenig überhöht erscheinen, so gibt es tatsächlich nur wenige Stätten, an denen sich der Nachwelt entscheidende Perioden der Menschheitsgeschichte dermaßen unverfälscht erschließen.

Zu ebener Erde blieb aus jener bewegten Umbruchphase nur Stückwerk erhalten, wie das Beispiel der von Konstantin dem Großen errichteten Basilika aus dem 4. Jh. zeigt: Das frühchristliche Gotteshaus wurde beim Bau des neapolitanischen Doms zu einer Seitenkapelle degradiert. Gotenkriege, Langobardeneinfälle und nicht zuletzt der Bilderstreit zwischen Ost- und Westkirche brachten zwischen dem 6. und 9. Jh. die eigenständige Baukunst des frühchristlichen Neapel nahezu gänzlich zum Erliegen. Vor allem die mit dem Orienthandel unermeßlich reich gewordene Seerepublik Amalfi begeisterte sich für den griechischen Stil, wovon vor allem die prachtvollen, in Byzanz gegossenen Bronzeportale ihrer Kathedrale (10./11. Jh.) zeugen.

Erst nach dem endgültigen Bruch Roms mit Byzanz (1054) und dem gleichzeitigen Aufstieg der Normannen als Herren über Süditalien und Sizilien kam es auch in Neapel zu einer kulturellen Hochblüte, bei der byzantinische und normannisch-romanische Elemente zu einer harmonischen Einheit verschmolzen. Beispiele dafür finden sich wiederum in Amalfi (Kreuzgang des Doms) sowie in Ravello (Dom und Palazzi).

Im Gegensatz zu Apulien und Sizilien kann Kampanien nur mit wenigen Erinnerungen an die Stauferzeit aufwarten.

Perfekte Harmonie zwischen byzantinischen und normannisch-romanischen Stilelementen: der Kreuzgang des Domes in Amalfi

Architektonisch erwähnenswert ist lediglich das Capuaner Brückentor, doch auch von dessen prachtvollem Skulpturenschmuck sind bloß Fragmente erhalten geblieben. Anstelle steinerner Monumente hinterließ Friedrich II. jedoch ein Gedankengebäude ganz besonderer Art: Er bescherte Neapel mit der 1224 gegründeten Hochschule die erste Universität Europas, die nicht unter der Patronanz der Kirche, sondern des Reiches stand und der Ausbildung von Staatsbeamten diente.

Gotik und Renaissance (1250–1550)

Geliebt hat Unteritalien die neuen Herren aus dem Hause Anjou zwar nie, doch unbestritten verdankt Neapel der Regentschaft der Franzosen hinreißende Bauwerke der Gotik: den Dom San Gennaro, die Kirchen Santa Chiara, San Lorenzo Maggiore und San Domenico Maggiore, die mächtige, von den Neapolitanern bis heute *Maschio Angioino* genannte Befestigungsanlage

Castel Nuovo und das hoch über der Stadt thronende Castel Sant'Elmo. Welch hohes Niveau nicht nur die Architektur, sondern auch die gotische Steinmetzkunst erreichte, zeigt sich am deutlichsten an den mit Skulpturen überreich geschmückten Grabmälern der Anjou-Herrscher. Bald gefiel sich auch der neapolitanische Adel darin, sich in immer prunkvollerem Rahmen im Kircheninneren bestatten zu lassen. In keiner anderen Stadt Italiens bekommt man eine derartige Fülle an bombastischen Fürstengräbern aus dem späten Mittelalter zu sehen, nirgendwo sonst trug man seine über den Tod hinausragenden Eitelkeiten so unbekümmert zu Markte.

Mit der Herrschaft der Aragonesen und der ersten spanischen Vizekönige faßte schließlich auch die im übrigen Süden nur zögernd aufgenommene Renaissance in der Golfregion Fuß. Eines der wichtigsten Architekturbeispiele für den Übergang von der katalanischen Spätgotik zur Frührenaissance stellt zweifellos der Mitte des 15. Jh. errichtete Triumphbogen am Castel Nuovo dar. Nur wenige Jahrzehnte später entstand mit dem Palazzo Gravina der unumstritten schönste Renaissancepalast der Stadt.

Barock, Klassizismus, Moderne (16.–20. Jh.)

Mit ihren im wahrsten Sinn des Wortes einschneidenden Maßnahmen prägten die spanischen Vizekönige das Stadtbild Neapels bis zum heutigen Tag. Als Don Pedro de Toledo 1532 die Regierungsgeschäfte übernahm, stand das explosionsartig angewachsene Neapel unmittelbar vor dem Erstickungstod. Der Spanier ließ durch das verwinkelte mittelalterliche Gassengewirr eine schnurgerade Schneise schlagen, wodurch die nach ihm benannte Hauptverkehrsachse in Nord-Süd-Richtung – die Via Toledo – entstand. Auch veranlaßte er eine Verlegung der Stadtmauern, eine Erweiterung der Hafenanlagen und den Bau eines neuen Regierungspalastes (Palazzo Vecchio).

Nach weiteren städtebaulichen Sanierungen hielt das Barock in seinen üppigsten Formen fulminant Einzug: Ob der Palazzo Reale, die Kirchen San Filippo Neri und San Martino oder die Cappella San Gennaro im Dom von Neapel, die barocken Baumeister Kampaniens mußten sich um ihre Auftragslage wahrlich keine Sorgen machen.

Erstaunlicherweise stieß dafür das Rokoko auf wenig Begeisterung, was sich nicht zuletzt mit der Gesamtsituation im Königreich Neapel erklären läßt: Das 17. Jh. endete mit Erdbeben- und Seuchenkatastrophen schlimmsten Ausmaßes, das 18. Jh. begann im Schatten des Spanisch-Österreichischen Erbfolgekrieges. So war es auch kein Wunder, daß dem Süden nicht der Sinn nach heiter-beschwingter Rokoko-Architektur stand. Statt dessen hielt man weiterhin an dem schweren Formenreichtum des Barock fest, bis dieser schließlich von einer neuerlichen Wiedergeburt der Klassik – also einer Renaissance der Renaissance – abgelöst wurde.

Die Verhältnisse stabilisierten sich erst, als 1734 Karl von Bourbon den Thron bestieg und Neapel den verschwundenen Glanz einer Kulturmetropole ersten Ranges zurückbrachte. In seiner 25jährigen Regentschaft schuf Karl III. mit dem Schloß Capodimonte den ersten Museumsbau und mit dem *Albergo dei Poveri* das größte Armenhaus der Welt. Der Monarch beschenkte

Durch eine 57 m hohe Glaskuppel fällt das Licht in die Galleria Umberto I.

Neapel auch mit einem eigenen Opernhaus, indem er das Teatro San Carlo in unfaßbar kurzer Bauzeit errichten und dem Palazzo Reale angliedern ließ. Seinen Sommersitz verlegte er in das kleine Städtchen Portici am Fuße des Vesuv, wo bald nicht nur das königliche Schloß, sondern eine ganze Reihe prunkvoller Adelssitze entlang der sogenannten *miglio d'oro* – der »goldenen Meile« – entstanden. Und nicht zuletzt sei natürlich auch noch das Schloß von Caserta erwähnt, ein Meisterwerk des großen Architekten Luigi Vanvitelli, mit dem sich das Barock mit einem letzten Feuerwerk überschäumender Formenpracht endgültig verabschieden sollte.

Bühne frei für den Klassizismus: Pompeji und Herculaneum waren entdeckt – und damit das Interesse an der Antike europaweit geweckt. Der Zeitgeschmack des ausklingenden 18. und frühen 19. Jh. gefiel sich in der Nachahmung des altrömischen Stils. Und in Neapel wurde Pompejanisch-Rot zur Modefarbe der neuen Adelspaläste in den Nobelvierteln des Vomero und Posillipo. Das napoleonische Intermezzo (1806–1815) beglückte die Vesuvstadt unter anderem mit einem Botanischen Garten, drei Jahrzehnte nach der italienischen Einigung wurde 1890 die Galleria Umberto eröffnet, die Belle Epoque hinterließ ihre verschnörkelten Spuren an den Fassaden der Nobelhotels von Santa Lucia. Schließlich manifestierte sich der pathetische Stil der Mussolini-Ära in dem 1936 errichteten Post- und Telegraphenamt. In der Folge wurden mehr als ein halbes Jahrhundert lang vor allem Kriegs- und Erdbebenschäden aufgearbeitet bzw. notdürftig geflickt, bis in den 90er Jahren mit dem neuen Verwaltungsviertel *Centro Direzionale* und seinen Glas- und Betonpalästen auch die internationale moderne Architektur zum Zuge kam.

Die Erben der Neapolitanischen Malerschule

»Die Zeit für eine neue Neapolitanische Malerschule internationalen Stils ist reif.« Gianni Pisani, der Direktor der **Accademia di Belle Arti,** die, von den Bourbonen errichtet, zu den ältesten und bedeutendsten Kunstakademien Italiens zählt, freut sich über den frischen Wind auf dem Sektor der bildenden Kunst, nachdem Neapel seit der Einigung Italiens 1860 in kulturellem Provinzialismus versunken und die Brücke zu Europa und der Welt abgebrochen war. Dies hatte historische und wirtschaftliche Gründe. »Wir sind nicht mehr Hauptstadt gewesen, die geistigen Kräfte Neapels fühlten sich isoliert, daher diese ungeheure Dekadenz hier. Nach dem Zweiten Weltkrieg mußten wir zuerst eine Strategie gegen die Amerikaner entwickeln, deren Kultur uns aufzusaugen drohte. Dann haben wir zunächst einmal die nötigen Strukturen geschaffen, Schulen, Galerien etc., und jetzt zeigt sich, welch ungeheures künstlerisches Potential in dieser Stadt steckt.« So erklärte der Mitte der 90er Jahre verstorbene Lucio Amelio, Gründer der nach ihm benannten Galerie und einer der Motoren des neapolitanischen Kunstbooms, das Interesse der internationalen Kunstszene für seine Heimatstadt.

Auch die berühmte historische Malerschule Neapels, deren Blütezeit mit dem Barock zusammenfällt, ist nicht aus der Isolation und ohne Brücken zur übrigen Welt entstanden, nahm sie sich doch zwei Meister zum Vorbild, die nicht aus der Metropole am Golf stammten: den in Bergamo geborenen **Michelangelo da Caravaggio,** der nach blutigen Auseinandersetzungen in Rom auf der Flucht vor seinen Verfol-

Jusepe de Ribera (1591–1652)

Michelangelo da Caravaggio (1573–1610)

gern Anfang des 17. Jh. zwei Jahre in Neapel weilte, ehe er weiter nach Sizilien und Malta zog, und den Spanier **Jusepe de Ribera,** der, selbst unter dem Einfluß von Rubens und Michelangelo, von 1616 bis zu seinem Tod 1652 eine ganze Generation neapolitanischer Künstler entscheidend prägte. Zu ihnen gehörten Francesco Fracanzano, der Schlachten- und Landschaftsmaler Salvatore Rosa, Luca Giordano, der ein überaus reiches Œuvre hinterließ, Giambattista Caracciolo, genannt Battistello, der schwerblütige Kalabrese Mattia Preti, Bernardo Cavallino, den ein zarter, fast lyrischer Stil auszeichnete, und Francesco Solimena, der in seinen Fresken und Gemälden bereits neoklassizistische Tendenzen zeigte. Ihre wichtigsten Bilder sind in den Museen von Capodimonte und San Martino zu bewundern.

Etwas mehr als ein Jahrhundert später konnte sich die **»Schule vom Posillip«** mit liebenswürdig-anmutigen Landschaftsdarstellungen, auf denen viel von der verlorenen Schönheit der Golfregion zu erahnen ist, einen Namen machen. Giacinto Gigante, Filippo Palizzi, Domenico Morelli, Antonio Mancini und Francesco Paolo Michetti sind die bedeutendsten Vertreter dieser Richtung, von der vor allem das Museo San Martino über markante Beispiele verfügt.

Dem Zauber der Stadt erlagen auch zahlreiche ausländische Künstler, die in dem Ambiente Neapels eine Fundgrube an Motiven entdeckten. Seit Goethe fanden immer mehr Deutsche den Weg über Rom hinaus nach Süditalien, wo sie insbesondere am Hof Ferdinands IV. (1759–1825) tätig waren. So überhäufte der Monarch den aus Preußen stammenden Philipp Hackert (1737–1807) mit Aufträgen für Landschaften und Portraits, ernannte ihn 1789 zum Hofmaler und betraute ihn auch mit anderen Aufgaben, wie dem Transport der

Joseph Beuys und sein ›*popolo*‹

Joseph Beuys und Lucio Amelio

Für mich sind die Menschen im Mezzogiorno das Symbol des ›*popolo*‹, also des Volkes überhaupt. Der Begriff des Volkes ist ja in anderen Ländern Europas weitgehend zerstört. Entweder durch Amerikanisierung oder durch Industrialisierung oder durch egoistische Profitsucht. Nur noch im Mezzogiorno findet man die Idee des ›*popolo*‹, deswegen liebe ich die Menschen hier so sehr. Als ich während des Krieges zum ersten Mal nach Neapel gekommen bin, habe ich sofort gefühlt, daß ich hier zu Hause bin. Mich ärgert nur, daß all diese Leute, die hier eine gute und wichtige Arbeit leisten könnten, in Düsseldorf Taxi fahren müssen. Die wirtschaftliche Situation des Mezzogiorno muß überwunden werden, eventuell mit einem ökonomischen System jenseits von Kommunismus und Kapitalismus ... Neapel hat eine sehr lange kulturelle Tradition und ist eine der wenigen großen Städte mit urbaner Schönheit. Ich würde Neapel gerne zum Weltzentrum der Kunst machen. Aber für einen erweiterten Kunstbegriff, der sich auf jede menschliche Arbeit, auf die Kreativität und auf die Menschenwürde bezieht ...«

(Joseph Beuys in einem privaten Interview mit Lucio Amelio am 23.12.1985)

Farnesischen Sammlungen von Rom nach Neapel. Neben Hackert wirkten Christoph Heinrich Kniep und Wilhelm Tischbein, Freunde und zeitweise Begleiter Goethes auf dessen italienischer Reise, sowie die Schweizer Weltbürgerin Angelika Kauffmann viele Jahre in der Bourbonen-Metropole.

In der 2. Hälfte des 20. Jh. war es abermals ein Deutscher, der Neapel als Freund, Lehrer, Berater und ausstellender Künstler entscheidende Impulse verlieh: **Joseph Beuys.** Er hat der neapolitanischen Kunstszene nicht zuletzt ihr Selbstvertrauen wiedergegeben. Galerist Giuseppe Morra: »Neapel war immer die

Stadt der Individualisten. Künstler, die Freiheit propagieren, müssen sich hier einfach wohlfühlen, kommen beim Publikum an.« So wie der von ihm hochverehrte Österreicher **Hermann Nitsch,** heute längst etablierter Aktionskünstler, der als skandalumwittertes Enfant terrible von Süditalien aus den internationalen Kunstmarkt eroberte. In seinem bei Morra verlegten Buch »Das Orgien Mysterien Theater« schreibt Nitsch über seinen ersten Auftritt in Neapel 1974: »… die aktion lief sehr genau, sehr rasant, sehr intensiv ab. Die musik war besonders stark und wild. das südländische temperament und die begeisterungsfähigkeit der mitwirkenden kam stark zur geltung. kurz vor beginn des finales kam die polizei und wollte alles beenden, was wir nicht zuließen. wir führten die aktion nur noch intensiver zu ende. je mehr schwierigkeiten es gab, desto mehr blühte morra auf. während des ablaufs der aktion sprang er vor vergnügen und begeisterung. als dann am schluss, wie immer, die galerie in einen saustall verwandelt war, kannte morras freude über die gelungene aktion keine grenzen. morra wurde ein großer förderer meiner arbeit, deren botschaft er genau verstand.« Auch die Neapolitaner akzeptierten damals bereits den inzwischen weltweit anerkannten Künstler sofort. Als der Österreicher nach seiner Aktion einem Schnellrichter vorgeführt wurde, tauchten in der Stadt Plakate mit der Aufschrift »Freiheit für Nitsch« auf. Nach mehrstündiger Haft wurde der Maler des Landes verwiesen – aber schon drei Jahre später konnte er, diesmal völlig unbehelligt, im Studio Morra sein nächstes Spektakel durchführen. Und 1987 wurde er mit einer unter der Schirmherrschaft der Kulturbehörde der Region Kampanien stehenden Retrospektive seiner Arbeiten in der Villa Pignatelli offiziell geehrt.

Hinter einer weiteren von Neapels führenden Kunstgalerien steht eine Frau: **Lia Rumma.** Sie machte das Publikum als erste mit internationalen Strömungen wie *Minimal Art, Land Art, Concept Art* und *Arte Povera* bekannt und präsentiert gerne, häufig in Zusammenarbeit mit deutschen und amerikanischen Galerien, junge Talente und renommierte Künstler in gemeinsamen Ausstellungen. »Sieht man von Mailand ab, das durch seine wirtschaftliche Macht eine Sonderstellung einnimmt, so hat Neapel heute sicherlich das reichhaltigste Kunstleben Italiens und Rom längst überflügelt. Denn Rom lebt für sich, Neapel aber erweist sich als offen für Einflüsse von außen und für eine Ausstrahlung in alle Richtungen«, stellt Lia Rumma mit patriotischem Stolz fest.

Inzwischen öffnen auch die traditionsreichen Institutionen den Zeitgenossen ihre Tore. Joseph Beuys, Andy Warhol, Gino de Domenicis, Mario Merz und der Neapolitaner Carlo Alfano waren, um nur einige aufzuzählen, im **Museo di Capodimonte** zu Gast, in dem im Zuge umfangreicher Restaurierungsarbeiten der Moderne eine eigene Etage gewidmet werden soll.

Eine ungewöhnliche Initiative, wie sie wohl nur in Neapel zustande kommen konnte, könnte den Grundstock für ein eigenes repräsentatives Museum zeitgenössischer Kunst seit Beginn der 80er Jahre bilden: die Stiftung **Terrae Motus.** Sie wurde unter dem Eindruck der Erdbebenkatastrophe vom 23. November 1980 geboren. Lucio Amelio, Initiator dieses außerordentlichen Projektes, nutzte seine weltweiten Verbindungen und bot der Kunstszene das verwüstete Neapel als Metapher, als Thema und Motiv einer Endzeit- wie Aufbruchsstimmung an. Das Echo übertraf seine kühnsten Erwartungen. Mehr als 50 namhafte Künstler aus Europa und Amerika stellten der Stiftung spontan Arbeiten zur Verfügung. Von Siegfried Anzinger bis Bill Woodrow, von Joseph Beuys, James Brown und Nino Longobardi bis Oswald Oberhuber, Mimmo Paladino, Michelangelo Pistoletto, Gerhard Richter und Andy Warhol. Kaum einer von ihnen hatte je ein Erdbeben erlebt, um so ungehinderter wurde für sie die Naturkatastrophe zum Gleichnis der Künstlerexistenz. Die einzigartige Kollektion – u. a. im Pariser Grand Palais der Öffentlichkeit vorgestellt – sucht noch nach einer ständigen Bleibe, denn »natürlich wollen und müssen wir Terrae Motus ständig in Neapel zeigen, ist doch die Sammlung eine Zeitbombe, die über der ganzen Stadt explodieren soll«, wie Amelio formulierte.

In Aufbruchsstimmung scheint sich das gesamte kulturelle Neapel zu befinden. Nach den vom Erdbebenschock geprägten 80er Jahren, in denen die träge Bürokratie unzählige Chancen verpaßt und die Camorra einen Gutteil der Wiederaufbaugelder für sich vereinnahmt hatte, putzt die Stadt unter Bürgermeister Antonio Bassolino ihr großes Erbe endlich heraus. Viele Paläste und Kirchen, Schlösser, Burgen und Klöster wurden und werden renoviert, die Sanierungsbemühungen der Altstadt zum »nationalen Anliegen« erklärt. »Man muß jetzt rechtzeitig Bauspekulationen Einhalt gebieten«, warnt Giuseppe Morra. Der Galerist wittert für die Altstadt Morgenluft: »Jahrzehntelang hat man am Stadtrand häßliche Wohnsiedlungen errichtet, aber das Zentrum verfallen lassen. Die Bausubstanz ist jedoch meist noch soweit intakt, daß eine Sanierung möglich wäre. Auf keinen Fall darf man die Altstadtbewohner, die trotz der Erdbebenschäden zum Teil unter Lebensgefahr ausgeharrt haben, aussiedeln, weil dann das Viertel veröden würde. Für kulturelle oder kommerzielle Vorhaben stehen genügend leere Objekte zur Verfügung.« Daß eine sanierte Altstadt ihr neapolitanisches Flair verlieren könnte, befürchtet Morra nicht: »Neapel ist und bleibt die stadtgewordene Philosophie des natürlichen Zyklus von Leben, Entwicklung und Vergehen. Neapel stirbt und wächst gleichzeitig, Neapel ist die menschliche Realität, setzt sich aus Gerüchen, Farben und Lärm zusammen, die einfach zu dieser Stadt gehören.«

In der **Accademia di Belle Arti** sprüht man förmlich vor Ideen. Nach Jahren der Stagnation – »Es gab zu viele politische Einflußnahmen«, so Direktor Gianni Pisani – wurde die Leitung neu besetzt und auch finanziell ausreichend bedacht, das ehrwürdige Gebäude, das schon allzuviel Staub und Patina angesetzt hatte, von Grund auf renoviert und das seit mehr als drei Jahrzehnten geschlossene Museum mit spektakulären Ausstellungen endlich wieder der Öffentlichkeit zugänglich gemacht. Nun verfügt man über ein Theater (mit der einzigen Kopie des Parthenon-Frieses in Europa), Werkstätten und Ateliers für Professoren und ausländische Gastkünstler, ein hochmodernes technisches Labor für Restaurierungen und eine Galerie, in der die Studenten ihre Arbeiten vorstellen können. Die Kunstakademie besitzt eine große Sammlung von Gipsstatuen, Kopien berühmter Skulpturen von Phidias bis Michelangelo. Pisani: »Die alte Verwaltung hat das alles verkommen lassen, jetzt werden die Schätze nach und nach restauriert.« Eine Fußgängerzone auf dem Platz vor dem Gebäude der Kunstschule wird für Ausstellungen von Skulpturen genutzt.

Seit 1988 geht in der Akademie regelmäßig eine »Biennale des Südens« in

Szene, unter Teilnahme renommierter Künstler aus ganz Süditalien. »Mehr als drei Jahrzehnte«, berichtet Direktor Pisani, »haben die Kulturpolitiker eine solche Veranstaltung geplant, aber niemals zustande gebracht. Wir benötigten dazu nur ein Jahr Vorbereitungszeit.« Jetzt denken die selbstbewußten Erben der barocken Malerschule aber noch weiter. Mit einer »Biennale der Mittelmeerländer« wollen sie der Kunstschau in Venedig den Rang ablaufen. »Wir brauchen den Norden nicht«, zieht Pisani Bilanz. »Wir hier in Neapel haben alles, große künstlerische Talente, Ideen, Initiativen, Organisationsstrukturen und vor allem Freiheit. Und jetzt machen wir etwas daraus ...«

Lebensfreude nach Noten

Canzone gegen US-Hit

Enrico Caruso, Josephine Baker und Elvis Presley hatten es in ihrem Repertoire, der italienische Opernstar Luciano Pavarotti schmettert es ebenso gerne wie seine »Drei Tenöre«-Kollegen José Carreras und Placido Domingo. Jeder kennt und jeder singt »O sole mio«, das neapolitanische Volkslied, das um die Welt gegangen ist. Es erklingt in der Hamburger Hafenkneipe und beim Heurigen in Wien, im Pariser Bistro und im Budapester Zigeunerlokal, im New Yorker Nobelhotel und in der Disco in Tokio. In seinen einschmeichelnden Klängen, in seinen Versen drückt es die Sehnsucht der Menschen nach Sonne und Freiheit, Urlaub und Meer aus. Und formt ein romantisches Klischee von Neapel: die Stadt der stets fröhlichen, unbeschwerten und ständig singenden Menschen.

Das Schicksal der Autoren dieses Evergreens rückt freilich das idealisierte Bild von der lieblichen Metropole der Lebensfreude näher an die Realität heran. Der Musiker Eduardo di Capua, der das Lied im April 1898 anläßlich einer Orchestertournee in einem schäbigen Hotelzimmer der ukrainischen Stadt

Selbst Opernstar Pavarotti schmettert gerne zwischendurch ein »O Sole mio«

Odessa komponierte – durch das offene Fenster drang die schwache Frühjahrssonne, schmelzender Schnee tropfte von den Dächern, so die Fama von der Entstehung –, starb am 3. Oktober 1917 mittellos und vergessen im Ospedale Elena d'Aosta in Capodimonte. Der Textdichter Giovanni Capurro folgte ihm drei Jahre später ins Armengrab, nachdem er seine letzten Habseligkeiten gegen dringend notwendige Medikamente eingetauscht hatte. »O sole mio« war der erste und einzige große Erfolg des Künstlerduos, das später noch eine Reihe von Liedern schrieb. Zu ihren Lebzeiten hatten die beiden allerdings nichts davon; ein zweiter Platz beim Wettbewerb »Tavola Rotonda« nach der

Rückkehr di Capuas aus Osteuropa brachte ihnen nur wenige Lire ein. Erst nach ihrem Tod begann der internationale Siegeszug dieser *canzone,* die über Neapel hinaus zu einem Symbol für Italien werden sollte. Bei der Eröffnung der Olympischen Spiele von Antwerpen 1920 spielte die Kapelle statt der italienischen Hymne »*O sole mio*« – und das ganze Publikum sang mit.

Heute hat sich die musikalische Weltachse in Richtung Amerika verschoben, das neapolitanische Volkslied lebt nur noch in Folkloredarbietungen und dank der Initiative einiger weniger Künstler fort – freilich mehr schlecht als recht. In Mailand stellt man es noch als Handelsware dar, im Herzen des neapolitanischen Volkes aber ist es so gut wie tot. Der Schriftsteller Domenico Rea begrüßt diese traurige Entwicklung sogar: »Die Bevölkerung Neapels will nicht mehr singen, sondern leben. Sie will sich nicht mehr in Liedstrophen ausdrücken, sondern in Häusern, Schulen, Kliniken, in sozialem und humanem Fortschritt.« Eine Behauptung, die von den Neapolitanern allerdings tagtäglich Lügen gestraft wird. Denn singen – mit Leidenschaft, Schmelz und Lautstärke – hört man sie nach wie vor in Napoli, ihre Lieder jedoch sind vorwiegend angloamerikanischen Ursprungs.

Dem Ansturm der kommerzialisierten, international nivellierten Popmusik konnte eben auch Neapel nicht widerstehen. Das berühmte Liedfestival von Piedigrotta, jahrzehntelang Sprungbrett unzähliger großer Talente der *Canzone Napoletana,* verkam schon in den 70er Jahren zu einer »vulgären Imitation der Vergangenheit« und zu einem »billigen Schlagerrummel«, wie der Musikkritiker des »Mattino«, Gianni Cesarini, feststellte. Das einzige Museum des neapolitanischen Volksliedes existiert – in Tokio.

In der Heimat werden folkloristische Töne gerade noch von einem Dutzend ambitionierter Musiker gepflegt. Diese Idealisten sind davon überzeugt, das Volkslied aus seiner tiefen Krise wieder heraus und – in moderner, zeitgemäßer Form – zu neuer Blüte führen zu können.

Als Geburtsjahr der ›goldenen Ära‹ der klassischen *Canzone Napoletana* gilt 1880. Die am 6. Mai mit viel Pomp eröffnete Standseilbahn von Ercolano auf den Vesuv war zwar allgemein als technisches Wunderwerk bestaunt, aber von der Bevölkerung so gut wie nicht benützt worden. Durch den hartnäckigen Aberglauben, der Vulkan werde die ›Beleidigung‹ rächen, drohte der *funicolare* eine Riesenpleite. Da erteilten die Direktoren der Betreibergesellschaft – mehr als Scherz denn als ernstgemeinte Werbemaßnahme – einem Journalisten aus Neapel und einem Musiker aus Castellammare di Stabia einen Liedauftrag: »*Funiculi, funicula*« aus der Feder von Peppino Turco und Luigi Denza entwickelte sich in Windeseile zu dem, was man heute einen »Welthit« nennen würde. Innerhalb eines Jahres kam die Standseilbahn aus den roten Zahlen, und das Verlagshaus Ricordi verkaufte eine Million Exemplare der Noten des Liedes. Sogar Richard Strauss hat das Motiv in seiner Tondichtung »Aus Italien« übernommen.

Im Gegensatz zu den mehr oder weniger improvisierten Gesängen, mit denen ambulante Verkäufer zur Anpreisung ihrer Waren auf sich aufmerksam machten oder Straßenmusikanten ihr Brot verdienten, war »*Funiculi, funicula*« ein zwar aus dem reichen Fundus der Tradition schöpfendes, jedoch durch und durch professionelles Produkt zweier zu ihrer Zeit renommierter Künstler. Turco (1846–1903) hatte sich als Dichter einen Namen schaffen können,

Denza (1846–1922) als Opernkomponist und Leiter der Londoner Royal Academy of Music. Ihr Werk steht am Beginn einer Entwicklung, die Neapel bald zur Stadt der Lieder werden ließ.

Persönlichkeiten wie der geniale Autodidakt Salvatore Gambardella, dessen »*Canzone e'primavera*« von keinem Geringeren als Giacomo Puccini instrumentiert worden war (für die Überlassung der Melodie revanchierte sich der Maestro bei seinem neapolitanischen Kollegen, der nicht einmal Noten lesen konnte, mit einem Klavier), die Brüder Giambattista und Ernesto De Curtis, die Sorrent seine noch heute vielgesungene heimliche Hymne »*Torna a Surriento*« schenkten, oder der große Enrico Caruso und seine Sangeskollegin Gilda Mignonette, die das neapolitanische Volkslied in den Vereinigten Staaten zu ungeheurer Popularität führten – sie und noch viele andere haben die Geschichte der *canzone* geschrieben. Der einst romantische Fischerhafen Santa Lucia gehört zu jenen Stadtteilen Neapels, die ihren Ruhm weitgehend diesen musikalischen Botschaftern verdanken.

Als Vertreter der ›alten Garde‹ halten heute noch Künstler wie Sergio Bruni und Roberto Murolo am Stil der ›goldenen Ära‹ fest, während sich Musiker wie Peppino Di Capri, Toni Esposito oder die Gruppe »*Almamegretta*« vieler Blues-, Rock-, Rap- und Jazzelemente bedienen, die aus der *Canzone Napoletana* einen

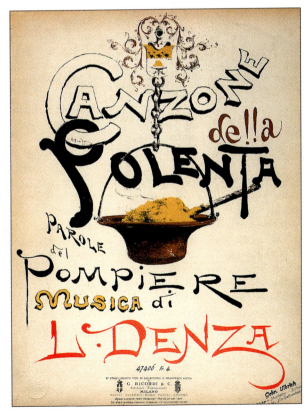

Ankündigungsplakat zu einem Auftritt von Luigi Denza, dem Komponisten des Gassenhauers »Funiculi, Funicula«

»Napoli-Sound« und somit internationale Konfektion machen. Eine Sonderstellung nimmt die *Nuova compagnia di canto popolare* von Roberto De Simone ein, der einige Jahre auch als künstlerischer Leiter des Opernhauses San Carlo und als Direktor des Konservatoriums *San Pietro a Maiella* fungierte. Sie schöpft den Schatz neapolitanischer Volksmusik des 15. und 16. Jh. aus, aufpoliert mit aktuellen, sozial engagierten Texten, mitreißenden Rhythmen und modernen Instrumenten.

Im April 1961 ertönte »*O sole mio*« aus dem Weltraum, gesungen vom sowjetischen Kosmonauten Juri Gagarin, dem ersten Menschen im All. 20 Jahre später stimmte der polnische Papst Wojtyla auf der Piazza Plebiscito anläßlich seines ersten Neapel-Besuchs dieses Lied an. Und nach der Melodie von Santa Lucia höhnten die streikenden Arbeiter Polens die Polizei mit »*Santa Milicija*« – womit der Anfang vom Ende des Kommunismus in Osteuropa eingeläutet wurde. Die *Canzone Napoletana* hat die Grenzen gesprengt, ist Allgemeingut der Menschheit geworden. So wie mehr als zwei Jahrhunderte zuvor die Oper, deren Geschichte ohne Neapel undenkbar wäre.

Caruso in der Verdi-Oper »Rigoletto«

Alte Hauptstadt der Oper

»Im ersten Augenblick fühlte ich mich in den Palast irgendeines orientalischen Herrschers versetzt. Meine Augen sind geblendet, meine Seele ist entzückt. Es gibt in Europa nicht nur nichts, was dem ähnelte, sondern nicht einmal etwas, was im entferntesten eine Vorstellung davon vermitteln könnte.« Also schrieb der Franzose Henri Beyle, besser bekannt unter dem Pseudonym Stendhal, im Januar 1817 über das **Teatro San Carlo** in Neapel, das – zehn Monate zuvor von einem verheerenden Feuer total zerstört und dann in Rekordzeit neu errichtet – mit der eigens für diesen Anlaß komponierten Oper »Der Traum der Parthenope« von Johann Simon Mayr eine glanzvolle Wiedereröffnung erfuhr. »Das San Carlo, eines der großen Ziele meiner Reise. Dieser in dreihundert Tagen wiederaufgebaute Saal ist ein Staatsstreich, er bindet das Volk fester an den König als das beste Gesetz; ganz Neapel ist trunken vor Vaterlandsliebe«, notierte der Schriftsteller in seinem Tagebuch. Der Bourbone Ferdinand I. hatte genau gewußt, was er seinen Untertanen schuldig war. Schon sechs Tage nach dem Brand gab er den Auftrag, das Theater im alten Stil wiedererstehen zu lassen. »Der Saal ist in Gold und Silber gehalten, die Logen in dunklem Himmelblau. Die Verzierungen der Zwischenwände, die gleichzeitig als

Des Sängers Schwur

Die großen Opernhäuser waren erfüllt vom Beifall und Jubel der Musikfreunde, wenn die letzten Töne einer Caruso-Arie verklangen. Diese Stimme war so rein, so strahlend, so gewaltig, daß sie aus einer anderen Welt zu kommen schien. Niemand zweifelte daran, daß mit Enrico Caruso der bedeutendste Sänger seiner Zeit auf der Bühne stand.

Der am 25. Februar 1873 in Neapel geborene Sohn einer Waschfrau und eines Straßensängers, eines von 21 Geschwistern, der in seinem Leben nicht ein einziges Buch gelesen hatte, kaum richtig schreiben konnte, aber dennoch Dutzende von Opernpartituren bis zur letzten Note kannte und sieben Sprachen beherrschte, blieb nach einer schlechten Kritik in seiner Heimat stumm. Im Januar 1902 hatte der Tenor in den Opern »Manon« und »Liebestrank« am Teatro San Carlo debütiert und nach einem – moderaten – Verriß des Kritikers Saverio Procida und der entsprechend negativen Publikumsreaktion geschworen, nie wieder in Neapel aufzutreten. Beleidigt erweiterte der Sänger seinen Boykott – bis auf zwei Benefizvorstellungen während des Ersten Weltkriegs in Rom und Mailand – sogar auf ganz Italien. Sonst gab es kaum eine bekannte Bühne in Europa und Amerika, die nicht den Glanz seines Gesangs, die vollendete Technik seines Vortrags und den bezaubernden Charme seines schauspielerischen Könnens erleben durfte. Caruso feierte Triumphe in St. Petersburg, Wien, München, Berlin, Hamburg, Dresden, Leipzig, London, Paris, New York, San Francisco und Mexiko-Stadt, den Boden Neapels aber betrat er nur noch, um Pizza zu essen – und zum Sterben.

Nachdem er in New York auf offener Bühne einen Blutsturz erlitten hatte, kehrte er in seine Heimat zurück, wo er sich Heilung versprach. Am 2. August 1921 schloß er im Hotel Vesuvio in Santa Lucia für immer die Augen. Den symbolischen Friedensschluß mit ihrem großen Sohn besiegelte die Stadt anläßlich des 100. Geburtstages des Künstlers. In einer Galasoiree im Teatro San Carlo, bei der die berühmtesten Tenöre auftraten, reichten einander die Enkel der einstigen Kontrahenten, der Arzt Dr. Enrico Caruso und der Ingenieur Roberto Procida, die Hände. Und in allen Straßen, auf allen Plätzen Neapels betörte noch einmal – übertragen von Schallplatten und Lautsprechern – die Stimme des begnadeten Sängers die Welt, aus der er kam.

Logenbrüstungen dienen, springen hervor, daher die Pracht. Es sind in Gruppen angeordnete goldene Fackeln mit großen Lilien dazwischen. Ein herrlicher Kronleuchter erstrahlt in hellem Licht. Und nichts ist majestätischer und großartiger als die große Königsloge über der Mitteltür; sie ruht auf zwei goldenen Palmen in natürlicher Größe«, schwärmte Stendhal. Über dem Bühnenbogen des erstmals 1737 von Karl von Bourbon erbauten Opernhauses – es ist um 41 Jahre älter als die Mailänder Scala – prangt das Wappen des Königreiches beider Sizilien: in der Mitte das Schild des Hauses Bourbon, drei silberne Lilien auf blauem Grund, und darum herum die Wahrzeichen der 21 mit den Herrschern von Neapel verwandten Häuser.

Die Ausstattung der 184 in sechs Rängen angeordneten Logen änderte man nach der Einigung Italiens von Blau, der offiziellen Farbe der Bourbonen, in Rot. Sonst aber zeigt sich das an der Nordflanke des Königspalastes liegende Theater heute im wesentlichen in jener architektonischen Form, wie sie der Franzose so bewundert hatte. Mit 3000 Plätzen gehört es nicht nur zu den größten Opernhäusern Europas, auf seiner Bühne wurden auch einige bedeutende Kapitel der Musikgeschichte geschrieben.

Neapel war lange Hauptstadt der Oper: Der Sizilianer Alessandro Scarlatti begründete Ende des 17. Jh. die »neapolitanische Schule«, der Komponisten wie Giovan Battista Pergolesi, Domenico Cimarosa und Giovanni Paisiello ihr Gepräge gaben. Gioacchino Rossini, Gaetano Donizetti und Vincenzo Bellini verhalfen der großen Zeit der *Opera buffa* von der Stadt am Golf aus zu Weltgeltung. Und schließlich schuf die Ära Giuseppe Verdis, Giacomo Puccinis und der »jungen Schule« mit Leoncavallo, Giordano, Cilea und Alfano, vier Musikern, von Geburt oder durch ihr Studium Neapolitaner, zahlreiche Werke für das San Carlo.

Daß in Neapel Leidenschaften nicht nur auf, sondern gleichermaßen vor und hinter der Bühne heftig zum Ausbruch kommen, hat sich bis in unsere Tage nicht geändert. Rossini brannte mit der Geliebten des Operndirektors Domenico Barbaja bei Nacht und Nebel durch und beendete auf diese Weise abrupt seine ruhmreiche Zeit in diesem Haus. Donizetti – er komponierte für San Carlo 16 Opern, unter diesen »Maria Stuarda« und »Lucia di Lammermoor« – wurde vom Publikum vergöttert, das wiederum Bellinis später erfolgreichstes Werk »Norma« gnadenlos in Grund und Boden verdammte. Verdi – seine »Luisa Miller« entstand für Neapel – wollte man mit Hilfe eines alten Gesetzes, das für die Ausreise eine behördliche Bewilligung vorsah, sogar in Neapel festnageln, bis schließlich doch Vernunft und Respekt vor dem Genie siegten. Und Enrico Caruso, einer der größten Söhne der Stadt, schmetterte nach einer schlechten Kritik nie mehr sein hohes C in den Zuschauerraum. Verhängnisvolle politische Wogen schlug 1922 der faschistische Parteikongreß im Teatro San Carlo, der in dem berüchtigten »Marsch auf Rom« der Schwarzhemden gipfelte.

Nach wie vor bringt ein unerbittliches Publikum, bringen bezahlte Claqueure Sänger, die sich die geringste stimmliche Unsicherheit leisten, zur schieren Verzweiflung. Denn Fachleute sind sie alle, die Parkett und Logenrund füllen. Ob Millionär oder Arbeitsloser, Beamter oder Marktfrau, man kennt seine Opern genau, und wehe, ein Darsteller setzt zu einem falschen Ton an. Da wird gepfiffen und gebuht, daß der bedauernswerte Akteur nur noch die Flucht ergreifen kann. Die Belcanto-Lieblinge dagegen dürfen in einem Meer von Blumen und Ovationen baden – bis auch sie einmal ›ausrutschen‹. Wie auch immer: Die Popularität der Oper ist in Neapel – nicht zuletzt wegen der im Vergleich zu anderen Häusern volkstümlich niedrigen Kartenpreise – ungebrochen.

Heiliges und Heidnisches

San Gennaro: Nur dritte Kategorie

Wütend schlägt der Taxichauffeur die Tür seines dottergelben Fahrzeugs zu. Er konnte die Touristen, die er eben von ihrem Hotel in Santa Lucia in die Via Duomo gefahren hatte, nicht davon überzeugen, daß ihm heute, am 19. September, ganz einfach der doppelte Fuhrlohn zusteht. Schließlich feiert Neapel den Geburtstag von San Gennaro, dem heiligen Januarius. Und wenn sogar das Blut des Stadtpatrons in Wallungen gerät – gottlob, denn alles andere brächte Unheil –, dann müßte man schon selbst ein Heiliger sein, wenn man sich nicht aufregte über die Knauserigkeit der Fremden, die gar nicht wissen, was dieses Fest bedeutet.

Statt dabeisein zu können, wenn der Erzbischof im Dom den Gläubigen das berühmte Wunder der Blutverflüssigung vorführt, muß sich Salvatore durch den mörderischen Verkehr der Innenstadt quälen. Unzählige Verkaufsstände, die Zuckerwatte, Mandelbrot, geröstete Maiskolben, grün und rot gefärbte lebende Küken, Fische in phantasievoll ausgeschmückten Aquarien und jede Menge Spielzeug feilhalten, blockieren die Fahrbahn. Aus Lautsprechern ertönt fröhliche Kirchenmusik bis hinunter zum Hafen, schließlich gibt es einen Grund zum Feiern. *San Gennaro dice si,* der Märtyrer hat »ja« gesagt und sein Blut in den berühmten zwei Phiolen verflüssigt. Der Vesuv wird also weiterhin schweigen und kein Erdbeben die Stadt heimsuchen wie damals im November 1980, als das Ausbleiben des Mirakels schon Wochen zuvor Böses verhieß.

San Gennaro, der über alles verehrte Stadtpatron der Neapolitaner

Tatsächlich ist das Wohlwollen des im Jahr 304 unter Kaiser Diokletian im Amphitheater von Pozzuoli als Christ enthaupteten Bischofs von Benevent den Neapolitanern überaus wichtig. Daran konnte auch der Vatikan, der bei seiner Reform des Heiligenkalenders in den 70er Jahren San Gennaro nur noch als Patron dritter Kategorie einstufte, nichts ändern. Januarius hat es denen in Rom prompt gezeigt und mit brodelndem Blut ganz außer Termin demonstriert, was er von solch einer Vorgehensweise hält. Schließlich schmiegten sich einst sogar die wilden Tiere, die ihn hätten zerfleischen sollen, zahm wie Kätzchen an seine Füße, so daß den Römern, die

Ort der Enthauptung von San Gennaro im Jahre 304: das Amphitheater von Pozzuoli

bei ihm auch mit Martern in einem glühenden Ofen gescheitert waren, nichts anderes mehr einfiel, als ihn zu köpfen. Den Stein, auf den er dazu sein Haupt legen mußte, gibt es immer noch zu besichtigen – in der nach ihm benannten Kirche des Kapuzinerklosters bei der Solfatara, die ihm zu Ehren 1580 errichtet wurde. Im selben Moment, in dem er im Dom von Neapel zwei Mal im Jahr – am ersten Maiwochenende sowie am 19. September, dem Jahrestag der Überführung seiner Gebeine in dieses Gotteshaus – das Wunder vollbringt, färbt sich der blaßbraune Fleck auf dem Felsenstück rot, sozusagen als kleine Geste nebenbei. Und da behauptet der Papst doch glatt, es sei gar nicht dokumentiert, ob Januarius überhaupt wirklich gelebt habe!

Das Verhältnis der Neapolitaner zu ihrem Patron ist ein sehr persönliches. Wehe, ein Fremder greift San Gennaro unbotmäßig an! Doch selbst kann man dem Heiligen ungestraft zürnen. Immer wieder kommt es vor, daß jemand im gesteckt vollen Dom seinem Ärger über nicht erfüllte Wünsche Luft macht. Oder sogar handgreiflich wird, wie die 56jährige Anna Sacchetti, die, von unheiligem Zorn gepackt, mit einer armdicken Kerze auf die Blutampullen losging. Das brachte ihr zwar vor einem Schnellrichter eine bedingte Haftstrafe von 15 Tagen ein, aber sie hat es ihm gezeigt, dem vergeßlichen Gennaro. Das nächste Mal wird er mit seinen Gnadenbeweisen wohl nicht auf sich warten lassen, davon ist sie überzeugt.

Weit folgenschwerer als die wütende Enttäuschung der einfachen Frau erwies sich ein Zwischenfall im Jahr 1799, bei dem San Gennaro um ein Haar die Liebe seines Volkes eingebüßt hätte. Als zur Zeit der jakobinischen Revolution die Franzosen in Neapel einzogen, da verweigerte der Heilige das Wunder, was natürlich als böses Omen galt. Der französische General wollte es in richtiger Einschätzung der Lage nicht auf einen Aufstand ankommen lassen, er benötigte die Unterstützung des Heiligen bitterlich, denn die meisten Neapolitaner standen unverbrüchlich treu auf der Seite ihres Königs. Mit vorgehaltener Pistole zwang der Heerführer den Kirchenfürsten, das Blut mit himmlischer Hilfe verflüssigen zu lassen. Innerhalb weniger Sekunden brodelte es in den Phiolen. San Gennaro hatte wieder einmal ja gesagt. In diesem Fall allerdings zur Besatzungsmacht, was ihm viele bis zum heutigen Tag nicht verzeihen können.

Den Platz im Herzen ihrer Anhänger müssen sich Heilige in Neapel wie Popstars oder Fußballhelden immer wieder aufs neue erkämpfen. So werden nicht selten Wetten abgeschlossen, in welcher Reihenfolge die Statuen der frommen Männer und Frauen – auch die weiblichen Heiligen Chiara, Teresa, Patricia oder Lucia mischen im bunten Reigen mit – bei der Januarius-Prozession, die dem Blutwunder vorausgeht, durch die Spaccanapoli getragen werden. *When the Saints go marchin' in* – angeführt von der kostbaren Silberbüste des Patrons, formieren sich die Verehrer des einen oder anderen Himmlischen und versuchen, diesem durch lautstarken Applaus im kommenden Jahr einen Platz in den vorderen Reihen zu sichern. »Hitparade der Heiligkeit« nennt Luciano De Crescenzo recht despektierlich das Spektakel. Und führt an, daß es weltweit elf Heilige gibt, die ihr Blut verflüssigen – zehn davon in Neapel, wodurch eine gewisse Konkurrenzsituation verständlich wird.

Vermutlich ist San Gennaro nach seinem Ausflug durch die engen Gassen der Altstadt recht erleichtert, wenn er wieder heimkehren darf in seinen Dom, in dem er ohne lästige Gefolgschaft ehrgeiziger Himmelsgefährten mit seinen Anhängern wieder allein ist. Jetzt erst kann er seine Macht ausspielen, jetzt erst wird es spannend. Dicht gedrängt stehen die Gläubigen in dem prächtigen Gotteshaus, das auf den Überresten eines Apollotempels errichtet wurde. *Divo Ianuario e fame bello peste ac Vesaevi igne miri ope sanguinis erepta Napolis civi patr. vindici* – diese Inschrift prangt vor dem rechten Seitenschiff, der Kapelle des Hausherrn: »Dem heiligen Januarius, durch das Wunder seines Blutes vor Hunger, Krieg, Pest und dem Feuer des Vesuv gerettet, Neapel, seinem Mitbürger, Patron, Beschützer.«

Tosender Beifall brandet auf, wenn endlich, nach stundenlanger Wartezeit, der Erzbischof hinter der berühmten silbernen Büste, die den Schädel des Heiligen birgt, erscheint. Verzweifelt bemüht sich eine Frau, nach vorne zu kommen, um einen Rosenstrauß zu Füßen der Blutmonstranz niederzulegen, die, auf einem Podest weithin sichtbar, dem Abbild San Gennaros folgt. Nach einer Prozession zum Hauptaltar schwenkt der höchste kirchliche Würdenträger Neapels die Reliquie hin und her, um die Verflüssigung des Blutes in den Ampullen zu zeigen. Bald wird er sich ablösen lassen, denn nun folgt ein nicht endenwollender Zug von Gläubigen, die dem Heiligen ihre Reverenz erweisen, indem sie das Reliquiar küssen. Geduldig hält ein Priester das schwere goldene Kunstwerk den Menschen entgegen. Nur einmal zuckt er zurück und verzieht mißbilligend die Miene: Einer jungen Frau im ärmellosen Sommerkleid wird das Berühren der Monstranz verweigert.

Die Luft im Dom ist mittlerweile zum Schneiden, Hunderte von Menschen haben die Temperatur im Inneren der großartigen und dennoch schlichten Kathedrale angeheizt und dem scirocco-schwülen Klima vor der leider sehr häßlichen neugotischen Fassade angeglichen. Unter der sogenannten Sitzmadonna – das Tympanon des Hauptportals aus dem 14. Jh. zeigt eine Maria mit dem Jesuskind auf dem Schoß, flankiert von den Heiligen Joseph und Januarius – versammeln sich nun am frühen Nachmittag würdig auf- und abschreitende Männer im Smoking. Massive goldene Kreuze baumeln vor weißen Hemdbrüsten, gewichtig scheinen die Gespräche, die von den Mitgliedern der Königlichen Schatzkommission inmitten der Jahrmarkt-Atmosphäre vor und im Dom geführt werden. Aufgrund alter Erlässe sind die zwölf Mitglieder dieses Gremiums – zehn Adelige und zwei Vertreter des Volkes – für alles verantwortlich, was mit dem San Gennaro-Kult zusammenhängt.

Wenig später finden sich die elegant gekleideten Herrschaften, zu denen sich nun auch die dazugehörigen Damen gesellt haben, in der Kirche der Santa Restituta ein. Diese älteste Basilika Neapels, die man durch eine schmiedeeiserne Tür vom linken Seitenschiff des Domes aus betritt, stammt aus dem 4. Jh. und ist seit dem 7. Jh. einer afrikanischen Christin geweiht, die auf einem Boot, in einem Becken mit glühenden Kohlen sitzend, ausgesetzt worden war und unversehrt die Insel Ischia erreicht hatte. Die geschlossene Versammlung unter einem Triumphbogen mit antiken Säulen erinnert stark an eine Cocktailparty, auch wenn niemand das bei solchen Gelegenheiten unvermeidliche Glas in der Hand hält.

»Der Segen des heiligen Januarius komme über dich«, murmeln die Bettler ihr dem aktuellen Anlaß angepaßtes Dankeschön. Geschäftstüchtig halten Devotionalienhändler den Kirchenbesuchern Heiligenbildchen oder kleine Gennaro-Büsten unter die Nase, die Schmuggler haben zur Feier des Tages Darstellungen des Patrons auf ihren Zigarettenstangen befestigt. Zwischen zwei pompösen Blumenarrangements mit einer brennenden Fackel in der Mitte parken zwei Rotkreuzwagen. Eine bessere Gelegenheit, genügend Freiwillige zum Blutspenden zu finden, wird sich so bald nicht ergeben. Ob überhöhter Taxipreis oder freiwillige Spende – am Festtag des heiligen Januarius muß man bluten.

Die Madonnenverehrung treibt bisweilen seltsame Blüten: Madonnenfiguren in einem Laden für religiöse Andenken

Die Rosenkranz-Madonna von Pompeji

Umgeben von ihrem Sternenkranz, blickt die Muttergottes ernst aus einem rosafarbenen Aschenbecher. Ihr Konterfei ziert die Lehnen winziger Keramikstühle, ihr strenges Antlitz wirkt seltsam deplaziert inmitten grellbunt gefärbter Muscheln, die zum Standard-Sortiment der Souvenirstände auf der Piazza Giovanni XXIII. zählen. Das Gnadenbild der Rosenkranz-Madonna ist allemal ein Verkaufsschlager, pilgern doch alljährlich zwei Millionen Gläubige zu jener neuklassizistischen Basilika im Zentrum des modernen und höchst lebendigen Pompeji, die der aus Brindisi stammende Rechtsanwalt und Prediger Bartolo Longo am 13. November 1875 gegründet hat.

Heute ruht der Mann, dem es, wie man auf einer Tafel lesen kann, vergönnt war, exakt 85 Jahre, 7 Monate und 22 Tage zu leben, in einem Glassarg in der Krypta einer der größten Wallfahrtskirchen Süditaliens. Sein Haupt ist von einer goldenen Totenmaske verhüllt, seine Füße stecken in bequemen Slippern, die – man verzeihe den despektierlichen Ausdruck – fatal an Hauspantoffeln erinnern.

Aber eigentlich ist der fromme Mann ja hier wirklich zu Hause, ist daheim in jener für Mitteleuropäer fast bedrückenden Atmosphäre ekstatischer Frömmigkeit, die ihren Ausdruck auf jedem Quadratzentimeter Boden, in jedem Winkel

und in jeder Ecke des gigantischen Monuments findet. Wer an solchen Wallfahrtsstätten des Südens achtlos vorbeigeht oder bestenfalls ein geringschätziges Lächeln für den zugegebenermaßen geringen künstlerischen Wert dieser Gotteshäuser übrig hat, der wird die Menschen dieses Landes nie begreifen.

In endlos scheinenden Wandelgängen drängt sich ein selbstgemaltes Votivbild an das andere. Die naiven Malereien dokumentieren die Errettung aus höchster Not: Unglücksfälle, Geburten und Operationen stellen die Hauptmotive der Bildchen. Aber auch abgeschnittene Zöpfe, prachtvolle Locken, die jeden Friseur zum Aufseufzen ob der Vergeudung von so viel Schönheit bringen, finden sich unter den Opfergaben.

Der Raum für Spendenannahmen gleicht dem Kassensaal einer großen Bank. An 14 Schaltern, hinter denen Klosterschwestern ihren Dienst versehen, kann man seinen Obolus leisten. Der geschäftsmäßig nüchterne Ausdruck in den Gesichtern der Nonnen paßt ausgezeichnet zu dem perfekt kommerziell aufgezogenen Devotionalienhandel: Von Ansichtskarten über Broschüren und Kruzifixe aller Arten und Größen bis zu in Öl gemalten Kopien des Gnadenbildes, die in schweren, vergoldeten Rahmen feilgeboten werden, ist so ungefähr alles vertreten, was ein Pilger für teures Geld erstehen kann.

Eine abschreckende Geschäftemacherei? Vielleicht. Aber man muß wissen, daß in Italien die Kirchensteuer nicht gesetzlich verankert ist. Es werden zwar 0,8 % der Einkommensteuer an den Klerus abgeliefert, aber nur, wenn der zur Kasse Gebetene es will. Ist man damit nicht einverstanden, dann kommt diese Abgabe einer anderen gemeinnützigen Organisation zugute. Abgesehen davon gibt der Fiskus jedem Staatsbürger die Möglichkeit, der Kirche pro Jahr einen gewissen Betrag – zuletzt lag er bei umgerechnet 2000 DM – steuerfrei zu spenden.

»Dieser Tempel des Glaubens wurde nicht von Gönnern, Fürsten, Reichen erbaut, sondern er entstand dank weniger, von den Armen geopferter Groschen«, schrieb Bartolo Longo in seinen Erinnerungen. »Durch meine Hände flossen Millionen und Abermillionen. Und diese wurden zu Marmorarbeiten, Bronzewerken, Mosaiken. Das in seiner Armut stets edelmütige und freigebige Volk Gottes errichtete das Sanktuarium in einer Zeit der Glaubensverleugnung und der wachsenden Selbstsucht. Aus jenem Gelde wurden Institute und Kinderheime für Waisen geschaffen. Niemand von den Betreuten belastet den Staat, die Regionen, Provinzen und Gemeinden. Für alles sorgt die Gottesmutter.«

Heute ist es kaum noch vorstellbar, was diese soziale Leistung vor mehr als einem Jahrhundert bedeutet hat. Elternlose Kinder erhielten ein Heim, bekamen eine Ausbildung, hatten Chancen auf einen Arbeitsplatz. Die Visionen des Rechtsanwalts aus Apulien waren bei aller Frömmigkeit sehr wohl von dieser Welt. Nach wie vor sind die Sozialleistungen des Klosters enorm. Neben der Betreuung eines Knaben- und eines Mädchenwaisenhauses kümmern sich die »Töchter des Rosenkranzes« um die Erziehung der ihnen Anvertrauten. Und auch Gestrauchelte und Verzweifelte, wie zum Beispiel Drogenabhängige, finden bei den Dominikanerinnen liebevolle Aufnahme und Hilfe. Wo der Staat versagt, da springt die Madonna ein.

Dabei hatte Bartolo Longo das Gnadenbild, um das sich seit 1875 alles dreht, ursprünglich gar nicht so recht haben wollen. Von einem Dominikanermönch in einem Altwarengeschäft in

Neapel durch Zufall entdeckt, für eine lächerliche Summe erstanden und an eine fromme Schwester des Klosters Del Rosario in Porta Medina weitergegeben, wäre die an sich künstlerisch wertlose Malerei um ein Haar in Vergessenheit geraten. Doch die Muttergottes selbst erschien der einfachen Nonne und versprach so nachdrücklich ganz wunderbare Dinge, daß diese das Gemälde dem Prediger aus Bari übergab. Bartolo Longo übernahm es eher unwillig und sollte es sein Leben lang nicht bereuen. Die Rosenkranz-Madonna hielt ihre Zusagen, sie heilte und half. Und wurde zum Mittelpunkt des neuen Pompeji, das den Menschen des Mezzogiorno als Sieg über die tote Stadt gilt, als Symbol des Lebens, das den Tod überwindet.

An jedem 8. Mai und an jedem ersten Sonntag im Oktober quillt die Wallfahrtskirche über. Das Pompeji im ausklingenden 20. Jh. unterscheidet sich dann gar nicht so sehr von jenem der Antike. Auch damals, vor zwei Jahrtausenden, waren die Tempel der Götter und Göttinnen voll. Genauso wie heute erflehten die Menschen Schutz vor der Willkür der Natur, Gnade vor der Unberechenbarkeit des Vesuv.

Nach dem Erlöschen des Vulkans im April 1944 war »der Gott Neapels, das Totem des neapolitanischen Volkes, tot«, wie Curzio Malaparte in seinem Buch »Die Haut« schrieb. »Als wir eines Abends, es war im Monat August, aus Amalfi zurückkehrten, beobachteten wir an den Hängen des Vulkans eine lange Reihe rötlicher Flammen, die sich auf den Krater zubewegten. Es war eine Prozession, die hinaufzog, dem Vesuv Weihgaben darzubringen, um seinen Zorn zu besänftigen und ihn anzuflehen, sein Volk nicht zu verlassen. Nachdem sie den ganzen Tag über an der Wallfahrtsstätte des neuen Pompeji gebetet hatten, war ein langer Zug von Frauen, Kindern, Greisen aufgebrochen, und hinter einem Schwarm von Priestern im Messeornat, hinter den jungen Männern, welche die Banner und Standarten der Bruderschaften und große schwarze Kruzifixe trugen, waren sie jammernd die Fahrstraße hinaufgezogen, die von

Heiliges und Heidnisches

Boscotrecase zum Krater emporführt. Manche schwenkten Ölbaumzweige, Pinienäste, üppige Büschel von Weintrauben, andere trugen Krüge voll Wein, Körbe, gefüllt mit Ziegenkäse, mit Früchten und Brot, diese Kupferbecken, voll Pizze und Quarklaiben, jene Lämmer, Hühner, Kaninchen und Bütten voll Fisch. Als die zerlumpte, barfüßige Menge, Gesicht und Haare von Asche beschmiert, den Gipfel des Vesuv erreicht hatte, war sie schweigend hinter den psalmodierenden Priestern in das weite Amphitheater des alten Kraters hinabgestiegen.«

An dieser Küste gelten andere Maßstäbe, fließen Glaube und Aberglaube übergangslos ineinander. Heidentum und Christentum sind nur auf dem Papier feindliche Brüder, in der süditalienischen Realität ist das eine ohne das andere nicht denkbar. Nach stundenlangen Gebeten im Angesicht der Rosenkranz-Madonna griffen diese Katholiken vor einem halben Jahrhundert auf Archaisches zurück: »Die Menge war die steilen Flanken des Kegels hinaufgeklettert, stand dicht gedrängt rund um den Schlund des erloschenen Vulkans und schleuderte heulend und schreiend in den schwarzen Rachen des Ungeheuers ihre Weihegaben, Brot, Früchte und Käse, goß über die Lavatrümmer den Wein und das Blut der geschlachteten Lämmer, Hühner und Kaninchen, die sie dann, noch zuckend, in den Abgrund warfen. Wir waren gerade in dem Augenblick angekommen, als die Menge ihren uralten Beschwörungsritus beendet hatte, sich auf die Knie warf, die Haare raufend, Gesicht und Brust zerkratzend, und Litaneien mit Klagegeschrei mischte, Gebete an die wundertätige Jungfrau von Pompeji mit flehenden Beschwörungen des grausamen, unerbittlichen Vesuvs.«

Neapolitanische Krippen: Puppenstuben des Glaubens

Blind vom Dampf der kochend heißen Spaghetti, wendet sich die Bäuerin vom Herd ab, während ein Hund die heruntergefallenen Nudeln vom Küchenboden aufleckt. Ungerührt blickt ihr Mann, müde von des Tages Arbeit, in sein frisch gefülltes Glas Wein. Die Kinder spielen unter dem Tisch, der Großvater schmaucht sein Pfeifchen, im Wirtshaus nebenan geht es schon hoch her – mit Wein, Weib und Gesang. Draußen, vom Feld her, am Rande dieses mit Alltagsleben erfüllten Dorfes, nähern sich drei

Die klassische Weihnachtskrippe hat ebenso ihren Stellenwert wie die Ironie ...

Weise aus dem Morgenland. Sie kommen, um den Heiland anzubeten. Ja, es ist fast nicht der Erwähnung wert: In unmittelbarer Nachbarschaft von Wirtshaus und Bauernhof steht ein Stall, in dem ein Baby liebevoll und ungeniert von seiner Mutter an die Brust genommen wird und Ochs und Esel dümmlichsatt der Idylle zusehen.

So beiläufig zeigen neapolitanische Krippen die Geschehnisse der Heiligen Nacht. Zwar stimmt die Szenerie von Maria und Josef, Erlöser, Weihrauch und Myrrhe samt den fremden Königen und herbeieilenden Hirten mit der biblischen Überlieferung überein, doch nichts und niemand erstarrt – wie in den Krippen des Nordens – in Ehrfurcht. Die Posaunen der Engel mögen andere vor der Größe des Augenblicks verstummen lassen, niemals jedoch einen Neapolitaner. Christus ist geboren – wunderbar! Das gilt es zu feiern. Aber auch das Vieh will gefüttert werden, der Topf auf dem Herd verglühte, wenn ihn keiner herunternähme, die Kinder müssen ins Bett. Und auch der Gast im Wirtshaus, der von weiß Gott woher heute hier eintraf, hat sich sein Essen redlich verdient. Es wird weiterhin gearbeitet und gestritten, geliebt und gelitten. Nicht für einen noch so kleinen Moment hält das Schicksal den Atem an, selbst wenn der Erlöser, ersehnt und erhofft, endlich auf die Erde kommt, bleibt die Welt nicht stehen.

Das beste, schönste und großartigste Baby, unser aller Herr, ist da! Und ihm zu Ehren muß man eine Krippe bauen, so vielfältig und phantasievoll wie nur möglich, um ihm zu zeigen, wie es auf dieser Erde zugeht. Und wie sehr sie ihn braucht. Nie jedoch wird Gottes Sohn in einer Krippe aus Neapel Mittelpunkt sein. Vielleicht ist er deswegen um so mehr das Zentrum in den Gedanken der Gläubigen, die schon lange vor dem Christfest – am 8. Dezember – zu den

Nordsüdkonflikt als Krippenspiel: Der Mezzogiorno fordert den Kopf des separatistischen Lega-Nord-Chefs Bossi

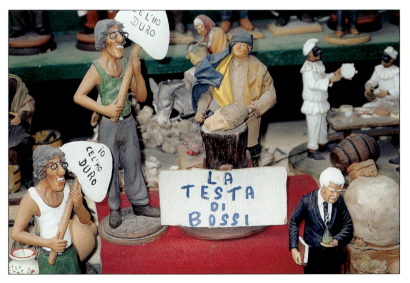

Klängen der Dudelsack-Musikanten, der *zamponari,* Jesus in Gips, Holz oder auch Plastik auf die Welt kommen lassen. Neuerdings auch häufig wieder aus bemaltem Ton, wie die alten Meister der Krippenbaukunst es lehrten.

»Für mich ist immer Weihnachten«, sagt der gelernte Buchdrucker Angelo Rossi und präsentiert das Werk tagelanger Arbeit: Miniaturausgaben sämtlicher Gemüsesorten, die sich auf dem Markt finden lassen; proportionsgerecht liegen Zwiebeln neben Knoblauch im geflochtenen Korb; geschlachtete Hühner lassen ihre Köpfe hängen, Brote werden aus dem Ofen geholt, ein Laib Käse, von dem eben etwas abgeschnitten wurde, befindet sich auf dem rohen Holztisch; dazu Hausrat aller Art, winzig und in jedem Detail naturgetreu ausgeführt; oder Musikinstrumente, von der Flöte bis zur saitenbespannten Geige, der man tatsächlich Töne entlocken kann. Fast vermeint man, die Gerüche dieser Küchen atmen, die Stimmen der Zecher hören zu können, so unwahrscheinlich echt ist das Schauspiel, das sich aus stummem, geruchlosem Ton vor einem ausbreitet, lebendiger als manches Lebende in der Plastikwelt unserer Tage. Angelo Rossi gehört zu jener Handvoll Neapolitaner, die sich noch auf die alte Kunst des Krippenbauens besinnen.

Er arbeitet nach den Techniken und den Vorlagen des späten 17. und 18. Jh. Erst ab diesem Zeitpunkt nämlich tragen neapolitanische Krippen ihr unverwechselbares Äußeres, frühere Darstellungen unterscheiden sich kaum von jenen anderer Länder.

Die erste Nachricht über eine private, häusliche Krippe findet sich in einem im Jahr 1567 erstellten Inventar der Piccolomini-Burg in Amalfi. Demnach besaß Constanza Piccolomini di Aragona 116 Krippenfiguren und Gegenstände, mit denen sie die Geburt, die herbeieilenden Könige aus dem Morgenland und andere Szenen aufbauen konnte. Bis zum 16. Jh. gab es Krippen nur in Klöstern, eine Sitte, die auf Franz von Assisi zurückgeführt wird, der 1223 im Wald von Greccio einen hölzernen Futtertrog aufgebaut und zur Weihnachtspredigt Ochs und Esel mitgebracht haben soll.

Nach dem Klerus war es der italienische Adel, der sich der *presepe,* der Krippe, bemächtigte, das einfache Volk hatte mit der Fortsetzung der liturgischen Tradition nichts im Sinn. Die Figuren der ältesten Krippen Neapels aus dem 16. und 17. Jh. zeigten wenig Lebendigkeit. Erst als man bloß noch die Köpfe aus Ton modellierte, die Gliedmaßen aus Holz schnitzte und die Teile mit Draht verband, wurde jene Ausdruckskraft erzielt, die so typisch werden sollte. Immer noch blieb es aber der hohen Geistlichkeit respektive dem Königshof vorbehalten, für die Gestaltung der Krippen verantwortlich zu zeichnen. Jene aus dem Alltag gegriffenen Szenen stellten nämlich keineswegs die Realität dar – von der die Oberschicht wenig Ahnung hatte –, sondern sie gaben nur die Vorstellung wieder, die man sich vom Leben der Untertanen machte. Deswegen sind neapolitanische Krippen bis zum heutigen Tag nicht wirklich Spiegelbilder gewisser Epochen, an denen man Sitten und Gebräuche studieren kann, sondern im wahrsten Sinn des Wortes Puppenstuben des Glaubens, die ab dem 19. Jh. in keinem Haus mehr fehlen durften.

Im Herzen von Neapel lebt eine ganze Straße – die *Via Gregorio Armeno* – von der Handwerkskunst des Krippenbaus. Vor allem im Advent sollte man es sich nicht entgehen lassen, von Auslage zu Auslage, von Stand zu Stand zu schlendern, um die phantasievollen Figuren in allen Größen und Formen zu bewundern. Vom Maronibrater bis zum Scherenschleifer, vom rotznasigen Gassenbuben bis zur Lumpensammlerin sind alle, alle vertreten, die einst »das Volk« ausmachten.

Angelo Rossi freilich ringt diese »Kommerzware«, so hübsch sie auch sein mag, nur ein müdes Lächeln ab. Er hat schon so manchen Dachboden eines Klosters durchstöbert, um Originalstoffe zu finden, die früher eigens für die Bekleidung der Krippenfiguren gewebt wurden. Man hat nämlich nicht irgendwelche Reste verwendet, sondern Muster und Design neu und maßstabsgetreu hergestellt. Käuflich zu erwerben sind Angelo Rossis kleine Kunstwerke nicht. Und auch nicht zu besichtigen. Er fertigt sie lediglich für sich und seine Freunde an. Seine Frau hat sich längst damit abgefunden, nicht nur um die Weihnachtszeit in den eigenen vier Wänden Statistin in einer Riesenkrippe zu sein.

Wie im Haushalt der Rossi sind die Szenen um die Geburt Christi ebenfalls das ganze Jahr über im Museo Nazionale di San Martino aufgestellt, wo neben der größten Weihnachtskrippe *Cuciniello,* die allein 162 Menschen, 80 Tiere, 28 Engel sowie 450 Gegenstände des täglichen Gebrauchs umfaßt, eine Sammlung der schönsten Figuren der berühmtesten Künstler – wie zum Beispiel von Giuseppe Sammartino (1720–193) zusammengetragen wurde. Nur einem Fremden mag es skurril erscheinen, daß dem Schöpfer zahlreicher Heiligen- und Krippenfiguren, eben jenem Sammartino, etwas völlig Konträres, nämlich auch die morbide Marmorskulptur des mit einem Leinentuch bedeckten Christus in der Cappella Sansevero, gelingen konnte. Doch ein Süditaliener sieht in dem Nebeneinander von Leben und Tod keinen Widerspruch.

Die größte Ausstellung neapolitanischer Krippen aber wird man nicht am Golf, sondern in München im Bayerischen Nationalmuseum finden. Auch jenseits des Atlantik, im New Yorker Metropolitan Museum, kann man alljährlich um Weihnachten auf ›echte Neapolitaner‹ im Miniaturformat stoßen. Wie ihre menschlichen Vorbilder emigrierten also auch die kleinen, 35 bis 40 cm großen Vertreter des ›popolo‹ in alle Himmelsrichtungen. Und wurden dank ihrer Vitalität, ihres Mutterwitzes und ihrer Individualität ebenso in der Fremde heimisch wie die Millionen Auswanderer, die sich in aller Welt eine neue Existenz aufbauen mußten.

Ein aus dem Norden kommender ›Einwanderer‹ hingegen, der Weihnachtsbaum, hat zwar auch die Stadt am Vesuv erobert, nicht aber die Herzen der Neapolitaner.

Hörner gegen den bösen Blick

Mit monotoner Stimme verliest allabendlich im staatlichen italienischen Fernsehen ein bärtiger, wie ein exotischer Guru gekleideter Astrologe die Horoskope für den folgenden Tag. Was die Sterne zu sagen haben, interessiert offenbar ebenso wie Weltereignisse, Fußball und Wetter. Kein Italiener findet irgend etwas Lächerliches daran, sich seine persönlichen Dispositionen für die nächsten 24 Stunden vorhersagen zu lassen.

Dem Aberglauben begegnet man auf der Apenninenhalbinsel auf Schritt und Tritt. Auch nördlich von Rom gehen die Geschäfte der Wahrsager, Kartenleger und Sterndeuter nicht schlecht, doch

Der Hang der Neapolitaner für Kitsch und Aberglauben ist unübertroffen

südlich der italienischen Hauptstadt ist der Handel mit dem Irrationalen zu einem besonders blühenden Erwerbszweig geworden. Im »Mattino«, der wichtigsten Tageszeitung des Mezzogiorno, inserieren Magier mit der größten Selbstverständlichkeit und bieten ihre Dienste an. In Mailand sind es registrierte 4000, in dem weit kleineren Neapel 7000, von einer auf mindestens das Doppelte geschätzten Dunkelziffer erst gar nicht zu reden.

Jeder Andenkenhändler hält »Hörner« in allen nur denkbaren Größen, Farben und Formen gegen *malocchio,* den bösen Blick, feil. Ob aus schreiend rotem Plastik oder aus kostbaren orangefarbenen Korallen, ob aus Silber, Gold oder Halbedelsteinen, Hörner baumeln an Halsketten, an Autoschlüsseln oder zieren die Wände der Häuser. Und hat man einmal kein Amulett zur Hand, dann spreizt man den Zeigefinger und den kleinen Finger als Abwehr gegen das Böse.

Jedermann spielt am Golf von Neapel Lotto oder Toto, und sämtliche Traumdeuter des Orients müssen sich geschlagen geben angesichts der Phantasie, die Neapolitaner entwickeln, wenn es um das Vorhersagen der richtigen Ergebnisse geht. Die Verquickung von Alltäglichem mit Mystischem erweist sich als atemberaubendes Spiel, an dem jeder nur allzu gerne teilnimmt. Hat etwa die Großmutter von einem Friedhof geträumt, so gilt das keineswegs als Vorahnung ihres bevorstehenden Ablebens, sondern als Symbol für die Zahl 1. Erscheint Jesus Christus höchstpersönlich in den nächtlichen Vorstellungen, so hat man auf 33 zu setzen. Die 34 wiederum steht für den menschlichen Kopf, Läuse bedeuten 87, Pulcinella 75.

So verwirrend das klingen mag, die Sache erweist sich als noch weit komplizierter. Denn da gibt es Quer- und Zwischensummen, Subtraktionen und Additionen. Wenn jemand im Traum beispielsweise Pulcinella mit hocherhobenem Haupt auf einem Friedhof erblickt haben will, dann gehören schon Fachleute her, die daraus die richtige Zahlenkombination errechnen können. Und solche Experten gibt es am Golf in rauhen Mengen. Irrtümer, die freilich weit häufiger vorkommen als richtige Tips, schaden ihrem Ruf nicht. Dann hat eben der Kunde vergessen, ein wesentliches Detail zu erwähnen. Das wird ihm bei Reklamationen beredt und mitunter recht lautstark erklärt.

Nichts und niemand ist vor neapolitanischen Zahlenspekulationen sicher, nicht einmal die antiken Götter. Die Venus Kallipygos, ein Prunkstück des Museo Nazionale, nennt jedermann nur zärtlich *La sedici,* »die Sechzehn«. Einstmals als Brunnenfigur – vermutlich für einen Tempel des sizilianischen Syrakus – geschaffen, kehrt die Schöne nunmehr in Ermangelung einer spiegelnden Wasserfläche dem Betrachter recht unmotiviert ihren reizvoll entblößten Rücken und noch ein bißchen mehr zu. Und die Zahl 16 steht für jenen Körperteil, den die Venus so freizügig zeigt.

Um das Schicksal zu versuchen, geben die Neapolitaner allwöchentlich Unsummen aus. Und wo es um Geld geht, da ist die Camorra nicht weit. Schon längst besitzt der Staat nicht mehr das Monopol im Geschäft mit dem Glück. Bereits in den 70er Jahren schuf der berüchtigte Camorraführer Raffaele Cutolo ein Gegengewicht zur Lottogesellschaft, die sich mit dem Auszahlen der Gewinne gerne monatelang Zeit läßt. Die Zahlen werden weiterhin ganz offiziell gezogen, gewettet aber wird bei der neapolitanischen Mafia, die noch am selben Tag ihre Schulden begleicht und statt der Steuern nur eine weit kleinere ›Bearbeitungsgebühr‹ einbehält.

Kein Neapolitaner findet etwas dabei, seinen Schutzpatron um recht weltliches Glück anzuflehen. Die Himmlischen müssen jederzeit damit rechnen, bei Verweigerung der Unterstützung rüde ausgeschimpft zu werden. Nicht anders als vor urdenklichen Zeiten ist die Beziehung zum Olymp respektive Paradies mehr pragmatisch als ehrfurchtsvoll. Die Götter der Griechen waren auch nur Menschen, abgesehen von der Tatsache ihrer Unsterblichkeit. Warum sollte das bei den Heiligen der katholischen Kirche, in denen man die legitimen Nachfahren der Olympischen sieht, heute anders sein? Auch die Märtyrer kannten schließlich Hunger und Durst, Sehnsucht, Liebeskummer und die Furcht vor Tod und Teufel.

Der Aberglaube macht wie auch der Glaube keine sozialen Unterschiede. Kein Süditaliener wird sich darüber wundern, wenn selbst Politiker im Rampenlicht in manchen Situationen zu den alten Hausmitteln greifen und bei heiklen Verhandlungen *tocca ferro,* also auf Eisen – und nicht wie in Mitteleuropa auf Holz – klopfen. Oder gar das stärkste Mittel in aller Öffentlichkeit anwenden, wie einst der aus Neapel stammende Staatspräsident Giovanni Leone anläßlich eines offiziellen Besuchs in Frankreich am Grabmal des Unbekannten Soldaten, als er an der Seite von Charles de Gaulle den Toten blitzschnell mit der linken Hand die Hörner zeigte, um etwaiges Unheil abzuwehren. Sein Pech war nur, daß ein Fotograf diese Szene einfing und der Norden wieder einmal etwas zu lästern hatte über die abergläubischen *terroni,* diese rückständigen Provinzler aus dem Süden, die sich und damit ganz Italien mit ihrer irrationalen Furcht lächerlich machten.

Als legitime Nachkommen der phantasiebegabten, unglaublichen und uns heute oft unverständlichen Griechen wissen die Menschen am Golf jedoch vielleicht besser als wir, daß es Dinge zwischen Himmel und Erde gibt, die unserem Verstand unfaßbar bleiben. Und so verwalten sie das Erbe Magna Graecias eben auf ihre ganz spezielle Weise.

Küche und Keller:
Parthenope bittet zu Tisch

Die Küche Neapels ist ein Mythos. Um das zu erfahren, muß man nicht Philosophie studiert haben. Es genügt, einige Charakteristika im Kopf zu behalten: die enge Verbindung mit der Landschaft; das Verschmelzen kultureller Muster in ihr; das mit dem Mythos verbundene Ritual; die Erzählung vom archaischen, vorgeschichtlichen, gar göttlichen Ursprung; der Enthusiasmus und die Liebe; schließlich der Ton der Erzählung – eine überschwengliche Poesie, die sich nicht geniert, Alltagssprache mit überaus künstlichen Bildern zu vermischen.

Ist es verwunderlich, daß Essen in Kampanien all das hervorruft? Eine halbe Stunde Spaziergang an der Küste, vielleicht so nahe an Capri wie möglich, und man beginnt zu verstehen. Der Geschmack des Meeres in der Luft, die Parfums all der wildwachsenden Kräuter, Thymian, Origano, Rosmarin; der Duft der bunten Blüten, die überall kleine Tupfer setzen in das heiße Grau der Felsen, das gedeckte Ocker der Erde und das stumpfe Grün der mit einer feinen Patina von Meersalz überzogenen Olivenbäume. Hier und da ein Artischockenstrauch und auf dem Meer ein Fischer – das Tuckern des Diesels hat nichts von »technisierter Welt«, ist nur ein Zeichen, daß hier Menschen leben und arbeiten; dann die Obstgärten, wo »im dunkeln Laub die Goldorangen glühn« (man muß kein Schöngeist sein, um zu spüren, daß Goethe mehr ist als der Dichter des deutschen Bildungsbürgertums). Und wenn der Blick hinüber zum Vesuv schweift, ist man schlagartig davon überzeugt, daß dort nur die edelsten – und schwersten – Weine wachsen. Schließlich fallen einem all die römischen Ruinen ein, die prächtigen Villen, die Tempel und Statuen der Götter, und auf einmal schlägt die direkte Erfahrung einer imposanten Vergangenheit um in eine Gegenwart, die an den Rändern ein wenig verschwimmt: Hier leben die Götter noch. Aber auch, wer seiner Phantasie nicht so sehr die Zügel schießen läßt, wird an die Läden in Pompeji oder Herculaneum denken, mit ihren Backöfen und Ölkrügen, oder auch an die historischen Fischteiche von Pozzuoli, und wird den Eindruck einer Kontinuität haben, die von den Garküchen der römischen Antike bis zur heutigen Pizzeria reicht.

Doch halt! – ist die neapolitanische Küche nicht die der »roten Laterne« (wie Luciano De Crescenzo gesagt hat), nämlich der heimischen Tomate von San Marzano? Und ist der *pomodoro*, der Goldapfel, nicht erst im 16. Jh. nach Europa gekommen, und selbst da wußte man noch lange nichts mit ihm anzufangen? Sicherlich – aber das war nichts weiter als eine kleine Verspätung, in Neapel ist man eben nicht so pünktlichkeitsversessen. Luciano De Crescenzo kennt die Geschichte von der Geburt der Küche Neapels: 3000 Jahre ist es her, daß sich Tomate und Basilikum zu einer Liebesnacht verabredet hatten, und das Bett sollte eine Pizza sein. Das Basilikum kam pünktlich mit den Griechen, die sich dort ansiedelten, aber die Tomate verspätete sich, fristete in Amerika ein Dasein als verkanntes Nachtschattengewächs. Bis Christoph Columbus ausfuhr, sie zu holen – und nebenbei Amerika entdeckte.

Paradies der Sinne: die italienische Küche und ihre Produkte

Eine Geschichte, die quasi bereits den Mythos in sich trägt, ganz ähnlich wie das, was man sich von der Geschichte des vorgesehenen Hochzeitsbetts erzählt: Manche meinen, die **Pizza** sei mit den Griechen gekommen, andere sprechen den Oskern, einem alten italischen Volk, die Ehre der Erfindung zu, wieder andere leiten den Fladen direkt von den Göttern her. Eine geradezu wissenschaftliche These hat Michele D'Avino entwickelt, der den Ursprung der Pizza in den Mysterien zu Ehren der Göttin Demeter (bei den Römern Ceres, zuständig für Getreide und Ackerbau) sieht.

Letztlich aber ist die Pizza so unzertrennlich mit der *pummarola,* wie man in Neapel die Tomate nennt, verbunden, daß sie – unabhängig von ihren Vorläufern – ihre unverwechselbare Identität erst im 17. Jh. gewinnen konnte. Ein gar zu vernünftiges Argument? Vielleicht. Aber wenn auch hier die Götter verlorengehen, der Funke ihrer Inspiration bleibt erhalten, sobald Neapolitaner über ›ihre‹ Pizza sprechen, schreiben oder singen. »Ein Ballett ist sie«, schwärmt Mario Stefanile, »das sich unter euren verzauberten Augen entfaltet und das euch dennoch kein Geheimnis enthüllt, und so bleibt die Pizza hermetisch und orphisch, pythagoräisch und surrealistisch, wie eine Speise, die, in einem Moment großzügiger Zuneigung, Götter den Neapolitanern geschenkt haben.«

Wer den neapolitanischen Pizzabäkkern, den *pizzaiuoli,* zusieht, der glaubt auch den rituellen Charakter des Bakkens zu erkennen. Der Ofen ist gleichsam der Tempel: nach oben spitz zulaufend (damit sich kein Ruß festsetzt), mit Holzspänen oder Reisig beheizt, wirkt er wie ein kleiner Vulkan, Abbild des Vesuv; dann die gewandten Bewegungen, je nach Temperament des *pizzaiuolo* graziös oder athletisch, wie der Teig mit dem Handballen erst flachgedrückt und

Margherita – die königliche Pizza

Basilikum, Mozzarella und Tomate sind die Ingredienzen der *Pizza Margherita*, grün-weiß-rot die Farben der italienischen Flagge. 1989 feierte man bereits den 100. Geburtstag des patriotischen Leckerbissens, heftigst verteidigt von der Vereinigung der europäischen Pizzabäcker, die mit ihren 30 000 Mitgliedern, davon 25 000 in Italien, ein starkes Bollwerk gegen den Ansturm amerikanischer Fast-Food-Ketten darstellen. Über die Entstehung der *Pizza Margherita* herrscht unter den Fachleuten allerdings Uneinigkeit. Sicher ist lediglich, daß sie im Juni 1889 für Königin Margherita von Savoyen, die Frau Umberto I., erstmals mit diesen Zutaten gebacken wurde. In Roberto Minervinis »Storia della Pizza« liest sich der historische Augenblick so:

»Raffaele Esposito, Patron der Pizzeria ›Pietro, e basta cosí‹, wird ins Schloß Capodimonte gebeten. Die Königin, eine große Freundin der Pizza, wünscht einen Beweis für sein außerordentliches Können. Esposito bereitete daraufhin mehrere dieser Köstlichkeiten zu, und nachdem sie alle gekostet hatte, erklärte Margherita, jene mit Mozzarella und Tomaten habe ihr am besten gemundet. Mit Datum vom 11.6.1889 wurde dem ›hochgeschätzten Signor Esposito‹ in königlichem Auftrag ein Schreiben übersandt: ›Ich bestätige Ihnen, daß die drei Arten von Pizza, die Sie für Ihre Majestät, die Königin, hergestellt haben, vorzüglich gefunden wurden. Ihr ergebener Camillo Galli, Chef der Königlichen Tafel‹. In der Folge fuhr Esposito jedesmal, wenn daraufhin in die Luft geworfen wird, damit die Pizza ihre charakteristische Form bekommt; nun – auf der Marmorplatte – wird sie bestreut mit Käse und Knoblauch, mit Olivenöl beträufelt, Sardellen, Tomaten, Mozzarella, Oregano und Basilikum kommen dazu; jetzt der Griff zur *pala*, dem Ofenschieber, mit dem die Pizza eingeschossen wird. Der Moment der Metamorphose ist da: Der Rand wölbt sich, im Öl brutzelnd schmelzen Käse und Tomaten, und es steigt ein Duft auf, der schon verzückt, bevor der erste Bissen den Mund erreicht.

Die Pizza ist vielleicht das Faszinierendste, was die neapolitanische Küche zu bieten hat. Und die Variationen sind unermeßlich: von der einfachen *Pizza alla marinara* (mit Öl, Knoblauch, Origano und Tomaten) über die berühmte *Margherita* (mit Tomaten, Basilikum und Mozzarella) und jene Formen mit Zwiebeln, Champignons und Mozzarella, mit rohem Schinken oder Salami, natürlich auch mit Sardellen, Sardinen, Muscheln, Thunfisch oder Gamberetti bis hin zur *Calzone*, die zusammengeklappt gebacken wird, oder jenen kleinen *Pizzette*, die in Öl fritiert werden. Als ›Grundnahrungsmittel‹ stellt die Pizza gewissermaßen auch eine Quelle der Wirtschafts- und Sozialgeschichte dar.

Unübertroffen: eine echte neapolitanische Pizza Margherita

Margherita in Neapel weilte, in einer kleinen Kutsche nach Capodimonte, wo er in großen Ehren empfangen wurde.«

Bei Minervini fehlt der Hinweis auf das Basilikum und die italienischen Nationalfarben, während andere Küchenhistoriker diese Aspekte wieder besonders hervorheben. Den Präsidenten der Vereinigung der *pizzaiuoli,* Antonio Primiceri, der für die Reinheit und gegen eine ›Amerikanisierung‹ der neapolitanischen Spezialität auf die Barrikaden steigt, kümmert der Gelehrtenstreit wenig: »Auf die Margherita gehören Basilikum, Mozzarella und Tomaten, basta! Alles andere ist eine Fälschung.«

An ihrem Preis läßt sich das ökonomische Auf und Ab der Stadt ablesen.

Pizza kann man immer essen: zum Gabelfrühstück, zu Mittag, am Abend oder spät in der Nacht. Traditionell aber gehört sie zum Werktag, das typische Sonntagsessen sind nämlich **Maccheroni.** Auch sie ein Charakteristikum der parthenopeischen Küche, auch sie von ehrwürdiger Tradition. Und hier ist es an der Zeit, einen immer noch weitverbreiteten Irrglauben richtigzustellen: Nicht der Venezianer Marco Polo hat die Teigwaren nach Italien gebracht. Diese sind dort schon viel länger zu Hause. Der archäologische Befund zeigt, daß wohl bereits die Etrusker Vorläufer der Maccheroni gekannt haben. Ihren neuzeitlichen Siegeszug aber haben sie von Neapel aus angetreten. Und das hängt natürlich wieder mit der Tomate zusammen.

Die Varianten der **Saucen** zur Pasta sind fast so zahlreich wie die der Pizza: am bekanntesten wohl *alla napoletana* mit Olivenöl, Knoblauch und Tomaten; *aglio ed olio* (Knoblauch und Öl), manchmal mit Peperoncini oder Sardellen angereichert; *alla marinara* mit Tomaten, Knoblauch, Peperoncini, Oliven, Kapern und Petersilie; *pummarola'n coppa* (Tomaten, Zwiebeln, Räucherspeck und Knoblauch) und natürlich die äußerst empfehlenswerten Spaghetti *alle vongole* mit den kleinen Venusmuscheln, die mitsamt der Schale unter die Pasta gemischt werden.

Die Königin aller neapolitanischen **Saucen** aber heißt *ragù*. Gewiß, das Wort kommt aus dem Französischen, und verschiedene Arten des *ragù* gibt es anderswo in Italien auch. Aber das sagt überhaupt nichts. Das *ragù napoletano* ist unverwechselbar. Ein Gericht, nicht mehr von dieser Welt. Es stammt aus einer Zeit, als sich in den Familien noch jemand hauptsächlich mit dem Kochen beschäftigen konnte. Langsam, langsam muß man es zubereiten, gehackte Zwiebeln zergehen lassen in Schweinefett, Räucherspeck und rohem Schinken, dann kommt Rindfleisch dazu, Rotwein, später Tomaten und Petersilie; schließlich wird das Ganze unmerklich auf kleinster Flamme sechs bis sieben Stunden lang gesotten. Jetzt haben sich die verschiedenen Aromen intensiv verbunden, das *ragù* ist dunkelrot, sämig und glänzend geworden. Ein Geschmack, der sich nicht mehr beschreiben läßt, ein Gefühl schon eher, eine Woge der Sinnlichkeit, in der man untergeht, ohne zu ersticken. Um das *ragù napoletano* auf die richtige Art zuzubereiten, schreibt Luciano De Crescenzo, muß man wenigstens eine der Personen, die es essen werden, von Herzen liebhaben – deshalb nennt er es auch *ragù d'amore*.

Eine Küche der Liebe – liebt auch der Koch im Restaurant seine Gäste? Sicherlich gibt es das noch: daß sich der Stolz auf eigene Traditionen, auf das eigene Können und die Qualität der Produkte mit einer Gastfreundschaft verbindet, die dem Fremden Zuneigung entgegenbringt und ihn teilhaben läßt an dem, woran man sich selbst erfreut. Wenn aber der Fremde (nahezu) ausschließlich als Tourist erfahren wird, als ökonomischer Faktor, der überdies – auch das sei nicht verschwiegen – oft die Neugier und die Freude auf das andere ersetzt durch den Anspruch, nach seinen Vorstellungen bestens bedient zu werden (immerhin zahlt er ja dafür), dann hat es die Liebe schwer. In der Gastronomie Neapels und Kampaniens ist das häufig zu erleben, wird der Mythos schmerzlich entzaubert. Die Karikatur der **Touristenküche** entpuppt sich leider nicht selten als Wirklichkeit: »schnitzel mit pommes frites«, »steak with chips«, »moules (Miesmuscheln) aux frites«, diese Schilder hängen tatsächlich an manchem Restaurant, ebenso wie der schon legendäre Hinweis »deutsher caffe«. Immerhin ist das wenigstens kein Hinterhalt, immerhin deklariert sich die Touristenfalle. Aber auch in Lokalen, die sehr italienisch wirken, scheint es mit der Kochkultur oft nicht weit her zu sein. Vorwiegend werden jene Gerichten angeboten, die in ganz Italien üblich sind: *paillard di vitello* (ein hauchdünnes Kalbsschnitzel, kurz gebraten oder gegrillt), *scaloppine al marsala* (Schnitzel in Marsalawein), *filetto di manzo alla brace* (Beefsteak vom Grill) – eine schnelle Küche, die den Zeitaufwand scheut, eine Allerweltsküche mit italienischem Akzent. Und wenn sich ein Restaurant auf *piatti tipici*, »typische Gerichte«, einläßt, dann oft mit jenem sturen Traditionalismus, der glaubt, was im 19. Jh. gut war, müsse es auch heute noch sein. Den *fritto misto* gibt es dann, »gemischtes Gebackenes«, was den zarten Geschmack der Fische und Meeresfrüchte umbringt, oder schwere, deftige Gerichte, nicht selten auch zu scharf, der Landschaft und dem Klima kaum angepaßt. Was also tun?

Nun, die südliche Küche – könnte man sagen – pflegt (zumindest in der

Gastronomie) weniger eine Kochkultur als eine Kultur der Produkte. Das erlebt man am eindrucksvollsten auf den neapolitanischen und kampanischen **Märkten.** Wer etwa gegenüber der Endstation der Vesuviana-Lokalbahn in die engen Häuserschluchten taucht und sieht, was da in den schmalen Gäßchen alles angeboten wird, ist zunächst einmal sprachlos. Nicht bloß wegen des Lärms – die Verkäufer zeigen nicht nur, was sie haben, sie brüllen es auch jedem ins Ohr –, sondern vor allem wegen der Fülle dessen, was wenige Stunden zuvor aus dem Meer geholt wurde. Alle Arten von Fisch sind da zu bestaunen, ständig mit Wasser beträufelt; Schüsseln oder Säcke mit den verschiedensten Schalentieren; in flachen Wannen atmen – ein wenig gruselig anzuschauen – die Seepolypen, Tintenfische (seppie) liegen in Reih und Glied. Diese Vielfalt verwirrt und betört zugleich, und man bedauert fast, nicht mehrmals am Tag ausgiebig Fisch essen zu können. Dann all die Gemüse, die Auberginen (melanzane), die Artischocken (carciofi), die herrlichen Tomaten und vieles, vieles mehr. Am schönsten freilich sind die Karren der Zitronenverkäufer: fein säuberlich arrangiert die Früchte, deren leuchtendes Goldgelb durch die saftig-dunkelgrünen Zweige und Blätter noch verstärkt wird – ein folkloristisches Kunstwerk.

Wer so einen neapolitanischen Markt erlebt und mit offenen Augen, Ohren und Nase dessen Temperament und Vitalität auf sich hat wirken lassen, der wird ganz spontan auch im Restaurant richtig bestellen, wird in erster Linie den Geschmack und das Aroma der Produkte selbst erfahren wollen. Das heißt, er wird sich konzentrieren auf einfache Zubereitungsarten, auf Gegrilltes, kurz Gebratenes (oder auch im Ofen, al

Fisch und Meeresfrüchte werden stets in reicher Auswahl frisch angeboten

forno, Gebackenes) und Gedämpftes. Und wird alles ausprobieren, was aus dem Meer kommt. Denn die **Fische, Muscheln, Krustentiere,** die weit draußen im Golf von Neapel oder dem von Salerno leben, haben allen Umweltsünden zum Trotz noch immer ein ganz eigenes Aroma. Vielleicht liegt es am vulkanischen Untergrund, an den Schwefelquellen oder ähnlichem – jedenfalls wird jeder, der in Kampanien frische Scampi gegessen hat, eine Zeit brauchen, um sich an die Langustinen anderswo zu gewöhnen. Nicht zu vergessen die Felsenfische (pesce di scoglio), die Meerbarben (triglie), die Brassen (paraghi) und der Schwertfisch (pesce spada), die vongole, cape sante und cozze (Venus-, Jakobs- und Miesmuscheln), und wenn auch die Austern, ostriche oder cannelicchi genannt, vielleicht nicht die Finesse ihrer Artgenossen aus dem Atlantik haben, so schmekken sie immer noch hinreißend (und sind viel billiger als die französischen).

Weil aber Fische und Meeresfrüchte nicht unbedingt sehr sättigen, sollten die **Antipasti,** die kleinen kalten Vorspeisen, nicht ausgelassen werden. Die kampanische Gastronomie zählt zwar nicht zur brillantesten Italiens, ihre Vorspeisenbuffets sind aber im allgemeinen gefährlich – weil man nicht genug bekommen kann von den kleinen Gemüsen in Essig und Öl, den marinierten Sardinen und Sardellen, den gebeizten Artischocken oder den *gamberetti* (kleine Krabben). Ein bißchen wirken diese Buffets wie die Märkte, ebenso bunt und mannigfaltig, nur wenig modifiziert durch die Zubereitung. Auch eine *insalata caprese* (Tomaten mit Mozzarella, Basilikum und Öl), ein *mozzarella in carrozza* (Mozzarella zwischen Weißbrotscheiben, die in Öl herausgebacken werden) oder eine *parmigiana di melanzane* (gratinierte Auberginen mit Tomaten, Basilikum, Mozzarella und Parmesan) sollten mehr als einen Versuch wert sein.

Kampanische Wirte oder Kellner behandeln einen Gast, dem die vollständige traditionelle Speisenfolge – *antipasto, primo* und *secondo piatto, dolce, frutta* oder *formaggio* (Dessert, Obst oder Käse) zu üppig ist, im allgemeinen nicht wie in anderen Teilen Italiens mit mitleidiger Herablassung. So könnte man jetzt, der Figur zuliebe, die *pasta* auslassen, auf *spaghetti, tagliatelle, linguine* verzichten, oder auf den *sartù,* einen ungemein sättigenden Reisauflauf. Wer zum *secondo,* dem Hauptgang, keinen Fisch möchte, wird sich in seinen Auswahlmöglichkeiten recht beschränkt finden. Mit Fleisch zeigt man nicht selten wenig Geschick, Geflügel gibt es nur manchmal in den Restaurants; Lammkoteletts können zäh sein; auch Beefsteaks werden gelegentlich so heftig gegart, daß jeder Tropfen Saft die Flucht ergreift. In einer Osteria oder Trattoria, die vertrauenswürdig scheint, kann es sich dennoch lohnen, die Fleischspezialität der Campania zu probieren, etwa eine *costoletta di maiale* (Schweinskotelett) *alla pizzaiuola,* »nach Art der Pizzabäckerin«, mit einer Sauce aus Tomaten, viel Knoblauch und Kräutern.

Freilich, es läßt sich in Napoli und Umgebung auch wesentlich raffinierter speisen, doch die Restaurants, die ihre Küche dem internationalen Standard angepaßt haben, präsentieren für ihren Aufwand die entsprechende Rechnung. Doch auch wer seine Brieftasche schonen möchte, ist nicht verloren. Zum einen gibt es eine Unzahl von kleinen Pizzerien, in denen man preiswert und vorzüglich essen kann; auch viele Restaurants servieren ganz selbstverständlich die verschiedenen Varianten der neapolitanischen Spezialität. Und keiner soll sagen, das könne er »auch zu Hause, beim Italiener um die Ecke« haben. Denn die lokalpatriotischen Elogen auf die Pizza lassen sich an der Realität durchaus messen. Schwer zu glauben, es gäbe auch anderswo ein nur annähernd so intensives Pizzaerlebnis wie in Neapel und Umgebung.

Dann die **Tavola calda,** eine kleine Imbißstube, die meist an ein Lebensmittel- oder Delikatessengeschäft angeschlossen ist. Dort wird die gleiche Bandbreite wie bei den Restaurants geboten, von einfachen Stehimbissen bis zu fast eleganten Snack-Bars, wo man belegte Brötchen in allen Variationen ebenso erhält wie regelrechte, wenn auch einfache Menüs.

Zu guter Letzt – so für zwischendurch – ist die **Pasticceria napoletana,** die Feinbäckerei, geradezu ein Muß. Man sieht den kleinen Kaffeebars kaum an, welche Köstlichkeiten sie bereithalten:

eine *pastiera* etwa, einen saftigen Früchtekuchen aus Mürbeteig, mit dem quarkähnlichen *ricotta* gefüllt (der in Restaurants auch häufig als Dessert angeboten wird), oder eine *sfogliatella,* ein ebenfalls mit Ricotta versehenes Teigtäschchen, alle möglichen Sorten von Beignets, Eclairs, Obst-, Nuß- und Mandeltörtchen, die nur in kleinen Mengen gebacken werden und deshalb immer frisch sind. In diesen Bars frühstückt es sich normalerweise auch besser als im Hotel, vor allem wegen des formidablen Kaffees.

Auf dem Land, in den Bergen oder am Strand mag man sich des bohemienhaften Picknicks mit Brot, Käse und Wein erinnern, denn Kampanien ist auch die Heimat vorzüglicher Käse. In erster Linie des Mozzarella, eines jungen **Käses,** ursprünglich nur aus Büffel- *(mozzarella di bufala),* heute auch aus Kuhmilch hergestellt. Ähnlich, aber leicht gereift der *provola;* der *caciocavallo* aus einer Mischung von Kuh- und Schafs- oder Ziegenmilch; der birnenförmige *provolone,* halbreif *(semistagionato)* und noch eine Spur cremig oder völlig ausgereift *(stagionato),* dann fast hart und sehr kräftig im Geschmack.

Und **Wein?** Anders als auf den ersten Blick anzunehmen wäre, ist die Campania eigentlich kein hervorragendes Weinland. Trauben wachsen wohl in Mengen und gedeihen auch prächtig, aber der meiste Rebensaft wird noch in Masse produziert, ohne allzuviel Rücksicht auf Qualität. So findet man kaum wirklich große »crus«, und auf den Weinkarten der Restaurants überwiegen die renommierten Gewächse des Piemont und der Toskana, obwohl einige Produzenten rund um den Golf und auf dessen Inseln sehr beachtliche Weine anbauen (die bekanntesten sind *Casa D'Ambra* und *Mastroberardino*)

und sich auch die jungen Winzer immer mehr auf Qualität spezialisieren wollen. Verbreitet sind der leichte und trockene *Ischia,* den es als Weiß- wie Rotwein gibt, ebenso wie den *Capri* und den *Solopaca.* Zu den interessantesten Weißweinen zählen der *Greco di Tufo,* trocken, aber mit schöner Fülle; der elegante *Fiano di Avellino* mit seinem Aroma von gerösteten Nüssen und der *Biancolella,* körperreich, mit leichtem Mandelaroma, der besonders gut zu Fischen *al forno* paßt. Unter den Roten kann der *Taurasi* begeistern, ein rassiger, intensiv rubinroter Wein, der auch sehr alt wird; der *Per'e Palummo,* füllig, weich und sehr elegant, und schließlich der berühmte *Falerno,* schwer, charaktervoll, mit großem Körper und intensivem Granatton. Eine andere Berühmtheit hingegen, der *Lacrimae Christi del Vesuvio,* ebenfalls weiß und rot sowie als Süßwein erhältlich, enttäuscht eher.

Aber daran gewöhnt man sich am Golf von Neapel schnell: daß nicht alles, was vom kulinarischen Zauber geraunt wird, der näheren Überprüfung standhält und anderes sich vielleicht nicht sofort erschließt. Doch wer dann, etwa in dem malerischen Fischernest Marina di Cantone auf der Sorrentiner Halbinsel, auf einer Terrasse über dem Meer sitzt, den Golf vor, die Brandung hinter sich, mit einer einfachen *zuppa di cozze* (Muschelsuppe), Brot vom Holzofen dazu und einem halben Liter leichten Weißweins, wenn man die See riecht und gleichzeitig schmeckt, wenn im Dunst das Grün der Küste im Blau des Wassers verschwimmt und auf dem Teller die *pummarola* aus dem Schwarz der Miesmuscheln hervorleuchtet, dann löst sich die strenge Rationalität auf in diesem überwältigenden Ensemble der Sinne – und die Seele wird ruhig und heiter.

Wolfgang Herles

Rund um den Golf von Neapel

Neapel entdecken: Sieben Spaziergänge

Spaziergang 1
Zur Orientierung: Übersicht vom Vomero

Überblick ist alles. Wer der Versuchung anheimfällt, sich sofort in das Gassengewirr von Neapels Altstadt zu stürzen, dem nützt selbst der beste Orientierungssinn nicht viel. Dunkel, von kaum einem Sonnenstrahl erhellt, münden Straßenschluchten in immer neue, enge Gassen, in denen sich alle Klischees konzentrieren, mit der man die Stadt am Vesuv so gerne etikettiert: Streunende Katzen, in aufgeplatzten Müllsäcken wühlende Hunde, Wäsche zwischen baufälligen Palazzi baumelnd, in die sich *il popolo* (»das Volk«) mit all seinen Gerüchen und Stimmen, mit seinem ganzen prallen Leben, das sich vor aller Augen und Ohren abspielt, eingenistet hat.

Aus den offenen Türen der *bassi*, jenen ebenerdigen Wohnhöhlen, in denen in einem einzigen Raum der gesamte Familienalltag von sechs, acht und mehr Personen abläuft, dringen Radiomusik oder die Pistolenschüsse eines Wildwest-Films im TV. Ohne Fernsehen will heute nicht einmal mehr der Ärmste der Armen existieren. Was macht es schon, daß man auf wenigen Quadratmetern kocht, ißt, schläft oder liebt? Die Straße ist das Wohnzimmer und eine der nahen Kirchen der Salon, wie man ihn sich eleganter nicht wünschen kann. Nur ab und zu gibt das Häusergewirr des »Spanischen Viertels« – ein Stadtteil, in dem ab dem 16. Jh. die spanischen Soldaten logierten, bevor sie hundert Jahre später in einer Kaserne auf dem Pizzofalcone untergebracht wurden – einen Blick auf die steilen Gäßchen hinauf zum **Vomero** frei.

Spaziergang 1: Übersicht vom Vomero

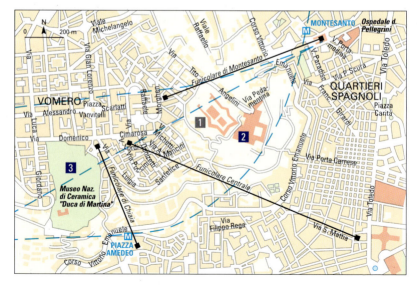

Vom Vomero, einem der drei Hausberge Neapels, bietet sich ein herrlicher Blick über die Certosa di San Martino auf die Stadt und den Golf

Drei *funicolari,* unterirdisch angelegte Standseilbahnen (*Centrale* von der Via Toledo, *Montesanto* vom historischen Zentrum, *Chiaia* vom Parco Margherita) führen in wenigen Minuten von der Unterstadt auf die Spitze jenes Hügels, den das mächtige **Castel Sant'Elmo** 1 beherrscht. Es wurde 1343 von Robert dem Weisen als uneinnehmbare Festung angelegt und unter Vizekönig Don Pedro de Toledo damaligen militärischen Erfordernissen entsprechend ausgebaut und verstärkt. Der Name geht auf eine an dieser Stelle im 10. Jh. errichtete Kirche zurück, dem hl. Erasmo geweiht, der im Volksmund Sant'Elmo genannt wurde. Jahrhundertelang waren in den schrecklichen Verliesen der Festung die Feinde des Königreichs eingekerkert. Bis 1952 diente das Kastell noch als Militärgefängnis, nach umfangreichen Restaurierungsarbeiten wird es seit 1988 als Kongreß- und Ausstellungszentrum, als Sitz der Denkmalschutzbehörde sowie der kunsthistorischen Bibliothek »Bruno Molajoli« genutzt.

Unterhalb der Festung befindet sich die **Certosa di San Martino** 2, ein 1325 unter Karl von Anjou gegründetes Karthäuserkloster, zu dessen Baumeistern Francesco di Vita und Tino di Camaino gehörten. Die Klosterkirche zählt zu den prachtvollsten barocken Gotteshäusern Neapels, entscheidend gestaltet von dem bedeutenden Architekten und Bildhauer Cosimo Fanzago. Seit 1866 ist in dem Kloster das **Museo Nazionale di San Martino** untergebracht, das Kunst und Geschichte der Stadt dokumentiert. Glanzstücke sind eine Sammlung neapolitanischer Krippen – die schönste und größte ist *il presepio di Cuciniello* – sowie Ansichten des alten Neapel (*Tavola Strozzi* aus dem Jahr 1464), Darstellungen der Vesuvausbrüche, Porzellan, Skulpturen, Möbel und Kunstgewerbe.

Die Terrasse des gepflegten Klostergartens öffnet einen grandiosen Panoramablick. Vom Dunst verschleiert und dennoch zum Greifen nah liegt Neapel zu Füßen, das zu allen Zeiten – bis auf die unsrige – ob seiner Schönheit zu Recht in den höchsten Tönen gepriesen wurde. »Daß kein Neapolitaner von seiner Stadt weichen will, daß ihre Dichter von der Glückseligkeit der hiesigen Lage in gewaltigen Hyperbeln singen, ist ihnen nicht zu verdenken, und wenn auch noch ein paar Vesuve in der Nachbarschaft stünden. Man mag sich hier an Rom gar nicht zurückerinnern; gegen die hiesige freie Lage kommt einem die Hauptstadt der Welt im Tibergrunde wie ein altes, übelplaziertes Kloster vor«, schrieb Goethe 1787. Freilich existierten damals noch nicht die modernen Wohnviertel an den einstmals grünen Hängen des Vomero, keine Wolkenkratzer, störend wie kaum anderswo, beleidigten das Auge. Doch die barocken, grüngolden glänzenden Kuppeln über ineinander geschachtelten Häusern, die Paläste und Villen auf dem Hügel Pizzofalcone, der als Fortsetzung des Vomero bis zum Meer hin abfällt und seinen Schlußpunkt bei Santa Lucia und dem Castel dell'Ovo erreicht, begeisterten bereits den Dichterfürsten. Im Südwesten dehnt sich breit und mächtig der Posillipo, Neapels zweiter Hausberg, aus, einst wildromantische Gegend, nun eines der teuersten und nobelsten Viertel der Stadt, die sich im 20. Jh. ausbreitete wie ein Geschwür aus Beton und nicht mehr aus Tuff, jenem vulkanischen Stein, der schon den ersten griechischen Siedlern das Bauen leicht gemacht hatte.

Die strenge Struktur des antiken Neapolis läßt sich jedoch auch nach drei Jahrtausenden noch erkennen. Ein schmaler, schnurgerader Straßenzug

Drei unterirdische Standseilbahnen führen in wenigen Minuten hinauf zum Vomero

trennt die Altstadt in zwei nahezu gleich große Teile, *Spaccanapoli* – »Spalte Neapel« – genannt. Diese unübersehbare Kerbe verläuft exakt dort, wo bereits der *Decumanus inferior* die griechische Niederlassung durchquert hatte (s. S. 116). In einem Stadtplan wird man diese Bezeichnung allerdings vergebens suchen, darüber hinaus ändert der Straßenzug alle paar hundert Meter seinen Namen.

Vorerst sollte man aber noch ein wenig in luftiger Höhe verweilen, denn nach einem Spaziergang auf dem Vomero wird man um ein Vorurteil ärmer und um einige positive Erfahrungen reicher sein. In den steil abfallenden, breiten Straßen mit blumengeschmückten Freitreppen rund um die Via Alessandro Scarlatti und die Piazza Vanvitelli zeigt Neapel ein unerwartetes Gesicht. Durch das helle Laub der Platanen zeichnet die Sonne Muster auf das Pflaster vor gepflegten Geschäftspassagen und gut sortierten Kaufhäusern, im Schatten von Robinien reiht sich ein Bücherstand an den anderen. Elegante Damen flanieren zwischen dem bunten und preiswerten Angebot an Lexika und Bestsellern, die im Zentrum weit teurer verkauft werden, Maler preisen ihre Aquarelle an, Konditoreien locken mit appetitlichen Naschereien, nach dem neuesten Schrei gekleidete Schulkinder streben schwatzend und lachend ihren lichten, luftigen Wohnungen zu. Fast könnte man meinen, in Paris zu sein, in einem bürgerlichen Quartier mit einem Hauch von Bohème.

Parallel zur Via Scarlatti verläuft eine Straße, die gleichfalls den Namen eines berühmten neapolitanischen Komponisten trägt, die Via Domenico Cimarosa. Hier befindet sich bei Nummer 77 der Haupteingang zu dem üppigen, terrassenförmig angelegten Park der **Villa La Floridiana** 3, reich an Palmen, Pinien, Zypressen, Platanen und Steineichen. König Ferdinand I. ließ den Palazzo, die größte und am besten erhaltene der Vomero-Villen, 1817–19 von Architekt Antonio Niccolini für seine morganatische (nicht standesgemäße) Gemahlin Lucia Migliaccio Partanna, Herzogin von Floridia, errichten, die er drei Monate nach dem Tod seiner ersten Frau, der Habsburgerin Maria Carolina, geheiratet hatte. Seit 1919 in Staatsbesitz, beherbergt der neoklassizistische Bau heute das **Museo Nazionale della Ceramica »Duca di Martina«**, eine reichhaltige Sammlung von Porzellan, Majoliken, Gläsern, Möbeln und Ostasiatika, deren Kern die 1911 der Stadt Neapel vermachte Kollektion des Placido de Sangro, Herzog von Martina, bildet.

Der Abstieg vom Vomero erfolgt entweder mit einer der drei *funicolari* oder per pedes. Über 414 Stufen der *Pedamentina* geht es direkt von der Certosa di San Martino zum Corso Vittorio Emanuele und von dort durch die Gäßchen der **Quartieri Spagnoli** zur Via Toledo und damit zur Altstadt. Empfehlenswert ist aber auch, ausgehend von der Villa Floridiana, ein Bummel über die Via Luigina Sanfelice durch das Santarella-Viertel. In einer Kurve dieser Straße steht eine um die Jahrhundertwende erbaute Villa mit einer ungewöhnlichen Inschrift: *Qui rido io* (»Hier lache ich«). Es war das Haus des neapolitanischen Autors und Volksschauspielers Eduardo Scarpetta, Vater von Eduardo de Filippo, dem populärsten Stückeschreiber der zweiten Hälfte des 20. Jh. Wieder trifft man auf den langen, gewundenen Corso Vittorio Emanuele, der den Vomero auf halber Höhe umgibt, und sollte sich dann nach links halten, um durch das Spanische Viertel direkt zur Via Toledo zu gelangen.

Spaziergang 2
Spaccanapoli: Das Zentrum des Zentrums

Spaccanapoli beginnt mit den vom Vomero herabführenden Stufen in der Via Pasquale Scura, setzt sich jenseits der Via Roma – Neapels bekanntester Straße, die jedermann nach ihrem ersten Teil ausschließlich Toledo nennt – als Via Maddaloni und Via D. Capitelli bis zur Piazza del Gesù Nuovo fort. Das nächste Stück ist nach Benedetto Croce, dem größten und wohl auch liberalsten italienischen Philosophen dieses Jahrhunderts, benannt, nach der Piazzetta Nilo läßt sich Spaccanapoli auf Via San Biagio dei Librai taufen. Nun quert der Straßenzug die Via Duomo und mündet als Via Vicaria Vecchia und schließlich als Via Giudecca, eine Sackgasse, in der Forcella, einem recht abenteuerlichen Marktviertel, in dem man trotz pittoresker Motive besser nicht knipsen sollte.

Rechts und links dieses drei Kilometer langen Namen-Chamäleons, das im Grunde ein beeindruckendes, mit Leben erfülltes Freilichtmuseum bildet, findet sich ein Großteil all jener Kirchen, Klöster und Paläste, die Neapels Ruhm als Sightseeing-Ziel begründeten. Freilich können wir von gotischer *Chiesa* (Kirche) zu barockem *Chiostro* (Kreuzgang) rasen, die Fassaden der verfallenen Palazzi aus großen Tagen konsumieren, uns über einsturzgefährdete Portale und abbröckelnde steinerne Wappen entsetzen. Und uns danach seufzend zurücklehnen, weil wir alles besichtigt und nichts gesehen, alles absolviert und nichts begriffen haben.

Oder aber suchen wir Neapel mit der Seele? Gut, dann dürfen wir Sie an die Hand nehmen und mit Ihnen das Zen-

Spaziergang 2: Spaccanapoli - das Zentrum des Zentrums

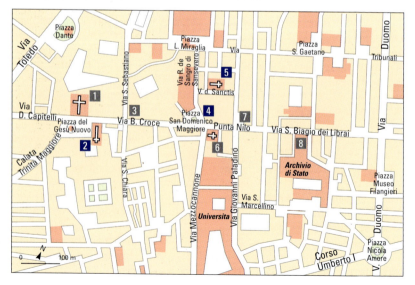

trum des Zentrums, das Herz der Stadt, erobern. Gleich zu Beginn ein Verwirrspiel, denn die von ehrwürdigen Palästen umgebene **Piazza del Gesù Nuovo** wird vielfach auch Piazza Guglielmo Oberdan genannt, aber jeder Neapolitaner kennt sie nur unter Piazza Trinità Maggiore. Wie auch immer – die **Chiesa Gesù Nuovo** 1 ist nicht zu übersehen: Das Renaissanceportal und die dekorative Fassade aus Diamantquadern – beides gehörte ursprünglich zu einem 1470 erbauten Palast – verraten wenig von der überladenen barocken Jesuitenkirche im Inneren. Und doch sind die bunten Marmorintarsien, die vergoldeten Altäre und Schnitzereien, die in ihrer Wuchtigkeit bedrückenden Fresken und düsteren Gemälde gemarterter Märtyrer ein gutes Beispiel für sakrale Prunkentfaltung auf neapolitanisch, wie man sie in Variationen immer wieder finden wird.

Während Touristen sich achtlos an dem Portrait eines dunkelhaarigen Mannes am Hauptportal vorbeidrängen, betritt kein Einheimischer das Gotteshaus, ohne das Gesicht zumindest flüchtig mit den Fingern berührt zu haben. Den von Papst Paul VI. 1975 seliggesprochenen Arzt Giuseppe Moscati lieben die Neapolitaner ob seiner angeblichen Wundertaten ganz besonders, man begegnet seinem Konterfei unentwegt.

Weder der streng blickende, fromme Mediziner noch die steinerne »Muttergottes von der Unbefleckten Empfängnis«, *Guglia dell'Immacolata* genannt, auf ihrer 1747 von einem Jesuitenprediger aus Spendengeldern auf der Piazza errichteten Rokokopyramide verraten, daß sich ganz in der Nähe ein liebreizender Klostergarten verbirgt. Ein imposantes Tor führt zur **Chiesa** und zum **Chiostro Santa Chiara** 2. In diesem 1340 eingeweihten, beim Erdbeben von 1456 halb zerstörten, gleich wieder aufgebauten und nach den Fliegerangriffen des Zweiten Weltkriegs wiederum fast gänzlich ruinierten Monument neapolitani-

Spaccanapoli ist auch das Viertel der ›kleinen Leute‹

Der mit zarten Majolika-Arbeiten geschmückte Innenhof des Klosters Santa Chiara

scher Gotik liegen fast alle Angehörigen des Hauses Anjou, aber auch viele Bourbonen begraben.

Bei ihren feierlichen Beisetzungen in den vergangenen Jahrhunderten hatte sicherlich niemand daran gedacht, die Potentaten und ihre Gemahlinnen könnten noch einmal in ihrer letzten Ruhe gestört werden. Unter dem Bombenhagel im August 1943 fiel jedoch nicht nur die altehrwürdige Kirche in Trümmer, auch die kostbaren Sarkophage zerbarsten. Santa Chiara stand noch in Flammen, als ein Rettungstrupp in die Ruinen eindrang und an die Bergung der Königsgräber ging. Bis 1957 mußten die Gebeine der einstigen Herrscher über Süditalien, in primitive Holzbehälter umgebettet und in Nebenräumen der Kirche San Francesco di Paola (s. S. 126) an der Piazza del Plebiscito untergestellt, ein provisorisches, wenig standesgemäßes Dasein führen.

Eine Kommission, der neben den Vertretern der Behörde für Denkmalschutz und kirchlichen Persönlichkeiten auch ein Mitglied des Bourbonenhauses angehörte, unterzog sich der heiklen Aufgabe, die aus ihren Särgen gerissenen sterblichen Überreste sicherzustellen, sie zu rekonstruieren und die Authentizität der Toten erneut zu beglaubigen. Nonnen des Klarissenordens legten beherzt Hand an, und nach Monaten eines mühevollen anatomischen und historischen Geduldsspieles konnten 28 gekrönte Häupter und deren Angehörige den ihnen zustehenden Platz wieder einnehmen. Welch ein Schauspiel, als die Neapolitaner 14 Jahre später ihre toten Könige endlich wieder in die wiedererstandene Gruft von Santa Chiara betten konnten. Denn weder der knapp ein Jahrhundert zurückliegende Einmarsch Garibaldis noch die darauffolgenden neun Dezennien Savoyer Königtums hatten es vermocht, die große Vergangenheit auszulöschen. Die gesamte Aristokratie Süditaliens war lückenlos aufmarschiert, bejubelt und gefeiert vom

Volk, dem bis zum heutigen Tag vor allem die großen Taten der spanisch-bourbonischen Fremdherrschaft und weniger deren Schattenseiten im Gedächtnis geblieben sind.

Aber nicht nur die Monarchie schien mit diesem dynastischen Volksfest zurückgekehrt, auch für die Chiesa Santa Chiara brach durch die Zerstörung eine neue gute alte Zeit an. Moderne Restauratoren fegten erbarmungslos die nicht immer glücklichen Spuren der Umbauten aus der Renaissance, dem Barock und der Neoklassik hinweg (deren Reste ebenso wie kostbare Skulpturen und antike Funde vom Klostergelände im kleinen Museum von Santa Chiara zu sehen sind). Die klaren, strengen Linien des gotischen Originalstils durften wieder zum Vorschein kommen, sehr zum Leidwesen der Neapolitaner, denen falscher Glanz im Zweifelsfall immer noch lieber ist als gar keiner. Die heutigen Hausherren – statt von Klarissinnen wird das Kloster nun von Franziskanern bewohnt – vermissen allerdings weder Gold noch Silber. Sie sind dankbar, daß die Bomben ihren gotischen Kreuzgang, vor allem aber das wohl reizendste Ergebnis der Laune frommer Frauen verschont haben: den Klostergarten.

Nur allzu gerne erfüllte Königin Maria Amalia 1742 den Wunsch der vornehmen Nonnen, den Innenhof in einen verspielten Rokokosalon unter freiem Himmel zu verwandeln. Mäuerchen, Brunnen, Sitzbänke und achteckige Pfeiler, die Stützen einer schattenspendenden, duftenden Pergola, schmückten die Meister aus den Werkstätten des Schlosses Capodimonte (s. S. 132 f.) mit zarten Majoliken. (Aus Heimweh und vielleicht auch aus Langeweile hatte die als Sachsenprinzessin aufgewachsene Maria Amalia Porzellanmaler aus ihrer Heimat an den Golf beordert, um dort eine eigene Manufaktur zu errichten; s. auch Abb. in der hinteren Umschlagklappe.)

Deren kostbare Produkte sind noch heute im nunmehr als Museum dienenden Palast von Capodimonte zu besichtigen. Die sächsischen Porzellanmaler und ihre Schüler durften in Santa Chiara liebliche Landschafts- und Genreszenen, vergnügliche Motive wie Jagd und Fischfang, Tänze und Spiele in Pasteltönen als Majolikaarbeiten verewigen. Und damit ein Sittengemälde ihrer Zeit schaffen, denn das Klosterleben im Neapel des 18. Jh. war – den Darstellungen völlig entsprechend – alles andere als trist. Vornehmlich Mädchen und Frauen aus dem höchsten Adel nahmen damals den Schleier, der Welt entsagten sie aber nur bedingt. Selbstverständlich gab es keinen Karneval, keine Maskerade ohne Nonnen, die sich sogar eigens für sie komponierte Opern leisteten.

Staunend wandelt man heute durch den Klosterhof, auch wenn die ehemals üppigen Lauben aus Glyzinien – angeblich den Majoliken zuliebe – jüngst radikal entfernt wurden und der Ziergarten damit einiges von seinem Zauber eingebüßt hat.

Einem Oktopus gleich umschlingt Spaccanapoli mit besitzergreifenden Armen seine noch von Santa Chiara beeindruckten Opfer, um sie gleich wieder in einen Strudel von Impressionen hineinzuziehen. Rund um das Kloster standen einst die schönsten Adelspaläste der Stadt. Tausend Augen möchte man haben, um nicht dieses Portal, jenen Innenhof zu übersehen. Hier grinst ein Dämon über den Köpfen der Passanten als steinerner Hauswächter gegen den bösen Blick, dort schmiegt sich vergessen und unbeachtet eine griechische Säule an rußgeschwärzte Mauern.

Als Lebensmittelpunkt des Philosophen Benedetto Croce (s. S. 110) ist der

Benedetto Croce: Philosoph der Freiheit

„Die Freiheit ist das Menschlichste am Menschen, ihr gehört mehr als die Zukunft, ihr gehört die Ewigkeit." In keiner anderen Stadt Italiens hätte eine solche Einstellung zur Grundlage philosophischen und politischen Denkens werden können. Benedetto Croce (1866–1952), der „Philosoph der Freiheit", führte die Tradition der neapolitanischen Denker in die Zeit der modernen Demokratie. Bereits Giordano Bruno (1548–1600) hatte die Stadt am Golf zur „Philosophen-Metropole" Italiens gemacht. Doch so wie der Dominikanermönch Bruno als Häretiker auf dem Scheiterhaufen der Inquisition endete, galten auch seine geistigen Nachfahren als unbequeme, unkonventionelle, aufmüpfige, zum Teil revolutionäre Köpfe, deren sich die jeweiligen Machthaber – ob Staat oder Kirche – gerne entledigten. Ihre ganz und gar nicht nur abstrakten Ideen aber wuchsen und gediehen auf dem neapolitanischen Nährboden, der bis heute für Gedanken dieser Art fruchtbar geblieben ist. Das 1947 auf Croces Initiative gegründete *Istituto Italiano di Studi Storici* („Italienisches Institut für Historische Studien") pflegt nicht nur die ruhmreiche Vergangenheit, sondern entwickelt mit Seminaren und Publikationen den geisteswissenschaftlichen Idealismus der Philosophenväter

Palazzo Filomarino 3 in die italienische Geistesgeschichte eingegangen. Das Barockportal des aus dem 14. Jh. stammenden und später – u. a. nach Zerstörungen im Verlaufe des Masaniello-Aufstands (s. S. 28) – mehrmals umgestalteten Gebäudes trägt die Hausnummer 12 der Via Benedetto Croce. In den ehemaligen Privaträumen des Philosophen residiert jetzt das Italienische Institut für historische Studien, das über eine Bibliothek von 80 000 Bänden verfügt.

Von vergangenem Glanz zeugen auch die Renaissancebauten Palazzo Venezia (Haus Nummer 19), einst Sitz der venezianischen Botschaft, und Palazzo Carafa della Spina (Nummer 45) mit einem prächtigen Barockportal. Dazwischen immer wieder herrschaftlich anmutende Häuser, zum Teil total heruntergekommene Palais mit großen Namen, zum Teil ohne Bezeichnungen. Besser, man hält sich zumindest vorerst einmal an die in jedem Prospekt angepriesenen Sehenswürdigkeiten, da minimiert sich das Risiko, Wesentliches links liegen zu lassen. Das kann bei der Kirche **San Domenico Maggiore** 4 auch nicht passieren, denn eine barocke Pestsäule auf dem gleichnamigen Platz mit der Erzstatue des heiligen Domenikus signalisiert schon von weitem eine der berühmtesten Kirchen Neapels. Thomas von Aquin lebte von 1272 bis kurz vor sei-

Neapels vom »Leben, wie es sein soll« weiter.

Benedetto Croce, in Pescasseroli in den Abruzzen geboren, ist, abgesehen von einigen Studienreisen durch Europa und seiner kurzen Ministertätigkeit vor und nach dem Mussolini-Regime, selten aus Neapel hinausgekommen. Er hat nie einen akademischen Grad erworben, obwohl er zum Ehrendoktor vieler Universitäten ernannt wurde, und er bekleidete nie eine Professur, obwohl er zu den anerkanntesten Gelehrten seiner Zeit zählte. Abseits vom akademischen Lehrbetrieb lebte und arbeitete er im Palazzo Filomarino. Hier entstanden mehr als 100 Bücher zur Geschichte, Literaturgeschichte und Philosophie, die in fast alle europäischen Sprachen übersetzt wurden und damit nachhaltig das geistige Leben seiner Epoche prägten. Sein ungebrochener Widerstand gegen den Faschismus, sein ständiger Kampf für Freiheit und Liberalismus, für die Kultur des Abendlandes, die von ihm zeit seines Lebens als Einheit aufgefaßt wurde, und sein Einsatz für Ethos und Moral ließen ihn zu einem Nationalhelden werden, der vom einfachen Volk wie von seinen Wissenschaftskollegen gleichermaßen verehrt wurde. Fünf Jahre vor seinem Tod gestaltete der »Erneuerer des italienischen Geistes« seinen Palazzo in eine Privatakademie um, in der sich Schüler aus der ganzen Welt um ihn scharten. Als in Hiroshima die erste Atombombe fiel, appellierte der weise alte Mann an das Weltgewissen: »Die Entdeckungen der Naturwissenschaften vermehren die Herrschaft des Menschen über die Dinge, das heißt die Herrschaft der Hände und nicht des Geistes. Um das Gute zu gewinnen, das die Entdeckungen enthalten, ist ein den Händen überlegenes Vorwärtsschreiten des Intellekts, der Vorstellungskraft, des moralischen Gewissens, des religiösen Geistes, mit einem Wort der menschlichen Seele erforderlich. Gelingt dies nicht, wäre es besser, daß die Kernspaltung wie der Schatz der Nibelungen versenkt würde und die Völker sich vergebens darum mühten, sie wieder zu heben.«

nem Tod zwei Jahre lang in dem angrenzenden Kloster, drei Mitglieder seiner Familie ruhen in Holzsärgen an den Wänden der 1283–1324 erbauten, nach Erdbeben und Bränden immer wieder neugestalteten Kirche. Auch zahlreiche Anjous, Edle aus dem Hause d'Avalos – wie der Ehemann der schönen Dichterin Vittoria Colonna und auch sie selbst – sind in dem Monument neapolitanischer Gotik begraben.

Ein wenig bedrückt wandelt man durch diesen adeligen Friedhof, bestaunt die prachtvolle Kassettendecke, registriert Anbauten und Umbauten dieses festungshaft anmutenden Gotteshauses und wartet dennoch seltsam unbefriedigt auf irgendeine Überraschung. Sie ist kalt, diese Chiesa San Domenico Maggiore, zu glatt, zu perfekt. Vermissen wir vielleicht gar schon den Kitsch, über den es sich so herrlich die Nase rümpfen läßt? Geht uns Neo-Neapolitanern eine gipserne Madonna mit elektrisch beleuchtetem Heiligenschein ab, die mit ihrem freundlichen Ziegengesicht etwas ungemein Tröstliches ausstrahlt? Wenigstens ein Mirakel, ein noch so kleines, dürfen wir denn doch erwarten.

Und wir werden nicht enttäuscht, denn selbstverständlich hat sich hier ein Wunder ereignet, und was für eines! Zu niemand Geringerem als dem großen

Scholastiker Thomas von Aquin sprach in der *Cappellone del Crocifisso* ein Bildnis des Gekreuzigten: »*Bene scripsisti de me, Thoma. Quam ergo mercedes recipies?*« – »Du hast gut über mich geschrieben, Thomas. Welchen Lohn willst du empfangen?« Und demütig antwortete der 1323 heiliggesprochene Kirchenlehrer: »*Non aliam nisi te*« – »Keinen anderen als dich.«

Eilige Neapelbesucher verlassen nun San Domenico Maggiore, queren die Piazza und folgen unverzüglich den gelben Wegweisern mit der Aufschrift »Cappella Sansevero«. Wir aber gehen zuvor einmal ins Café, alles andere wäre eine unverzeihliche Sünde. Denn genau gegenüber der Kirchenapsis, im »**Scaturchio**«, wird nämlich der exzellenteste Espresso von ganz Neapel gebraut. Über die richtige Zubereitung eines echten *caffè*, eines Kaffees, bei dem die Gedanken mit dem Aroma in kleinen Wölkchen gen Himmel steigen und zu luftigen, kauzigen oder hintergründigen Ideen werden, haben die Neapolitaner ganze Bücher voll Philosophie und Wissenschaft verfaßt, von den unter der Hand gehandelten Rezepten und Beschwörungsformeln gar nicht zu reden.

Ohne die Stärkung im »Scaturchio« – zarte Naturen genehmigen sich am besten prophylaktisch gleich auch noch einen Grappa – ist das Bevorstehende nicht ganz einfach zu ertragen. Denn auch wir befinden uns nun recht bald vor der Pforte von Santa Maria della Pietà de'Sangro, kurz **Cappella Sansevero** 5 genannt. Auf den ersten Blick läßt sich an der Hauskapelle des gegenüberliegenden Palazzo Sangro, einem rechteckigen Raum mit der für das 18. Jh. typischen Scheinarchitektur und den allegorischen Skulpturen, gar nichts Besonderes entdecken. Da befreit sich ein Mann mit Hilfe seines Geistes aus dem Netz des Irrtums, dort protzt Herkules mit seinen Muskeln, und auf dem Deckenfresko betet eine Märtyrerin in einer Wolkenglorie den Heiligen Geist an. Mit einem Mal erklingt leise das Mozart-Requiem, und so wie es der Regisseur dieser perfekten Show für Nekrophile geplant hat, zieht eine liegende Gestalt in der Mitte der Halle nun die Aufmerksamkeit auf sich, der verschleierte Christus von Giuseppe Sammartino. Ein durchscheinendes Tuch bedeckt Gesichtszüge und Körper des aufgebahrten Heilands, so fein gewoben, daß man meint, es wäre dem marmornen Leib einfach übergeworfen. Und doch ist das Ganze ein einziges Monument aus Stein. Ist es das? Die Neapolitaner sind sich bis zum heutigen Tag nicht sicher, ob bei diesem Kunstwerk tatsächlich alles mit rechten Dingen zuging, zu zwiespältig, geheimnisvoll und exzentrisch war die Persönlichkeit von Don Raimondo di Sangro, Principe di Sansevero, des geistigen Vaters dieser bereits 1590 von seiner Familie gegründeten und in den Jahren 1749–1766 von ihm gestalteten Grabkapelle, in der er selbst in einem Seitentrakt bestattet liegt.

Der Fürst galt seinen Zeitgenossen als genialer Wissenschaftler, Alchimist und Magier. Als Freimaurer brachte er es bis zum Großmeister der neapolitanischen Loge, als Jongleur der Illusionen übertraf er alles, was ein André Heller unserer Tage zu ersinnen imstande ist, und begeisterte König und Volk mit einem pyrotechnischen Theater, dessen Feuerwerkskörper wie Vögel zwitscherten. Während dieses Spektakels fuhr er in einer Kutsche aus Kork, von schwimmenden Pferden gezogen, über das Meer. Mit dem Kardinal legte er sich an, als er zum Gaudium seiner Gäste das Blutwunder des San Gennaro in einer exakt nachgebauten Monstranz demonstrierte und als chemische Spielerei entlarvte. Natürlich traute man dem Alchimisten auch zu, einen Stoff mit einer geheimnisvollen Substanz getränkt und über den Marmor geworfen zu haben, der diesen eins werden ließ mit dem zarten Musselin, schließlich weist auch noch eine zweite Skulptur – »Die Schamhaftigkeit« von Antonio Corradini – diese erstaunliche Bildhauerfertigkeit auf. Und es erscheint nach wie vor unglaublich, daß zwei verschiedene Künstler die gleiche Technik bis zur Vollendung beherrschten, auch wenn man sich heute sicher ist, daß die Schleier tatsächlich aus Stein gemeißelt sind.

Ein wahrlich makabres Rätsel aber gibt das lange Zeit vor der Öffentlichkeit verborgene ›Meisterwerk‹ des Fürsten bis heute den Wissenschaftlern in aller Welt auf. In seinem Nachlaß fanden sich zwei Gerippe, um die sich wie Äste und Zweige versteinerte Adern schlingen. Der Gedanke, wie es ihm gelungen sein mag, diese unheimlichen Menschenbäume zu schaffen, jagt dem Betrachter der in der Krypta der Kapelle ausgestellten menschenähnlichen Alraunen

Ein makabres Rätsel, das die Wissenschaft bis heute noch nicht gelöst hat: Zwei Gerippe, von versteinerten Adern umschlungen, in der Cappella Sansevero

Schauer über den Rücken. Denn die wohl einzigartigen Überreste eines Mannes und einer Frau lassen nur den Schluß offen, daß Don Raimondo seine alchimistischen Versuche an lebenden Wesen, schlimmer noch, an ihm wie Sklaven ausgelieferten Menschen machte. Vermutlich hatte der zweifellos geniale, aber völlig skrupellose Adelige zwei seiner Hausangestellten ein Mittel injiziert, das all ihre Adern und Venen zu Stein erstarren ließ. Das Fleisch verfaulte, die Knochen verrotteten zum Teil, doch die versteinerten Blutbahnen scheinen unverwüstbar zu sein. Renommierte Laboratorien untersuchten Proben, doch nirgendwo kam man zu einem Ergebnis, um welche Substanz es sich gehandelt haben mag. Fest steht nur, daß die beiden Bedauernswerten bei dem unheiligen Experiment am Leben gewesen sein müssen, sonst hätte sich die teuflische Flüssigkeit nicht so gleichmäßig in ihren Körpern verteilen können.

Nach dem Abstecher in die Krypta wirkt Mozarts Requiem in der raffiniert ausgeleuchteten Cappella Sansevero nun erdrückend. Luft, Licht, Leben, nach nichts anderem steht jetzt der Sinn.

Die Auslage eines Tabakladens, vollgepackt, vielleicht auch mit ein paar Zigaretten, hauptsächlich aber mit Krimskrams aller Art, vom Heiligenbildchen bis zum Pornoheft, von Pulcinella-Masken bis zum Weihrauchkessel, ist Balsam für die überreizten Nerven. Napoli hat uns wieder, mit seinen grimmig blickenden, auf wackeligen Stühlen hockenden Hausmeistern, die alte Palais ebenso bewachen wie moderne Apartmentbauten. Selbst eine Skurrilität wie das *Ospedale delle Bambole*, die Puppenklinik des stadtbekannten Originals Gino Grassi, ist von dieser Welt. In einem unbeschreiblichen Durcheinander von Köpfen, Armen, Beinen, klimpernden, bewimperten Glasaugen, Farbtöpfen und Pinseln reckt Signor Grassi stolz seine Nase, um die ihn der klassische Pulcinella nur beneiden könnte, zu den vollgestopften Regalen seines Reiches empor und erklärt seine Philosophie: »Meine Mädchen da sind erotische Wesen. Wenn mir jemand eine alte Schönheit ins Geschäft bringt, und Puppen werden, anders als Frauen, erst mit zunehmenden Jahren interessant, dann ziehe ich sie sorgsam aus, putze ihr das Kleidchen, bürste ihr die Haare und bin einen ganzen Tag lang verliebt.«

Die Spaccanapoli heißt jetzt bereits Via S. Biagio dei Librai, früher ein Viertel der Buchdrucker und -händler, die aber mittlerweile von Juwelieren, Trödlern und Devotionalienläden verdrängt wurden. Die kleine Kirche **Sant'Angelo a Nilo** 6 – ihren Namen verdankt sie einer hellenistischen Statue des ägyptischen Flußgottes Nil auf der gegenüberliegenden Piazzetta del Nilo – wurde Ende des 14. Jh. errichtet und 400 Jahre später umgestaltet. In ihrem Inneren befindet sich mit dem Grabmal des Kardinals Rinaldo Brancaccio (1426–28) der Pisaner Meister Donatello und Michelozzo eines der ersten Renaissancewerke Neapels.

Wieder verdienen einige schöne Paläste unsere Aufmerksamkeit. Der **Palazzo Carafa Santangelo** 7 (Via S. Biagio dei Librai 121) ist ein für Neapel beispielhafter Renaissancebau (1466), im Hof des majestätischen **Palazzo Monte di Pietà** 8 (Hausnummer 114), bis Ende des 16. Jh. Sitz eines Pfandleihhauses, heute des *Banco di Napoli*, befindet sich die **Cappella della Pietà** mit Fassadenskulpturen von Pietro Bernini und Michelangelo Naccherino (alle 1601).

Spinner, Verrückte, Gaukler, Tagträumer und Tagediebe, sie alle bevölkern

Spaccanapoli, die nun, jenseits der Via Duomo, in das berühmt-berüchtigte Viertel Forcella mündet. Wie bei Gino Grassi tanzen auch dort Puppen. Echte und falsche. Natürlich ist die Prostitution fest in der Hand des organisierten Verbrechens, das sich jedem Trend anzupassen versteht. Die abgründige, schwülstig-verkommene Seite Neapels verlangt seit geraumer Zeit nach sexuellem Nervenkitzel, den offenbar nur Transvestiten zu stillen imstande sind. Hübsche Mädchen, oft kaum 14 Jahre alt, schwingen verführerisch ihre Hüften, locken mit eindeutigen Gesten. »Wenn sie attraktiv sind und noch dazu jung, dann handelt es sich eindeutig um Knaben«, klärt jeder Neapolitaner den Fremden auf, der es genau wissen will. Gegen die unwillkommene Konkurrenz wehren sich die alteingesessenen Damen und ihr Nachwuchs auf recht deutliche Art. Beleuchtet von brennenden Autoreifen, Wärmespender und Werbesignal gleichermaßen, steht auf selbstgemalten Pappschildern zu lesen: *Puttàne vere* – »Echte Huren«.

Tagsüber blühen in der Forcella zumeist Geschäfte anderer Dimension. Hinter billigen Marktständen dient eine aufgelassene Kirche als Warenlager für das an den rundum liegenden Verkaufsständen angepriesene Diebesgut. Daß die Polizei das Depot nicht ausräumt, wenn jeder darum weiß, begreift ein Ausländer nur schwer. Gestohlene Elektrogeräte und Textilien, Uhren und Schmuck dienen nämlich ebenso bloß als Staffage, als Tarnung, wie der bunte, pittoreske Obst- und Gemüsehandel. In Wahrheit geht es um weit Größeres, um das Geschäft mit Rauschgift und Waffen. Auch die Forcella ist nichts anderes als eine riesige neapolitanische Bühne, auf der jeder seine ihm zugewiesene Rolle spielt.

Das Spaccanapoli der Künstler: »Hergott-Schnitzer« auf neapolitanisch

Und so kann man jedem, der sich hierher verirrt, nur raten: Fremder, kümmere dich nicht darum, halte deine Kamera fest (oder lasse sie besser gleich daheim), wenn du dorthin willst, und betrachte das dir Gebotene wie von der Loge eines Theaters aus, das du ja auch der Illusion wegen liebst. Stelle keine Fragen, auf die du ohnedies keine Antwort erhältst. Ergötze dich lieber an den von grellen Lampen beleuchteten Innereien, die man dir nirgendwo so schaurig-schön wie dort präsentiert: Silbrige Kutteln, von glitzerndem Wasser besprengt, dunkelrote Leberstücke, mit leuchtenden Zitronenscheiben belegt. Was aus den Eingeweiden ans Tageslicht kommt, kann durchaus ästhetisch sein – wie *il ventre di Napoli* überhaupt, der »Bauch von Neapel«. Nur sollte man es niemals, niemals wagen, das dunkle Innenleben dieser Stadt selbst sezieren zu wollen.

Spaziergang 3
Zwischen Dom und Piazza Bellini:
Die Via dei Tribunali

Auch wenn es nicht den Anschein hat, hinter dem Gassengewirr von Neapels Altstadt steckt Methode. Und zwar jene, die bereits auf den Reißbrettern antiker Architekten vorgegeben wurde. Auf der heutigen Piazza San Gaetano und zwischen den Kirchen San Paolo Maggiore und San Lorenzo Maggiore befand sich einst das Forum und somit das Zentrum. Von dort aus verliefen die drei Hauptstraßen (Dekumanen), der *Decumanus inferior,* der sich von der heutigen Piazza San Domenico Maggiore bis zu den griechischen Mauern am Ende der Via Forcella erstreckte, der *Decumanus superior,* der nun von der Via Sapienzia zur Via SS. Apostoli führt, sowie der *Decumanus major,* heute die Via dei Tribunali. Diese drei großen Straßen waren durch die einander schneidenden *Cardines,* die wir als *Vicoli* (Gäßchen) kennen, miteinander verbunden.

Ausgehend vom nordöstlichen Ende der Via dei Tribunali, fällt die **Porta Capuana** 1 ins Auge, ein für den Aragonesen Ferdinand II. Ende des 15. Jh. nach Entwürfen von Giuliano da Maiano aus weißem Marmor geschaffener Triumphbogen, früher eines der Stadttore, flankiert von den zwei massiven Rundtürmen namens *onore e virtù* (»Ehre und Tapferkeit«). Nur wenige Schritte weiter erhebt sich das **Castel Capuano** 2. Von den Normannen um 1165 errichtet und unter Friedrich II. ausgebaut, diente es zeitweise als Residenz, ehe es Vizekönig Don Pedro de Toledo total umgestalten ließ und zum Zentrum der nea-

Spaziergang 3: Zwischen Dom und Piazza Bellini – die Via dei Tribunali

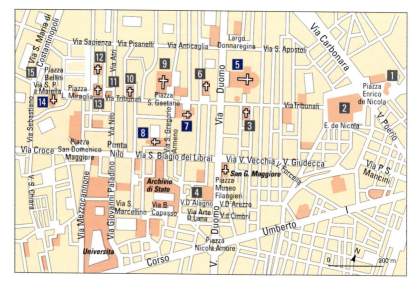

politanischen Gerichtsbarkeit machte. Im ersten Stock befinden sich der große, mit Malereien reich ausgestattete Saal des Appellationsgerichts (1770) und die *Cappella della Sommaria* mit einem manieristischen Freskenzyklus des Spaniers Pedro de Ruviales (um 1550). Seit Mitte der 90er Jahre ist ein Großteil der Gerichte in den neuen Verwaltungsbezirk *Centro direzionale* übergesiedelt.

Bereits 1601 wurde von sieben adeligen Familien mit dem Institut **Pio Monte della Misericordia** 3 die erste Wohlfahrtseinrichtung der Stadt gegründet, die nach wie vor rege und wichtige Aktivitäten entfaltet. Im ersten Stock des Gebäudes ist eine wertvolle Pinakothek untergebracht. Über dem Hauptaltar der angeschlossenen Kirche hängt mit dem Gemälde »Die sieben Werke der Barmherzigkeit« eines der Hauptwerke von Caravaggio (um 1607). Auf der gegenüberliegenden Seite steht auf der kleinen Piazza Riario Sforza die **Guglia di San Gennaro,** eine barocke Marmorsäule mit der Bronzestatue des Stadtpatrons, von den Neapolitanern anläßlich des Vesuvausbruchs 1631 gestiftet.

Ehe wir dem alten *Decumanus major* weiter folgen, verweilen wir ein wenig auf der Via Duomo und statten zunächst dem **Museo Civico Filangieri** 4 im ehemaligen Palast der florentinischen Adelsfamilie Como (in Neapel sagt man auch Cuomo) einen Besuch ab. Das Gebäude ist die originalgetreue Rekonstruktion eines Palazzo aus dem 15. Jh., der 1879 beim Durchbruch der Via Duomo abgerissen und 20 m weiter wiederaufgebaut worden war. Seit 1882 beherbergt es die später der Stadt vermachte kostbare Kunst-, Münzen- und Waffensammlung des Fürsten Gaetano Filangieri. Die benachbarte Kirche **San Giorgio Maggiore,** eines der ältesten Gotteshäuser Neapels (5./6. Jh.), wurde nach Zerstörung durch einen Brand von Barockbaumeister Cosimo Fanzago praktisch völlig neu errichtet, vom frühchristlichen Bau blieb lediglich die Apsis mit Bögen und römischen Säulen – heute der Kircheneingang – erhalten.

Am **Dom** 5, einem nicht sehr geglückten Konglomerat verschiedener architektonischer Stilrichtungen und zweimal im Jahr Schauplatz des »Blutwunders des hl. Januarius« (s. S. 77 ff.), läßt sich ein großer Teil der Baugeschichte Neapels ablesen. Zunächst standen hier – auf den Überresten griechischer und römischer Tempelmauern – zwei frühchristliche Basiliken (Santa Restituta und Santa Stefania) und vier Baptisterien, die dann Anfang des 14. Jh. in den von Karl I. von Anjou – oder seinem Sohn Karl II. – befohlenen mächtigen gotischen Neubau integriert wurden. Im Laufe der Jahrhunderte folgten immer wieder nachhaltige architektonische Eingriffe, dem Zeitgeschmack folgend oder durch Erdbeben und Brände erzwungen. Äußerlich wird der Dom heute von einer eher häßlichen neugotischen Fassade geprägt, in der glücklicherweise die drei gotischen Originalportale von Antonio Baboccio (1407) sowie über dem Mittelportal eine Sitzmadonna von Tino di Camaino (14. Jh.) erhalten geblieben sind.

Den Innenraum in Form eines lateinischen Kreuzes teilen auf 16 Pfeilern ruhende gotische, später barockisierte Bögen in drei Längsschiffe. 110 antike Säulen hat man in die Pfeiler integriert. Erst 1621 wurde die vergoldete und bemalte Kassettendecke angebracht; ungefähr aus dieser Zeit stammt auch das Taufbecken, dessen unterer Teil eine griechische Vase aus ägyptischem Basalt ist. Im rechten Seitenschiff befindet sich der Eingang zur *Cappella del tesoro di San Gennaro,* die im wesentlichen 1612 fertiggestellte barocke Januariuskapelle, das meistverehrte Heiligtum Neapels. Hier wird das Blut des heißgeliebten Stadtpatrons unter einer Silberbüste (mit dem Schädel des Märtyrers) in einem Schrein des Altars aufbewahrt. In der *Cappella Minutolo* rechts neben der Apsis lassen sich noch die gotischen Originalstrukturen – auch anhand gut erhaltener Fresken und eines Mosaikfußbodens – studieren. Unmittelbar vor dem Chor führen zwei Treppen hinunter zur dreischiffigen Renaissancekrypta *(Cappella del Succorpo),* wo seit dem Ende des 15. Jh. die Reliquien des San Gennaro ruhen. Vom linken Seitenschiff erreicht man die frühchristliche *Cappella Santa Restituta,* die in den angiovinisch-gotischen Bau eingegliederte älteste Basilika Neapels (um 320), durch die man in das *Battistero San Giovanni in Fonte* gelangt, ebenfalls ein bedeutendes frühchristliches Monument, geschmückt mit grandiosen Mosaiken (4. Jh.), die den Vergleich mit Ravenna nicht scheuen müssen. Unter dem Dom kann man Ausgrabungen aus der Griechen- und Römerzeit besichtigen.

Der gewaltige Komplex von Kirche und Kloster **Girolamini**  geht auf eine Gründung der Oratorianer (Orden des hl. Filippo Neri) Ende des 16. Jh. zurück. Vom ursprünglichen Bild der Kirche blieb nach der in üppigstem Barock erfolgten Generalsanierung (1780) allerdings kaum etwas übrig, dagegen behielt der dazugehörige Konvent – wie die Kirche jüngst restauriert – im großen und ganzen den originalen Stil der toskanischen Renaissance bei, wie von Giovanni Dosio seinerzeit projektiert. Kirche, Kloster, eine Gemäldesammlung und die rund 60 000 Bände umfassende Bibliothek können besichtigt werden.

Dürfen wir Ihnen nun Padre Pio Marotti von **San Lorenzo Maggiore** [7]

Unter der Kirche San Lorenzo Maggiore verbergen sich antike Geheimnisse

Detektive des Glaubens

In der Via S. Gregorio Armeno, der »Krippenstraße« Neapels, wo das ganze Jahr über Weihnachten zu sein scheint, gilt die Nummer 41 als besondere Adresse. In einem kleinen, staubigen Atelier ›operieren‹ die Fratelli Lebro, die beiden berühmtesten Restauratoren für sakrale Kunst. Mit funkelnden Augen erzählen die zwei Brüder voll Stolz, daß sie eben wieder einmal ein sakrales Geheimnis gelüftet haben: Die von ihnen übernommene ramponierte Statue des San Giovanni von Giacomo Colombo aus dem 17. Jh. entpuppte sich nach eingehender Untersuchung nämlich als Johannes der Täufer. Nur weil man ihm ein Evangelium in die Hand gedrückt hatte, hielt man den großen Propheten jahrhundertelang für den gleichnamigen Jünger Jesu. »Da hat der Künstler offenbar mitten in der Arbeit umdisponiert«, erklären sich die Experten das irreführende Vorhandensein der Heiligen Schrift. »Aber es ist der Täufer, da gibt es gar keinen Zweifel.«

Bevor die Detektive des Glaubens zu weiteren Erklärungen ansetzen können, beendet ein Transport den wissenschaftlichen Exkurs. Eine Art Krankenwagen fährt in dem winzigen Hof vor, behutsam wie gelernte Sanitäter heben die Lebros eine auf der Bahre liegende Muttergottes-Statue aus dem Auto, die nächste prominente Patientin ist eingetroffen.

S. Lorenzo Maggiore

vorstellen? Der schwarzbärtige Mönch, studierter Architekt und ambitionierter Archäologe, lebt in den Mauern des gotischen Franziskanerklosters, in dem sich 1334 Boccaccio in die als Fiametta unsterblich gewordene Maria von Aquino verliebte. Und 1345, in einer schrecklichen Novembernacht, in der ein furchtbares Unwetter tobte, betete Petrarca gemeinsam mit den Klosterbrüdern in dieser Kirche. Solche Anekdoten erzählt man sich bis zum heutigen Tage gerne. Padre Pio aber kann noch weit Eindrucksvolleres bieten, denn er hütet den Schlüssel von Neapels antiker Unterwelt. Unter Kirche und Kloster San Lorenzo Maggiore befinden sich nicht nur Mauerreste einer frühchristlichen, im 6. Jh. entstandenen und dem hl. Laurentius geweihten Basilika (ihr Grundriß ist auf dem Fußboden der heutigen Kirche nachzuvollziehen), sondern auch ein erst 1955 ausgegrabener griechisch-römischer Markt. Tief unter der Erde geht man durch ein zweites, weit älteres Pompeji, schlendert – exakt dem heutigen, oberirdischen Straßenzug entsprechend – vorbei an steinernen Verkaufspulten, deren schräge Flächen den praktischen Sinn der alten Griechen und Römer unter Beweis stellen. So konnte nämlich das Wasser von den gefällig arrangierten Waren abtropfen. Und ein Herd, gut und gerne 2000 Jahre alt, gleicht unseren Pizzaöfen bis ins kleinste Detail. Alltägliches aus einer versunkenen antiken Welt direkt unter dem Pflaster, auf dem sich der Alltag des 20. Jh. kaum viel anders abspielt. Solche Impressionen sind nur in Neapel – nicht einmal im ewigen Rom und auch in keiner anderen Stadt Italiens – möglich.

Ein paar Details am Rande: Karl I. von Anjou war im 13. Jh. der Bauherr der Kirche im Stil der französischen Gotik, die trotz barocker Restaurierung nach dem Erdbeben von 1731 im wesentlichen erhalten blieb, nicht zuletzt im Marmorportal der Fassade sowie im Umgangschor mit Kapellenkranz und zahlreichen Grabdenkmälern aus dem 14. und 15. Jh. Somit präsentiert sich das Gotteshaus heute – vor allem nach Entfernung der barocken Ausschmückungen in der ersten Hälfte des 20. Jh. – als eines der stilreinsten gotischen Baudenkmäler Neapels.

Schräg gegenüber liegt ein weiterer bedeutender Kirchen-Kloster-Komplex: **San Gregorio Armeno** 8, bewohnt von Benediktinerinnen, denen nur spärlicher Kontakt zur Außenwelt erlaubt ist. Ihr zauberhafter, von einem Kreuzgang gesäumter Klosterhof ist eine Insel der Ruhe im pulsierenden Zentrum, in dem die Zeit stillzustehen scheint. Keineswegs betreten darf man jenen Teil der Kirche, wo die geistlichen Schwestern in Klausur – vor Blicken wohl verborgen – dem Gottesdienst beiwohnen. Jede Nonne besitzt, versteckt hinter reicher Schnitzerei, in einem neben der Orgelempore liegenden Wandelgang ihren eigenen Altar. Spielsachen aus der Kindheit der frommen Frauen liegen zu Füßen der mit Ohrgehängen und Spitzen geschmückten Madonnen, allesamt Darstellungen der Muttergottes von jener Inbrunst, über die künstlerische Unfähigkeit so rührend verfügen kann. Wer will, kann sich jetzt noch von der vergoldeten Holzdecke oder den 1678/79 entstandenen Fresken von Luca Giordano, auf denen Leben und Wunder des hl. Gregorius recht spektakulär verewigt sind, beeindrucken lassen.

Wir hingegen statten noch einem jungen Mädchen einen Besuch ab: Santa Patrizia Vergine, *Patrona di Napoli,* zählt zu jenen glühend verehrten neapolitanischen Heiligen, die für so wesentliche Bereiche wie Eheschließungen oder Kindersegen zuständig sind. Stellt sich kein Ehekandidat ein, beten Mädchen auf Männersuche zu ihr; steht die Hochzeitsnacht bevor, Patrizia weiß Rat und Trost; lassen Babys auf sich warten, ein Stoßgebet zur Heiligen wird helfen. Verzweifelte Griechinnen pilgerten mit Anliegen dieser Art zu Hera, Römerinnen zu Juno, Neapolitanerinnen vertrauen heute auf die Muttergottes oder eine ihrer zahllosen Helferinnen, die sicherlich Zeit finden, wenn die Madonna selbst gerade Wichtigeres zu tun hat. Vor den Reliquien und dem Bildnis Patrizias in der letzten rechten Seitenkapelle von San Gregorio Armeno brennen jedenfalls stets Kerzen, und auch der Betstuhl bleibt selten leer. Schließlich beherrscht die kleine Heilige zudem noch die Kunst des großen San Gennaro (dessen vermeintliches Geburtshaus gleich nebenan steht), ihr Blut zu verflüssigen – nur weiß man bei ihr leider nie ganz genau, wann es endlich so weit ist.

Zurück zur Via dei Tribunali: An der Stelle eines Dioskurentempels, den ein Freigelassener des Augustus gestiftet hatte, erhebt sich heute die Kirche **San Paolo Maggiore** 9. Die Vorhalle des Tempels diente der im 16. und 17. Jh. auf den Ruinen einer Basilika aus dem 9. Jh. erbauten frühbarocken Kirche als Fassade. Diese wurde beim Erdbeben

In der Via San Gregorio Armeno

Unterwelt als Zukunftschance

Für die griechischen Siedler diente sie als Ort kultischer Handlungen, für die Schmuggler des 20. Jh. als Warenlager und Schlupfwinkel, seit der Gründung der Stadt beutete man ihren Tuffstein als Baumaterial aus, seit der Renaissance führten auch Wasserleitungen und Abwasserkanäle durch sie hindurch: Neapels Unterwelt gilt nun als große Zukunftschance der Stadt.

Über mehr als eine Million Quadratmeter erstreckt sich das Labyrinth von Höhlen, Gängen und Schächten unterhalb der Metropole am Golf, die damit auf höchst unsicherem Grund und Boden steht. Nach starken Regenfällen kommt es immer wieder vor, daß einer oder mehrere der etwa 500 Höhlendome zusammenbrechen, was dann mitten im dichtbesiedelten Gebiet Erdaufbrüche und Hauseinstürze mit Todesopfern und Verletzten zur Folge hat. Die unkontrollierte Bautätigkeit nach dem Krieg trug viel dazu bei, den Druck auf die unteren Bodenschichten zu erhöhen.

Jetzt will Neapel aus der Not eine Tugend machen. Eine vom Erdölkonzern Agip initiierte internationale Architektenstudie sieht in der Unterwelt nicht nur ein erhaltenswertes kulturelles Erbe aus 24 Jahrhunderten, sondern auch eine städtebauliche Herausforderung. Die Höhlen, von denen einige während des Krieges als Luftschutzbunker benutzt wurden, könnten nicht nur riesige Parkgaragen aufnehmen und damit das permanente Verkehrschaos beseitigen, sondern auch unterirdische Fußgängerzonen mit Restaurants und Geschäften. An ein Museum ist ebenso gedacht wie an Kinos und Theater. Voraussetzung für all diese kühnen Pläne wäre eine gründliche Sanierung des Höhlensystems, um Einstürze künftig zu vermeiden. Ob Neapel diese einmalige Chance wohl jemals wahrnehmen wird?

1688 zerstört. Nur zwei antike Säulen blieben stehen, sie sind in die neue Fassade eingemauert. An der linken Seite des Gotteshauses befindet sich einer der Eingänge in Neapels ›Unterwelt‹, ein weitverzweigtes Labyrinth von Höhlen, das im Rahmen von Führungen besichtigt werden kann (s. oben).

Auch die Kirche **Santa Maria delle Anime del Purgatorio ad Arco** [10], eines der kostbarsten Barockjuwele Neapels und dem Totenkult gewidmet, weist eine interessante Unterwelt auf: ein riesiges Hypogäum (unterirdische Grabanlage) von kaum geringeren Ausmaßen als die Kirche selbst. Schräg gegenüber (Via dei Tribunali Nr. 362) findet man den **Palazzo Spinelli di Laurino** [11], in seiner heutigen Form ein Werk des Architekten Ferdinando Sanfelice aus dem 18. Jh., der in genialer Weise auf verhältnismäßig geringem Raum einen großzügigen doppelten Treppenaufgang unterbrachte. Wie zuvor San Paolo

Maggiore ruht die von Cosimo Fanzago geschaffene barocke Kirche **Santa Maria Maggiore della Pietrasanta** 12 auf den Überresten eines römischen Gebäudes, außerdem auf den Mauern eines christlichen Gotteshauses aus dem 11. Jh., von dem noch der romanische *campanile* erhalten ist. Als bedeutendstes Werk der neapolitanischen Frührenaissance gilt die **Cappella Pontano** 13, die der berühmte Humanist Giovanni Pontano, Sekretär König Ferdinand I. von Aragon, 1492 als Grabkapelle seiner Familie hatte errichten und mit einem prachtvollen Majolika-Fußboden ausstatten lassen.

Die Via dei Tribunali mündet schließlich in die Via **San Pietro a Maiella,** die ihre Bezeichnung der gleichnamigen kleinen **gotischen Kirche** 14 verdankt. Sie wurde 1313 von dem Adeligen Giovanni Pipino da Barletta gestiftet und dem im selben Jahr heiliggesprochenen Pietro Angelario geweiht. Dieser Einsiedler vom Monte Morrone in den Maiella-Bergen in den Abruzzen (daher der Kirchenname) war von Karl II. von Anjou als 80jähriger 1294 unter dem Namen Coelestin V. zum Papst ernannt worden, legte das Pontifikat jedoch bald nieder. Deckengemälde mit Szenen aus dem Leben Coelestins von Mattia Preti, die zu den Spitzenwerken des neapolitanischen *Seicento* (17. Jh.) zählen, schmücken Langschiff und Querhaus. Im angeschlossenen ehemaligen Kloster befindet sich seit 1826 eines der renommiertesten Konservatorien Italiens, das über eine bedeutende musikgeschichtliche Sammlung und Bibliothek verfügt.

Auf der stimmungsvollen **Piazza Bellini** 15 endet dieser Spaziergang. Zur Stärkung und zum Ausruhen findet man hier im Umkreis von wenigen hundert Metern zahlreiche Restaurants und Cafés. In der Mitte des Platzes steht das Denkmal des aus dem sizilianischen Catania gebürtigen Komponisten Vincenzo Bellini, Schöpfer großer Opern wie »Norma« oder »Die Puritaner«. Am Fuß der Statue kann man die 1954 ausgegrabenen Überreste eines Teils der griechischen Stadtmauern aus dem 4. Jh. v. Chr. entdecken.

Rast in einem der zahlreichen Straßencafés

Spaziergang 4
Castel Nuovo und Toledo

Dieses Viertel rund um die Königsburg *(Castel Nuovo)* und den Königspalast *(Palazzo Reale)* repräsentierte einst das Zentrum der Macht. Noch heute spürt man den Glanz einer großen Vergangenheit. **Castel Nuovo** 1, auch *Maschio Angioino* (»Bergfried von Anjou«) genannt, war Königsburg der Anjou, Residenz und Seefestung gleichermaßen. Im Auftrag von Karl I. zwischen 1279 und 1282 errichtet, verkam es später zur Ruine und wurde Mitte des 15. Jh. von Alfons I. von Aragon wiederaufgebaut. Vom Ursprungsbau blieb lediglich das gotische Schiff der Palastkapelle Santa Barbara erhalten. Das mächtige Kastell mit seinen imposanten Türmen ist als dominierendes Monument im neapolitanischen Hafenrund längst zum Wahrzeichen der Stadt geworden. Martialisch-trutzig zeigt es dem Meer seine schier uneinnehmbar abweisende Rückseite, während die dem Land zugekehrte Portalfront eine der kostbarsten Monumentalskulpturen der italienischen Frührenaissance birgt: den Triumphbogen, der Alfons zu Ehren zwischen 1453 und 1468 von Künstlern aus Italien und Spanien geschaffen wurde. Direkt über dem Torbogen stellt ein Flachrelief den siegreichen Einzug von König Alfons in Neapel dar, in den Nischen darüber stehen die vier Kardinaltugenden.

Im Hof befindet sich das Renaissanceportal zur Palastkapelle *(Cappella Palatina),* über dem eine Madonna von Francesco Laurana (um 1474) thront. Von den einst prachtvollen Giotto-Fresken

Wahrzeichen Neapels am Hafen: das imposante Castel Nuovo

im Inneren sind nur noch Spuren vorhanden. Eine Freitreppe führt vom Hof zur *Sala dei Baroni*, einen kathedralartigen, 28 m hohen und 28 m langen gotischen Saal mit Fächerdecke, dessen Gewölbekonstruktion alle Katastrophen – Erdbeben, Brände, Kriege – unbeschadet überstanden hat. Hier finden heute die Plenarsitzungen des Stadtrates statt. Im Westteil der Burg wurde das Stadtmuseum *(Museo Civico)* untergebracht. Ehe man sich an die Besichtigung der Exponate – neapolitanische Kunstwerke des 15.–20. Jh. – macht, sollte man die Aussicht auf den Golf und den Vesuv genießen.

Unter Vizekönig Fernandez Ruiz de Castro verschob sich das Zentrum der Macht um einige hundert Meter. Er ließ sich 1600–1602 von Domenico Fontana mit dem **Palazzo Reale** 2 eine repräsentative neue Residenz errichten. Komplett fertiggestellt wurde der um drei verschieden große Höfe gruppierte Gebäudekomplex erst Mitte des 19. Jh. gegen Ende der Bourbonenherrschaft, nachdem auch Erdbeben und Brände den Baufortschritt immer wieder behindert hatten. Die 169 m lange Frontfassade zur Piazza del Plebiscito gestaltete Luigi Vanvitelli im 18. Jh. als Pfeilerportikus mit nach oben abnehmenden Geschoßhöhen und stattete sie mit den Standbildern von Herrschern Neapels aus acht Dynastien aus. Keiner war neapolitanischer Herkunft – das Schicksal dieser Stadt. Von links nach rechts stehen in den Wandnischen der Normanne Roger II., der Staufer Friedrich II., Karl I. von Anjou, Alfons I. von Aragon, Karl V. von Habsburg, Karl III. von Bourbon, Joachim Murat und der Savoyer Viktor Emanuel II. (s. Abb. S. 23, 26 und 27).

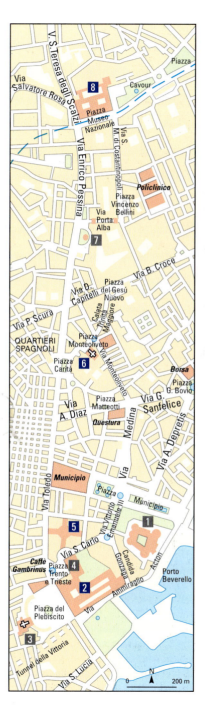

Spaziergang 4: Castel Nuovo und Toledo

Der Palazzo Reale: einst repräsentative Residenz, heute Sitz verschiedener Institutionen

Heute ist der seltsam kalt wirkende Palast Sitz verschiedener Ämter und Behörden sowie des Fremdenverkehrsbüros der Stadt. Zu besichtigen sind die Nationalbibliothek, mit rund zwei Millionen Bänden – unter ihnen auch eine einzigartige Papyrus-Sammlung aus Herculaneum – die bedeutendste Süditaliens, sowie im Rahmen des *Museo di Palazzo Reale* das ehemalige Hoftheater, die Hofkapelle, die königlichen Privatgemächer mit Gemälden und Mobiliar des 18. und 19. Jh., der Audienz- und der Thronsaal.

Von Verkehr und parkenden Autos befreit, gehört die halbkreisförmige Piazza del Plebiscito seit Mitte der 90er Jahre endlich wieder dem Volk, das sich vor der 1817–1846 nach dem Vorbild des römischen Pantheon erbauten Kirche **San Francesco di Paola** 3 gerne ein Stelldichein gibt. Der klassizistische Bau verdankt seine Entstehung einem Gelübde, hatte doch der von Napoleon nach Palermo vertriebene Bourbone Ferdinand I. versprochen, das Gotteshaus nach der glücklichen Rückeroberung Neapels errichten zu lassen. Kolonnaden, dem Petersplatz in Rom abgeschaut, umgeben das Halbrund des Platzes mit den Reiterstandbildern Karls III. und Ferdinand I.

Dem Palazzo Reale angeschlossen wurde das **Teatro San Carlo** 4, Neapels traditionsreiches Opernhaus. Nach einer Rekordbauzeit von nur acht Monaten hob sich am 4. November 1737, dem Namenstag des Bauherrn Karl III., erstmals der Vorhang. 1816 brannte das Gebäude ab, und wieder setzte man alles daran, das Haus so schnell wie möglich bespielbar zu machen. Der Wiederaufbau dauerte lediglich sechs Monate. Allein daran läßt sich der Stellenwert des 3000 Plätze fassenden Logentheaters ermessen, das trotz des etwas verblichenen Glanzes neben der Mailänder Scala

Ein Kaffeehaus mit Geschichte

Goldglanz, Stuck und Marmor: Elegantes »Caffè Gambrinus«

Einer der beliebtesten Rendezvousplätze Neapels ist das »Caffè Gambrinus« auf der Piazza Trieste e Trento, ein elegantes Lokal im Stil der *Belle Époque,* gegründet 1860 und seit jeher Treffpunkt von Politikern, Künstlern und Literaten. Zu den Gästen zählten seinerzeit u. a. Guy de Maupassant und Oscar Wilde. Aber auch die Köpfe der antifaschistischen Opposition, weshalb das Café 1938 vom Mussolini-Regime per Dekret geschlossen wurde. Erst Jahrzehnte nach dem Zweiten Weltkrieg konnte es vor dem totalen Verfall gerettet und nach sorgfältiger Restaurierung wieder eröffnet werden. Heute serviert man auf den Marmortischchen in den üppig verspiegelten und vergoldeten, mit Stuck und Seidentapeten verzierten Salons köstliche Mehlspeisen ebenso wie pikante Häppchen und natürlich jede Art von Getränken, vor allem aber einen alle Lebensgeister weckenden Espresso.

nicht nur zu den ältesten, sondern auch zu den größten Opernhäusern Italiens zählt und nach wie vor die international namhaftesten Sänger, Dirigenten und Regisseure anzieht (s. S. 74 ff.).

Zwischen 1887 und 1890 entstand im Zuge eines allgemeinen Sanierungsprogramms die **Galleria Umberto I.** 5, eine kreuzförmige, glasgedeckte Hallenpassage zwischen der Via San Carlo und

dem Toledo. Mit ihrem Bodenbelag aus vielfarbigem Marmor kann sich die von einer 57 m hohen verglasten Eisenkuppel gekrönte, rund 1000 m² große Galerie an Schönheit durchaus mit jenen von Rom, Mailand, Brüssel, Den Haag oder London messen. Was dagegen die Eleganz der Cafés und Geschäfte betrifft, so müßte sich in Neapel noch einiges verbessern. Im Nordtrakt des Komplexes (Eingang Via S. Brigida) versteckt sich die kleine Kirche **Santa Brigida**, äußerlich unscheinbar, im Inneren gleichsam ein Museum des großen Malers Luca Giordano (1632–1705), dessen sterbliche Überreste hier im linken Querhaus ruhen. Neben einigen bedeutenden Gemälden hat Giordano dem Kirchlein die überreichen Fresken – vor allem in der Kuppel – geschenkt.

Die **Via Toledo** ist Neapels berühmteste Straße, benannt nach Vizekönig Don Pedro de Toledo, der sie ab 1536 vom Palazzo Reale in Richtung Norden anlegen ließ. Paläste, Bürgerhäuser und Kirchen wechseln einander ab, dazwischen eine Fülle von Geschäften, von billigen Textilläden bis zu eleganten Boutiquen. Und zwei Spitzenadressen für Naschkatzen: »Gay Odin«, ein wahres Schokoladenparadies, und »Pintauro«, bekannt für hervorragende *sfogliatelle,* die je nach Jahreszeit verschiedenen neapolitanischen Mürbekuchen. Auf der Via Toledo läßt es sich jedenfalls herrlich bummeln, hat man doch glücklicherweise den Teil zwischen der Piazza Trieste e Trento und der Via A. Diaz zur Fußgängerzone erklärt.

Bei der Piazza Carità sollte man sich nach rechts durch die Via Morgantini zur Piazza Monteoliveto wenden, wo die Kirche **Sant'Anna dei Lombardi** 6, ein

Die Galleria Umberto I. zählt zu den schönsten Galerien Europas

im 17. Jh. umgestalteter, im Zweiten Weltkrieg schwer beschädigter Bau der Frührenaissance (1411), eine Reihe von Kleinodien der Renaissancekunst hütet. Dazu gehören ein Krippenrelief mit Engelschor des Florentiner Meisters Antonio Rossellino (um 1475) und die durch ihre Lebendigkeit erschütternde »Beweinungsgruppe«, acht lebensgroße Terrakottafiguren von Guido Mazzoni aus Modena (1492).

Luigi Vanvitelli, dem großen Architekten Karls III. von Bourbon, verdanken wir die monumentale Anlage der **Piazza Dante** 7, 1757–1765 anstelle eines außerhalb der Stadtmauern liegenden Marktes errichtet. Erst nach der Einigung Italiens stellte man die Statue des Dichters Dante auf, nach dem der Platz heute benannt ist. Auf der linken Seite des mit 26 allegorischen Figuren der Tugenden des Herrschers geschmückten königlichen Forums öffnet sich die Porta Alba, durch die man die Piazza Bellini und die Via S. Maria di Constantinopoli erreicht, eine Straße, deren Antiquitätenläden, Buch- und Kunsthandlungen auf die **Accademia di Belle Arti** zurückzuführen sind, Neapels bekannter Kunstakademie (s. S. 70 f.), die über eine interessante Galerie mit Werken des 19. und 20. Jahrhunderts bis zur jüngsten Moderne verfügt.

Für das **Museo Archeologico Nazionale** 8, eines der bedeutendsten archäologischen Museen der Welt, sollte man, wenn möglich, mindestens einen halben Tag reservieren. Dank der neuen großzügigen Öffnungszeiten (an Werktagen außer Dienstag jeweils von 10–22 Uhr) kann man die kostbaren Zeugnisse der Vergangenheit nun auch abends in aller Ruhe besichtigen. Führungen (laufend auch in deutscher Sprache) sind empfehlenswert, um sich einen ersten Überblick zu verschaffen.

Richtig Reisen Tip

Nationalmuseum: Götter, Helden und Mythen

Monumentale Antike: Vorbild bis heute

An einem Frühlingstag des Jahres 1822 blickten die Götter vom Olymp wohlgefällig auf Neapel. Endlich, nach bald zwei Jahrtausenden, gaben König und Volk wieder einmal ein Fest zu ihrer Ehre. Auf blumengeschmückten Ochsenkarren zogen die mächtigen Abbilder von Zeus und Apollo, Hera und Aphrodite durch die Straßen einer jubelnden Stadt. Ihre Pendants aus Rom, Jupiter, Juno und Venus, waren ebenso mit von der Partie wie zahllose Helden und Herrscher, Faune und Satyrn aus Marmor und Erz, griechische und römische, bunt gemischt, wie es sich eben ergab. Sie alle sollten nach dem Wunsch des Bourbonenkönigs beider Sizilien, Ferdinand I., eine gemeinsame Heimat erhalten, einen Tempel des Wissens und der Weisheit.

Neapels Königlich-Bourbonisches Museum hatte mit dem gefeierten Umzug der Schätze aus dem Palast des Monarchen in Portici in die 1612 vom Architekten Giulio Cesare Fontana als Sitz der Universität umgebaute ehemalige Reitschule am Fuße des Vomero weltweite Bedeutung erlangt. Auch heute noch gewähren die Sammlungen des **Museo Archeologico Nazionale** – so der offizielle Name seit Garibaldi – den umfassendsten Überblick über die Kunst und das Alltagsleben der Antike.

Den Kern des Museums stellt die »Farnesische Sammlung« dar, jene wohl einmalige und einzigartige Erbschaft, die Ferdinands Vater Karl III. von seiner Mutter Elisabeth Farnese von Parma angetreten hatte. Viele Mitglieder der vornehmen Familie Farnese waren als Schatzgräber außerordentlich erfolgreich gewesen, auf dem Palatin und in den Caracalla-Thermen von Rom hatten sie der Erde kolossale Statuen – unter anderem den berühmten »Farnese-Stier«, den »Farnese-Herkules« oder die »Farnese-Athene« – entrissen. Goethe sah diese Monumentalwerke, zu denen sich eine umfassende Gemäldesammlung gesellte, noch in Capodimonte. Ob ihm der vorerst letzte Standort der farnesischen Schätze im

Nationalmuseum besser gefallen hätte, bleibt fraglich, zu erdrückend ist der erste Eindruck von jener Fülle an überlebensgroßen Göttern aus Stein. Man faßt es nicht, daß diese Kunstwerke echt, also mehr als 2000 Jahre alt sind, und fühlt sich, verdorben durch die im 19. Jh. bis zum Überdruß praktizierte ten Essensüberreste aus Pompeji: Oliven, Bohnen, Mandeln, Nüsse, Trauben, Erbsen, Linsen, Brot, Reis, Eier, Zwiebeln, Datteln, Pinienkerne, Pfirsiche und süße Kuchen.

Nicht nur einen, sondern zahllose Urlaube könnte man allein im Nationalmuseum verbringen und hätte doch

Szene aus der berühmten »Alexanderschlacht«

Verherrlichung der Antike, zunächst eher in ein klassizistisches Gruselkabinett versetzt als in ein Museum, das unvorstellbare Kostbarkeiten birgt.

Der Erbschaft seiner Mutter fügte Karl III. jene Schätze hinzu, die bei den von ihm forcierten Ausgrabungen in Pompeji und Herculaneum ans Tageslicht kamen. Von der weltberühmten »Alexanderschlacht« bis zum millionenfach kopierten Mosaik »Cave Canem« präsentiert das Nationalmuseum die erstaunlichsten Kunstwerke. Verzaubert steht der Besucher vor tanzenden Faunen, betrunkenen Satyrn und greulich anzuschauenden Medusenhäuptern, gerührt betrachtet er die verschrumpel- nur einen Bruchteil gesehen, so umfangreich sind die Sammlungen – von der farnesischen bis zur ägyptischen. Daß bei einem einmaligen Besuch nur wenig zu erfassen ist, versteht sich von selbst. Doch sogar der Eifrigste hat kaum Chancen, denn immer wieder bleiben weite Zimmerfluchten des Museums gesperrt. Neapels Kunsthistoriker haben nämlich Mitte der 80er Jahre mit der Sisyphusarbeit begonnen, die Bestände neu und nach modernen didaktischen Erkenntnissen zu ordnen. Zum Trost für die geschlossenen Trakte und zur Rechtfertigung des Eintrittspreises werden jedoch laufend Sonderausstellungen veranstaltet.

Spaziergang 5
Capodimonte und die nördlichen Vorstädte

Obwohl die spanischen Vizekönige Ansiedlungen außerhalb der Stadtmauern nur ungern sahen, entwickelte sich ab dem 17. Jh. im Norden entlang der Fortsetzung der Via Toledo eine Reihe von Vorstädten, die erst zu Beginn des 20. Jh. zusammenwuchsen. Es sind dies die heutigen volksnahen Viertel Sanità, Vergini und Fontanelle. Darüber thront auf einem Hügel der von einem gepflegten Park umgebene Königspalast von Capodimonte, unter dessen Dach sich ein weiteres wichtiges Museum befindet. Alle Sehenswürdigkeiten sind mit öffentlichen Verkehrsmitteln zu erreichen: Capodimonte mit den Buslinien 109 und 24 ab Piazza del Municipio, Sanità und Vergini mit der U-Bahn Metropolitana (Station Piazza Cavour), Fontanelle von der Piazza Cavour mit der Autobuslinie 105.

Ein paar Stunden Ruhe abseits des Großstadttrubels kann man in **Capodimonte** 1 genießen, der einst königlichen Garten- und Schloßanlage rund 4 km nördlich des Palazzo Reale. Ursprünglich lediglich für Jagdzwecke konzipiert, entschied sich Karl III. von Bourbon 1738 für das von Antonio Medrano entworfene Projekt eines großen Museumspalastes, um darin u. a. die von seiner Mutter geerbte Farnesische Sammlung unterzubringen, deren Antikenteil heute im Archäologischen Nationalmuseum (s. S. 129 ff.) zu bewundern ist. Erst nach 100jähriger Bauzeit wurde das Schloß fertiggestellt, das

Spaziergang 5: Capodimonte und die nördlichen Vorstädte

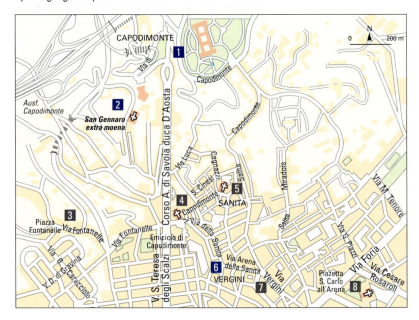

Jusepe Riberas Gemälde »Apoll und Mars« im bedeutenden Museum di Capodimonte

nach der Einigung Italiens bis 1947 als zeitweilige Residenz des Savoyer Königshauses diente und seit 1957 wieder ausschließlich als Museum genutzt wird. Der 124 ha große Park zeichnet sich durch gepflegte Rasenflächen und einen prachtvollen alten Baumbestand aus.

Auch das **Museo e le Gallerie Nazionali di Capodimonte,** wie der offizielle Name lautet, werden seit einigen Jahren einer völligen Neuaufstellung unterzogen, wobei der sorgfältig restaurierte erste Stock mit den ehemals königlichen Gemächern und den Bildern der Farnesischen Sammlung bereits 1996 seiner Bestimmung übergeben werden konnte. Im dritten Stock wird in Zukunft die zeitgenössische Kunst Platz finden. Schwerpunkte der Pinakothek, die zweifellos zu den bedeutendsten Kollektionen der Welt zählt, sind die großen Werke der italienischen und europäischen Malerei vom Mittelalter bis zum 19. Jh. – Tizian, Breughel, Raffael, Correggio, Ribera, Masaccio, Goya, um nur einige der großen Namen anzuführen – sowie die Arbeiten der neapolitanischen Malerschulen. Das Graphische Kabinett hütet mehr als 2500 Zeichnungen und an die 22 000 Drucke, dazu kommen die umfangreichen Sammlungen von Waffen, Gobelins, Möbeln und Kunsthandwerk sowie das interessante Porzellankabinett, ein Geschenk Karls an seine Gemahlin Maria Amalia von Sachsen, der Neapel – nicht zuletzt nach dem Vorbild von Meißen – die Gründung seiner berühmt gewordenen Porzellanmanufaktur verdankt.

Als größte frühchristliche Nekropole Neapels – sie erstreckte sich auf zwei Ebenen über mehrere Kilometer lange Gänge – stellen die **Januarius-Katakomben** 2 *(Catacombe di San Gennaro)* einen der Fixpunkte in jedem Be-

Die Januarius-Katakomben, die größte frühchristliche Nekropole Neapels, enthält römische Grabkammern und Fresken von unschätzbarem Wert

sichtigungsprogramm dar. Rund um die Gruft einer römischen Adelsfamilie hatte man bereits im 2. Jh. die ersten Grabkammern angelegt. Aus dieser Zeit stammen auch die ältesten Fresken, Adam und Eva sowie David und Goliath darstellend. Anfang des 6. Jh. wurden die sterblichen Überreste des hl. Januarius in die Katakomben gebettet, in denen sich auch die ältesten Darstellungen des Stadtpatrons finden. Anno 831 raubte der Herzog von Benevent die kostbaren Reliquien, die schließlich im Dom von Neapel ihre endgültig letzte Ruhestätte fanden. Bis zum 11. Jh. diente die Nekropole auch als Begräbnisstätte der neapolitanischen Bischöfe, dann verlor sie an Bedeutung und verkam allmählich. In ihrer heutigen Form kunsthistorisch bedeutungslos ist die über den Katakomben stehende Kirche **San Gennaro extra moenia,** deren Grundmauern zwar aus dem 6. und 10. Jh. stammen, die im Laufe der Jahrhunderte aber häufig und sehr unglücklich umgestaltet wurde (zuletzt nach schweren Zerstörungen im Zweiten Weltkrieg).

Eine Begräbnisstätte und einen Totenkult etwas anderer Art kann man mit einigem Glück in der Via Fontanelle 77 besichtigen: Im **Cimitero delle Fontanelle** 3 liegen die Gebeine Tausender Namenloser zu riesigen Haufen aufgeschichtet. Offiziell ist die in einer alten Tuffsteinhöhle befindliche Nekropole hinter der Kirche Maria S. S. del Carmine alle Fontanelle schon seit längerer Zeit wegen Renovierungsarbeiten gesperrt. Wer dennoch in diese Unterwelt gelangen will, muß zunächst einmal den zuständigen Geistlichen in seiner Pfarrei nahe dem Fontanelle-Friedhof auftreiben. Am sichersten gelingt das an Sonn- und Feiertagen vormittags.

Friedhof der Namenlosen

Durch eine vergammelte Rumpelkammer – einst vermutlich die Sakristei – stolpert man nahezu im Finstern vorbei an einem aus dem Felsen geschlagenen Altar. Plötzlich weitet sich der Raum, die Dunkelheit weicht diffusem Licht, man steht in einem gigantischen Höhlensystem, mindestens 40 m hoch. Es handelt sich um einen uralten Tuffsteinbruch, den schmale Öffnungen in der Decke spärlich beleuchten. Gespenstisch ragen in einem Raum Kreuze empor, Golgatha – Schädelstätte – im ursprünglichsten Sinn des Wortes. Genau eine solche hat man in dieser Höhle aufgeschichtet: Totenköpfe, einer auf dem anderen, aufgetürmt unter Christi Kreuz, Schädel, Tausende und Abertausende, zu Pyramiden und Mauern geschichtet. Ab dem 15. Jh. bestatteten die Neapolitaner ihre Toten in dieser riesigen Gruft, vereint liegen dort die Opfer von Cholera- und Pestepidemien, von Revolutionen und Straßenkämpfen. Häftlinge aus den Kerkern der Stadt brachte man ebenso zum Fontanelle-Friedhof wie die sterblichen Überreste jener unbekannten deutschen Soldaten, die in den Kämpfen um Neapel im Zweiten Weltkrieg ihr Leben ließen. Freund und Feind, Bürger und Gesetzlose, sie alle eint heute das Schicksal, Knochen an Knochen zu ruhen. Camorra-Opfer und auch Camorristen trafen zuletzt in diesen Höhlen zusammen, die stets ein Treffpunkt der neapolitanischen Mafia waren.

Ungewöhnliche Begräbnisstätte

Die zweite Höhle erweist sich als noch weitläufiger. Einem riesigen Panoramafenster ähnlich geben die durchbrochenen Tuffsteinwände den Blick frei. Eingerahmt von Totenköpfen präsentiert sich ein unerwartetes Bild: Eine bekannte Schuhfabrik hat eines ihrer modernen Betriebsgebäude ausgerechnet auf dem gegenüberliegenden Hang errichtet – Leben und Tod, Vergangenheit, Gegenwart und Zukunft, wieder einmal gehen sie in Neapel fließend ineinander über.

Langsam gewöhnt man sich an das geordnete Chaos, denn irgendwer hat irgendwann einmal eine Ordnung geschaffen, die sich heute noch erkennen läßt: Fein säuberlich liegen Schädel, Oberschenkelknochen, Schienbeine und Schulterblätter separat nebeneinander. Dazwischen aber, der Anonymität zumindest optisch entrissen, finden sich einzelne vollständige Skelette in zerfallenen Särgen oder hinter Glas. Bis um faßbare Objekte der Trauer. Manche beschränkten sich darauf, die Schädel in Vitrinen zu legen, auf Spitzenpolster oder mit gestickten Blumen verzierte Deckchen.

Nun ist auch die Generation ausgestorben, die diesem Totenkult frönte. Staub rieselt auf die Gebeine in Whisky-

Totenkult auf dem Fontanelle-Friedhof

zum Jahr 1985 kamen nämlich Neapolitanerinnen, um im Fontanelle-Friedhof ihre vermißten Toten – Opfer der Weltkriege, der Seefahrt oder der Camorra – zu beweinen. Und weil sie von ihren Angehörigen nicht einmal ein Fingerknöchelchen besaßen, stellten sie sich aus den Überresten der Namenlosen ihre Lieben zusammen, denen sie dann Kerzen und Blumen brachten. So mancher anatomische Nonsens ist ihnen bei diesen ›Adoptionen‹ unterlaufen, doch ging es den Frauen auch nicht um rationale Rekonstruktionen, sondern kisten und Truhen, auf die Knochenpyramiden und auf Golgatha. Auch um Filippo Caraea, Fürst von Correto, und seine Frau, die in zerbröselndem Samt und zerschlissene Seide gekleideten Adeligen in ihren einstigen Nobelsärgen, kümmert sich heute niemand mehr. Der 1793 verstorbene Fürst starrt ebenso wie seine Gemahlin aus leeren Augenhöhlen in die Ewigkeit. Aber immerhin sind sie in diesem Beinhaus die einzigen unter den mehr als 30 000 Toten, denen man das letzte gelassen hat: ihre Namen.

Ein hohes Viadukt, der Ponte della Sanità, sorgte schon im 19. Jh. für eine direkte und schnelle Straßenverbindung zwischen der Stadt und Capodimonte. Neben dieser Brücke erhebt sich die Anfang des 17. Jh. erbaute Kirche **Santa Maria della Sanità** 4, ein Meisterwerk neapolitanischen Frühbarocks mit einer majolikagedeckten Kuppel, entworfen von dem Dominikaner-Ordensbaumeister Fra Nuvolo (Giuseppe Donzelli). Unterhalb der Basilika erstrecken sich die **Gaudiosus-Katakomben,** die einige gut erhaltene frühchristliche Fresken aufweisen. Settimo Celio Gaudiosus, später heiliggesprochen, war ein afrikanischer Bischof, der 452 in Neapel im Exil starb und hier beigesetzt wurde. Um sein Grabmal entstanden die Katakomben, die nun seinen Namen tragen. Einem anderen lokalen Heiligen, 364–410 Bischof von Neapel, ist die Ende des 17. Jh. erbaute Kirche **San Severo** 5 geweiht, unter der sich gleichfalls ausgedehnte Katakomben mit Resten frühchristlicher Fresken befinden.

Nun befinden wir uns inmitten des *Valle della Sanità,* im »Tal der Gesundheit«, einem jener Stadtteile, in dem alle Klischees bestätigt werden. Es ist ein Armenviertel wie aus einem tristen neapolitanischen Bilderbogen, in dem es keineswegs gesund sein kann, zu leben. Den irreführenden Namen verdankt es den Gräbern der Heiligen Gaudiosus und Severo, denen man eine Reihe von Wunderheilungen zuschreibt. Bessergestellte Neapolitaner meiden diesen Teil ihrer Stadt, der eine eigene Welt zu sein scheint – mit den ihr eigenen Gesetzen der Straße. Gelangweilte jugendliche Arbeitslose lungern in den Hauseingängen herum oder ziehen mit ihren aufheulenden Mofas enervierende Kurven. Alte sitzen in ihren *bassi,* die noch schäbiger, kleiner und enger sind als jene im Spanischen Viertel.

So gar nicht in dieses Bild passen daher zwei interessante Paläste, der **Palazzo Sanfelice** 6 (Via Sanità 2–4) und der **Palazzo dello Spagnolo** 7 (Via Vergini 19). Der erste wurde 1728 vom Architekten Ferdinando Sanfelice für seine Familie errichtet, wie eine Inschrift über dem rechten der mit Diamantquadern geschmückten Portale belegt. In diesem Objekt verwirklichte der geniale Baukünstler erstmals sein Konzept eines offenen Treppenhauses, das er mit einigen Variationen und einem kühn geschwungenen doppelten Treppenlauf zehn Jahre später im Palazzo dello Spagnolo zur Vollendung brachte.

Sanfelices erste monumentale Freitreppe findet sich jenseits der lebhaften Piazza Cavour vor der Kirche **San Giovanni a Carbonara** 8. Das im 14. Jh. begonnene Gotteshaus wurde wiederholt umgebaut, wobei jedoch alle Bauphasen ihre Spuren hinterlassen haben. So kann man Neapels ältesten Majolika-Fußboden (1427) ebenso bewundern wie einen großartigen Freskenzyklus aus dem 15. Jh. und hinter dem Hauptaltar das 18 m hohe Grabmal des 1414 gestorbenen Königs Ladislaus I. von Anjou-Durazzo, ein Werk zwischen Gotik und Frührenaissance, ausgeführt von toskanischen Bildhauern im Auftrag von Königin Johanna I., der Schwester des Verstorbenen. Ein Durchgang im Untergeschoß des Monuments führt zum unvollendet gebliebenen Grabmal (1433) von Sergianni Caracciolo, Liebhaber von Königin Johanna II., die diesen in einer Augustnacht des Jahres 1432 in Castel Capuano hatte ermorden lassen. Die Hochrenaissance repräsentiert die *Cappella Caracciolo di Vico,* ein Jahrhundert später als Grabeskirche in Form eines Rundtempels entstanden.

Spaziergang 6
Gäßchen rund um den Corso Umberto

Der schnurgerade Corso Umberto, den man in Neapel daher allgemein *Rettifilo* nennt, verbindet Hauptbahnhof und Piazza Garibaldi mit der Piazza Municipio, dem zentralen Rathausplatz am Hafen. In den Gäßchen rund um diese wichtige Verkehrsader findet sich noch so manches kunsthistorische Kleinod,

Blick auf die Kirche Santa Maria del Carmine, eines von Neapels Wahrzeichen

dazu pralles Leben mit Geschäften und Märkten sowie auffallend vielen jungen Leuten – kein Wunder, schließlich befindet sich hier auch das Hauptgebäude der Universität.

Nahe der Piazza Mercato, einem geschichtsträchtigen Marktplatz, an dem 1268 mit Konradin von Schwaben der letzte Staufer unter dem Fallbeil der Anjou starb, rund 400 Jahre später der Volksaufstand des selbsternannten Fischer-Königs Masaniello kläglich scheiterte (s. S. 28) und weitere 150 Jahre danach die Elite des neapolitanischen Adels, Anhänger der von der Französischen Revolution inspirierten »Parthenopäischen Republik«, am Galgen endete, steht die Kirche **Santa Maria del Carmine** 1. Sie verdankt ihre enorme Popularität nicht zuletzt der spätbyzantinischen Ikone *Madonna la Bruna,* die als wundertätiges Marienbild heiß verehrt wird. Die ursprünglich gotische Karmeliterkirche mit reicher barocker Innenausstattung hat einen mit grün-gelben Majoliken geschmückten, 75 m hohen Glockenturm (1631), eines der Wahrzeichen Neapels. Alljährlich findet am 16. Juli das Fest der *Madonna del Carmine* statt, bei dem ein spektakuläres Feuerwerk den Brand des Campanile vortäuscht. Nachdem 1631 bei Umbauarbeiten am Marktplatz zufällig die Gebeine Konradins, des mit 16 Jahren hier enthaupteten letzten Staufenkönigs, in einem Bleisarg mit den Lettern »R.C.C.« *(Regis Conradini Corpus* – »Leiche König Konradins«) entdeckt worden waren, bestattete man diese hinter dem Altar der Kirche (s. S. 27). Im Langhaus links, zwischen der 4. und 5. Kapelle, steht ein

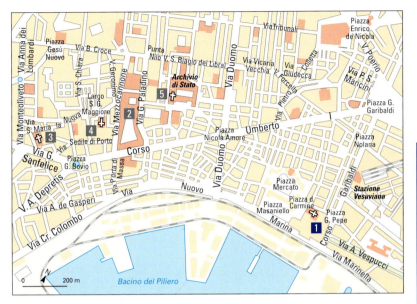

Spaziergang 6: Gäßchen rund um den Corso Umberto I.

Konradin-Denkmal nach dem Entwurf des Dänen Thorwaldsen, ein spätklassizistisches Werk, vom Bayernkönig Maximilian II. in Auftrag gegeben und 1847 aufgestellt.

Aus dem Jesuitenkolleg von 1593 ist Ende des 19. Jh. durch Zusammenlegung mehrerer neoklassizistischer Paläste das Haupthaus der **Universität** 2 entstanden, in dem u. a. die 850 000 Bände umfassende Bibliothek sowie Museen für Anthropologie, Zoologie und Mineralogie untergebracht sind. Als für den Bau von Castel Nuovo eine Franziskanerkirche weichen mußte, überließ Karl I. von Anjou den Patres ein nahes Grundstück, wo auf seine Kosten ein neues Gotteshaus samt angeschlossenem Kloster – logischerweise **Santa Maria La Nova** 3 genannt – errichtet wurde. Das Interieur trägt die Handschrift namhafter Künstler dieser Zeit, unter ihnen Giovanni da Nola. Im kleineren der beiden Kreuzgänge des ehemaligen Klosters (heute Sitz der Provinzialverwaltung) blieben Renaissancefresken erhalten.

Als Aula Magna des im gegenüberliegenden Renaissancepalast untergebrachten Universitätsinstituts für Orientalistik dient die kleine Kirche **San Giovanni dei Pappacoda** 4 aus dem 15. Jh., bemerkenswert vor allem wegen ihres spätgotischen Portals, einer Arbeit des Bildhauers Antonio Baboccio, auch Schöpfer des Dom-Hauptportals. 1835 verfügte der Bourbone Ferdinand II. die Einrichtung eines **Staatsarchivs** 5 in einem vier ehemalige Klöster umfassenden Komplex, zu dem auch die Kirche Santi Severino e Sossio (16. Jh.) gehört. Das riesige Archiv hütet in 300 Sälen mehr als eine Million Dokumente von der Zeit der Anjous bis zum Ende der Monarchie. Unschätzbar wertvolle Zeugnisse der Vergangenheit wurden leider während der deutschen Besatzung 1943 in sinnloser Zerstörungswut vernichtet.

Spaziergang 7
Santa Lucia und Chiaia

Nach vielen engen und stickigen Gäßchen freut man sich auf breite Straßen, großzügige Grünanlagen und die Weite des Meeres. Die Viertel Santa Lucia und Chiaia mit dem Stadtpark und der kilometerlangen Uferpromenade repräsentieren das andere, das elegante Neapel, vorwiegend entstanden im 19. Jh., teilweise sogar nach Landgewinn durch Aufschüttung. In dieser privilegierten Gegend, in der sich zahlreiche Adelsfamilien prachtvolle Villen und Paläste errichten ließen, entwickelte sich schon Anfang des 19. Jh. ein florierender – wenn auch für heutige Verhältnisse natürlich bescheiden anmutender – Tourismus. So registrierte man 1838 ungefähr 8000 Fremde, von denen sich nicht wenige gleich mehrere Monate in Neapel aufhielten.

Santa Lucia am Fuße des Hügels Pizzofalcone – hier befand sich einst die erste griechische Ansiedlung – ist aus einem ehemaligen Fischerdorf hervorgegangen; und in den alten Gassen hinter den großen Hotels am *lungomare* sowie in dem vielbesungenen romantischen Hafen blieb sogar ein Hauch dörflichen Charmes und alter Zeiten erhalten. Dies trifft insbesondere auf das im Altertum *Megaris* genannte Inselchen zu, auf dem das gewaltige **Castel dell'Ovo** 1 thront (Zugang von der Via Partenope). Der Sage nach soll hier einst eine der luxuriösen Villen des als Schlemmer zum Begriff gewordenen Römers Lucullus gestanden haben. Einem anderen Römer, nämlich dem Dichter Vergil, schreibt die Legende die Entstehung des Kastells zu, das auf einem vom Meeresboden im Gleichgewicht gehaltenen magischen Ei – daher der Name »Ei-Kastell« – ruhen soll. Ebenso phantastisch klingt die andere Version der Sage, nach der Hexenmeister Vergil das Ei in eine Flasche gezaubert und diese im Kastell versteckt habe. Solange das Ei heil bleibe, werde auch Neapel von Katastrophen verschont.

In Wirklichkeit wurde Castel dell'Ovo von den Normannen erbaut. Friedrich II. deponierte in der von ihm erweiterten und verstärkten Festung seinen Staats-

Spaziergang 7: Santa Lucia und Chiaia

schatz, sein Enkel Konradin verbrachte die letzten Tage vor seiner Hinrichtung in diesen Mauern. In den 80er Jahren des 20. Jh. hat die Stadt den total heruntergekommenen Komplex von Grund auf renoviert. Er dient heute als modernes Kongreß- und Ausstellungszentrum. Unterhalb des Kastells und rund um den kleinen Bilderbuch-Hafen haben sich mehrere gute Restaurants und kleine Trattorien angesiedelt.

Den Beginn der Via Partenope markiert mit der **Fontana dell'Immacolatella** 2 einer der schönsten Brunnen der Stadt in spektakulärer Lage über dem Hafen von Santa Lucia und mit der unverkennbaren Silhouette des Vesuv im Hintergrund. Kein Wunder, daß dieses Meisterwerk von Pietro Bernini (1601), dem Vater des berühmter gewordenen Giovanni Lorenzo Bernini, zu den meistfotografierten Motiven der Stadt zählt.

Das ›schicke‹ Neapel trifft sich auf der eleganten **Piazza dei Martiri** 3 in den Kunstgalerien und Cafés rund um das 1866–68 errichtete Denkmal der politischen Märtyrer der Stadt, die bei den vier Aufständen gegen die Bourbonen in den Jahren 1799, 1820, 1848 und 1860, symbolisiert durch vier steinerne Löwen, ihr Leben lassen mußten. Dominiert wird der Platz von der imposanten Fassade des Palazzo Calabritto, ein Werk der Architekten Luigi und Carlo Vanvitelli. Jugendstil- und Neorenaissancegebäude flankieren die noblen Straßen Via Filangieri und die Via dei Mille, die sich auch gut für einen Einkaufsbummel eignen.

Pietro – Das Original von Santa Lucia

Pietro und sein Restaurant sind eine Institution im Hafenviertel Santa Lucia

Siebzehn Kinder waren sie daheim, nicht alle erreichten das Erwachsenenalter. Denn die ebenerdig liegende Wohnung, ein einziger winziger Raum, eines jener typischen *bassi,* wie man sie auch heute noch zu Tausenden in Neapel findet, war feucht, kalt, ungesund. Einen Vorteil hatte die Behausung, in der sich – kaum vorstellbar – 19 Menschen drängten und alle Kinder zur Welt gekommen waren: Sie lag im Schatten des Castel dell'Ovo auf der kleinen Insel, auf der die sagenhafte Villa des Lucullus gestanden haben soll.

Borgo Marinara heißt das Viertel gegenüber der Nobelhotel-Zeile von Santa Lucia heute, die Elendsquartiere mit ihren Massenbewohnern gehören der Vergangenheit an. »Im Krieg sind hier sehr viele Häuser zerstört worden«, erzählt Pietro, der inmitten des Bombenhagels der Amerikaner im August 1943 in eben jenem Raum geboren wurde, in dem er nun Gäste aus aller Welt mit einfachen, schmackhaften Meeresgerichten verwöhnt. Auch wenn er nur fünf Klassen der Grundschule besuchen konnte, beherrscht er die Geschichte ›seines‹ Inselchens wie ein gelernter Fremdenführer. Weit ist er noch nicht hinausgekommen aus Neapel, doch seine Sehnsucht nach der Ferne, sagt Pietro, hält sich in Grenzen. »Ich bin glücklich hier«, stellt er zufrieden fest. »Ich liebe dieses Stückchen

Erde über alles, mehr brauche ich nicht. Wo, sagen Sie mir, könnte es schöner sein?«

Die offen zur Schau getragene Bescheidenheit des stets adretten Schnurrbartträgers gehört zum Ambiente seiner »Antica Trattoria«, die sich bewußt von den umliegenden Luxusrestaurants rund um den Hafen von Santa Lucia unterscheidet. Unter den Neapolitanern gilt die Trattoria als guter Tip, und auch so mancher Bühnen- oder Filmstar ist des öfteren am Nachbartisch zu entdecken. Für Liebespärchen und solche, die es werden könnten, bietet das Original von Santa Lucia eine unbezahlbare Kulisse. Romantik, in den noblen Lokalen nebenan nicht einmal mit schmalzigen Napoli-Liedern herbeizuzaubern, wird bei Pietro zur dampfenden Pasta gleich mitgeliefert. Als echtes Kind seiner Stadt weiß er eben, wie man sich am besten verkauft. Dazu gehören auch die mit billigen karierten Kunststofftüchern gedeckten Tische in und vor dem Lokal und die winzige Kochnische mit einem zweiflammigen Gasherd, auf dem die Frau des Hauses Köstlichkeiten wie *spaghetti vongole* oder *fritto misto* zubereitet. Die Auswahl ist gering, eine Speisekarte eigentlich unnötig, doch was aufgetragen wird, mundet unter Garantie. In einem Plastikeimer putzt Pietro an der Schwelle seines kleinen Reiches tagaus, tagein simple Miesmuscheln, die unvermeidliche Zigarette im Mundwinkel. So haben es bereits seine Vorfahren gemacht, so praktiziert er es noch heute. Hygienische Bedenken kann man getrost vergessen, die Kneipe ist bei aller Urigkeit blitzsauber. Wem es gelingt, einen Platz am Wasser zu ergattern, in dem sich abends neben dem Mond die Lichter der bunten Fischerboote und eleganten Jachten spiegeln, wo einst die unglückliche Parthenope an Land gespült wurde, wem dann der würzige Duft des Meeres vom Teller und vom Hafen her in die Nase steigt, der hat sich bereits ein Stückchen Neapel erobert.

Der prächtige Jachthafen von Santa Lucia

Auf einem Inselchen im Hafen von Santa Lucia thront das gewaltige Castell dell'Ovo

Die Anlage von Neapels großem Stadtpark **Villa Comunale** 4, der sich zwischen der Via Caracciolo und der Riviera di Chiaia von der Piazza della Vittoria im Osten bis zur Piazza della Repubblica im Westen erstreckt, geht auf den Bourbonen Ferdinand zurück. Der 1778 von Architekt Carlo Vanvitelli entworfene Prachtgarten blieb freilich in weiten Teilen bis zur Einigung Italiens für das ›gemeine‹ Volk gesperrt. Zwischen Pinien, Araukarien, Palmen und Eukalyptusbäumen liegt das von dem deutschen Wissenschaftler Anton Dohrn 1872 gegründete **Acquario,** die berühmte Meeresbiologische Station, eines der ältesten Forschungsinstitute der Welt. Hier wird die Meeresfauna und Unterwasserflora des Golfs von Neapel anhand von mehr als 200 verschiedenen Artenbeispielen dokumentiert. In der Bibliothek des von Adolf von Hildebrandt entworfenen Gebäudes befinden sich Fresken mit Darstellungen Neapels des deutschen Malers Hans von Marées, die er 1873/74 anfertigte.

Ein schönes Beispiel für die Pracht der hochherrschaftlichen Häuser und Paläste an der Riviera di Chiaia stellt die **Villa Pignatelli** 5 dar, ein neoklassizistisches Schlößchen (1826), das sich einstmals auch im Besitz der Familie Rothschild befand. Seit 1960 kann man darin die dem Staat vermachten Kunstsammlungen der Adelsfamilie Pignatelli-Cortes bewundern, vor allem kostbares Porzellan und Chinoiserie. Fallweise werden in den Räumlichkeiten der Villa Sonderausstellungen und Konzerte veranstaltet, in einem benachbarten Pavillon sind Kutschen und Karossen aus der Bourbonenzeit untergebracht.

In einem in neapolitanischem Dialekt abgefaßten Brief aus dem Jahre 1339 erwähnte Giovanni Boccaccio eine *Madonna de Pederotta.* Tatsächlich ist die Kirche **Santa Maria di Piedigrotta** 6 wesentlich älteren Ursprungs, als es das heute eher unansehnliche Gotteshaus vermuten ließe. Der erste Bau dürfte von Anfang des 14. Jh. stammen, die bisher letzte von mehreren radikalen Umgestaltungen erfolgte im 19. Jh. Gläubige verehren eine gut 600 Jahre alte Skulptur »Madonna mit Kind«, vor der 1571 auch Don Juan d'Austria für den Sieg über die Türken in der Seeschlacht von Lepanto gebetet haben soll. Hohe Popularität genießt die Kirche vor allem für ihr noch in den 80er Jahren alljährlich um den 8. September veranstaltetes »Piedigrotta-Fest«, das mit einem in ganz Italien vielbeachteten Volksliedfestival verbunden war. Aber Fernsehen und Kommerz haben diesem letzten echten Volksfest Neapels den Garaus gemacht.

In Neapels Erde, am zweiten Meilenstein an der Straße nach Pozzuoli, fand Vergil – so heißt es nach antiker Überlieferung – sein Grab. Verehrer des römischen Poeten werden ihn aber dort vergebens suchen und zu einem kleinen Park am Eingang der *Grotta Vecchia* pilgern müssen, einem zur Zeit des Kaisers Augustus durch den Tuff des Posillipo gebohrten Tunnel. Während unter einem Blätterdach aus Lorbeer unentwegt der Verkehr durch die *Nuova Galleria* donnert, umfängt den als **Parco Virgiliano** 7 bekannten Ort, an dem schon Goethe und Petrarca ergriffen standen, ungewohnte, fast heilige Stille. Ob die sterblichen Überreste Vergils tatsächlich in dem schlichten römischen *Columbarium* – einem viereckigen Grabbau mit Tonnengewölbe und Ni-

Beispiel für die Pracht herrschaftlicher Häuser an der Riviera di Chiaia: die Villa Pignatelli

Vergil – Dichter und Zauberer

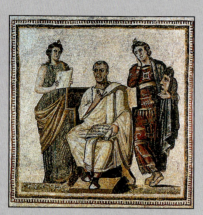

Vielgeliebt und verehrt, der Dichter Vergil, hier mit zwei Musen, römisches Mosaik, frühes 3. Jahrhundert

Publius Vergilius Maro (70–19 v. Chr.), in Andes bei Mantua geboren, nimmt in der römischen Dichtkunst einen ähnlichen Platz ein wie Homer in der griechischen. Der aus einfachen Verhältnissen stammende Poet konnte dank zahlreicher Gönner, unter ihnen Octavian, der spätere Kaiser Augustus, Konsul Asinius Pollio und der sprichwörtlich gewordene Maecenas, auf einem kleinen Landgut in der Nähe von Neapel ein Leben in Zurückgezogenheit und schöpferischer Muße führen. Berühmt wurde er durch seine »Bucolica«, eine Sammlung von Hirtengedichten, und seine »Georgica«, ein didaktisches Epos über den Landbau, unsterblich aber mit der »Aeneis«, einem historischen und mythologischen Heldenepos nach homerischem Vorbild, das wie kein anderes Werk der römischen Literatur die abendländische Dichtung beeinflußt hat. Vom frühen Christentum wegen einiger als messianische Weissagungen gedeuteter Verse als Prophet verehrt, fand Vergil sogar Eingang in die katholische Liturgie.

Dante machte ihn in seiner »Göttlichen Komödie« zum Führer durch die Unterwelt, und im Mittelalter galt er gar als Zauberer, um dessen Namen sich zahlreiche Sagen rankten. Nach diesen Legenden – sie erschienen Anfang des 16. Jh. in Frankreich sogar als vielgelesenes Volksbuch – soll Vergil Fliegen und Schlangen aus Neapel vertrieben und eine bronzene Trompete angefertigt haben, die, auf den Vesuv gerichtet, einen Vulkanausbruch verhinderte. Dem Hexenmeister wurde auch die Errichtung des Castel dell'Ovo zugeschrieben. Der Dichter starb, erst 51jährig, nach einer Griechenlandreise in Brindisi. Gemäß seinem letzten Willen wurde er in Neapel begraben.

schen – ruhen oder nicht, kein Platz könnte geeigneter sein, jenes unsterblichen Lieblings der Götter zu gedenken, dem selbst das Christentum Verehrung zollte. 1930 feierte ganz Neapel den 2000. Geburtstag des Vielgeliebten, 1939 bettete man unter einer Stele einen Mann an seine Seite, der den Italienern

Brückenbogen in der Via Chiaia

als einer der größten Dichter der Neuzeit gilt: Giacomo Leopardi.

Der Hafen von **Mergellina** 8, von dem die Tragflügelboote *(aliscafi)* zu den Inseln im Golf ablegen, wurde schon im 19. Jh. für seine Schönheit und Harmonie von Dichtern gerühmt. Zahlreiche Café-Pavillons an der Strandpromenade laden zu einer Erfrischung ein, die *Funicolare di Mergellina* führt in wenigen Minuten zum Posillipo, wo die Reichen und Privilegierten unserer Tage ihre Luxusvillen errichtet haben. Die schöne Aussicht auf den Golf und die Phlegräischen Felder lohnt einen Spaziergang auf diesen Hausberg Neapels.

Capri: Die auf Marina Grande blickende Sphinx der Villa San Michele bei Anacapri ▷

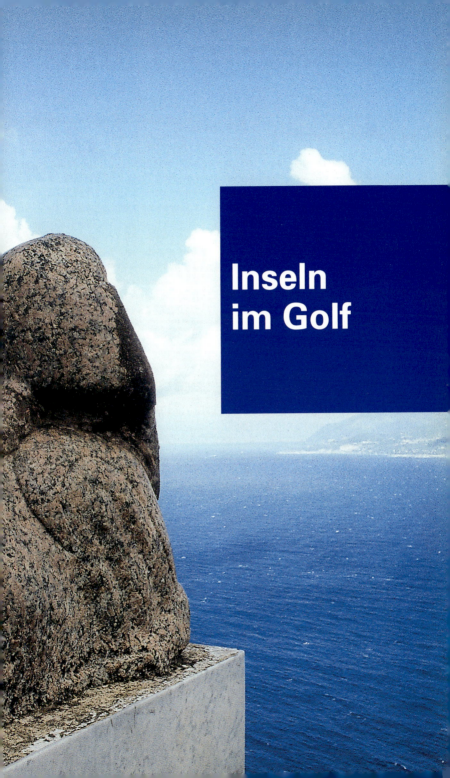
Inseln im Golf

Wenn die rote Sonne im Meer versinkt ...

Capri: Despoten, Poeten und Revolutionäre

■ (S. 291) »Wenn bei Capri die rote Sonne im Meer versinkt«, wie in einem deutschen Schlager der 50er Jahre schmachtend beschworen, verlassen die letzten Fähren und Tragflügelboote des Tages den Hafen **Marina Grande** in Richtung Neapel und Sorrent, und mit ihnen die Rucksack- und Lunchpaket-Touristen, die am Morgen wie ein Heuschreckenschwarm über die nur rund 10 km² große Insel hergefallen sind. Auf der Piazzetta im Schatten der barocken Pfarrkirche San Stefano, wo sich wenige Stunden zuvor schwitzende Kurzbesucher, bauch- und wadenfrei, in wahrhaft babylonischem Sprachengewirr um einen freien Stuhl im Straßencafé gestritten haben, herrscht Ruhe nach dem Sturm. Erst wenn am Himmel die Sterne blitzen, kommt wieder Leben in den »Nabel der Welt«, wie der berühmteste und beliebteste Rendezvous-Ort des Eilands gerne genannt wird. Jetzt können die Einheimischen und die Dauergäste endlich unter sich sein, die Prominenten und ihre Trabanten, die Alt- und Neureichen, die Lebens- und sonstigen Künstler, die Blaublütigen und Jet-setter, Eleganten, Schicken und diejenigen, die sich dafür halten. Jetzt werden teurer Schmuck und Modellkleider ausgeführt, Hoch-Zeit für die internationale High Society, die sich tagsüber in ihren Apartments, Villen und Gärten, auf Jachten und Motorbooten versteckt. Nur die Nächte beschwören noch eine Ahnung des Zaubers herauf, der Capri im 19. Jh. zum modischen Mittelpunkt der feinen Gesellschaft Europas, der romantischen Schöngeister und revolutionären Wirrköpfe machte.

Zentrum eines Weltreichs war die Insel bereits vor mehr als 2000 Jahren gewesen. Caesars Großneffe, Adoptivsohn und politischer Erbe Octavian, der spätere Imperator Augustus, hatte sich 29 v. Chr. auf der Rückreise von seinem Ostfeldzug spontan in Capri verliebt. »Als er sah, daß die Zweige einer hundertjährigen Steineiche, die sich bereits kraftlos zu Boden krümmten, bei seiner Ankunft wieder zu neuem Leben erwachten, war er so von Glück erfüllt, daß er die Insel mit der Stadt Neapel gegen das in seinem Besitz befindliche Ischia tauschte«, berichtet uns der römische Historiker Sueton. Daß sich auf Capri – der Name geht auf das lateinische *capreae* (Ziegen) oder das griechische *kapros* (Wildschwein) zurück, je nachdem, welcher Etymologie man folgen will – bereits in prähistorischen Tagen Siedler niedergelassen hatten, davon zeugten Knochen und andere Objekte, die laut Sueton bei den Bauarbeiten zur kaiserlichen Villa ans Tageslicht gekommen waren; auch noch Anfang des 20. Jh. entdeckte man in der **Grotta delle Felci** am Abhang des **Monte Solaro** Waffen, Keramiken und Hausratsgegenstände aus der Jungstein- und frühen Bronzezeit. Einige Mauerreste der Akropolis und die *Scala fenicia,* der seinerzeit aus mehreren hundert Stufen bestehende Treppenweg, der die Marina Grande mit Anacapri verband, erinnern an die Griechen, von denen durch die rege römische Bautätigkeit sonst nur

Tiberius-Statue auf dem Monte Solaro mit Blick auf die Faraglioni

noch wenige Spuren erhalten blieben. Magna Graecia hatte auf der Insel eine Epheben-Schule unterhalten, und noch heute begegnet man auf Capri vielen schönen Jünglingen, die von Verehrern beiderlei Geschlechts gleichermaßen begehrt werden.

Tiberius, der Nachfolger des Augustus, von dem eine alles andere als wohlgesonnene zeitgenössische Geschichtsschreibung uns das inzwischen widerlegte Bild eines lasterhaften Misanthropen hinterlassen hat, verbrachte auf Capri sein letztes Lebensjahrzehnt und ließ dort zwischen 27 und 37 n. Chr. zwölf prachtvolle Villen erbauen, denen er die Namen der olympischen Gottheiten gab. Da die Hauptstadt durch das freiwillige Exil des Kaisers an Bedeutung verlor, erfand die erbitterte römische Gesellschaft allerlei Klatsch- und Skandalgeschichten über Tiberius, die insbesondere vom Chronisten Tacitus bereitwillig überliefert wurden. Wahrscheinlich war der Imperator aber weder ein Wüstling, der vorwiegend mit Knaben hemmungslose Orgien feierte, noch ein sadistischer Despot, der seine Gegner von einem Felsplateau seiner Villa Jovis ins Meer stoßen ließ, sondern schlicht und einfach glücklich auf der Insel, wie so viele Menschen nach ihm, denen die Neidgenossenschaften zu allen Zeiten gerne Ausschweifungen angedichtet haben.

Nach dem Tod des Kaisers verlor Capri an Bedeutung. Als Verbannungsort mißbraucht, besaß es wenig Attraktivität für Arrivierte. Die Herrscher kamen und gingen mit den Jahrhunderten ins Land; Weströmer, Byzantiner, Amalfitaner, Normannen und das Königreich Neapel waren für die politischen Geschicke des Eilands verantwortlich. Mehrere Pestepidemien rafften einen Großteil der Bevölkerung dahin, Piraten, unter ihnen der berüchtigte sogenannte Barbarossa, fielen im 16. Jh. raubend,

Im pittoresken Hafen von Marina Piccola

Straßencafé in Marina Grande

mordend und brandschatzend über die Bewohner her. Sie alle konnten alles zerstören, nur nicht die klassische natürliche Schönheit der Insel, die erst wieder die Italienreisenden des 18. und 19. Jh. für die Welt entdeckten.

Wie die Nachtfalter zum Licht schwirrten sie alle nach Capri: Literaten und Musiker, Politiker und Revolutionäre, Industrielle, Maler und Schauspieler, laute Exzentriker und stille Naturliebhaber. Sie suchten die Antike oder die blaue Blume der Romantik, die Begegnung mit Gleichgesinnten oder die Abgeschiedenheit einer unberührten Landschaft, die Geselligkeit oder die Inspiration. Und die Engländer, die Deutschen und die Russen, die zunächst das Hauptkontingent der Capri-Gäste stellten, fanden alles, wonach ihnen der Sinn stand.

Nachdem der deutsche Dichter August Kopisch 1826 die den Einheimischen natürlich längst bekannte, von ihnen jedoch angeblich aus Aberglauben strikt gemiedene **Grotta azzurra,** die »Blaue Grotte«, als neues Weltwunder propagiert und der dänische Märchenautor Hans Christian Andersen 1835 diese in seinem Roman »Der Improvisator« berühmt gemacht hatte, war Capri endgültig zum Modeziel geworden, das auf keiner ›Grand Tour‹ fehlen durfte. Ferdinand Gregorovius schrieb 1853: »Als ich in die Grotte einfuhr, war mir, als wäre ich in eines jener Märchen zurückgekehrt, in die man sich als Kind hineinlebt. Welt und Tag sind auf einmal verschwunden, und da ist man in der wölbenden Erde und in einem Dämmer von blauem Feuerlicht. Die Wellen atmen still und perlen Funken empor, als sproßten aus den Tiefen blitzende Smaragde und rote Rubine und tausend Karfunkelsteine auf. Geisterhaft blau sind die Wände und mysteriös anzusehen, wie Paläste von Feen. Es ist Schein von fremden Wesen und von fremdem Geist, ganz wunderbar, heimlich und unheimlich zugleich.« Und Theodor Fontane notierte 1874: »In Capri sah ich ... die Kopische Blaue Grotte und die Platenschen ›Fischer von Capri‹, wie man denn überhaupt aus Jugenderinnerungen und ganz speziell aus dem Rauschen des deutschen Dichterwaldes an dieser gesegneten Erdenstelle gar nicht herauskommt.«

Der kränkliche Poet August von Platen verarbeitete seine Eindrücke auf Capri zu schwülstigen Versen, den Komponisten Felix Mendelssohn-Bartholdy sollen die Faraglioni-Felsen zu seinem ersten Klavierkonzert angeregt haben. Cosima Wagner fand »alles herrlich«, Oscar Wilde im schwedischen Arzt Axel Munthe, in dessen Villa er zum Lunch geladen war, einen »wunderbaren Menschen«. Rainer Maria Rilke ließ auf der Insel seine Seele baumeln, Pablo Neruda verbrachte dort eine »unvergleichliche Zeit«. Die Russen Iwan Turgenjew, Valentin Katajew, Iwan Bunin und Maxim Gorki schmiedeten teils Prosa und Gedichte, teils politische Ränke. Ihren Landsmann Wladimir Iljitsch Lenin beschäftigte indes neben dem Schachspiel ausschließlich die Partei, wie er in einem Brief an Gorki am 16. November 1909 festhielt: »Es hat sich ergeben, daß sich auf Capri außer dem Gegensatz zwischen der alten und der neuen Fraktion ein Gegensatz entwickelt hat zwischen einem Teil der sozialdemokratischen Intelligenz und den aus Rußland gekommenen Arbeitern, die die Sozialdemokratie, koste es, was es wolle, und komme, was da mag, auf den rechten Weg bringen werden.«

Am rechten Ort befindet sich seit 1970 – zumindest für die Capresen, die es meisterhaft verstehen, alle Gegensätze auszugleichen – Lenins Denkmal, ein Werk des berühmten italienischen Bildhauers Giacomo Manzù. Viele halten es für einen kleinen Treppenwitz der Geschichte, daß Capri den russischen Re-

Der interessante Majolika-Fußboden in der Barockkirche der Villa San Michele (s. S. 160)

volutionär ausgerechnet im Park der ehemaligen Villa Krupp ehrt, am Beginn der in kühnen Serpentinen zur **Marina Piccola** hinunterführenden Straße, die nach 1900 von dem deutschen Stahlindustriellen Friedrich Alfred Krupp, Inbegriff des Kapitalisten, gestiftet und auch nach diesem benannt wurde (s. S. 159).

»In Capri sind alle gleich«, sagte einmal Filmstar Sophia Loren, »das ist das Erfolgsgeheimnis dieser wunderbaren Insel.« Daher kamen sie alle immer wieder, Monarchisten und Republikaner, Faschisten und Kommunisten, Hindenburg und König Faruk, Mussolini und Churchill, Schriftsteller von Alexandre Dumas über Gerhart Hauptmann, Bertolt Brecht und Graham Greene bis Truman Capote, Roger Peyrefitte, Alberto Moravia und Pavel Kohout, Industriekapitäne aus den Familien Krupp, Ford und Onassis, satte Bürger und hungrige Aussteiger.

Viele sind auch geblieben. Axel Munthe etwa, der schriftstellernde Mediziner und Menschenfreund aus Schweden, dessen mit Antiquitäten eher wahllos vollgestopfte Villa San Michele in Anacapri inzwischen zu den bekanntesten Sehenswürdigkeiten zählt, oder der deutsch-italienische Autor Curzio Malaparte, der sein auffällig rotes Haus *Casa come me* dem chinesischen Schriftstellerverband vermacht hatte, was freilich von seinen Erben durch erfolgreiche Testamentsanfechtung verhindert wurde. Beide Anwesen werden jetzt von Stiftungen verwaltet: San Michele avancierte zum meistbesuchten Museum der Insel, in der Villa Malaparte finden fallweise Malkurse statt.

Deutsche Verschönerungsvereine, die noch um die Wende zum 20. Jh. für teutonische Ordnung und Sauberkeit sorgten und der Hauptstraße doch glatt den Namen »Via Hohenzollern« verpaßten, könnten sich heute bloß auf der Nachbarinsel Ischia austoben. Und die Nachfolger der »Jünger Lenins«, die von ihrem dogmatischen Urvater schon längst nichts mehr wissen wollen, kämpfen auf Capri neuerdings vor allem um eine heile Umwelt und prangern nicht nur Bauspekulationen an, sondern auch die schlechte Qualifikation mancher Hotelmanager, deren Häuser außerhalb der Hauptsaison zu wenig ausgelastet seien. Nicht im Tages-, sondern im Qualitätstourismus liege die Zukunft Capris, eine Ansicht, die auch Politiker anderer Couleur vertreten. Allen gibt zu denken, daß kaum ein Jahr vergeht, in dem nicht wieder einer der großen Beherbergungsbetriebe in Apartments umgewandelt wird, deren Besitzer gleich den Kurzbesuchern »alles aus Neapel mitbringen und auf Capri keine Lira, dafür aber ihren ganzen Mist hinterlassen«, wie Gerardo Pecoraro, Chef des kleinen, exquisiten Hotels »La Pazziella«, beklagt. Der schon in den 60er Jahren erlassene Baustopp wirft für die Capresen, die ihre Kinder mangels neuer Wohnungen aufs Festland schicken müssen, einige Probleme auf, wird aber, wie üblich, von Leuten mit Beziehungen ständig durchbrochen.

Noch ist die mondäne Infrastruktur halbwegs in Ordnung. Auch wenn traditionsreiche Lokale wie der berühmte Dichtertreff »Kater Hidigeigei« längst der Vergangenheit angehören, so vermitteln Boutiquen und Geschäfte von einzigartiger Exklusivität und Eleganz noch immer einen Hauch der großen weiten Welt. Der früher quälende Wassermangel – Capri mußte durch Tankschiffe und eine alte Seewasseraufbereitungsanlage versorgt werden – wurde durch den Anschluß an die Sorrentiner Leitung behoben, der Verkehr durch die rigorose Aussperrung aller fremden

Fahrzeuge in der Zeit vom 1. März bis 31. Oktober und durch die Schaffung einer großen Fußgängerzone beruhigt. Leise schnurrende Elektrokarren sind in den engen Gäßchen des Hauptortes Capri die einzigen Transportmittel, auf den insgesamt kaum 20 km Straßen der Insel verkehren neben Taxis und Autobussen nur die maximal 400 Privatfahrzeuge der Einheimischen. Keine knatternden Mofas stören den Frieden, die Kriminalitätsrate ist äußerst gering.

»Weniger Ankünfte, mehr Übernachtungen«, lautet die Parole der Fremdenverkehrsverantwortlichen, die verzweifelt gegen das ›Venedig-Syndrom‹ ankämpfen. Bis zu 20 000 Tagesgäste – bei nicht ganz 4000 Fremdenbetten – wälzen sich in den Sommermonaten über die kleine Piazzetta. »Wir wollen zwar keinen Numerus clausus einführen, aber es wird uns wahrscheinlich nichts anderes übrigbleiben, als die Zahl der Fährboote zu beschränken«, heißt es bei den Tourismusmanagern, wobei aber gleichzeitig beteuert wird: »Wir können nur kleine Schritte unternehmen, denn sicherlich gehört Capri der ganzen Welt.« Zu den ersten Maßnahmen zählte schon in den 70er Jahren das strikte Verbot plärrender Radios an Stränden und auf Straßen. Und auch auf die Kleidung der Urlauber will man Einfluß nehmen – klappernde Holzpantoffeln sind verpönt, Badekleidung nur am Strand erlaubt.

Abseits vom großen Rummel wartet Capri aber das ganze Jahr über mit zahlreichen Spazierwegen auf, auf denen auch Individualisten, so sie früh oder spät genug unterwegs sind, auf ihre Kosten kommen. Dann schreit irgendwo ein Esel, kräht ein Hahn, gibt es Vogelgezwitscher als Hintergrundmusik und Lautmalerei einer überraschend ländlichen Idylle nur wenige hundert Meter vom lauten Getriebe entfernt. Denn Capri hat viele Facetten. Und genau dort, wo die Mauern aus Naturstein und nicht aus Beton sind, in den Feldern, Wiesen und kleinen Gemüsegärten, lag schon immer das Kraftreservoir dieser Insel, ein vitales Bollwerk bäuerlicher Kultur, das letzten Endes noch mit jeder Invasion, friedlich oder feindlich, fertig geworden ist.

Capri im Detail

Die Insel Capri *(Isola di Capri)* ist im Gegensatz zu Ischia und Procida nicht vulkanischen Ursprungs, sondern besteht

Übersichtskarte Capri

aus einem einzigen trapezförmigen, 6,25 km langen und maximal 2,75 km breiten Kalksteinblock. Die stark zerklüftete Küste weist tiefe Grotten und steile Felsen auf, auf den Hochplateaus gibt es gepflegte Wein- und Obstgärten, als höchste Erhebung erreicht der Monte Solaro 589 m. Zur internationalen Popularität der Insel hat besonders das milde Klima beigetragen, die Durchschnittstemperaturen liegen im Winter zwischen 8 und 10° C, im Sommer bei 25° C.

Seinen Fuß auf die Insel setzt man in **Marina Grande** 1, dem Haupthafen in einer breiten Bucht an der Nordküste, in dem alle Fähren und Tragflügelboote anlegen. Am Ende eines schönen Badestrandes im Westen der Mole befinden sich die Reste des **Palazzo a Mare,** möglicherweise die Sommerresidenz des Augustus, und die **Bagni di Tiberio,** die Bäder des Tiberius. Von beiden antiken Gebäuden blieben lediglich einige wenige Ruinen erhalten. Wer jetzt nicht gleich den Hauptort Capri auf dem rund 140 m hohen Sattel zwischen dem Monte Tiberio und dem Monte San Michele in der Direttissima mit der Standseilbahn in wenigen Minuten erreichen will, nimmt die 3 km lange, steile Straße. Sie führt vorbei an der auf einen byzantinischen Bau des 10. und 11. Jh. zurückgehenden Kirche **San Costanzo** (10.–11. Jh.), dem Schutzpatron der Insel geweiht, dessen Reliquien hier ruhen. Gleich daneben beginnt die **Scala Fenicia,** eine heute unterbrochene »Phönizische Treppe« mit mehr

Capris Piazzetta ist der Treffpunkt für alle, die sehen und gesehen werden wollen

als 800 Stufen nach Anacapri, wahrscheinlich von den Griechen in die Felsen gehauen und bis 1877 die einzige Verbindung in das 275 m hoch gelegene Bergdorf. Von Marina Grande werden auch Ausflüge zur **Blauen Grotte** *(Grotta Azzurra)* angeboten: Man erreicht sie in 25 Minuten mit dem Motor- und in 90 Minuten mit dem Ruderboot (s. S. 160). Außerdem kann man von hier aus Bootsfahrten rund um die Insel buchen.

Capri 2 heißt auch der Hauptort der Insel. Turbulentes Zentrum ist die Piazza Umberto I., die jedermann nur **Piazzetta** nennt. Hier trifft sich *tutto mondo* in den Cafés, hierher kommt man, um zu sehen und gesehen zu werden. Umrahmt wird diese internationale Bühne der Eitelkeiten von einem schönen Ensemble historischer Häuser: dem ehemaligen **Erzbischöflichen Palais** aus dem 17. Jh., heute Rathaus, einem **Uhrturm** (Campanile einer alten Kathedrale) und der barocken **Chiesa San Stefano.** Im Presbyterium der um 1683 erbauten Kirche wurde zu Füßen des Hochaltars ein bunter Marmorfußboden gelegt, den man in der Villa Jovis des Tiberius entdeckt hatte. Rechts von der Kirche erhebt sich der **Palazzo Cerio,** Sitz der von dem Arzt und Naturforscher Ignazio Cerio begründeten Stiftung mit einem kleinen Museum und einer Bibliothek.

Die Piazzetta bildet den Ausgangspunkt für eine Reihe von Spaziergängen und Wanderungen. In wenigen Minuten erreicht man die **Certosa di San Giacomo** 3, eine Kartause aus dem 14. Jh., die mehrmals zerstört und wiederaufgebaut wurde. Zu sehen sind ein »Kleiner Kreuzgang« aus dem 15. Jh. mit römischen und byzantinischen Kapitellen, ein »Großer Kreuzgang« aus dem 16. Jh. und in der Kirche bemerkenswerte

Fresken der Giotto-Schule. Im Refektorium hat man das **Museo Diefenbach** eingerichtet, ein Museum mit schaurigen Monumentalgemälden des deutschen Malers der Spätromantik Karl Wilhelm Diefenbach (1851–1915). Wer sich von diesen Bildern nicht verschrecken läßt, erreicht am Ende des Refektoriums einen Raum mit vier römischen Statuen, die zwischen 1964 und 1970 in der Blauen Grotte gefunden wurden.

Über die Via Matteotti gelangt man zum **Parco Augusto** 4 und zur Via Krupp. Zur mittäglichen Picknickzeit in der Hauptsaison treten einander die Reisegruppen in den schönen, dem allgemeinen Besuch geöffneten Augustus-Gärten auf die Füße, man sollte diese Stunden daher meiden. Meistfotografiertes Objekt hier ist das Lenin-Denkmal, ein Traummotiv der Blick auf die Küste mit den Felsennadeln der **Faraglioni** und die Serpentinen der schmalen **Via Krupp** 5, die in kühnen, in den Fels gehauenen Haarnadelkurven, vorbei an der Torre Saracena, einem Sarazenenturm, nach Marina Piccola führt (2,6 km).

An die 45 Minuten muß man für den von Obst- und Gemüsegärten gesäum-

Von den Augustus-gärten bietet sich ein traumhafter Blick auf die kühnen Haarnadelkurven der Via Krupp

ten, nicht allzu anstrengenden Weg zur **Villa Jovis** 6 rechnen, die Ausgrabungen des von Kaiser Tiberius erbauten Palastes. Nach dem Eingangstor passiert man das **Belvedere del Salto di Tiberio,** einen aus einer Höhe von 297 m steil zum Meer abfallenden Felsvorsprung, von dem Tiberius angeblich seine Feinde hatte hinabstoßen lassen. Die Besichtigung der Villa beginnt man am besten am höchsten Punkt (354 m) bei der Cappella Santa Maria del Soccorso (Madonnenstatue). Von hier aus bietet sich ein prachtvoller Blick über den gesamten Golf von Neapel. Die Ruinen des Gebäudekomplexes lassen eindrucksvoll Repräsentationsräume, Zisternen, Bäder, Küchen, Wirtschaftsgebäude und die kaiserlichen Gemächer mit einer grandiosen Loggia erkennen.

Ein 30-Minuten-Spaziergang führt entlang der Via Matromania zu dem grandiosen Felsbogen **Arco Naturale** 7 an der Ostküste, einer dramatischen Kulisse der Natur. Über eine steile Treppe geht es zu der einst dem Kybele-Mutterkult geweihten Grotta di Matromania. In weiterer Folge gelangt man durch den Wald zur Punta di Masullo, wo mit der **Villa Malaparte** 8 eines der interessantesten Beispiele der Architektur des 20. Jh. auf Capri steht. Adalberto Libera baute das Haus 1938–1940 für den Schriftsteller Curzio Malaparte (»Die Haut«). Und jetzt kommt es dann ganz schön kitschig-schön, anders läßt sich die wahrlich atemberaubende Aussicht vom Belvedere di Tragara auf die **Faraglioni** 9 kaum beschreiben, die in Wirklichkeit tatsächlich so blau, so unwirklich ist, wie sie Millionen Abbildungen festgehalten haben. Keine Frage, daß sie zu Capris Wahrzeichen wurden, diese drei aus dem Meer steil aufragenden Felsen, die von Bögen durchbrochen und bei Naturliebhabern als Reservat überaus seltener, an der Bauchseite blau gefärbter Eidechsen berühmt sind.

Auf einem Plateau an den Hängen des Monte Solaro liegt in 275 m Seehöhe **Anacapri** 10, der ruhigere Ort der Insel. Zentrum ist die Piazza della Vittoria, Talstation des Sessellifts, der in 12 Minuten auf den mit 589 m höchsten Berg des Eilands führt. Daß man vom **Monte Solaro** 11 bei entsprechendem Wetter eine überwältigende Fernsicht genießen kann, versteht sich wohl von selbst.

Das Hauptziel aller Kurzbesucher von Anacapri stellt allerdings die **Villa San Michele** 12 dar, Wohnhaus des schwedischen Arztes und Kunstsammlers Axel Munthe (1857–1949), der durch sein in mehr als 50 Sprachen übersetztes »Buch von San Michele« Weltruhm und Reichtum erlangte. Die Villa ist ein mit Kunstwerken aller Stilrichtungen angefülltes Museum, an dem vor allem der bezaubernde Garten und die unvergleichliche Lage begeistern. Im Zentrum des Ortes findet sich die Barockkirche **San Michele** aus dem 18. Jh. mit einem interessanten Majolika-Fußboden (Darstellung des Paradieses).

Über einen Eselspfad in Richtung Monte Solaro (oder bequemer beim Abstieg von diesem Berg) erreicht man die Wallfahrtskirche **Santa Maria Cetrella** (434 m Seehöhe) aus dem 14. Jh. mit angeschlossener Einsiedelei. Nur 3,5 km trennen Anacapri auf dem Straßenweg von der **Grotta Azzurra** 13, die sich von hier aus wesentlich preiswerter als von der Marina Grande aus besichtigen läßt (auch Busverbindung). Die nach dem größten italienischen Archäologen des 20. Jh. benannte Via Amedeo Maiuri endet bei den Ausgrabungen eines weiteren kaiserlichen Prachtbaus aus römischer Zeit, der **Villa Damecuta** 14 des Tiberius auf einem Felsen oberhalb der Blauen Grotte.

Ischia oder Der Furor teutonicus

(s. S. 297) *Furor teutonicus* schrien dereinst die alten Römer, als sie der ersten blonden Hünen aus den Urwäldern des Nordens ansichtig wurden, »der teutonische Schrecken«. Mit einem seufzenden, ebenso klassischen *O tempora, o mores* könnte man heute kontern, »oh Zeiten, oh Sitten«, denn mit deutschsprachigen Werbetexten wie »Ein Nest für das Glück von jedermann, jeden Abend romantische Musik in der wunderschönen Bucht« stellen kaum zweitausend Jahre später ihre mutigen Nachfahren unter Beweis, daß sie nichts Schreckliches mehr an einem Überfall der Germanen finden können. Diese sind nämlich durchaus zu bändigen, sofern man sie mit Kulinarischem wie »Kaninchen auf Jaegerart«, »Kaffee und Schwarzwaelder Kirsch« oder »Wein

Ischia-Tourismus der klassischen Art

vom Fass« domestiziert. Dann kommen sie alle Jahre wieder, immer noch blond, weit weniger hünenhaft als ihre Urgroßväter, aber mit jenem ungebrochenen Eroberungswillen, der forschen Pionieren noch immer einen gewissen Spielraum läßt: Solange nicht jeder Zeitungsladen das täglich eingeflogene Lieblingsblatt aus der Heimat führt, ist Ischia ja noch nicht völlig in deutscher Hand. Doch da – *furor teutonicus* – sei denn doch die Vitalität der 50 000 Ischianer vor, die sich bei all dem saisonalen Ausverkauf ihrer Insel sehr wohl ihre Eigenständigkeit bewahrt haben.

Diese fängt nämlich bereits bei den Disputen der sechs Gemeinden an, die sich um den 789 m hohen erloschenen Vulkan Epomeo scharen: Ischia Porto, Casamicciola, Lacco Ameno, Forio, Serrara Fontana und Barano haben nämlich jeweils einen eigenen Bürgermeister, und die stehen sechs Gemeindeausschüssen mit nicht weniger als 120 Gemeinderäten vor. Im Vergleich: Selbst die chaotische Millionenmetropole Neapel kommt mit nur einem Bürgermeister, einem Gemeindeausschuß und bescheidenen 80 Gemeinderäten aus.

Dem Fremden auf der Suche nach Vielfalt und Variationsmöglichkeiten können die Streitereien der Inselpolitiker freilich nur recht sein. Statt eines touristischen Einheitsangebots variieren Preise und Leistungen von Ortschaft zu Ortschaft, die es alle seit der ›Entdeckung‹ in den 50er Jahren zu Wohlstand gebracht haben. Als das deutsche Wirtschaftswunder seinen Vätern den gesundheitlichen Tribut abverlangte und Kuraufenthalte als Allheilmittel gepriesen wurden, verwandelten sich die heißen Quellen und Mineralwasservorkommen der Insel in wahre Goldadern.

Übersichtskarte Ischia

Endlich konnte das fünfmal so große Eiland mit dem berühmten Capri an Bekanntheit und Beliebtheit gleichziehen.

Erstmals stand die dunkle Schönheit der Vulkaninsel nicht mehr im Schatten der ›kleinen Schwester‹, die mit den klaren, hellen Konturen ihres Kalksteinmassivs schon den griechischen Pionie-

ren auf ihrem Weg durch das Tyrrhenische Meer ein Stück Heimat verheißen hatte. Ischia hingegen war ihnen bloß einen Spottnamen wert. »Als die Seefahrer aus Hellas bei uns kurz Rast machten, waren die Einwohner von den Schiffen so begeistert, daß sie Zeichnungen von ihnen anfertigten. Bei ihrem zweiten Besuch fanden die Griechen zu ihrer Überraschung recht unzulängliche Rekonstruktionen ihrer Boote vor«, weiß der auf Ischia ansässige Historiker Professor Salvatore di Costanzo zu berichten. »Die Eingeborenen erschienen ihnen mit ihren plumpen Nachahmungen (der Boote – Anmerkung) wie Affen.

Das Ischia-Stadt vorgelagerte mächtige Castello Aragonese

Der damals entstandene, wenig schmeichelhafte Name *Pithaecusa* (›Insel der Affen‹) blieb Ischia jahrhundertelang erhalten.« Inzwischen allerdings vertreten manche Sprachforscher eine These, nach der das altgriechische Wort völlig wertfrei »Insel der Vasen« bedeutet. Ob Affen oder Vasen, manches Geschäft schmückt sich heute wieder gerne mit dem klingenden Namen »Pithaecusa«, so zum Beispiel ein Lebensmittelladen in der Via Roma von **Ischia** 1 (Plan s. S. 166). Der quirlige, betriebsame Ort, der sich aus Ischia Ponte und Ischia Porto zusammensetzt, verdankt seinen Aufstieg zur Inselhauptstadt dem Bourbonen Ferdinand II., auf dessen Geheiß 1853 ein einstmals elliptischer Kratersee zum Meer hin geöffnet wurde und Ischia damit einen idealen Hafen erhielt, das heutige **Ischia Porto**. Zum Gedenken daran wurde auf der Piazza del Redentore ein Jahr später mit dem Bau der klassizistischen Kirche **Santa Maria di Portosalvo** begonnen (1856 eingeweiht). Laut Plinius d. Jüngeren soll übrigens dieser Vulkansee erst im 5. Jh. v. Chr. bei einer gewaltigen Eruption entstanden sein und eine ganze Stadt verschlungen haben. Eine Theorie, für die es freilich bis heute keine Beweise gibt.

Auf der einen Seite des Hafenbeckens gelangt man über die Via Iasolino zum **Leuchtturm** und kann von dort nach Procida hinüberblicken. An der gegenüberliegenden, breit auslaufenden Mole befinden sich die 1854 eröffneten **Terme Comunale,** gespeist von jodhaltigen Quellen, die gegen Rheumatismus und Frauenkrankheiten helfen sollen. Hinter dem Hafen beginnt linker Hand die **Via Roma,** die von zahlreichen Cafés, Restaurants und Boutiquen flankierte Hauptgeschäftsstraße der Stadt, die schließlich in den nicht minder attraktiven **Corso Vittoria Colonna** übergeht. Als beliebtester Treffpunkt gilt die **Piazza degli Eroi,** der Heldenplatz. Nicht zu übersehen ist kurz davor die 1781 in Ellipsenform errichtete **Chiesa del Purgatorio.** 18 Jahre nach ihrer Einweihung bewies diese »Fegefeuer-Kirche«, daß man auch von einem Gotteshaus aus direkt in die Hölle geschickt werden kann: Vor dem Hauptaltar (!) wurde ein Flüchtling nach der mißglückten neapolitanischen Revolution von 1799 hingerichtet.

Hinter einem Pinienwald versteckt liegt **Ischia Ponte** mit seinem weithin sichtbaren, 1438 von Alfons von Aragon

auf einer vorgelagerten Felsenklippe errichteten **Castello Aragonese,** das so manchem zu einem Déjà-vu-Erlebnis verhilft: Jahrzehntelang zierte es die 100-Lire-Briefmarken, eine Werbung, die den privaten Burgherren höchst willkommen war. Die Restaurierungsarbeiten der 1809 von Nelsons Flotte beschossenen und zum Teil schwer zerstörten Felsenstadt müssen Unsummen verschlungen haben. Dementsprechend hoch ist auch der Eintrittspreis, den man angesichts eines klaglos funktionierenden Aufzugs jedoch gerne bezahlt. Zehn Kirchen, zwei Klöster, das Schloß selbst und zusätzlich noch Wohnraum für etwa 10 000 Menschen barg einst der hundert Meter hohe Festungsberg, der wie ganz Ischia seit dem Ende des 16. Jh. der unermeßlich reichen Familie d'Avalos gehörte.

Wo nun Schwalben ihre kühnen Sturzflüge zwischen Mauerdurchbrüchen absolvieren, gab am Stefanstag des Jahres 1509 die Dichterin und Seelenfreundin Michelangelos, Vittoria Colonna, dem Feldherrn Ferrante d'Avalos das Ja-Wort. Steinerne Engelsköpfe mit plattgedrückten Nasen, ein einsames Flügelpaar, dem der dazugehörige Heilige abhanden gekommen ist, oder der elegante Schwung eines Reliefrestes regen unsere Phantasie an. Auch wenn es einiger Vorstellungskraft bedarf, wir Heutigen können uns den Prunk, die Atmosphäre dieser bald ein halbes Jahrtausend zurückliegenden Jahrhundert-

Detailkarte Ischia-Stadt

hochzeit irgendwie herbeizaubern. Und das selbst angesichts der grauen, farblosen Wände der **Cattedrale dell'Assunta** (1301), ohne bunte Fresken und goldenen Zierat. Vertraut mit Dutzenden von Beispielen prächtiger Kirchen, denen das Schicksal weniger übel mitgespielt hat, gelingt der Ausflug mit der Zeitmaschine, die uns geschnitzte Kanzeln und Chorgestühl, güldene Putti, streng blickende Heiligenfiguren und mit Edelsteinen geschmückte Marmoraltäre sehen läßt. Wie ungleich hilfloser aber stehen wir vor den ihrer Farben und ihres Schmucks beraubten Tempeln der Griechen, deren Glanz wir trotz all unseres Wissens nicht einmal ahnen können.

Auch wen Ruinen – egal welche – relativ kaltlassen, der findet in der kleinen Hotelpension der Burg ein ideales Quartier mit der schönsten Aussicht über Meer und Insel. Romantischen Naturen hingegen ist trotz der Distanz zu Discolärm und Verkehrsgetriebe eine ungestörte Nachtruhe keineswegs garantiert. Nicht nur ein Schloßgespenst, sondern deren Dutzende gehen in Neumondnächten, zu Vollmond und manchmal ganz ohne ersichtlichen Anlaß im Aragonesenkastell um. Leise weinen die Geister der Klarissinnen in ihrem unheimlichen Friedhof in der Krypta der Klosterkirche des 1575 gegründeten und 1810 aufgelassenen **Convento delle Clarisse.** Kein kühles Grab war ihre letzte Ruhestätte, auch als Tote mußten sie noch auf ihren aus dem Fels geschlagenen Stühlen sitzen, umringt von ihren betenden Schwestern auf die Ewigkeit warten, bis auch ihr letztes Knöchelchen zerfiel und durch das dunkle Loch in der Mitte der steinernen Sessel glitt. Und laut heulen die verlorenen Seelen der Sträflinge, die ihr Leben in den tristen Festungskerkern verloren haben.

Genug der düsteren Gedanken. Weil es die Sonne mit Ischia besonders gut meint und laut Statistik an 240 Tagen aus einem zumeist wolkenlosen Himmel strahlt, stehen Nichtmotorisierte, so sie sich nicht den öffentlichen Bussen anvertrauen wollen, nun vor der Wahl, ihre Rundfahrt in einer klimatisierten Luxuskarosse oder in einem sogenannten **Mikrotaxi** anzutreten. Ersteres ist bequemer, schneller und teurer, zweiteres lauter, lustiger und billiger. Wie ein Insektenschwarm umringen dreirädrige, recht seltsame Gefährte sogleich jeden unschlüssigen Touristen, dem als Inselneuling die mit einem Mopedmotor ausgestatteten Fahrzeuge mit ihrer flatternden Kunststoffbespannung wenig Vertrauen einflößen. Tatsächlich sind die Mikrotaxis eine ideale Erfindung. Gemächlich tuckert der Fahrgast dahin, genießt eine kühlende Brise, weil er ja bei schönem Wetter faktisch im Freien und doch im Schatten, bei einem Wolkenbruch aber dank einer blitzartigen Montage der Seitenwände garantiert im Trockenen sitzt. Nichts behindert die

Sicht, was bereits nach wenigen Kilometern in Anbetracht des Panoramablicks über den betriebsamen Hafen und das bunte Häusergewirr von Ischia Porto wahrlich schade wäre.

Die nächste Attraktion am Wegesrand ist allerdings ohnehin nicht zu übersehen. Drohend sperrt ein riesiger Löwe sein Maul auf, klagend erhebt ein Esel seine Nüstern gen Himmel, weit spannt ein Adler seine Flügel, während eine Tänzerin selbstversunken Pirouetten dreht und Michelangelos David seine männliche Schönheit wieder einmal zur Schau stellt. Höllenhunde, wahre Zerberusse, assistiert von Krokodilen und Tigern, Elefanten und Nashörnern, Giraffen und Känguruhs, flankieren den Eingang in die Keramikfabrik der Gebrüder Menella in dem ruhigen Kurort **Casamicciola Terme** 2 (S. 293), die auch im Inneren hält, was sie im Vorgarten verspricht. Jeder Raum zeigt auf Regalen vom Boden bis zur Decke in allen Größen und Preislagen, was Keramiker zu erzeugen vermögen, wenn man sie nur läßt. Grellfarbige Krüge, Teller, Tassen, Schalen, Becher, Vasen und Dosen bilden nur das Umfeld für bunte Blumen, Bäume und die gesamte Besatzung der Arche Noah, auf der damals sogar einige Tiere wie der rosarote Panther oder der feuerspeiende Drache gefehlt haben dürften. Grinsende Mohren tragen auf ihren Rücken von Blütenarabesken umschlungene Tischplatten oder balancieren armdicke Leuchter, großäugige Fische schmiegen sich nekkisch an zierliche Korallenriffe. Und die Muttergottes, ihr Sohn sowie eine exklusive Armee von Heiligen blicken ernst oder mild auf fassungslose Besucher oder begeisterte Käufer, je nachdem.

Grün sei gut für die Augen, heißt es, und tatsächlich beruhigen die dunklen Orangengärten und hellen Olivenhaine rund um Casamicciola und dann um **Lacco Ameno** 3 (S. 298) die zuvor strapazierten Sehnerven. Nicht zufällig kann der elegante Thermalkurort, vor dessen Küste ein eigenartiger, pilzförmiger Felsen, der als Fotomotiv beliebte **Fungo,** emporragt, auf mehr als zweieinhalb Jahrtausende Geschichte zurückblicken: Mit jener atemberaubenden Sicherheit, mit der die Griechen stets den optimalen Standort für eine Stadtgründung fanden, wählten sie im 7. Jh. v. Chr. diese

Der Paradies-Park von Negombo

Durch Mineralien rostrot gefärbte Felsen

[4] Was macht jemand, der 67 Fumarolen und 103 Thermalquellen auf einem paradiesischen Flecken Erde vorfindet? Der Botaniker Herzog Luigi Silvestro Camerini wußte sofort, daß er endlich am Ziel seiner weltumspannenden Reisen war, als er 1946 den Strand San Montano zu Füßen der Hügelkette des Monte Vico am Nordwestende von Ischia erblickte. An dieser Stelle, die ihn so sehr an die zauberhafte Bucht von Negombo auf Ceylon erinnerte, wollte er seinen Garten Eden errichten. Geduldig kaufte der Herzog Quadratmeter um Quadratmeter auf, bis endlich, nach nicht weniger als 50 (!) Kaufverträgen, das kleine Stück Küste samt sumpfigem Hinterland in seinem Besitz war. Erst jetzt konnte er daran gehen, seine Träume von einem exotischen Park in die Tat umzusetzen.

Mehr als 500 mediterrane, aber auch exotische Pflanzenarten ließ der Neo-Ischianer nach genau ausgeklügelten Plänen setzen, bis ein Garten entstand, der zu jeder Jahreszeit seine Farbenpracht ändert. Damit sich die aus aller Herren Länder herbeigeschafften Gewächse, aber auch die künstlichen Wasserfälle, Schwimmbecken und Bassins harmonisch in das Landschaftsbild einfügten, engagierte der Herzog den genialen Gartenarchitekten Ermanno Casasco. Gemeinsam gelang es den beiden Männern, ein modernes Paradies zu schaffen, das dennoch tief mit der mehr als tausendjährigen Bauernkultur des Ortes verbunden blieb.

Niemand geringerer als Luchino Visconti gehörte zu den ersten, die kamen, sahen und zeit ihres Lebens blieben: »La Colombaia« auf einem Hügel oberhalb der Bucht von San Montano wurde zum Aufenthalts- und Zufluchtsort des Meisterregisseurs, der es freilich auch in seinen Ferien nicht lassen konnte: Ischias ›Negombo‹ diente ihm als Naturschauplatz für die Außenaufnahmen seiner Filme »Kleopatra« und »Der rote Korsar«.

Heute zählt die Anlage, die als der größte und auch interessanteste Hydrothermalpark der Welt gilt, unumstritten zu einem der exquisitesten Plätze des gesamten Mittelmeeres. In märchenhaftem Ambiente läßt sich Gesundheit auf jede nur denkbare Art tanken.

kleine Bucht am Fuße des Monte Epomeo für ihre erste Niederlassung auf Ischia und nannten sie Herakleion. Viele der archäologischen Fundstücke (Grabbeigaben, Keramiken etc.) werden in einem kleinen Museum neben bzw. unter der **Chiesa Santa Restituta** aufbewahrt (11. Jh., Krypta aus dem 4./5. Jh. mit frühchristlichen Gräbern).

Auf der zum Monte Vico führenden Straße erwartet den Reisenden mit der **Bucht von San Montano** einer der erhebendsten Ausblicke der Insel. Daß es in dieser Idylle auch ganz anders zugehen kann, daran mahnt die kleine, würdevolle Fischerkirche **Santa Maria del Soccorso** von **Forio** 5 (S. 296). Vor dem schlichten, aus dem 15. Jh. stammenden Gotteshaus hoch über dem Meer erinnern einfache schwarze Kreuze an jene Seefahrer des Ortes, die nicht mehr heimgekehrt sind. Einst als Lieblingsort von Dichtern und Malern gerühmt, hat Forio mittlerweile seinen bohemienhaften Charme gegen gutbürgerliche Atmosphäre eingetauscht. Nett, adrett und sauber zeugen blumengeschmückte Gassen von einer zur Realität gewordenen Postkartenidylle, die in ihrem Zentrum von der barockisierten **Chiesa Santa Maria del Loreto** aus dem 14. Jh. würdig gekrönt wird.

Ein etwa 2 km langer Fußweg führt zu der mit radioaktivem Sand bedeckten **Spiaggia di Citara.** Hier befindet sich die bekannteste Thermalbadeanstalt der Insel, der man den Namen des Meeresgottes höchstpersönlich verlieh: die **Poseidon-Gärten** 6. Als im Jahre 1962 die berühmten Quellen von Cetara neu gefaßt wurden und auf den Überresten antiker Bäder ein 40 000 m² großes Gesundheits-Dorado entstand, verwirklichten die Bauherren aus dem Norden ihren Traum von einem südlichen Paradies. Bis hinunter zu einem 600 m langen Privatstrand schmiegen sich Terrassen mit 20 Thermal- und Badebecken und vier Kneipp-Anlagen an den in einen Blumengarten verwandelten Hang. Auf lauschigen Wegen lustwandeln die Kurgäste zwischen adretten Stiefmütterchen-Rabatten, Tulpen, die sorgsam nach Farben sortiert wie Zinn-

Der Mortella-Garten, ein weiteres botanisches Juwel bei Lacco Ameno, ist einen Ausflug wert (s. S. 298).

soldaten in Reih und Glied in ihren Beeten stehen. Nicht der Geist unsterblicher Quellnymphen, sondern der eines Doktor Daniel Gottlob Moritz Schreber schwebt über der Pracht. Was zu üppig blüht, wird zurechtgestutzt, wild wuchernde Vegetation hat nichts zu suchen, wo Organisation und Ordnung herrschen.

In zwei Sprachen – Italienisch und Deutsch – erfährt der Besucher dank zahlloser Keramiktäfelchen, was er zu tun und zu lassen hat. »*E' severamente vietato accedere alle piscine senza cuffia!*« – »Das Betreten der Becken ohne Badehaube ist strengstens untersagt!« ist auf Schildern in schmiedeeisernen Rahmen

Die exotisch anmutende Therme Aphrodite bei Sant'Angelo

zu lesen, oder »Das Baden in den 40-Grad-Becken ist nur mit Genehmigung des Arztes gestattet«. Ob man nun unterwegs zur »Weingrotte« oder zum »Altrömischen Dampfbad« sein mag, das »Japanische Thermalbad« aufsuchen will oder die »Ludwigshöhe« erklimmen, überall bringen schriftliche Aufforderungen den Neuling rasch auf den rechten Weg. Nur ein bronzener, von grüner Patina bedeckter, nackter Satyr, der sich verblüffenderweise in eine versteckte Nische verirrt hat, war niemandem einen Hinweispfeil wert. Daß ihm dennoch recht häufig ein Besuch abgestattet wird, quittiert er mit faunischem Grinsen, indem er stolz seine Manneszier von sich reckt, die als einziges an seinem Körper dank vieler streichelnder Hände blank poliert erstrahlt.

Diszipliniert tummelt sich das im Durchschnitt nicht eben jugendliche Publikum in Wassertemperaturen zwischen 28 und 40 Grad Celsius, selbstredend ausnahmslos mit engen Badekappen auf den Köpfen. Diszipliniert steht man Schlange vor der Kasse des Selbstbedienungs-Restaurants, um seinen Obolus für Spaghetti mit Tomatensauce oder Kartoffelbrei mit Fleischbällchen, Sahnetorte und einen Kaffee zu leisten, den die Italiener mit ihrer unverständlichen Vorliebe für schwarzes Gift nun endlich herzschonend zuzubereiten gelernt haben. Und milde lächelt Pfarrer Kneipp, von seinen Jüngern auf ein Piedestal neben Gott Poseidon erhoben, zwischen Palmen auf seine Landsleute hernieder, deren größter Wunsch auf Ischia in Erfüllung gehen durfte: Nicht daheim und doch zu Hause zu sein.

Zu einem ebenso netten und adretten Städtchen hat sich auch **Sant'Angelo** 7 (S. 306) gemausert, nur mit der Sauberkeit hat das Fischerdorf in der Gemeinde Serrara Fontana an der südlichsten Spitze Ischias seine Probleme. Auf den ersten Blick zeigt sich der malerische Ort freilich von seiner besten Seite. Kein Verkehrslärm stört die Stille, ein enormer Fortschritt gegenüber anderen Ferienzentren, der allerdings nicht besserer Einsicht, sondern schlicht einem Mangel an Gelegenheit zugeschrieben werden muß. Die alten, mit winkeligen Treppen verbundenen Gäßchen erlauben nicht einmal den wendigsten Vehikeln die Durchfahrt. Daß es mit dem Umweltdenken der Besucher noch immer nicht weit her ist, bezeugt die zu der bewaldeten, von einer Burgruine gekrönten Felseninsel Mont Angelo – »Engelsberg« – führende Promenade, an der Kinder nicht selten zwischen Plastikflaschen und verrosteten Blechdosen spielen müssen.

»Was sollen wir machen, den Müll bringen die Tagesgäste. Die kommen für ein, zwei Stunden zu uns und lassen einfach alles fallen«, beklagt ein netzeflickender Fischer den Unrat vor seiner Haustür. Sant'Angelo, als Ausgangspunkt zum nahen **Marontistrand** *(Spiaggia dei Maronti)* 8 ideal, teilt das Schicksal aller Ausflugsziele. Auf der einen Seite möchte man die Lire der Rundfahrttouristen nicht missen, die zumindest einen Kaffee oder ein Eis konsumieren und meist auch noch Geld in den vielen Souvenirläden lassen. Andererseits aber wird man seinen guten Ruf als »Insel auf der Insel« nicht mehr lange halten können, wenn nur noch die kurzen Abendstunden jene heimelige Atmosphäre aufkommen lassen, die das Flair des Ortes ausmacht. Erst nachdem der letzte Autobus hinter den Felsen verschwunden ist, wird die kleine Piazza zum gemütlichen Wohnzimmer, in dem sich Gastgeber wie Gäste gleichermaßen wohl fühlen.

Direkt nach Norden führt nun der Weg hinauf nach **Fontana** 9, dem höchsten und am weitesten vom Festland entfernten Ort der Insel. Wer sich nicht mit 450 m Seehöhe begnügen möchte und den Gipfel des **Monte Epomeo** 10 erklimmen will, kann sich entweder zu Fuß an die Besteigung machen oder einen Ritt auf einem Pferd, Esel oder Maultier wagen. In warmen Sommernächten lohnt es sich, einen Schlafsack mitzunehmen und in den Ruinen der ehemaligen, von Romantikern im vorigen Jahrhundert in den Tuff gegrabenen Einsiedelei Eremo di San Nicola den Sonnenaufgang zu erwarten.

Dort oben, allein mit Homer und seiner rosenfingrigen Morgendämmerung über einem weinfarbenen Meer, ersteht die uralte Insel tagtäglich aufs neue. Wenn dann der rote Feuerball am Horizont aufsteigt, meint man sehen zu können, wie der nach dem Götterthron am Olymp greifende Riese Tifeo ins Mare Tirreno stürzt, von Zeus mit einem Fingerschnippen gefällt und dazu verurteilt, von Stund an bis in alle Ewigkeit ein Eiland zu sein. In den Ausbrüchen des Vulkans Epomeo erkannten die Griechen auf Ischia das Wüten Tifeos und in den Quellen seine Zornestränen. Das Feuer des Riesen ist schon längst erloschen, doch nach wie vor weint er bitterlich über sein Los. Und dafür sollten wir uns bei ihm und der mitleidigen Liebesgöttin Venus eigentlich bedanken, denn sie hat die Tränen des Tifeo in heilbringendes Wasser verwandelt, damit die Menschen ihn besuchen und er nicht einsam bleiben muß.

Über Mangel an Gesellschaft kann sich der Riese seit der zweiten Hälfte des 20. Jh. weniger beklagen denn je. Vermutlich suchten ihn in seinem langen Leben noch nie so viele Sterbliche auf wie heute. Selbst die verschlafenen Dörfer Buonopane, Fiaiano, Piedimonte und Testaccio rund um den Bergort **Barano** 11 (S. 291) erwachen in der Hauptsaison zu ungewohntem Leben. Denn auch von hier ist die Spiaggia dei Maronti nur 4 km entfernt. In den Monaten Juli und August weilen 400 000 Menschen und mehr gleichzeitig auf der Insel, was eine Reihe von Problemen mit sich bringt. So viele Tränen könnte Tifeo gar nicht vergießen, um allein die Wasserversorgung zu garantieren. Ischia erhält wie Neapel sein Wasser aus derselben Leitung. Was das in der heißen Jahreszeit bedeutet, kann man sich unschwer vorstellen. Abgesehen von den – dank enormer Schmiergeldzahlungen und guter Verbindungen ihrer Manager – bevorzugten Luxushotels, tröpfelt dann in den meisten Häusern oft nur wenige Stunden am Tag Wasser aus den Leitungen. Der Schwarzhandel mit dem in Lastwagen herbeigeschafften und für teures Geld verkauften kostbaren Naß blüht.

Auf Tifeo dagegen ist jedoch Verlaß, und zwar sowohl in bezug auf Quantität wie auf Qualität seiner Tränen. Mit Ausnahme von Japan gibt es nirgendwo auf der Welt so viele verschiedene Thermalvorkommen wie auf Ischia. Viel von dem aus der Antike überlieferten Wissen ist leider verlorengegangen. Auch noch im Mittelalter wußten die Einheimischen weit besser darüber Bescheid als manche Ärzte heute, welcher Schlamm gegen dieses und welches Bad gegen jenes Weh hilft. Dem zweibändigen Werk eines Mediziners des 17. Jh. verdanken einige Kurorte der Insel die Entdeckung von Thermalvorkommen und Schwitzhöhlen, die längst in Vergessenheit geraten waren und heute wieder genutzt werden können. Als ›Dauerbrenner‹ hingegen erwiesen sich die unzähligen Fumarolen der Insel, in deren heißen Dämpfen schon die Rheumapatienten der Antike eine Linderung ihrer Leiden suchten.

Sicherlich vergnügten sich schon Griechen und Römer an diesem Gestade damit, Eier, Fisch oder Fleisch im heißen Sand zu garen, auch wenn kein Historiker von solch prosaischen Dingen erzählt. Nach wie vor übt diese urwüchsige ›Küche am Meer‹ einen unwiderstehlichen Reiz aus, wie die feuchtfröhlichen Strandpartys beweisen. Knirschend beißen verwöhnte Wohlstandsbürger begeistert in sandige Mahlzeiten und unterscheiden sich damit kaum von ihren antiken Vorbildern. Denn schon diese kehrten auf Ischia für eine Weile »zurück zur Natur«, lebten wie von den Ärzten empfohlen »einfach und gesund« – und ließen sich dennoch mit jedem nur denkbaren Komfort verwöhnen.

Procida:
Aschenputtels Zitronengarten im Meer

■ (S. 304) Neben Capri, der Königin, und Ischia als deren Hofdame nimmt sich Procida wahrlich wie ein Aschenputtel aus. Nur die wenigsten wissen auf Anhieb zu sagen, daß dieses bloß 4 km² kleine Eiland das Trio der Inselschönheiten im Golf von Neapel vervollständigt, so unbekannt und bis zum heutigen Tag vom Massentourismus verschont ist es geblieben. Ein Grund dafür mag sein, daß Gefängnisse stets den Fremdenverkehr ferngehalten haben. In der als Zuchthaus benutzten Burg des Arztes Giovanni da Procida aus dem 13. Jh. – der Adelige besaß die Insel als Lehen, verlor aber durch seine Beteiligung an der »Sizilianischen Vesper«, dem Aufstand gegen die Anjous, später sämtliche Ansprüche – sollte nach dem Plan eines internationalen Konzerns in den 80er Jahren ein Hotelkomplex entstehen. Doch die 12 000 Inselbewohner zogen einhellig die stille Nachbarschaft der Häftlinge der lauten, besitzergreifen-

Übersichtskarte Procida

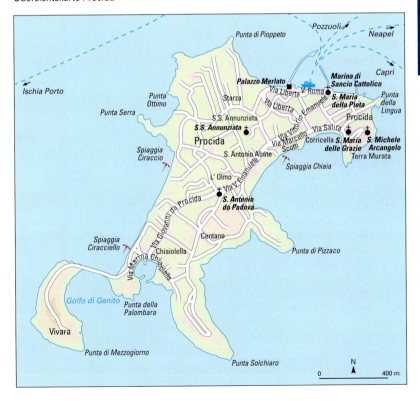

den Anwesenheit von Urlaubern vor. Eigenwillig, wie die Nachfahren der ersten Griechen in diesen Gewässern auch nach mehr als zweieinhalb Jahrtausenden nun einmal sind, kann sie weder die Nähe der pulsierenden Millionenstadt noch der finanziell einträgliche Fremdenverkehrsrummel auf den Nachbarinseln von ihrer selbstgewählten Isolation abbringen.

Schon bei den ersten Schritten im Fährhafen **Marina di Sancio Cattolico** bezaubert ein Gemälde aus Pastelltönen. Zwischen orientalisch anmutenden weißen Bögen und Rundungen drängen sich Häuschen in Himmelblau, Rosa und Gelb. Weiche, fließende Formen, Treppchen und verspielte Stiegenaufgänge, Fensternischen und winzige Balkone verleihen dem Fischerdorf seinen Charme. Ragte nicht ein Wald von Fernsehantennen zwischen blumengeschmückten Innenhöfen, Zitronenbäumchen und Zypressen auf, man wähnte sich in einer längst versunkenen Zeit.

Ein Gefühl von Unwirklichkeit begleitet den Spaziergänger auf seinem Weg durch steile, enge Gassen hinauf zum Gefängnis, das den Insassen – zum Hohn oder zum Trost? – einen der hinreißendsten Ausblicke auf den Golf von Neapel gewährt. Wie ein Spielzeugdorf spiegeln sich die bunten Häuser im Dunkelblau des Wassers im kleinen Fischerhafen **Corricella**, zum Greifen nah erscheint das frische Grün des zu Procida gehörigen Inselchens **Vivara**, ein Naturschutzgebiet des WWF, in dem sich allerlei seltene Vogelarten unbehelligt ihres Lebens erfreuen dürfen. Goldgelbe, menschenleere Strände säumen die Küste, eine 14 km lange ununterbrochene Kette von Buchten und Landzungen, paradiesisch in ihrer Einsamkeit.

Abweisend scheinen die Fassaden der Häuser, denn auf Procida läßt man sich nicht gerne in die Töpfe gucken. Wer dennoch einen Blick in einen der Innenhöfe erhascht, kann sich glücklich preisen. Hinter hohen Mauern verbergen sich Kaskaden von Blüten und von der Last der Früchte geneigte Bäume. Die ganze Insel ist ein einziger üppiger Garten mitten im Meer, über dem stets ein zarter Duft von Orangen und Zitronen liegt.

Auch das **Istituto Nautico Francesco Caracciolo**, eine der ältesten Seefahrtsschulen Italiens, besitzt nichts von der ernsten Strenge einer Ausbildungsstätte dieser Art, sondern wirkt wie ein feudaler Landsitz, geschaffen zum Ausruhen und Träumen. Doch Palmen und Bougainvillea, Agaven und Kirschbäumchen täuschen ein *Dolcefarniente* bloß vor. In diesem Institut, das seinen Namen dem berühmten neapolitanischen Admiral verdankt, den Lord Nelson 1799 an den Galgen gebracht hatte, wird hart gearbeitet. Nicht zufällig haben die besten Kadetten des Landes diese Schule besucht.

Wie eine Krone sitzt neben der Burg die Abtei **San Michele Arcangelo** auf dem mit 100 m höchsten Punkt des Eilands. Nur Sportliche kämpfen sich zu Fuß zur **Terra Murata** hinauf, dem von Mauern geschützten historischen Zentrum der Insel. Bequemere besteigen schon im Hafen eines der dreirädrigen Mikrotaxis, die einzige augenscheinliche Konzession an den Tourismus. Die Fahrt mit einem der selbsternannten Fremdenführer am Steuer garantiert ein skurriles Erlebnis. Ratternd und aus dem letzten Loch pfeifend, quält sich das Gefährt bergan, unbarmherzig gibt Salvatore – wohl jeder zweite Inselmann trägt den Namen »Retter« – Gas und holt, konzentriert wie ein Formel-I-Pilot über das Lenkrad gebeugt, das Äußerste aus dem

Der pittoreske Fischerhafen Corricella

Karfreitagszug der *misteri*

Die Tradition der Karfreitagsprozession reicht bis ins Jahr 1627 zurück, als die religiöse Bruderschaft der *turchini* gegründet wurde, eine Gruppe von Flagellanten, die sich am Todestag des Herrn in aller Öffentlichkeit geißelte. Der Ausdruck tiefer Gläubigkeit machte allerdings nur allzu bald einem publikumswirksamen Spektakel Platz. Um zum ursprünglichen Charakter von Meditation und Buße zurückzukehren, besann man sich auf die alte spanische Tradition der *misteri*, religiöser Reliefdarstellungen der Leiden Christi oder Statuengruppen, die unter tiefen Trauerbezeugungen durch die Straßen getragen werden. Seit mehr als 250 Jahren ist Procida nun schon der Schauplatz des wohl beeindruckendsten aller Umzüge in weitem Umkreis.

Mit dem traurigen, einsamen Klang einer Trompete beginnt alljährlich am dritten Fastensonntag die Zeremonie. Trompeten feuern die Männer der Insel beim Bau der *misteri* an. Während der gesamten Fastenzeit wird in den Höfen und Toreinfahrten gesägt und gehämmert, geleimt und gemalt. In der Nacht auf Karfreitag ist es dann soweit: Die Statue des toten Heilands – eine Holzschnitzerei von 1728 – wird auf die Terra Murata gebracht; auf ihren Rücken schleppen die Gläubigen die *misteri* hinauf zum höchsten Punkt ihrer Insel, von dem aus am Morgen die Prozession beginnt. Wieder erklingt die Trompete, durchdringend und verzweifelt. Und mit echter Trauer beklagen die in weiße Kutten und blaue Umhänge gekleideten Männer den Tod des Herrn, den Matrosen unter einem schwarzen Baldachin durch Straßen und Gassen tragen. Madonnen mit echtem Haar, in kostbare Gewänder gehüllt, schweben über den Köpfen der Trauernden, als Nonnen gekleidete kleine Mädchen streuen Blumen, bis sie erschöpft in den Armen ihrer Mütter einschlafen. Schwere Kreuze und silberne Schreine werden über das Pflaster geschleppt, Bilder von Golgatha und Reliquien in goldenen Schatullen.

Ehrfürchtig halten sich die wenigen Touristen im Hintergrund, wohl wissend, daß sie in diesen Stunden nur geduldet sind. Hingebungsvoll musiziert die Blaskapelle, die ihre ganze Seele in Verdi'sches Pathos legt. Was macht es schon, wenn ab und zu ein Musikant einen unreinen Ton erwischt, Hauptsache, der Glaube stimmt. Beeindruckender als jedes noch so perfekte Konzert rühren diese herzzerreißend falsch gespielten Melodien an einem fast vergessenen Gefühl, faszinierender als jedes Bühnendrama erscheinen die Laiendarsteller dieses Stücks, das unter Aufbietung aller Kräfte inszeniert wird.

In diesen Stunden, in denen sie ihr Innerstes nach außen kehren, bei diesem Schauspiel, das die Grenzen zwischen Schein und Wirklichkeit verwischt, wird man sie endlich ein wenig begreifen, diese Menschen mit der Last und der Lust eines dreitausend Jahre alten Kulturerbes.

Mopedmotor heraus. Ein Ruck, ein allerletztes Aufheulen – und man steht vor verschlossenen Klostertüren. Kein Grund zur Panik, energisch zieht Salvatore am Glockenstrang, nicht achtend der angeschriebenen Öffnungszeiten, die offenbar nur als Empfehlung gelten. Mit einem raschen Blick vergewissert sich die Frau des Kustos, daß Trinkgeld zu erwarten ist, und läßt die Fremden ein.

Unter einer prachtvollen Kassettendecke hat Salvatore nun seinen großen Auftritt. Wie ein gut geöltes Uhrwerk schnurrt der säbelbeinige Mann in einer Sprache, die er für Deutsch hält, die Informationen über Altäre und Skulpturen, Gemälde und Grabplatten herunter. So erfährt man u. a., daß die Kirche 1026 errichtet, später zerstört und Ende des 16. Jh. wieder aufgebaut wurde und die reichhaltige Innenausstattung aus der Schule Luca Giordanos stammt.

Das Interessanteste an diesem Ausflug steht aber noch bevor. Eine unscheinbare Treppe führt nämlich drei Stockwerke tief in die Unterwelt des Klosters. In der ersten Etage unter dem Kirchenboden befindet sich die **Biblioteca abbazia.** Liebevoll in Packpapier geschlagene, beschriftete Folianten zeugen von dem hilflosen Versuch, Ordnung ins Chaos zu bringen, doch Bücher über Bücher harren noch der Katalogisierung. Hinter der Bibliothek verbirgt sich eine sakrale Rumpelkammer, in der sorgsam in Plastik gehüllte Madonnen, eine elektrisch beleuchtbare Krippe, Särge und Kruzifixe aufbewahrt werden. Nackte Glühbirnen hängen über San Gennaro-Büsten, in einem kleinen Beinhaus baumeln Gerippe an den Wänden, zwischen Knochen und Schädeln erhebt ein Christus aus Gips segnend seine Hand.

Wiederum einen Stock tiefer stößt man auf eine Kapelle; das Taufregister an der Wand reicht bis zum Jahr 1623 zurück; den Altar schmücken ein Fabelwesen, gar gräßlich anzusehen, und das Bild des Erzengels Michael; zwischen hellgrün gestrichenen Fensterläden funkelt das blaue Meer. Man ist nämlich gleichzeitig unter der Erde und doch im Tageslicht, und tatsächlich sind es drei Kirchen, die im Laufe der Jahrhunderte

Die Abtei San Michele auf der Terra Murata

aus dem Felsen gehauen wurden. Von diesem sicheren Unterstand aus, geschützt durch den Steilabbruch, vertrieben dereinst die Inselbewohner die anstürmenden Sarazenen und schleuderten Steine auf die Angreifer.

Noch eine Überraschung: Eine unscheinbare Türe öffnet sich zur dritten Kirche, gegründet 1732. Ein Deckenfresko zeigt auf blauem Grund ein durchbohrtes Herz; auf einem Marmoraltar liegen fünf Totenköpfe und starren aus dunklen Augenhöhlen auf eine recht weltliche Madonna mit Goldkrone und auf Taille gearbeitetem Brokatgewand. Langsam wird Salvatore nun doch ungeduldig: »Kommen Sie wieder in der Karwoche, wenn diese Sachen Sie interessieren. Dann holen wir alles und noch viel schönere Dinge für den Umzug hervor. Das sollten Sie sehen, nicht das verstaubte Zeug da.«

Dem Vesuv ist nicht zu trauen

Lage: siehe Umschlagkarte vorne

■ Pünktlich jedes Jahr wird Fieber gemessen. Denn der Schlaf des Patienten ist trügerisch. Mit Seilen gesichert, klettern die Wissenschaftler die Kraterwände des Vesuv hinab, um den Zustand des Vulkans zu untersuchen. Eine Routinearbeit, vergleichbar mit einem medizinischen Check-up. Dampfende Fumarolen gelten als Pulsschlag des Berges. Dort werden die Thermometer angesetzt. Die Temperatur der Gase, die aus dem Erdinneren strömen, gibt Aufschluß über unterirdische Aktivitäten. Der Verlauf der Fieberkurve ließ zunächst ein baldiges totales Erlöschen vermuten: Sie sank von 600 Grad im Jahre 1950 auf 104 Grad Ende der 80er Jahre, stieg seither aber wieder leicht an. Erfahrene Vulkanologen vom **Osservatorio Vesuviano,** die nach ihrer Exkursion keinerlei Alarmzeichen feststellen und stets ein beruhigendes Kommuniqué veröffentlichen, trauen freilich dem Frieden nicht. Die relative Ruhepause kann jederzeit ziemlich abrupt zu Ende sein. Ein Ausbruch sollte aber weder die Experten noch die Bevölkerung unvorbereitet treffen.

Der Vesuv zählt jedenfalls zu den meisterforschten und bestbeobachteten Vulkanen der Erde. Ein dichtes Netz von Meßgeräten im Kraterschlund ebenso wie an den Flanken des Berges läuft im Observatorium zusammen, einem unter der Regierung Ferdinand II. in den Jahren 1841–1845 errichteten neoklassizisti-

Blick in den zur Zeit ›schlafenden‹ Vesuvkrater

schen Bau auf dem **Colle dei Canteroni** in etwa 600 m Seehöhe. Tag und Nacht werden hier von modernsten Geräten die Daten aufgezeichnet und gesammelt und somit gleichsam alle Atemzüge des Berges registriert. Die Wissenschaftler selbst, weltweit anerkannte Fachleute, sitzen freilich in einigermaßen sicherer Entfernung in der Zentrale in Neapel. Der Name Giuseppe Mercalli, kurz nach der Jahrhundertwende Direktor des Observatoriums, taucht heute noch in fast jeder Erdbebennachricht auf, verdanken wir diesem Forscher doch jene nach ihm benannte zwölfteilige Skala, mit der die Intensität eines Bebens nach seiner Wirkung an der Erdoberfläche eingeordnet wird.

Seine charakteristische Silhouette, die uns an klaren Tagen rund um den gesamten Golf von Neapel begleitet und fasziniert, zeigt, daß der Vesuv eigentlich ein Doppelberg ist. Im Nordosten stellt der 1132 m hohe **Monte Somma** den gewaltigen Rest eines in grauen Vorzeiten entstandenen Vulkans dar, der vermutlich bei dem großen Ausbruch von 79 n. Chr., als Pompeji und Herculaneum untergingen, zerstört wurde, während sich der eigentliche Vesuv als neuer Eruptionskegel mit einem eigenen Krater auftürmte. Der alte Krater hatte einen Umfang von ca. 12 km und einen Durchmesser von 3,5 km, der neue weist bei einem Diameter von 700 m einen Umfang von 1,5 km auf. Der Urvulkan dürfte, ehe sein Kegel ausgehöhlt wurde und die Kraterränder einstürzten, an die 3000 m hoch gewesen sein. Auch die Höhe des Vesuv – heute 1182 m – änderte sich im Laufe der Jahrhunderte durch Einbrüche und Neubildungen. Die Bestätigung für den ursprünglich eingipfeligen Vulkan findet man im Nationalmuseum von Neapel auf einem Wandbild aus Pompeji sowie in einer Beschreibung Vergils.

Millionenfachen Segen und tausendfachen Tod hat der Berg den Menschen beschert. Seine Asche, an der so viele ersticken mußten, verwandelte sich in fruchtbaren Boden und damit in eine Quelle des Wohlstands. *Campania felix*, »glückliches Kampanien«, nennt man diese Gegend von alters her. Während auf der einen Seite Trauben für feurigen Wein reiften, wälzte sich auf der anderen der verderbenbringende Feuerstrom zu Tal. Vor dem 24. August des Jahres 79, dem letzten Tag von Pompeji, zeigte sich der Vesuv als wahrhaft bukolische Idylle – bis zum Gipfel bewachsen mit Kastanienbäumen, Mischwäldern, Wiesen, Obst- und Weingärten, die innerhalb weniger Stunden unter einem Leichentuch aus Schlamm, Sand, Asche und glühender Lava versanken. Niemand hatte den vermeintlich schlafenden Vulkan ernstgenommen, nicht einmal in dem heftigen Erdbeben vom 5. Februar 62 ein Warnzeichen erblickt.

Seither freilich ist man rund um den Vesuv wachsam geworden, zumal sich der erzürnte Feuergott kaum eine längere Ruheperiode gönnen wollte. Die dramatische Geschichte der Eruptionen liest sich als ununterbrochene Chronik der Zerstörung und des Wiederaufbaus, des Schreckens und der Hoffnung. Im Jahre 512 beispielsweise erreichte die Katastrophe solche Ausmaße, daß der Gotenkönig Theoderich die betroffene Bevölkerung sogar von den Steuern befreite. 1631 wurden praktisch alle umliegenden Siedlungen vernichtet, ganz Süditalien war tagelang von dunklen Wolken bedeckt. 1794 ereilte Torre del Greco das Schicksal, 1906 die Ortschaften Ottaviano und San Giuseppe. 1913 öffnete sich im Kraterboden ein neuer Höllenschlund, der immer höher wuchs und schließlich den Kraterrand überragte, ehe er wieder in sich zusammen-

Richtig Reisen Tip

Die »Goldene Meile«
Villen unter dem Vulkan

Die Villa Campolieto

„Gott, die Jungfrau Maria und der heilige Januarius sollen sich darum kümmern." Mit diesen Worten reagierte Bourbonenkönig Karl III. auf die Warnung eines Höflings, daß es gefährlich sei, sich ausgerechnet im Schatten des Vesuv niederzulassen. Der Monarch hatte, angetan von der Lieblichkeit der Gegend um Portici, die außerdem reichliche Jagdbeute versprach, schon bald nach seiner Thronbesteigung im Jahre 1734 den Architekten Antonio Medrano und Antonio Canevari den Auftrag zum Bau einer Residenz erteilt. Mit zeitgenössischen Kunstwerken und zahlreichen Funden aus Herculaneum ausgestattet, war der zweiteilige Palast **Reggia di Portici** (Via Università 100) – ein Gebäude blickte zum Meer, das andere zum Vesuv – von riesigen Parkanlagen mit Fischteichen, Springbrunnen und Pavillons umgeben. Seit 1873 kümmert sich die Universität Neapel, deren landwirtschaftliche Fakultät im Schloß untergebracht ist, um den Besitz.

Der Adel, zunächst nur vereinzelt außerhalb der Hauptstadt angesiedelt, scharte sich geschlossen um die neue Residenz und lieferte dem höfischen Prunk mit prächtigen Villen und Palais reiche Konkurrenz. Brillante Künstler und Architekten des Barock, unter ihnen Luigi und Carlo Vanvitelli, Domenico Antonio Vaccaro, Ferdinando Fuga und Ferdinando Sanfelice, konnten ihre Ideen auf geschichtsträchtigem Boden verwirklichen, war doch bereits zur Römerzeit das Gebiet zwischen Meer und Vesuv eine beliebte Sommerfrische der Wohlhabenden. So entstand die »Goldene Meile« am Fuße des Vulkans, ein einzigartiges, 2 km langes Denkmal der Baukunst zwischen Portici und Ercolano. Die elegante Gesellschaft zog es auch im 19. Jh. vor die Tore Neapels, und 1839 legte man zwischen der Hauptstadt und der königlichen Residenz die erste Eisenbahnlinie Italiens an.

Nach dem Zweiten Weltkrieg fiel die »Goldene Meile« einem planlosen, wilden Bauboom zum Opfer. Die meisten Paläste und Schlößchen wurden in überfüllte Mietshäuser umgewandelt, die Parkanlagen in Baugrundstücke zerteilt. 122 der ursprünglich mehrere hundert zählenden Villen sind heute noch mehr oder weniger erhalten. Die 1977 vom italienischen Staat gegründete *Ente per le Ville vesuviane,* der Verband der Vesuv-Villen, bemüht sich redlich um Renovierung und Revitalisierung zumindest der wichtigsten Baujuwele, die – so sie nicht von privaten Eigentümern instandgehalten werden – inmitten einer chaotischen städtischen Struktur mit einer Millionenbevölkerung einer ungewissen Zukunft entgegendämmern.

Zwei Musterbeispiele für das segensreiche Wirken des Verbandes sind die **Villa d'Elboeuf** in Portici (Piazza San Pasquale 16), in deren Park sich ein Restaurant befindet, sowie die prachtvolle **Villa Campolieto** in Ercolano (Corso Resina 283). Beide erstrahlen in neuem alten Glanz und werden für kulturelle Zwecke (Ausstellungen, Konzerte) genutzt.

stürzte. Die bisher letzte Phase heftigster Aktivität dauerte von 1933 bis 1944. Mehr als 250 Millionen Kubikmeter Lava ergossen sich dabei, begleitet von Explosionen und Erdbeben, in mehrere Richtungen, mit verheerenden Schäden an landwirtschaftlichen Kulturen und in den Gemeinden San Sebastiano und Massa, wo zwei Drittel der Häuser dem glühenden Strom zum Opfer fielen. Auch die durch das Volkslied *funiculi, funicula* (s. S. 72 f.) weltberühmt gewordene Standseilbahn wurde ein Raub der Naturgewalten. Weiche Asche und harten, sandartigen Staub trug der Wind übers Meer bis nach Griechenland, in die Türkei, nach Marokko und Spanien. Seit dem 19. April 1944 schläft der Vesuv, mißtrauisch beäugt von den Vulkanologen. Weil die dicht besiedelte Golfregion praktisch nicht vollständig und reibungslos evakuiert werden kann, haben Katastrophenforscher ein ›*worst case*‹-Szenario entworfen, wenn Gefahr drohen sollte. Demnach muß bei einem künftigen Ausbruch von Pompeji-Ausmaßen im schlimmsten Fall mit etwa 300 000 Todesopfern gerechnet werden. Keine sehr beruhigende Aussicht, fürwahr!

Dennoch stellt der Berg heute ein beliebtes Ausflugsziel einer Freizeitgesellschaft dar, die beim Anblick der steil abfallenden, rostroten Kraterwände mit ihren weißen und grauen Flecken schon längst nicht mehr erschauert, weil das Inferno nur noch von Bildern oder vom Hörensagen her bekannt ist. Der Aufstieg erfordert lediglich ein wenig sportliche Ambitionen, denn der anstelle der alten Standseilbahn erbaute Sessellift ruht seit Mitte der 80er Jahre ebenso wie der Vulkan. Mehrere Straßen erschließen das Gebiet. Am bequemsten gelangt man per Bus oder Auto von Ercolano, Torre del Greco oder Boscotrecase durch üppige Weingärten, aus denen der vielgerühmte *Lacrimae Christi* stammt, über weite Lavafelder, durch Wälder, die **Valle del Gigante** und die **Valle dell'Inferno,** das Riesen- und das Höllental, bis zu einem Parkplatz mit Erfrischungsbuden in ungefähr 1000 m Höhe. Von dort wird der Rest des Weges über steiles Geröll zu Fuß zurückgelegt. Doch die Mühe lohnt sich. Nicht nur des an klaren Tagen wirklich atemberaubenden Rundblicks wegen, sondern vielleicht auch zur Anregung der Phantasie. Der weiße Rauch der Fumarolen erinnert daran, daß der Vesuv nach wie vor lebt. »Es ist Feuer unter der Erde, und das Feuer ist rein«, schrieb die große Dichterin Ingeborg Bachmann. »Es kommt ein großes Feuer, es kommt ein Strom über die Erde. Wir werden Zeugen sein.« Über das Wann entscheidet freilich der Vulkan höchstselbst.

Phlegräische Felder: Vorzimmer zur Unterwelt

■ Lokale Reiseprospekte bezeichnen die **Campi Flegrei** (»Phlegräische Felder«), die ihren Namen »brennende Erde« den Griechen verdanken, kühn als einen »großen archäologischen Park«. In einem gewissen Sinn ist das richtig, denn tatsächlich beherbergt das dampfende, zischende Reich der Kraterseen und heißen Quellen, Fumarolen und Solfataren westlich von Neapel eine solche konzentrierte Ansammlung von Natur- und Kunstdenkmälern, wie sie

Schwefelige, vulkanische Dämpfe steigen über der Solfatara auf

Bradisismus
Leben auf einer Waagschale

Einmal hebt sich der Boden, dann sinkt er wieder langsam. Die Wissenschaft nennt dieses vulkanische Phänomen *Bradisismus*. Für die Bewohner der Phlegräischen Felder, insbesondere von Pozzuoli, bedeutet es ein Leben auf einer Waagschale, ein ständiges Auf und Ab, das mit Erdbeben, Erdrutschen und Hauseinstürzen verbunden ist.

Die *Campi Flegrei* lasten geologisch auf einer unruhigen Plattform, die sich von der Insel Ischia bis zum Apennin erstreckt. Wie sehr sich der Boden gehoben bzw. gesenkt hat, läßt sich am eindrucksvollsten an den Säulen des im 2. Jh. v. Chr. errichteten sogenannten *Serapeum* in Pozzuoli erkennen, das als Marktplatz diente. Muschelablagerungen zeigen deutlich, daß der Meeresspiegel einmal um fast 6 m höher gewesen sein muß. Seit dem 11. Jh. hält die Aufwärtsbewegung phasenweise wieder an, die See weicht zurück.

Einen ersten Höhepunkt erreichte dieser Trend 1538 mit einem gewaltigen Vulkanausbruch, der zur Entstehung des Monte Nuovo südöstlich des Lago d'Averno führte. Dann herrschte lange Zeit Ruhe, bis sich Anfang der 70er Jahre der Boden plötzlich abermals um etwa 90 cm hob, begleitet von vielen kleineren Erdbeben. Kritisch wurde die Situation erneut zwischen 1982 und 1984, als das Ansteigen der Erdoberfläche beinahe täglich meßbar war und insgesamt an die 1,5 m betrug. Seither registrierten die Vulkanologen ein deutliches Nachlassen dieser Aktivitäten, die Hoffnungen auf einen Stillstand des Bradisismus sind jedoch gering.

Im historischen Zentrum von Pozzuoli haben diese gewaltigen Erdbewegungen enorme Schäden angerichtet. Die meisten Häuser mußten evakuiert, rund 30 000 Menschen umgesiedelt werden. Einige Kilometer nordwestlich der Stadt, auf dem tektonisch einigermaßen sicheren Monte Ruscello, entsteht seit Mitte der 80er Jahre Neu-Pozzuoli. Dort soll ein Großteil der Bevölkerung künftig leben, denn nach dem nach wie vor nicht absehbaren Abschluß der Renovierungs- und Wiederaufbauarbeiten in der wie nach einem Bombenangriff stark beschädigten Altstadt werden mindestens 30 % weniger Wohnungen zur Verfügung stehen. Alle, die vom Fischfang leben – und das sind einige tausend –, weigern sich beharrlich umzuziehen. Pozzuoli stand nämlich bis 1983 unter den Fischgroßmärkten Italiens an vierter Stelle. Um die wirtschaftliche Krise, die eng mit den Vorgängen um den Bradisismus zusammenhängt, zu überwinden, harren die Menschen in den Ruinen aus – ungeachtet der höchst empfindlichen Balance: Die Waagschale kann sich jederzeit wieder senken.

anderswo kaum zu finden sein wird. Von einem Park oder gar einem archäologischen Orientierungspfad durch die jahrtausendealte Geschichte kann allerdings nicht die Rede sein. In Wahrheit befindet man sich in einem Irrgarten, an den die Natur selbst immer wieder Hand angelegt und durch Vulkanausbrüche Land und Landschaft verändert hat. Wo Griechen oder Römern einst der Boden unter den Füßen zu heiß wurde – wie heute noch in der Solfatara von Pozzuoli –, liegt nun fruchtbares Land. Und wo üppige Gärten und stolze Villen standen, erstrecken sich jetzt kahle Hügel.

Für ein völliges Irrewerden an der Topographie sorgte jedoch erst das 20. Jh. Mit der Selbstverständlichkeit des Hier und Heute beanspruchen die Nachfahren antiker Menschen ihren Platz unter der Sonne und bauen ihre Häuser und Industrieanlagen, ihre Fabriken und Sportplätze auf und zwischen die Ruinen und Monumente einer ruhmreichen Vergangenheit. An dem Verwirrspiel beteiligten sich aber boshafterweise auch noch Generationen von Archäologen und Historikern, die es ja eigentlich hätten besser wissen müssen, indem sie die Überreste von Thermenanlagen aus unerfindlichen Gründen zu Tempeln erklärten. Auch das wäre weiter noch nicht so schlimm, doch die Ruinen gleichnamiger Göttersitze gibt es ebenfalls – und das nur wenige Kilometer von den Badeanstalten entfernt. Der Apollotempel von Cuma findet seinen falschen Bruder als »Tempel des Apollo« in einer Therme an den Ufern des Lago d'Averno; »Sibyllengrotte« nennt sich großspurig ein langer, unterirdischer Tunnel aus der Zeit des Agrippa, doch hat diese militärische Anlage ganz und gar nichts mit dem wahren Sitz der geheimnisumwitterten Prophetin zu tun, mit der die Geschichte Magna Graecias eigentlich anfing.

Die Sybille von Kyme

In *Kyme,* dem heutigen **Cuma** **1**, ließen sich jene Griechen aus Euböa, die zuvor auf Pithecusa (Ischia) gelandet waren, in der ersten Hälfte des 8. Jh. v. Chr. nieder. Von den Ureinwohnern, die es nachweislich gegeben hat, wissen wir so gut wie nichts, als zu dominant erwiesen sich die neuen Herren. In ihrem Reisegepäck befand sich das Alphabet der Stadt Chalkis. Jene noch heute verwendete Schrift schenkten die Hellenen den Völkern Italiens, denen sie auch gleich noch ihre Götter aufdrängten, unter denen Apollo der strahlendste, der schönste, der wichtigste war. Seine Tempel behüteten Sibyllen, weissagende Frauen mit enormem politischem Einfluß – die wichtigsten lebten in Eretria, zu Delphi und nun auch in Kyme.

Als römisches *Cumae* verlor die mächtige Griechenstadt jeden Einfluß, 915 gaben ihr die Sarazenen den Todesstoß. Nach einer fast zweitausendjährigen Geschichte blieb kaum etwas von ihr übrig, und man hörte von ihr bloß noch als Seeräubernest, dem man sich besser nicht näherte. An eine **Grotte der Sibylle** konnte sich keiner mehr erinnern, nur in den Gesängen Vergils, für den die flammenden Felder Schlüssel zur Unterwelt waren, existierte sie noch – aber Dichter nahm man damals nicht wörtlich. Zu Beginn des 20. Jh. legten Forscher eine römische Krypta frei, die den Burgberg von Cuma untertunnelt. Alle Welt glaubte, endlich den Sitz der Prophetin zu kennen. Erst im Mai 1932 wiederholte sich im Kleinformat, was Schliemann mit Troja vorexerziert hatte. Der Autodidakt aus Deutschland war durch sein Vertrauen in Homer belohnt worden, Professor Amedeo Maiuri, einer der größten italienischen Archäologen seiner Zeit, verdankt den Höhe-

Übersichtskarte Phlegräische Felder

punkt seiner Karriere dem Glauben an die präzisen Angaben Vergils, nach denen er den Weg zum verschollenen Heiligtum der Apollo-Priesterin fand – unweit der römischen Tunnelanlage.

Im Zwielicht des trapezförmigen Ganges – eine 131,5 m lange Galerie, 2,40 m breit, 5 m hoch – läßt sich unschwer vorstellen, mit welch gemischten Gefühlen sich Bittsteller der weisen Frau näherten. Auf einem Schemel kauernd, von Dämpfen aus tiefstem Höllenschlund umwallt, zog die Seherin in ihrem am Ende des Ganges liegenden Gewölbe alle Register ihrer unheimlichen Kunst. Selbst die so nüchternen Römer konnten sich ihrer Faszination nicht entziehen, wie eine der wohl seltsamsten Kaufverhandlungen der Weltgeschichte beweist: Als Tarquinius Superbus, Roms siebtem und letztem König (534–510 v. Chr.), der Preis für die neun Bücher der Sibylle zu hoch erschien, da verbrannte die Wahrsagerin drei und verlangte dieselbe Summe für die restlichen. Noch immer war der Handel nicht perfekt, und so übergab sie weitere drei Folianten dem Feuer, bis der Monarch schließlich völlig entnervt den vollen Betrag für die verbliebenen Werke hinlegte. Beim Brand des römischen Forums im Jahr 82 v. Chr. wurden die so teuer erstandenen Sibyllinischen Bücher aber schließlich doch noch ein

Raub der Flammen, so daß heute niemand mehr sagen kann, welche Weisheit – oder welcher Unsinn – in ihnen gesteckt haben mag. Vermutlich enthielten sie Lebensrezepte aller Art, vieldeutig, geheimnisvoll und von wenig praktischem Nutzen.

Olivenbäume und Steineichen, Lorbeer und wilder Rosmarin wachsen wie in den Tagen des Vergil auf den Hängen des Burgbergs, der sein sibyllinisches Geheimnis so lange zu bewahren gewußt hatte. In sanften Serpentinen windet sich die Via Sacra hinauf zum **Tempel des Apollo** und **Tempel des Zeus,** in die sich schon sehr früh christliche Kirchen eingenistet hatten. Ein achteckiges und ein rundes Taufbecken, ähnlich modernen Whirlpools, erinnern daran, daß hier zwei der ältesten Gotteshäuser der Christenheit in Italien standen. Seltsam dumpf klingen die Stimmen der Besucher aus den Lichtschächten der Sibyllengrotte, ein leichter Wind weht die Geräusche eines Traktors von den nahen Feldern und Obstgärten zum archäologischen Park herüber. Hinter jenem unverändert schönen, goldgelben Sandstrand, an dem Äneas einst an Land gegangen sein soll, in dieser durch und durch vergilischen Landschaft, wird jeder Quadratzentimeter Boden genutzt.

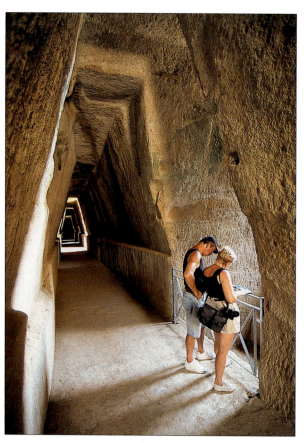

In der Sibyllen-Grotte von Cuma

Fast sind die spärlichen Überreste des kleinen, außerhalb des Parks liegenden **Amphitheaters** unweit des **Arco Felice** 2, einem von römischen Baumeistern zur Zeit des Domitian (1. Jh.) geschaffenen Durchgang zwischen Cuma und Pozzuoli, überwuchert von Weinstöcken, verdeckt von Obstbäumen, nicht mehr zu sehen. Von der antiken Stadt blieb außer den Ruinen ihrer Heiligtümer kaum etwas übrig. Nur die Gesänge eines Dichters haben die Jahrtausende überdauert. Ohne sie könnte man meinen, Cumae und seine Sibylle wären nicht mehr als ein flüchtiger Traum gewesen.

Geheimnisvoller Averno-See

Gekonnt zieht ein Wasserskifahrer weit draußen auf dem See seine Runden. Bedächtig wirft ein Fischer am Ufer seine Angel aus. Weder das Motorengeräusch noch das Quaken der Frösche stören seine Ruhe. Erst als ein Vogel mit lautem Schrei aus dem Schilf aufsteigt, blickt der Mann kurz auf, um sich danach um so intensiver seinen Köderfischen zu widmen. Nein, nein und abermals nein, als Freizeitidylle mit Restaurants, Tennisplätzen und Bootsverleih hat man sich den Eingang zum Hades wahrlich nicht vorgestellt, schließlich steht man am **Lago d'Averno** 3, dessen dunkles Wasser vom Styx, dem Fluß der Unterwelt, gespeist wird. Und der, wie sein vom griechischen Wort *aornitos* (»ohne Vögel«) abgeleiteter Name sagt, nicht einmal Vögel, geschweige denn andere Lebewesen in seiner Nähe duldet.

Äneas, von der Sibylle geleitet, stieg an diesem Gestade in das Schattenreich hinab und betrat eine gräßliche Höhle, von der Vergil nur mit Schaudern spricht: »Eine von düsterem Pfuhl und der Wälder Schatten umschlossene, tief und klaffend sich öffnende, schroff abfallend gähnende Schlucht war's; unverletzt wagte noch nie den Flug ein Vogel darüber, so ein giftiger Dampf entweicht dem düsteren Rachen, steigt zum Gewölbe des Himmels empor…«

Kein Grieche hätte jemals ohne Grauen diesen Ort betreten, die Römer zur Zeit eines Augustus hingegen sahen die Sache bereits weit prosaischer. Der geniale Architekt Lucius Cocceius verband die heilige Stätte mit dem Lucriner See, baute einen gigantischen unterirdischen Tunnel bis zum Ufer von Cumae und schuf solcherart den dringend benötigten Militärhafen *Portus Julius*. Als später der Stützpunkt von Misenum fertiggestellt war, erhielt der Lago d'Averno zwar wieder seine Bezeichnung, doch bloß noch einen Bruchteil seines unheimlichen Rufs zurück. Die Unbelehrbaren, denen die alten Götter noch immer Furcht einjagten, näherten sich nur nach allerlei Zaubersprüchen und Opfergaben, die Aufgeklärten frequentierten die Thermenanlagen und vergnügten sich beim Bade – wohl nicht viel anders als ihre Nachfahren von heute.

Von all den in lokalen Reiseführern mit bombastischen Namen gepriesenen Sehenswürdigkeiten entpuppt sich einzig und allein die Ruine des sogenannten **Apollotempels** 4 – in Wahrheit die Überreste einer Thermenanlage – als einigermaßen eindrucksvoll. Die (falsche) »Sibyllengrotte«, ein mit rostiger Eisentüre und ebensolcher Kette gesicherter Höhleneingang, erweist sich als ebenso uninteressant wie die *Grotta di Cocceio* am Ende der Seeuferstraße, die einer Garage gleicht und als solche vielleicht sogar benützt wird.

Luxuspark der Antike

Gedämpft dringt das Geräusch der Verladekräne des Hafens ans Ohr, irgendwo kräht ein Hahn völlig unzeitgemäß in die Stille des Nachmittags, den Verkehrslärm verwandelt die Distanz in angenehmes Brummen, nicht viel anders als das Gesumm der Insekten. Lautlos streichen wilde Katzen durch die Ruinen, Eidechsen huschen auf sonnenwarmen Steinen, nichts stört den Frieden im **Archäologischen Park von Baia** 5 (S. 290), sobald die Touristen wieder in den Autobussen oder in den Ausflugslokalen vor ihrem Essen sitzen. Nur in diesen Stunden, wenn die Luft vor Hitze flimmert und sich das Blau des Meeres in unzählige Farbschattierungen auflöst, läßt sich das antike *Baiae,* die nobelste, reichste, verderbteste Stadt des Römischen Reiches, noch einmal herbeizaubern. Dann verwandeln sich die bröckelnden Steine der Ruinen, die Treppen und Wege zwischen wildem Oleander und duftenden Kräutern wieder in Marmor und edles Metall, dann flankieren nicht mehr bloß arm- und kopflose Statuen die verwilderten Auf- und Abgänge, sondern glänzt das Gold der Paläste, funkelt das Wasser der Brunnen, schimmern die kostbarsten Stoffe und Geschmeide. Nicht die Côte d'Azur zu Beginn des 20. Jh., nicht das Millionärsdorado Palm Beach, weder Beverly Hills noch Bel Air brachten es jemals zu solcher Konzentration von Macht und Herrlichkeit wie das römische Baiae, die teuerste und sündigste Meile aller Zeiten.

Die Größten und Ruhmreichsten, die Lieblinge der Götter und eines gottähnlichen Kaisers bewohnten dort, wo sich eine Bucht, einem Amphitheater gleich, gebildet von grünen Hügeln und tiefblauem Wasser, ausdehnt, ihre Paläste und Villen, genossen ihre Thermalbäder und Gärten. Männer, die ganze Provinzen besaßen, buhlten an dieser Goldküste um ein paar Morgen Land, die Liste ihrer Namen liest sich wie ein *Who's who* der Antike: Marius, Sulla, Pompeius, Caesar, Tiberius, Nero, Cicero, Lucullus, Hortensius und wie sie alle hießen, die Geschichte schrieben. Über Lust und Laster dieser Sommerfrische berichteten viele zeitgenössische Auto-

Der Archäologische Park von Baia, einst die nobelste Stadt des römischen Reiches

ren. Worüber ein Horaz oder ein Properz zu klagen hatte, das klingt wie ein Lamento unserer Tage: sie verwünschten die maßlose Bauwut und die Lockerung der Sitten. Ein gewisser Hirrius hatte sich, so prangerte Cicero an, sogar einen künstlichen Fischteich anlegen lassen, der so groß war, daß er damit spielend ein Festbankett des Kaisers mit 6000 Muränen versorgen konnte.

Auf einer Erhebung thronte – alles beherrschend – der Palast des Caesar, einer Burg ähnlich. Kein Stein ist davon übriggeblieben. Was sich heute unseren Blicken darbietet, ist ein **aragonesisches Kastell,** von Don Pedro de Toledo im 16. Jh. erweitert. Es beherbergt heute das **Museo Archeologico dei Campi Flegrei** mit interessanten Funden aus der Gegend. Um die Caesarenvilla, der erst Nero das luxuriöse Gepränge verliehen hatte, scharten sich die Villen der obersten Tausend Roms. Ein unterirdisches System von Gängen verband die Thermen mit der Sommerresidenz, in der 138 n. Chr. Hadrian eines natürlichen Todes starb und in der man sich dann seines Lebens trotz der Ränke

und Intrigen wieder relativ sicher fühlen konnte. Als Nero noch im Kaiserpalast saß, hatte sich so mancher Privilegierte weit weg gewünscht, auf ein ruhiges Landgut nach Sizilien beispielsweise, denn die Nähe zum wahnsinnigen Herrscher glich einem täglichen Vabanquespiel mit tödlichem Risiko. In dieser lieblichen Landschaft heckte Nero die Ermordung seiner Mutter Agrippina aus, in den weitläufigen, nur noch zum Teil erhaltenen Thermen, die man jetzt großspurig als »Tempel« bezeichnet, knüpfte man die Netze der Macht.

Der **Venustempel** liegt außerhalb des Grabungsgeländes direkt am Hafen, hinter dem Bahnhof erhebt sich der **Dianatempel**, eine muschelförmige Therme, die flüchtig an den Akustikaufbau eines Konzertpodiums erinnert. Der 30 ha große Archäologische Park selbst – sein Eingang befindet sich an der Straße zum Lago Fusaro – fällt in Terrassen zum Meer ab. Zunächst betritt man den **Settore di Sosandra** (»Sosandra-Sektor«), er diente den Badegästen als Aufenthaltsraum (benannt nach einer hier gefundenen Sosandra-Statue, die römische Marmorkopie eines griechischen Originals aus dem 5. Jh. v. Chr.). Auf der mittleren Terrasse sieht man ein kleines Theater-Nymphäum, auf der untersten ein 35 x 29 m großes Becken (Bagno di Sosandra). Von dort führt ein überdachter Gang zum **Merkurtempel**, ein exzellentes Beispiel für die Kunst des Gewölbebaus, das an das Pantheon in Rom denken läßt. Ungerührt ob solcher Monumente einstiger Pracht hat sich das moderne Baia der Bucht und des Hafens bemächtigt. Von schäbigen Häusern des 20. Jh. weht wie ein Fanal des Lebens die trocknende Wäsche, unbekümmert verlegte Abflußrohre, die sich vor den Bruchstücken prächtiger antiker Mosaike seltsam deplaziert ausnehmen, machen mehr als jede Geschichtsbetrachtung deutlich, was vom Glanz des alten Rom übriggeblieben ist.

Nur ein Geheimnis gab Baiae, zur Griechenzeit einer der Häfen von Cumae und nach Baios, einem Gefährten des Odysseus, benannt, noch aus seiner bedeutendsten Zeit preis: 1982 wurde der um 300 n. Chr. versunkene und nunmehr 4 m unter dem Meeresspiegel liegende Festsaal des Kaiserpalastes mit Figuren einer Odysseus-Polyphem-Gruppe sowie Portraitskulpturen des Kaisers Claudius und seiner Familie entdeckt. Eine Besichtigung ist bedauerlicherweise nicht möglich, und es bleibt einmal mehr nur die Phantasie übrig, wenn man sich den »Kaiser und Gott« beim Festmahl vorstellen möchte. In dem damals noch von keinen Umweltsünden getrübten Wasser spiegelte sich die Marmor- und Mosaikpracht des 18 m langen und fast 10 m breiten »Apsidensaales«. An den Ruhebetten, gänzlich vom Meer umspült, zogen die erlesensten Erfrischungen auf kleinen Schiffchen vorbei, schwergewichtige Speisen deponierten Diener griffbereit auf Balustraden. Lebende Austern, an Schnüren aufgereiht, konnte sich jeder selbst herausziehen und dazu aus gekühlten Amphoren die besten Weine des Reiches schlürfen. Raffinierte Beleuchtungseffekte werden für eine so unwirkliche Szenerie gesorgt haben, daß wohl nicht einmal ein Hollywoodregisseur sie auch nur im entferntesten kopieren könnte.

Aber nicht nur Dekadenz und unvorstellbarer Luxus, auch das andere Gesicht Roms – die Militärmacht – wird in Baiae deutlicher als anderswo. Unweit von Müßiggang und Laster lag der bedeutende Flottenstützpunkt *Misenum*, wo Plinius der Ältere, aber auch der von

Nero zum Muttermord bestellte Handlanger Tiberius Claudius Anicetus stationiert waren. Ein Abstecher zum **Capo di Miseno** 6 lohnt in jedem Fall, denn wie an so vielen Plätzen dieser Landschaft erhalten nüchterne Daten und Angaben der Geschichtsbücher mit einem Mal Gestalt und Leben. In sicherer Distanz sah Plinius anno 79 den Vesuvausbruch als schaurig-schönes Schauspiel. Und er verließ diesen Logenplatz einer nie zuvor erblickten Inszenierung der Natur, weil er seinen Freunden zu Hilfe eilen wollte, ein Entschluß, der ihn das Leben kosten sollte. Doch die Liebespärchen, denen der mit einer Aussichtsterrasse vergleichbare Parkplatz des Kaps als romantische Kulisse für ein zärtliches Rendezvous dient, denken angesichts des schweigenden Vulkans sicherlich weder an Plinius noch an die spektakuläre Katastrophe vor fast 2000 Jahren.

Monumentale Wasserreservoirs

Bacoli 7 (S. 290), ein hübscher Ort zwischen Baia und dem Capo di Miseno, versteckt gekonnt seine größte Sehenswürdigkeit. Das sogenannte **Grab der Agrippina**, wieder einmal ein Archäologenbegriff, hinter dem sich vermutlich das Odeon einer römischen Villa verbirgt, lohnt den Besuch kaum. Für die **Piscina mirabilis** hingegen sollte man die mühevolle Suche auf sich nehmen. Dieser 70 m lange und 25,5 m breite Süßwasserbehälter wurde zur Versorgung der römischen Flotte errichtet. Das klingt nicht weiter aufregend, Tempel oder andere Kultbauten versprechen dem Reisenden auf der Suche nach Kulten und Kulturen weit mehr Erlebniswert. Doch das ist ein Irrtum, denn gerade dieser reine Profanbau unter der

Fischer beim Anlanden des Fangs

Erde, getragen von 48 gewaltigen, 15 m hohen Pfeilern, huldigte als größte Zisterne des Reiches dem wahren Gott der Römer, dem Heer. In dem mystischen Halbdunkel des Säulenwaldes unter der Erde wähnt man sich in der Krypta eines Doms. Durch Lichtschächte ranken sich von der Decke meterlange Schlinggewächse herab, die einzigen Boten der Außenwelt in einem Wald aus Stein.

12 000 Kubikmeter Wasser dürfte dieses Becken gefaßt haben, gespeist wurde es von den Quellen der 70 km entfernten Hirpiner Berge. Süßwasser, dieser kostbare Besitz, wurde auch noch in den **Cento Camarelle** (»Hundert Kämmerlein«) gehortet, ebenfalls ein Bau aus augusteischer Zeit, und in der **Grotta della Dragonara,** der »Drachenhöhle« an einem Hang des Capo di Miseno, wo nach wie vor nach einer der sagenhaften Villen des Lucullus gesucht wird. Misenum – nach dem an dieser Stelle bestatteten Trompeter des Äneas benannt – muß wie die von dort aus sichtbare Insel Nisida auch einmal ein Eiland gewesen sein. Eine schmale Straße, vorbei am *mare morto,* dem »toten Meer«, führt zur *miliscola* (eine Verballhornung von *militum schola*), einer der renommiertesten Ausbildungsstätten römischer Soldaten, in der sich auch das Arsenal befunden hatte.

Der Kreis zur Antike schließt sich, heute wird ebendort noch immer das Kriegshandwerk in einer Militärschule, der *Aeronautica Militare,* gelehrt. Daß sich Uniformträger auf diesem Boden offenbar zu allen Zeiten heimisch fühlten, dokumentiert eine weitere Kaserne: Auf dem Weg von Neapel zu den Phlegräischen Feldern, ausgerechnet in der Via della Libertà, hat sich das Nato-Hauptquartier für Süditalien niedergelassen.

Wo die Loren ihre Kindheit verbrachte

Pyramiden aus schwarzen Muscheln schmücken leuchtend gelbe Zitronen, in weißen Plastikschüsseln mit roten oder blauen Rändern zucken lachsfarbene Langusten und purpurne Krebse; riesige Polypen strecken ihre Arme aus, Meeresgetier in allen Größen und Arten schwimmt in dem flachen Wasser der breiten Schalen, ab und zu springt ein Fisch mit dem Mut der Verzweiflung aus seinem Gefängnis und landet nach einem Salto auf dem dunklen Pflaster des Hafens: Jeden Vormittag, auch an Sonn- und Feiertagen, verkaufen die Fischer von **Pozzuoli** 8 ihre Beute direkt neben ihren buntbemalten Booten auf einem der wohl pittoreskesten Märkte des Mezzogiorno.

Trotz grellfarbiger Kunststoffkisten, trotz kniehoher Gummistiefel und amerikanischer Jeans glaubt man sich in jene Tage zurückversetzt, als freiheitsliebende Griechen aus Samos auf der Flucht vor der Tyrannei des Polykrates im 6. Jh. v. Chr. an diesem Gestade *Dikaiarchia* – die »Stadt, in der das Recht herrscht« – gründeten. Denn die scharfgeschnittenen Gesichter dieser Seeleute, ihre heiseren Stimmen und beredten Gesten gehören einer anderen Zeit an, sind das Ergebnis eines uralten Erbes, so ewig wie dieses Meer und diese Sonne. So wie auf griechischen Vasen zu sehen, balancieren die Verkäufer Waagen mit flachen Messingschalen in der Hand oder preisen mittels Zeichensprache ihre Waren an. Ein knollennasiger Alter postiert seinen Käsestand, einen umgedrehten Bastkorb, dekoriert mit Rosmarin-Zweiglein zwischen frischem Brot; ein junger Halbgott, schön wie Apoll, schiebt einen Karren, auf dem sich Gemüse und Früchte türmen. Sie

Sophia Loren, Inbegriff der schönen Neapolitanerin. Kindheit und Jugend verbrachte sie im Armenviertel von Pozzuoli.

sind wahrlich die Söhne antiker Menschen, lupenrein, unverfälscht.

Als sich 421 v. Chr. die Samniten und kaum hundert Jahre später die Römer der Stadt bemächtigten und ihr wegen des allgegenwärtigen Schwefelgeruchs den Namen *Puteoli* – von *Puteolana*, die »Stinkende« – verliehen, erblühte der einstmals so mächtige Handelshafen Cumaes noch einmal. Nach den Punischen Kriegen lief so gut wie der gesamte Warenaustausch Roms mit Griechenland und dem Orient über Pozzuoli, wo noch heute Fragmente der Markthalle – nach der Statue einer Gottheit »Tempel des Serapis« oder **»Serapeum«** benannt – erhalten sind. Mit den Handelsleuten kamen auch die Philosophen und Dichter, angezogen von dem babylonischen Sprachengewirr einer griechisch-orientalisch-italienischen Mischbevölkerung. Schiffe aus aller Herren Länder führten aber nicht nur Gewürze und Stoffe aus den entlegensten Teilen Afrikas und Asiens mit sich, sie hatten auch fremde Götter und allerlei exotische Kulte in ihrem Reisegepäck. Erst als Rom seinen Hafen Ostia ausbaute und unter Nero fertigstellte, war der Glanz vorbei.

Im rund 40 000 Besucher fassenden, 149 x 116 m großen flavischen **Amphitheater,** erbaut zur Zeit des Kolosseums (1. Jh.), wurden aber noch Hunderte von Christen hingerichtet. Und man scheute sich auch nicht, Januarius, seines Zeichens Bischof von Benevent, samt einigen seiner Getreuen im April 305 n. Chr. blutgierigen Bestien vorzuwerfen (die ihn allerdings verschmähten, so daß der Henker mit dem Beil eingreifen mußte), doch der Niedergang der Stadt war nicht mehr aufzuhalten. Die insgesamt 39 Stufenreihen des Amphitheaters und vor allem die gewaltigen unterirdischen Gewölbe mit den Laufställen für wilde Tiere und den Trainingsräumen der Gladiatoren verfielen

Auf einem Markt in Pozzuoli

und wurden erst Ende der 30er Jahre des 20. Jh. wieder freigelegt. Sie zählen nun zu den besterhaltenen ihrer Art.

Im Mittelalter verschwand die antike Mole, auf der Akropolis, heute ein buntes Gassengewirr mit einsturzgefährdeten Bauten, nisteten sich ärmliche Wohnhäuser ein, erbaut aus den Steinen der Tempel, der Römergräber und der Theater. Kaum jemand wußte noch zu erzählen, daß dereinst ein Prunkschiff mit der Leiche des Kaisers Augustus an Bord in diesem Hafen Anker geworfen hatte. Und auch die Erinnerung an den Apostel Paulus, der im Jahr 62 sieben Tage lang in Puteoli als Prediger unterwegs gewesen war, ließ die ehemalige Griechensiedlung nicht zum Wallfahrtsort des Christentums werden. Daß die Stadt, in der einmal das Recht und nicht die Camorra herrschte, oft fälschlicherweise als Armenvorort Neapels apostrophiert, in der zweiten Hälfte dieses Jahrhunderts nicht nur Kulturreisenden wieder zu einem Begriff wurde, verdankt sie einzig und allein einer Frau: Sophia Loren, weltweit Inbegriff der schönen Neapolitanerin, die ihre Kindheit und Jugend im Armenviertel von Pozzuoli verbracht hat.

Ins Vorzimmer der Hölle

Der griechische Geograph Strabon (ca. 40 v. Chr. bis 20 n. Chr.) nannte den brodelnden, dampfenden Kessel der **Solfatara** 9 (»Schwefelgrube«) schaudernd und ehrfürchtig zugleich *Forum vulcani* oder *Agora Hephaistu*. Bis zum heutigen Tag hat der Wohnort des hinkenden Feuergottes Hephaistos, dieser Vorsaal der Unterwelt, nichts von seiner beklemmenden, unheimlichen Atmosphäre eingebüßt. Jeder Schritt in dem ellipsenförmigen, 770 x 580 m großen Krater führt tiefer hinein in eine versunkene Zeit, eine vergessene Welt. Dumpf klingt der schneeweiße Boden, aus dem unentwegt helle Rauchfahnen aufsteigen, unter den Fußsohlen, giftig-gelb leuchtet der Ginster mit Schwebelablagerungen um die Wette. Und giftig-gelb sticht eine grelle Sonne aus einem dunkelblauen Himmel, dem jede Weite und Leichtigkeit abhanden gekommen ist.

Ein penetranter Gestank nach faulen Eiern liegt über dem Land und begleitet die Gäste des wohl ungewöhnlichsten Campingplatzes Italiens vom Aufstehen bis zum Schlafengehen. Nur wenige Meter von der bizarren Spielwiese der Unterwelt entfernt setzen bunte Zelte in einem kleinen Wäldchen einen eigenartigen Akzent, erscheinen unwirklich in ihrer harmlosen Fröhlichkeit und Alltäglichkeit. Während Tagesbesucher bedrückt und staunend zugleich vor den von der Natur beheizten Schwitzkammern – den *stufe* – stehen, von denen sich schon die Römer Gesundheit versprachen, frequentieren die Camper ganz selbstverständlich diese Gratissauna – als wäre es gar nichts Besonderes, heiße Dämpfe einzuatmen, die direkt aus der Hölle kommen, wo Beelzebub höchstpersönlich für den Aufguß sorgt.

Nur der teuflische Suppentopf, in dem kochender grauer Schlamm brodelt und einem Erbsenbrei gleich Blasen schlägt, verlangt sogar den in Badehosen und Sandalen herumspazierenden Campinggästen Respekt ab. Wer die Absperrung mißachtet und sich mit dem bis zu 200 °C heißen Gemisch verbrüht, ist es selbst schuld. Nur in den frei zugänglichen Zonen ist man sicher, täglich kontrollieren Aufseher die Verschiebungen der Schlammlöcher und Geysire, die irgendwann versiegen, um wenige Meter weiter erneut auszubrechen. Verhüllt von Schwaden übelriechender Dämpfe stehen unbenutzbar und bereits zu Ruinen verfallen ehemalige Observatorien auf nunmehr schwankendem Boden, den zu betreten niemandem anzuraten ist.

Völlig verschwunden sind die antiken Badeanlagen, keine Spur auch blieb von den Kuranstalten des Mittelalters und der frühen Neuzeit zurück. Ein Dokument aus dem 13. Jh. belegt die Heilkraft der Thermalquellen der Solfatara, die »… die Nerven entspannt, die Krätze heilt, die unfruchtbare Frauen fruchtbar macht, von Kopf- und Magenschmerzen befreit, das Sehen schärft, das Erbrechen beseitigt, die Blutgeschwüre auflöst, vom Fieber mit Schaudern befreit. Die Kur nützt am meisten, wenn man vorher ein Abführmittel genommen hat. Wenn der Gestank stört, denke man vor allem an die Wirksamkeit des Wassers.«

Um 1500 versuchte man sogar, die Solfatara-Luft in Ballons direkt zu den Kranken zu bringen, denen es nicht möglich war, das Bett zu verlassen. Gegen Ende des 16. Jh. setzte ein wahrer Ansturm aus dem ganzen Königreich, aber auch aus dem Ausland auf die Solfatara ein, eine Reihe von Kurhäusern entstand. Anfang des 19. Jh. wurden die ersten Holzbaracken errichtet, um die Heilungsuchenden aufzunehmen, doch plötzlich versiegten die meisten Thermalquellen. In der Solfatara kehrte wieder jene Stille ein, die zum Hades weit besser paßt als buntes Treiben.

Der Massentourismus unserer Tage brachte das Leben zurück in dieses Vorzimmer zum Totenreich, das viel von seiner Urgewalt eingebüßt hat. »Der Vulkan ist im Ruhestand, lebt von der Rente, im Schatten der Steineichen, des Eukalyptus, der Ginsterbüsche.« So steht es voll Pathos in einem lokalen Reiseführer. Ähnliches hatten jedoch dereinst auch die Pompejaner über den Vesuv gedacht – ein verhängnisvoller, tödlicher Irrtum. Denn wo auch immer Hephaistos sein Feuer schürt, fliegen Funken. Gestern, heute, morgen.

Antike zum Anfassen

Pompeji: Ein Ruinen-Management verkauft die Vergangenheit

Das ist mein Rat: Verteilt die öffentlichen Gelder!
Sie liegen nutzlos nur in unseren Truhen.

(Pompejanisches Graffito)

Lage: siehe Umschlagkarte vorne

■ (S. 302) Als 1748 das sagenhafte, bald zwei Jahrtausende vergessene Pompeji unter den Spitzhacken der Archäologen zum Vorschein kam, da ging es von erster Stunde an um Geld. Nicht das Interesse am Altertum hatte den Bourbonen Karl III. bewogen, nach den ersten, aufsehenerregenden Funden im benachbarten Herculaneum nun auch nach der reichen Handelsstadt suchen zu lassen, die am 24. August des Jahres 79 unter einem Aschenregen versunken war. Gold wünschte er zu sehen, das seine strapazierte Staatskasse wieder auffüllen sollte. Er wurde nicht enttäuscht, neben Kunstwerken von unschätzbarem Wert entdeckte man auch noch Münzen und Schmuck, von denen nicht alle den Weg in die Museen fanden, um der Nachwelt Zeugnis zu geben vom Wohlleben und vom Reichtum der mit einem Schlag ausgelöschten Städte am Fuße des Vesuv.

Mit den antiken Bauten, dem wahren Schatz, wie es ihn seinesgleichen weltweit nicht mehr gibt, gingen die bourbonischen Goldgräber allerdings recht sorglos um und schütteten wieder zu, was sich aus ihrer Sicht als nicht ergiebig erwies. Erst nach der Gründung des italienischen Königreiches durfte der Archäologe Giuseppe Fiorelli Grabungsverfahren verlangen, die auch die Gebäude vor Beschädigungen schützten. 1864 erfand Fiorelli übrigens auch jene Methode, die uns das Sterben der Pompejaner auf erschütternde Weise bis zum heutigen Tag miterleben läßt. Der Forscher stellte fest, daß die verwesenden Leichen von hart gewordener Asche umschlossen und ihre Formen in den solcherart umschlossenen Hohlräumen erhalten geblieben waren. Als er diese mit Gips ausgießen ließ, erhielt er perfekte Abdrücke – Männer, Frauen und auch Tiere, die oft noch im Todeskampf mit einer verzweifelten letzten Bewegung versucht hatten, ihre Gesichter zu schützen (s. S. 219).

Um Geld, genauer gesagt um viele Milliarden Lire, geht es auch heute noch, wenn von den verschütteten Vesuvstädten die Rede ist. Allein in Pompeji sind noch immer rund 25 ha des archäologischen Gebietes freizulegen, wofür ein Budget von mindestens 500 Millionen DM zu veranschlagen ist. Um zumindest einen Teil dieser ungeheuren Summen aufbringen zu können, hat man sich im Frühjahr 1998 zu einem in Italien bisher einzigartigen Modellversuch entschlossen: Pompejis Ruinen-Management steht nicht mehr länger unter der Oberaufsicht Roms, sondern ist autonom und verwaltet sich somit selbst. Im Klartext: Die aus Eintrittskarten und Theateraufführungen erwirtschafteten Einnahmen kommen erstmals der antiken Vesuvstadt direkt und ohne bürokratische Umwege zugute.

Bei so manchem alteingesessenen Pompejaner stößt das neue Modell jedoch auf Skepsis. »Erst kürzlich hat man einen großen Münzschatz entdeckt. Das

Gebäude wird jetzt freigelegt, aber wohin das Gold verschwunden ist, weiß niemand.« Offenbar ist es klüger, dem Prinzip der drei weisen Affen, die nichts sehen, nichts hören und nichts reden, zu folgen, als sich den Mund zu verbrennen. Hinter vorgehaltener Hand wird dennoch so manches gemunkelt: von manipulierten Besucherzahlen, von unterschlagenem Geld an den Kassen, von nach Übersee verhökerten Vasen, Skulpturen und Münzen. Fest steht jedenfalls, daß ein Gutteil der Spenden, die nach dem Erdbeben von 1980 aus der ganzen Welt für die Erhaltung der einsturzbedrohten römischen Bauten eingetroffen waren, in dunklen Kanälen versickert ist. Höchstens zehn Prozent der angegebenen Schäden entsprachen nämlich damals der Wirklichkeit. Inwieweit das neue autonome Management vor solchen Machenschaften gefeit sein wird, muß sich nach Ansicht der Einheimischen erst erweisen.

Die ersten Innovationen bekommen Pompeji-Besucher künftig bereits beim Eintritt vorgeführt: Mit Magnetstreifen ausgestattete Karten öffnen die Sperren in die antike Stadt, in der auch die von keinem Fremdenführer begleiteten Individualreisenden nicht mehr ziellos umherirren, sondern auf markierten Routen durchgeschleust werden sollen. Mit alljährlich knapp zwei Millionen Interessenten – und weiterhin steigender Tendenz – liegt das antike Pompeji unter allen Sehenswürdigkeiten Italiens unangefochten an erster (und europaweit an dritter) Stelle. Grund genug, zeitig aufzustehen, denn mehr noch als in anderen archäologischen Ausgrabungsstätten wird in dieser Totenstadt die Einsamkeit zum Verbündeten. Nahezu allein wird man nämlich nur frühmorgens durch die Ruinen schlendern können, unbehelligt von Reisegruppen und ihren Führern, die sich gegenseitig an Stimmkraft zu überbieten suchen.

Eine Nachbildung des »Cave Canem«-Mosaiks befindet sich im Haus des Tragödiendichters

Kurz nach acht Uhr schon erwacht der Platz vor **Pompeji Scavi** zum Leben. Fruchtsaftverkäufer schichten Berge von Orangen und Zitronen auf, Andenkenstände lassen bunte Tücher im Wind wehen, die Kellner in den umliegenden Restaurants und Imbißstuben trinken noch schnell selbst einen Cappuccino, bevor die ersten Passagiere aus ihren Bussen quellen. Wo sich Touristen aus aller Herren Länder allmorgendlich ein Stelldichein geben, befand sich noch wenige Stunden zuvor der Autostrich von Neapel. »Eine Schande ist das«, wettert der gebürtige Pompejaner Franco Africano, vor dessen gepflegtem Hotel mit angeschlossenem Schmuckladen sich das einträgliche Geschäft mit der Prostitution abspielt. »Jetzt kommen sogar schon die Transvestiten, früher waren es wenigstens nur ehrliche Huren«, beklagt er den moralischen Niedergang seiner Heimatstadt. »Und schauen Sie sich doch einmal diese Stände an. Da geht es zu wie in einem orientalischen Basar. Nur Ramsch wird da angeboten, billigstes Zeug. Als Einheimischer muß man sich ja genieren.«

Tatsächlich könnte der Kontrast der frühmorgens noch kaum bevölkerten, stillen Gassen des alten Pompeji zu dem Rummel vor seinen Toren nicht größer sein. »Kaufen Sie, kaufen Sie!«, ertönt es alle paar Schritte. Doch der »trunkene Silen« in plumper Ausführung, in verschiedenen Größen und Materialien oder die ganz und gar nicht mehr wispernd angepriesenen Sonderdrucke von Erotika aller Art sind nun einmal nicht jedermanns Sache. Kluge meiden also die Piazza vor dem Haupttor, sobald dort der Rummel losbricht, und begeben sich schnurstracks in die Ausgrabungszone. Und weil es dort nur allzu bald vor Touristen nur so wimmeln wird, lassen sie Ausgrabungspfade Pfade sein und eilen schnurstracks zu der am weitesten entfernten – und gleichzeitig wohl beeindruckendsten – Sehenswürdigkeit: zur sogenannten **Mysterienvilla** (s. S. 214).

Ausschnitt aus dem Freskenzyklus in der Mysterienvilla

Die Fresken dieser erst 1909 entdeckten *Villa dei Misteri* aus dem 2. Jh. v. Chr. gehören unumstritten zu den kostbarsten Kunstschätzen, die Italien zu bieten hat. Nach wie vor ist das Mysterium um eine junge Frau bei ihrer Einweihung in den Kult des Dionysos nicht vollständig geklärt: ein nackter Knabe liest aus einer Schriftrolle einer sitzenden Frau und einem verschleierten Mädchen das Ritual der Einweihung vor; eine Schwangere mit einer Opferplatte in den Händen wendet sich einer Gruppe von Frauen zu, von denen eine in Richtung der Gefolgsgötter des Dionysos – einem halbnackten, auf der Leier spielenden Silen, einem Satyr und Pan – blickt; ein Silen reicht einem Knaben ein Gefäß zum Trunke, während ein weiterer Jüngling eine Maske über die Szene hält; ein kniendes Mädchen ist dabei, einen verhüllten Phallus zu entschleiern, während ein geflügelter Dämon die Einzuweihende, die ihr Gesicht in den Schoß einer Gefährtin legt, geißelt und daneben eine nackte Bacchantin tanzt. Die beiden anderen Szenen der Freskenreihe zeigen eine Frau, die von zwei Amoretten bedient wird, und eine sitzende Frau, eine Priesterin oder möglicherweise die Hausherrin.

Manche Experten meinen, es handle sich bei den Darstellungen nicht um dionysische, sondern um orphische Initiationsriten. Auch Eckart Peterich, ein profunder Kenner der Materie, konnte sich niemals zwischen diesen beiden Deutungsversuchen entscheiden. Überwältigt von der Ausstrahlung der Malerei, hingerissen von diesem einmaligen Beispiel antiker Kunst, blieben dem großen Italien-Fachmann letztlich beide Theorien gleichgültig, denn er sagt: »Es sind höchste Meisterwerke ihrer späten Zeit, der des Hellenismus, geschaffen in dem samnitischen Pompeji, das geistig und künstlerisch noch völlig vom Hellenischen beherrscht wurde, im Dienste eines hellenischen Kults und von einem Maler, der entweder ein Grieche war oder von Griechen gelernt hatte, einem Genie, das gewiß zu den größten Künstlern seiner Zeit gehörte, das neben den größten Malern aller Zeiten genannt werden könnte, wenn sein Name nicht verloren wäre.«

Durch eine von Gräbern flankierte Straße – die Via dei Sepolcri – führt nun der Weg zum Zentrum der bei ihrem Untergang von rund 20 000 Menschen bewohnten Ansiedlung. Spätestens beim Forum gehört die friedliche Stunde in der Mysterienvilla der Vergangenheit an, ist es mit der Stille vorbei, die den eigentlichen Reiz Pompejis, dieser so abrupt und brutal aus dem Leben gerissenen Römerstadt, ausmacht. Vor den puppenstubenartigen Eingängen der interessantesten Privathäuser drängen sich die Besucher, einem summenden Bienenvolk gleich, das seinen Stock umfliegt. Erotisches gewünscht? Kein Problem! Mit professionell verschmitzter Miene wachen die Aufseher darüber, daß sich keiner allzu lange an den Beischlafszenen in den Bordellen erfreut, die man in den 50er und frühen 60er Jahren noch dem weiblichen Teil der Menschheit vorenthalten hatte.

Es ist zweifellos eine Temperamentssache, ob die Graffiti an den Hauswänden, die Wagenspuren in den Straßen, die Krüge, Töpfe, Geschäftsportale, Gärten, Statuen und Theater, ob all diese Dokumente des Alltags und der Vergänglichkeit menschlichen Strebens uns heute noch etwas zu sagen haben. Oder ob Hitze, Staub und Menschenmassen Pompeji nun endgültig in eine tote, seelenlose Stadt verwandeln, die man eigentlich gar nicht aufzusuchen braucht, weil die schönsten Fundstücke

Der Apollotempel

ohnedies in den berühmtesten Museen der Welt – vom Archäologischen Nationalmuseum in Neapel über den Pariser Louvre bis zum New Yorker Metropolitan Museum – zu besichtigen sind. Und dennoch – es gibt nur ein Pompeji, auch wenn sein Zauber arg gelitten haben mag. Diesen gilt es aufs neue zu entdecken, gilt es unter der Fülle an Informationen, Rekonstruktionen und Dokumentationen aufzuspüren. Dabei spielt es keine Rolle, in welcher Reihenfolge man nun die sieben zur Auswahl stehenden und von der Ruinen-Verwaltung offiziell in folgender Zusammensetzung empfohlenen Rundgänge antritt (Detailprogramm am Kiosk beim Haupteingang Porta Marina erhältlich). Denn Pompeji offenbart sich ohnedies nur demjenigen, der es mit seiner Seele sucht.

Spaziergang 1: Von der Porta Marina zum Forum

Umfaßt insgesamt 17 Objekte, Mindestdauer: 1 Std.; Karte s. S. 206/207

Durch die **Porta Marina** 1 betraten einst alle, die im Hafen gelandet waren, Pompeji. Heute dient das antike Tor als Haupteingang zu den Ausgrabungen. Die beim Erdbeben 62 n. Chr. zerstörte und nicht wieder aufgebaute **Villa Imperiale** 2, rechts vor dem Eingang, zählt zu den vornehmen Wohnsitzen, die unmittelbar an der Stadtmauer gebaut wurden und deswegen einen besonders schönen Blick auf den Golf von Neapel boten. Sehenswert sind die Wanddekorationen, die unter anderem Theseus im Kampf mit dem Minotaurus sowie die verlassene Ariadne zeigen. Unmittelbar vor der Stadtmauer befinden sich die **Suburbanen Thermen** 3, eine dreistöckige, erst in den 90er Jahren restaurierte Anlage. Im Umkleideraum der Badeanstalt, die einst hauptsächlich von Fremden vor Betreten der Stadt aufgesucht wurde, gibt es acht Fresken mit erotischen Motiven. Wendet man sich am Eingang nach rechts, kommen nach wenigen Schritten die spärlichen Überreste des **Venustempels** 4 in Sicht, ein zur Gänze in Marmor ausgeführter – und deswegen nach dem Vesuvausbruch brutal geplünderter – Bau an der einstmals aussichtsreichsten Stelle der Stadt.

Als weit beeindruckender präsentiert sich heute noch der **Apollotempel** 5 an der Via Marina in dem heiligen Bezirk an einer Ecke des Forums. Die Wirkung des Baus mit einem kostbaren Fußboden mit perspektivisch wirkenden Rauten aus polychromem Marmor wird noch durch die Kopien antiker Statuen erhöht, deren Originale einstmals den Portikus schmückten. Eines der mächtigsten Gebäude der Stadt stellte die **Basilika** 6 dar, deren Haupteingang sich entgegen der sonst üblichen Bauweise an der Schmalseite – an der Kreuzung zwischen der Via Marina und dem Forum – lag. Hier befand sich das Zentrum der zivilen Justiz, möglicherweise aber diente dieser überdachte Ort auch als eine Art Börse der betriebsamen Handelsstadt. Der altarartige, isolierte Raum gegenüber dem Eingang eröffnet ein breites Feld an Spekulationen: Ob hier Göttern gehuldigt wurde oder Tribunale stattfanden, wird wohl niemals mehr zu klären sein.

Wie modern mutet die Tatsache an, daß das **Forum** 7, der 142 m lange und 38 m breite Hauptplatz von Pompeji, für den Wagenverkehr gesperrt und somit eine antike Fußgängerzone war. Hier standen die wichtigsten religiösen und politischen Bauwerke, hier lag das pulsierende Zentrum der Stadt. Das Forum war an drei Seiten von einem Portikus

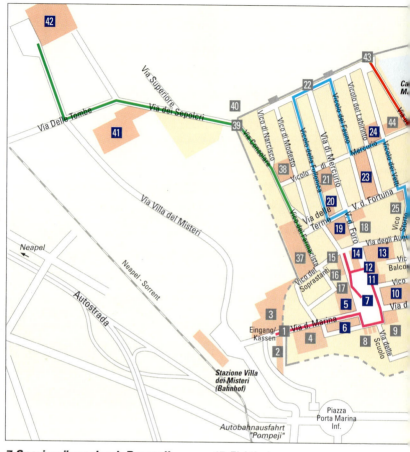

7 Spaziergänge durch Pompeji

1. Porta Marina (Eingang)
2. Villa Imperiale (Kaiservilla)
3. Suburbane Thermen
4. Venustempel
5. Apollotempel
6. Basilika
7. Forum
8. Gebäude der Stadtverwaltung
9. Comitium
10. Gebäude der Eumachia
11. Vespasiantempel
12. Heiligtum der öffentlichen Laren
13. Macellum
14. Jupitertempel
15. Latrine
16. Getreidemarkt
17. Eichtisch
18. Tempel der Fortuna Augusta
19. Forumsthermen
20. Haus des Tragödiendichters
21. Haus des großen und des kleinen Brunnens
22. Merkurturm
23. Haus des Fauns
24. Haus der Vettier
25. Haus der antiken Jagd
26. Bordell
27. Isistempel
28. Samnitische Palästra
29. Forum Triangulare
30. Großes Theater
31. Gladiatorenkaserne
32. Odeon

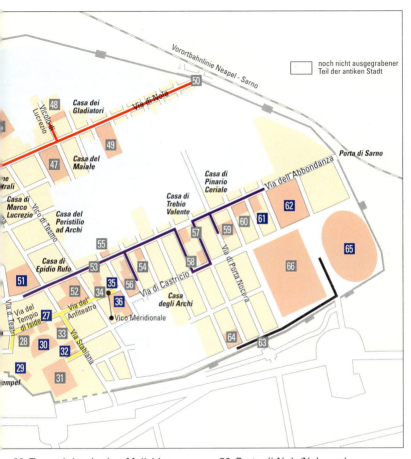

33 Tempel des Jupiter Melichios
34 Haus der Ceier
35 Haus mit dem Kryptoportikus
36 Haus des Menander
37 Haus des Fabius Rufus
38 Haus des Sallust
39 Herculaneum-Tor
40 Nekropole
41 Villa des Diomedes
42 Villa der Mysterien
43 Porta Vesuvio/Nekropole
44 Haus der Goldenen Amoretten
45 Haus des Caecilius Jucundus
46 Haus der Silberhochzeit
47 Haus des Centenariums
48 Haus des Marcus Lucretius Fronto
49 Haus des Obellius Firmus
50 Porta di Nola/Nekropole
51 Stabianer Thermen
52 Haus des Kitharaspielers
53 Wäscherei des Stephanus
54 Thermopolium
55 Schenke der Asellina
56 Haus der Epheben
57 Bäckerei des Sotericus
58 Garumwerkstatt
59 Komplex der Magischen Riten
60 Haus des Octavius Quartius
61 Haus der Venus
62 Haus der Julia Felix
63 Porta Nocera/Nekropole
64 Garten der Fliehenden
65 Amphitheater
66 Große Palästra

mit Loggien umgeben, die Pflasterung bestand ursprünglich aus Travertin, von dem jedoch kaum noch etwas zu sehen ist. Erhalten blieben hingegen mehrere Sockel für die Statuen einflußreicher Persönlichkeiten. Gefunden hat man freilich kein einziges dieser Standbilder.

Geht man gegen den Uhrzeigersinn weiter, stößt man an der Südseite auf die drei **Gebäude der Stadtverwaltung** 8. Hier residierten die *Duumviren* als höchste Autorität, die *Ädilen,* denen der finanzielle Unterhalt der Stadt oblag, sowie die *Dekurionen,* die kommunalpolitisch verantwortlichen Stadträte. An der Ecke zwischen Forum und Via dell'Abbondanza erhob sich gegenüber der Basilika das Wahllokal Pompejis, **Comitium** 9 genannt. Nicht viel anders als heute mußten die wahlberechtigten Bürger – nur Männer, die Frauen waren ausgeschlossen – sich ausweisen, bevor sie ihre Stimmen abgaben: Man kritzelte den Namen des gewählten Kandidaten auf Wachstäfelchen, die in einer Urne gesammelt wurden.

An der anderen Seite der Via dell' Abbondanza stößt das **Gebäude der Eumachia** 10 an, ein eleganter Bau, würdig der Venuspriesterin Eumachia. Wollarbeiter und Weber hatten der Erbin der florierenden Textilfabrik ihres Ehemannes und späteren Priesterin, deren eigene Familie mit Ziegelwerken und dem Weinhandel reich geworden war, in dem Gebäude eine liebreizende Statue aufgestellt (heute im Archäologischen Nationalmuseum von Neapel). Vermutlich diente der Bau neben Geschäftszwecken auch als Kultstätte für Kaiser Augustus. Gleich daneben erhebt sich der **Vespasiantempel** 11, in dem vor allem der Altar mit seinen Reliefdarstellungen – Opferszenen mit einem Stier bzw. die für das Ritual nötigen Geräte – interessant sind. Wiederum gleich anschließend findet sich das **Heiligtum der öffentlichen Laren** 12, nach dem Erdbeben von 62 n. Chr. für die Schutzgötter der Stadt begonnen, aber nie vollendet. Als letzter Bau an dieser Forumsseite steht das **Macellum** 13, die große Markthalle der Stadt. Hier wurden in erster Linie Lebensmittel feilgeboten, doch auch der Kaiserkult um Augustus kam in einem der hinteren Räume – dem sogenannten *Sacellum* – offenbar nicht zu kurz.

Unübersehbar stellt der vor der Silhouette des Vesuv aufragende **Jupitertempel** 14 das alles beherrschende Gebäude des Forums dar. Er stammt noch aus der Frühzeit der Stadt, also aus der samnitischen Periode. Nachdem auch Pompeji römisch geworden war, verwandelte man den Tempel in ein Kapitol, also in ein Heiligtum für die drei kapitolinischen Gottheiten Jupiter, Juno und Minerva. Eine Treppe, so breit wie die 17 m umfassende Frontseite, führte hinauf zum 37 m langen Tempel, in dem ein kolossaler Torso der Jupiterstatue (Kopie, Original im Nationalmuseum Neapel) an die einstige Größe erinnert.

Auf Erhabenes folgt nun Prosaisches an der zweiten Längsseite des Forums, die **Latrine** 15, eine erst in den letzten Existenzjahren der Stadt gebaute Bedürfnisanstalt, die sich auf diesem vielbesuchten Platz offenbar als dringend notwendig erwies. Gleich daneben befand sich der **Getreidemarkt** 16, einst ein zum Forum offener Markt für Kräuter, getrocknete Hülsenfrüchte und Mehl, heute ein verschlossenes Depot für archäologisches Material und somit öffentlich nicht zugänglich. Der Rundgang ums Forum endet an der Außenwand des Apollotempels, an der sich bis heute der sogenannte **Eichtisch** 17 befindet: Eine Kalkplatte mit neun runden Vertiefungen, die den damals gängigen Mengenmaßen entsprachen. Unter der

Aufsicht städtischer Beamter konnte hier jeder Käufer die Produkte nochmals messen – d. h. in die entsprechende Vertiefung füllen und anschließend durch den Gewichtsstein rinnen – lassen.

Spaziergang 2: Vom Forum zum Haus der Vettier

Umfaßt insgesamt 9 Objekte, von denen die Hälfte als absolutes Muß einzustufen ist. Mindestdauer: 1 Std.

Marcus Tullius, ein Verwandter Ciceros und als Mäzen einer der prominentesten Pompejaner, hat an der gleichnamigen Straße hinter dem Forum den **Tempel der Fortuna Augusta** 18 auf eigene Kosten errichten lassen. Er diente vor allem zur Verbreitung des Kaiserkults, wodurch dem vergleichsweise bescheidenen Heiligtum enorme politische Bedeutung zukam. Gleich gegenüber, in der Via delle Terme, lagen die **Forumsthermen** 19, einer der beliebtesten Treffpunkte der Pompejaner. Das geht allein schon daraus hervor, daß diese Badeanstalt nach dem Erdbeben von 62 n. Chr. sofort wieder instand gesetzt wurde und beim Vesuvausbruch als einzige längst wieder in Betrieb war. Es gab zwei analog aufgebaute Abteilungen mit getrennten Eingängen für Männer und Frauen.

Ebenfalls an der Via delle Terme wartet als weitere Sehenswürdigkeit das **Haus des Tragödiendichters** 20, das es durch ein Mosaik am Eingang zu Weltruhm gebracht hat – einem drohenden schwarzen Hund und der warnenden Inschrift »Cave Canem« (Original im Nationalmuseum von Neapel). Der Spaziergang führt nun die Via di Mercurio entlang, vorerst zum **Haus des großen**

Figur des tanzenden Fauns

Brunnens und dem unmittelbar anschließenden **Haus des kleinen Brunnens** 21, wo es, wie die Namen schon verraten, mit bunten Mosaiken geschmückte Brunnenanlagen zu besichtigen gibt. Am Ende dieser Straße erhebt sich der aus dem 3. Jh. v. Chr. stammende, in die Stadtmauer eingefügte **Merkurturm** 22, einst nur einer von vielen Wachtürmen, heute der höchste Aussichtspunkt des antiken Pompeji.

Zurück ins Zentrum des Geschehens: Durch den Vicolo del Fauno gelangt man zum **Haus des Fauns** 23, einem der größten und prachtvollsten Gebäude der Stadt. Der Name leitet sich von der unzählige Male als Souvenir mehr oder minder gelungen kopierten Statue eines tanzenden Fauns ab. Die gigantischen Ausmaße der Villa, die gleich eine ganze Insula einnahm, lassen sich allein schon an der Tatsache ermessen, daß es zwei Atrien, zwei Peristyle, vier Triclinien und sogar ein eigenes Thermalbad gab. Zu den aufsehenerregendsten Funden zählte das Mosaik der »Alexanderschlacht« (Nationalmuseum Neapel), zu den erschütterndsten das Skelett der Hausherrin, die mit Schmuck und Gold in den Händen gestorben war. Nicht minder bedeutend ist das schräg gegenüberliegende **Haus** und Apollo. Deftiger noch als auf den Wandmalereien in den Privathäusern der Reichen ging es natürlich im **Bordell** 26 zu. Im offiziellen Freudenhaus der lebenslustigen Handelsstadt Pompeji, das sich unweit des Forums an der Kreuzung zweier Nebenstraßen der Via dell'Abbondanza befand, durften sich

Wandmalerei im Haus der Vettier

der Vettier 24, das auf geradezu einzigartige Weise demonstriert, wie die reichen pompejanischen Kaufleute ihre Villen auszuschmücken pflegten. In nahezu allen Räumen kamen herrliche Fresken zum Vorschein – und unter anderem auch das nicht unbedingt als Gipfel des guten Geschmacks geltende Bild des Priapos, der seinen riesigen Phallus auf die Waage legt.

Durch den Vicolo dei Vetti führt der Weg nun ins **Haus der antiken Jagd** 25, das seinen Namen nach der Malerei einer Gebirgslandschaft erhielt, in der eine Jagd im Gange ist. Auch Leda mit dem Schwan findet man hier, oder Venus als Fischerin zwischen Merkur nicht nur die Besucher, sondern auch die Künstler in der Darstellung von Beischlafszenen aller Art austoben. Schwer zu finden war das »Lupanare«, wie der Puff damals hieß, jedenfalls nicht, wiesen doch schon Phallus-Abbildungen auf dem Pflaster die richtige Richtung. Insgesamt soll es in Pompeji 25 dieser Häuser gegeben haben, doch nicht jedes läßt sich heute noch dermaßen eindeutig identifizieren. Denn was die Kunden von den hier gebotenen Leistungen der meist aus dem Orient stammenden Prostituierten hielten, kann man bald zwei Jahrtausende später noch immer an den 120 erhalten gebliebenen Graffiti ablesen.

Spaziergang 3: Stadtteil der Theater

Umfaßt insgesamt 9 Objekte, Mindestdauer: 1 Std.

Ausgangspunkt für diesen Rundgang durch das kulturelle Pompeji ist der **Isis-**

tempel 27 an der gleichnamigen Straße Via del Tempio di Iside, in die man durch die rechtwinklig von der Via dell'Abbondanza abzweigende Via dei Teatri gelangt. Der Tempel der Isis mußte nach dem Erdbeben von 62 n. Chr. völlig neu errichtet werden. Der Isiskult war im hellenistischen Zeitalter, als es viele religiöse Berührungspunkte zwischen Griechenland, dem Orient und Ägypten gab, weit verbreitet und wurde in Pompeji, das selbst rege Handelsbeziehungen zum Orient unterhielt, begeistert aufgenommen. Ein von einem Säulengang umgebener Platz markiert gleich daneben den Standort der **Samnitischen Palästra** 28, was freilich eine irreführende Bezeichnung für den offiziellen Sitz des pompejanischen Militärvereins darstellt. Schuld daran war die aufgefundene Statue eines Lanzenträgers, in der Antike Symbol für jugendliche Kraft – und diese tankt man eben am besten in einer Sportanlage, einer Palästra. Tatsächlich wurden hier Soldaten für Paraden und offizielle Wettkämpfe trainiert.

Im umgekehrten Uhrzeigersinn geht es nun zum **Forum Triangulare** 29, jenem »Dreieckigen Forum«, das auf einem Hügelvorsprung in weithin sichtbarer Lage angelegt war. Hier stand einstmals ein Dorischer Tempel, von dem noch der Sockel erhalten blieb. Zu sehen ist ferner noch der in hellenistischem Stil gestaltete Platz mit einem aus 95 Säulen gebildeten Portikus, der für Spiele und Darbietungen der Athleten, aber auch als ›Pausenraum‹ für das nahe **Große Theater** 30 genutzt worden war. Dieses stammt aus dem 2. Jh. v. Chr. und weist einen griechischen

Bis heute gebrauchsbereit: Tönerne Getreidebehälter

Grundriß auf, ist also stufenförmig emporsteigend an einem natürlichen Hang angelegt. Das einzige Theater Pompejis faßte nach einer Erweiterung etwa 5000 Zuschauer. Was ursprünglich als zusätzlicher Platz für das Theater gedacht war, wurde in die **Gladiatorenkaserne** 31 umfunktioniert. 74 mehr oder minder gut erhaltene Säulen begrenzen den großen, quadratischen Hof. Unmittelbar neben dem Großen Theater befand sich ein **Odeon** 32, ein kleines, überdachtes Theater für Musikveranstaltungen.

Zurück in Richtung Isistempel, wo sich etwas zurückversetzt an der Via Stabiana der **Tempel des Jupiter Melichios** 33 erhebt. Der Kult um den »honigsüßen« *(meilichios)* Gott stammt ursprünglich aus Großgriechenland, konnte aber in Pompeji früh Fuß fassen. Wer jetzt die kleine Seitenstraße gegenüber dem Tempel entlang geht, erreicht die Vico Meridionale, wo sich drei bemerkenswerte Villen befinden: Das **Haus der Ceier** 34, nach einem der Namen bezeichnet, die sich auf den neun ›Wahlplakaten‹ an der Fassade fanden, kann mit besonders gelungenen Tierdarstellungen (Fresken an den Gartenmauern) aufwarten. Der Keller des **Hauses mit dem Kryptoportikus** *(Casa del Criptoportico)* 35 wurde beim Vulkanausbruch zahlreichen Menschen zum Grab. Das gegenüberliegende **Haus des Menander** 36, benannt nach einem Fresko, das den Dichter Menander zeigt, hatte einen prominenten Hausherren: Quintus Poppaeus, ein Angehöriger jener Familie, aus der auch die zweite Ehefrau Kaiser Neros – Poppaea Sabina – stammte. (Deren Villa stand übrigens nicht in Pompeji, sondern im heutigen Torre Annunziata und ist eine eigene Besichtigungstour wert – s. Villa Oplontis, S. 227).

Spaziergang 4: Vom Forum zur Villa der Mysterien

Umfaßt insgesamt 5 Objekte, Mindestdauer: 1,5 Std.

Bewegte man sich bei den bisherigen Spaziergängen in eng umgrenztem Gebiet, so gilt es diesmal, eine relativ weite Wegstrecke zurückzulegen, weshalb die offiziell mit nur einer Stunde anberaumte Besichtigungsdauer sicherlich zu kurz ist. Erste Station ist das **Haus des Fabius Rufus** 37, eine mehrstöckige Stadtvilla unmittelbar an der Stadtmauer. Wie bei der Villa Imperiale (S. 204) kam es dem Architekten, der dieses

Mysterienvilla: Einweihung in den Dionysoskult mit tanzender Bacchantin

Haus nur wenige Jahre vor dem Vesuvausbruch aus mehreren bereits vorhandenen Gebäuden zu einem Luxussitz zusammengefügt hatte, in erster Linie auf den herrlichen Ausblick auf den Golf von Neapel an. Von einer der jüngsten Villen nun zu einer der ältesten: Das **Haus des Sallust** 38 an der zum **Herculaneum-Tor** 39 führenden Via Consolare, entstand im 3. Jh. v. Chr. Zu erkennen sind noch vier Läden, eine Weinstube und eine Bäckerei. Vermutlich diente das an der Einfallstraße aus Neapel liegende Gebäude zuletzt als Herberge mit Zimmern im ersten Stock und einem Restaurationsbetrieb im Erdgeschoß.

An dem vermutlich wichtigsten Stadttor der Handelsmetropole Pompeji beginnt die Gräberstraße, die durch die ausgedehnte, außerhalb der Stadtmauern liegende **Nekropole** 40 führt. Doch nicht nur Grabstätte an Grabstätte findet sich hier, sondern auch die besonders luxuriös ausgestattete **Villa des Diomedes** 41 mit Thermalanlagen und einem Swimmingpool unter freiem Himmel. Bis hierher und nicht weiter kam der Hausherr, der zu spät mit seinem ›Schatz‹ von exakt 1365 Sesterzen – eine vergleichsweise lächerliche Summe, die nicht einmal für eine angemessene Beerdigung ausgereicht hätte – fliehen wollte. Er starb beim Untergang Pompejis ebenso wie weitere 18 Personen seines Haushalts – unter ihnen einige mit Schmuck behängte Frauen.

Der Höhepunkt jeder Pompeji-Besichtigung: die **Villa der Mysterien** *(Villa dei misteri)* 42. Bis vor wenigen Jahren konnte man einen Rundgang hier beginnen, heute darf man nur von der Ausgrabungszone her kommend die wohl faszinierendste Vorstadtvilla rund um den Vesuv betreten. Bemerkenswert ist nicht so sehr der Bau aus dem 2. Jh. v. Chr., der sich in zwei Bereiche gliedert, denn es war damals durchaus üblich, den luxuriösen Wohnbereich von den landwirtschaftlichen Nutzräumen deutlich zu trennen. Ihren Ruhm verdankt die Villa einzig und allein ihrem insgesamt 17 m langen und 3 m hohen Freskenzyklus – der sogenannten »Mysterienmalerei« (s. S. 203 und 213).

Spaziergang 5: Von der Porta Vesuvio zur Porta di Nola

Umfaßt insgesamt 8 Objekte, Mindestdauer: 1 Std. (plus 0,5 Std. Wegzeit vom Haupteingang zum Ausgangspunkt; ebenso lang braucht man auch wieder zurück zum Ausgang).

Wer von der Nekropole beim Herculaneum-Tor noch nicht genug hat, kann seine Gräbertour in der **Nekropole** bei der **Porta Vesuvio** 43 fortsetzen. Besonders hingewiesen sei hier auf das von einer Mauer umgebene, über und über mit Fresken (Gladiatorenszenen, aber auch die Darstellung einer Tafel mit fein ziseliertem Silbergeschirr) geschmückte Grabmal des Ädils Caius Vestorius Priscus. Schnurgerade führt die Via del Vesuvio zum **Haus der Goldenen Amoretten** 44, das in der dreieckigen Insula vor dem Haus der Vettier (s. S. 210) steht. In den Putz eingelassene, mit Blattgold überzogene Glasscheibchen, in die Amoretten eingeritzt wurden, haben dem Luxussitz eines Mannes aus dem Geschlecht der Poppaeer den heutigen Namen verliehen. Ungewöhnlich wie die Anlage der Räumlichkeiten sind auch die stuckverzierten Kassettendecken in zwei Gemächern.

Ebenfalls an der Via del Vesuvio, bloß auf der anderen Straßenseite, erhebt sich wenige Meter weiter das **Haus des Caecilius Jucundus** 45. Über die Identität des Hausherrn – einen reichen Bankier – ist man sich ausnahmsweise völlig sicher, denn man fand dessen vollständiges Archiv aus den Jahren 52 bis 62: 154 Wachstäfelchen, auf denen sämtliche Ein- und Ausgaben akribisch verzeichnet sind. Die Phantasie mußte hingegen bei jenem gefälligen, aber nicht weiter bemerkenswerten Bau wieder herhalten, der sich im letzten Seitengäßchen der Via del Vesuvio am Rand der bis heute noch nicht ausgegrabenen Zone befindet: Weil seine Entdeckung im Jahr 1893 mit der silbernen Hochzeit des italienischen Königspaares Umberto und Margherita von Savoyen zusammenfiel, taufte man es **Haus der Silberhochzeit** 46.

Auch das an der Hauptstraße Via di Nola liegende **Haus des Centenariums** 47 trägt einen Namen, der ganz und gar nichts mit jenen zu tun hat, die einst hier lebten. Man fand es 1879, also exakt 1800 Jahre nach der Vesuv-Katastrophe, und nannte es deshalb »Jahrhundert-Jubiläums-Haus«. Wer für erotische Wandmalereien etwas übrig hat, ist hier zweifellos an der richtigen Adresse! Schräg gegenüber, in einer nur zum Teil ausgegrabenen Seitengasse, wartet das **Haus des Marcus Lucretius Fronto** 48 auf die Bewunderer seines kontrastreichen Wanddekors: Tiefes Schwarz, durchbrochen durch gelbe Streifen mit Arabesken und Jagdszenen. Andere Fresken wiederum zeigen in höchster Qualität die Hochzeit von Ares und Aphrodite oder auch den Narcissus an der Quelle. Direkt an die Via di Nola stößt wiederum das **Haus**

Eine der vielen erotischen Wandmalereien im Haus des Centenariums

des **Obellius Firmus** 49, ein Wohngebäude, das zum Zeitpunkt des Ausbruchs noch nicht vollständig wieder aufgebaut war. Daß der Besitzer wohlhabend gewesen sein muß, beweist ein im Boden fest verankerter bronzener Tresor.

Am Ende der Straße die **Porta di Nola** und **Nekropole** 50: Das Tor steht am höchsten Punkt des Hügels, auf dem Pompeji errichtet wurde. Und wiederum befindet sich außerhalb der Stadtmauern eine Reihe interessanter Grabdenkmäler, wobei man hier auf anschauliche Weise an einen uralten Totenbrauch erinnert wird: Hinter der Einfriedung eines Urnengrabes befindet sich ein Loch für Speise- und Trankopfer.

Spaziergang 6:
Via dell'Abbondanza –
Straße des Reichtums

Umfaßt insgesamt 12 Objekte, Mindestdauer: 1 Std (plus 0,5 Std. für den Rückweg).

Luxus pur: In unmittelbarer Nähe des Forums, dort, wo die Via dell'Abbondanza auf die Via Stabiana trifft, befand sich die älteste Badeanstalt der Stadt: Die **Stabianer Thermen** 51 aus dem 2. Jh. v. Chr. umfassen eine Grundfläche von rund 3500 m^2 und wurden von Männern wie Frauen gleichermaßen – wenn auch in getrennten Abteilungen – besucht. Zusätzlich gab es noch einen großen Hof als Palästra für Gymnastik, Spiel und Sport. Noch heute läßt sich erkennen, wie prunkvoll dieses öffentliche Bad, das natürlich über alle technischen Finessen zur Erzeugung der gewünschten Wasser- und Lufttemperaturen verfügte sowie eigene Ruhe- und Umkleideräume besaß, gewesen sein muß. So besaß beispielsweise das Frigidarium – das Kaltbad – ein Deckengewölbe mit Fresken, die den Eindruck erweckten, daß man sich direkt unter einem Sternenhimmel befand, und Wanddekorationen, die eine Gartenlandschaft vortäuschten.

Daß man damit aber noch immer nicht das Nonplusultra erreicht hatte, beweist ein Brief Senecas etwa hundert Jahre nach der Errichtung der Thermen, der eine Reihe von Verbesserungsvorschlägen enthält: Den Besuchern aus Rom gefielen die Bäder nur, wenn an den Wänden runde Spiegel hingen, wenn alexandrinischer Marmor mit Inkrustationen aus Numidischem Marmor kombiniert sei und wenn diese Marmorarbeiten auf allen Seiten von Mosaikkünstlern noch mit allerlei verschiedenen Verzierungen verschönt seien. Die Decken in den Räumen müßten aus Glas sein. Kostbaren Marmor aus Thasos, den man früher höchstens in einem Tempel bewundern konnte, will man jetzt als Einfassung für die Badebecken sehen, in die wir unsere müden, schweißtriefenden Körper eintauchen. Und das Badewasser mußte aus silbernen Hähnen sprudeln.

Sonst noch Wünsche, Herr Seneca, ist man da versucht zu fragen? Tatsächlich konnte der pompejanische Luxus keineswegs mit dem römischen Raffinement Schritt halten, schließlich war man in der Provinz und nicht in der Hauptstadt des Universums!

So gesehen muß einem römischen Gast auch das **Haus des Kitharaspielers** 52 schräg gegenüber recht provinziell erschienen sein. Da nützte es auch nichts, daß diese Nobelvilla in zentraler Lage aus der Zusammenlegung zweier Wohnhäuser entstand und eine ganze Insula ausfüllte. Den Namen erhielt sie durch eine Statue Apollos mit der Ki-

2000 Jahre alte Fast food-Theke: In Pompeji gab es zahlreiche Imbißstuben und Lebensmittelläden

thara (Nationalmuseum Neapel). Eine Quergasse weiter stand die **Wäscherei des Stephanus** 53, das einzige Gebäude dieser Art, das von Anfang an als Wasch- und Färbeanstalt gebaut worden war. Alle anderen einschlägigen Betriebe waren in nachträglich umgebauten Wohnhäusern untergebracht. Natürlich gibt es hier Becken über Becken zu sehen – und im Haus gegenüber, in der sogenannten »Werkstatt von Verecundus«, einen Fachbetrieb für Filzbearbeitung, von dem leider nur die bunt bemalte Fassade erhalten geblieben ist.

Erinnerungen an das Alltagsleben gleich ein paar Schritte weiter: In einem typischen **Thermopolium** 54, einem Imbißladen, wo man sich rasch mit etwas Warmem sättigen konnte. Antikes Fast-Food also, das sehr beliebt gewesen sein muß, fand man doch noch die Tageseinnahmen von jenem verhängnisvollen 24. August 79: Bis zur Katastrophe hatte der Wirt etwa 680 Sesterzen in Kleingeld zu 374 Assen und 1237 Quadranten eingenommen. Ebenfalls um eine Imbißstube – aber nicht nur – handelte es sich bei der **Schenke der Asellina** 55 schräg gegenüber. Noch zu sehen sind die gemauerte Verkaufstheke mit vier Tonbehältern für die warmen Speisen sowie die Überreste einer Treppe. Sie führte in den ersten Stock zu den Zimmern, in denen die Mädchen Asellina, Zmyrina, Ismurna und Aegle ihre Liebesdienste feilboten. Daß wir ihre Namen heute noch kennen, verdanken die Damen ihrem politischen Engagement: Sie machten nämlich selbst Wahlpropaganda, indem sie die auf Graffiti verzeichneten Kandidaten mit ihrer Unterschrift den Kunden ans Herz legten.

Vom **Haus der Epheben** 56, versteckt in einer Seitengasse und wegen seines ausgefallenen Fußbodens, einem Blumenteppich aus Marmor und Glas, bemerkenswert, zur **Bäckerei des Sotericus** 57: Insgesamt gab es 31 Bäckereien und Konditoreien in der Stadt – und allesamt waren sie berühmt für die hohe Qualität ihrer Produkte. Eine weitere Spezialität der Vesuvgegend stellte eine auf komplizierte Weise mit Salzlake ge-

Das Ausgrabungsgelände von Pompeji zieht jedes Jahr zahlreiche Besucher an

wonnene Fischsoße dar, *garum,* die man in verschiedenen Güteklassen – etwa als *garum excellens* oder *gari flos flos* – ins gesamte Römische Weltreich exportierte. Solch eine **Garumwerkstatt** 58 befand sich unweit der Bäckerei an einer Seitengasse der Via dell'Abbondanza. Die mit der Delikatesse zu füllenden Amphoren standen gesäubert im Garten, manche waren sogar bereits etikettiert, der Abfülltrichter hing griffbereit an der Wand – doch dieses *garum* sollte nie mehr genossen werden.

Ein Bedarf ganz anderer Art wurde in dem nahen **Komplex der Magischen Riten** 59 gedeckt: Hinter der recht schwülstigen Bezeichnung verbirgt sich nichts anderes als ein Haus an einer weiteren Seitengasse, in dem die Pompejaner – nicht anders als ihre italienischen Nachfahren zwei Jahrtausende später – dem Kult mit dem Aberglauben frönten. Ob Amulett oder Talisman, ob Opfergefäß oder zauberkräftige Tinktur, all das und noch vieles mehr gab es hier zu kaufen.

Zurück von den magischen Riten, die im Hof des Zauberhauses vollzogen wurden, und hinein in eines der interessantesten Gebäude der Stadt: Das **Haus des Octavius Quartius** 60 nimmt fast eine gesamte Insula an der Hauptstraße ein, wobei nicht der Bau, sondern der Garten als größter der Stadt gilt. Natürlich mangelt es weder an künstlichen Kanälen noch an üppig geschmückten Brunnenanlagen oder einem Nymphäum. Ein idealer Schauplatz, um nächtens dem Isiskult zu frönen, wie einige Graffiti verraten. Angeblich konnte man sogar den gesamten Park unter Wasser setzen, um damit die Überschwemmungen des Nil zu imitieren und anschließend wieder auf dem Trockenen die Fruchtbarkeitsriten zu genießen! Vergleichsweise harmlos nimmt sich dagegen das benachbarte **Haus der Venus** 61 aus, wo lediglich ein Gemälde der nur mit ihrem Goldschmuck bekleideten Liebesgöttin an sinnliche Vergnügungen denken läßt.

Und geradezu bieder, wenn auch nicht bescheiden, geht es bei der letzten Station des Spaziergangs zu: Das **Haus der Julia Felix** 62, das sich samt Gartenanlagen über die Fläche von zwei (!) Insulae erstreckt, zeugt vom eleganten Lebensstil der ebenso vornehmen wie hochherzigen Hausherrin. Als nämlich nach dem Erdbeben von 62 n. Chr. akute Wohnungsnot herrschte, entschloß sich Julia Felix nicht nur dazu, einen Teil ihres Hauses zu vermieten, sie öffnete auch ihre private Thermenanlage der Allgemeinheit. Viele Skulpturen und Ge-

Erschütterndes Dokument im »Garten der Fliehenden«: Die in Gips gegossenen Körperformen von Menschen, die vergeblich versuchten, dem Vesuvausbruch zu entkommen

mälde der Villa befinden sich heute im Nationalmuseum von Neapel, aber das schönste Fresko, das Apollo mit den Musen zeigt, gehört zu den Sammlungen des Pariser Louvre.

Spaziergang 7: Von der Porta Nocera zum Amphitheater

Umfaßt insgesamt 4 Objekte, Mindestdauer: 1 Std. (Achtung, nicht vom Haupteingang, sondern vom »Ingresso Anfiteatro« losmarschieren).

Kein Tor ohne davorliegende Totenstadt, das ist auch bei der **Nekropole** an der **Porta Nocera** 63 nicht anders. Beachtenswert sind das monumentale Grab der Venuspriesterin Eumachia sowie die insgesamt 14 Nischengräber der Flavier. Und zum Nachdenken lädt die Inschrift ein, die ein gewisser Publius Vesonius Phileros über seiner letzten Ruhestätte hatte anbringen lassen: »Wanderer, bleibe ein wenig stehen, wenn es dir nichts ausmacht, und erfahre, wovor du dich hüten mußt. Der, dessen Name hier geschrieben steht, den ich für meinen Freund hielt, beschuldigte mich fälschlich. Beim Gerichtsverfahren wurde ich dank der Gunst der Götter und aufgrund meiner Unschuld von jedem Verdacht befreit. Wer Falsches über mich gesagt hat, soll von den Göttern, von den Penaten und von allen im Jenseits zurückgewiesen werden.«

Unversöhnlich bis über den Tod hinaus? Angesichts des **Gartens der Fliehenden** 64 nimmt sich die Rachsucht des Vesonius ziemlich kleinkariert aus. Erst 1961 hat man an jener Stelle, an der sich der Garten eines Bauernhauses befunden hat, die Überreste von 13 Pompejanern – unter ihnen Frauen und Kinder – entdeckt. Nach bewährtem Verfah-

Die Hohe Schule der Gemmen und Kameen

Schon unter den Römern waren Schmuckstücke aus dem Orient bekannt und beliebt – Gemmen und Kameen: Edelsteine, in die das Bild vertieft geschnitten ist (Gemmen) oder auf denen es sich als erhabene Arbeit befindet (Kameen).

In Pompeji befand sich bereits in der Antike das Zentrum dieser handwerklichen Kunst – und so ist es bis heute geblieben. Freilich, die klassische Fertigung aus Halbedelsteinen, Karneol, Quarz, Jade oder Onyx, gehört der Vergangenheit an. Muscheln und Korallen bilden jetzt die Stoffe, aus denen die Schmuckträume gemacht werden.

Die Hohe Schule des Gemmen- und Kameenschneidens wird in **Torre del Greco** (S. 308) gelehrt. »Sieben Jahre dauert die Ausbildung an diesem in Italien einzigartigen Institut«, weiß Franco Africano zu berichten, der das Handwerk noch von seinem Vater gelernt hat und Absolvent der von Königin Margherita in der zweiten Hälfte des 19. Jh. gegründeten Schule ist. »Leider wollen die meisten jungen Leute heutzutage schnell verdienen, lassen sich in wenigen Monaten die nötigen Grundbegriffe beibringen und produzieren dann billigen Kitsch für die Souvenirindustrie«, klagt Africano. »Das ruiniert den Ruf unserer Branche.«

Hochwertige Gemmen und Kameen haben ihren Preis, der nach oben kaum Grenzen kennt. Die Schmuckstücke werden nicht in Fabriken, sondern ausschließlich in Heimarbeit gefertigt. Gut 70 % der Bevölkerung von Torre del Greco – hier gibt es auch ein sehenswertes **Museo del Corallo** – leben von diesem Handwerk, zumindest in den Wintermonaten. Sie hüten ihre Korallen wie Schätze, weil aus Gründen des Naturschutzes immer mehr ›Erntegebiete‹ gesperrt werden. So dürfen zum Beispiel vor Sardinien, wo die prachtvollsten Bänke des Mittelmeerraumes

ren goß man die Körperformen der bei ihrer Flucht vom Tode Überraschten mit Gips aus und erhielt solcherart das wohl erschütterndste Dokument der dramatischen Ereignisse vor bald zwei Jahrtausenden. Unweit davon fand man erst jüngst eine Schwangere und weitere 10 Personen, die es ebenso wenig geschafft hatten, rechtzeitig das rettende Meeresufer zu erreichen.

Umgekommen ist man damals auch schon vorher: im nahen **Amphitheater** 65, sofern man zu den Gladiatoren, den *morituri* zählte, also zu jenen, »die sterben müssen«. Das bereits um 80 v. Chr. erbaute Theater, das heute als das älteste erhaltene seiner Art gilt, bot 20 000 Zuschauern Platz. Eine keineswegs provinzielle Größenordnung, war doch das erst zur Zeit der Pompeji-Katastrophe –

wachsen, erst in einigen Jahren wieder Korallen gesammelt werden. Die Folge ist eine Preispolitik wie bei Diamanten.

kennt man daran, daß sie in Gold gefaßt sind, Gesellenstücke am Silberrahmen. Billige Souvenirs kommen mit

Kameen dieser Art wurden schon in der Römerzeit gefertigt

Bilden Muscheln das Grundmaterial für Gemmen, so wird zuerst die erste der drei Schichten vorsichtig entfernt. Dann fixiert man das Werkstück mit Wachs auf Holz und bearbeitet es mit einem winzigen Messer, bis die dritte Schicht zutage tritt. Meisterarbeiten er-

Blech aus. Die Motive der Gemmen und Kameen sind meist griechischen, etruskischen und römischen Ursprungs, aber auch Werke großer Künstler der Renaissance und des Barock, wie zum Beispiel die Madonna von Botticelli, dienen als Vorbilder.

also 160 Jahre später – fertiggestellte Kolosseum der Millionenstadt Rom im Vergleich dazu nicht einmal viermal so groß (68 000 Sitzplätze und 5000 Stehplätze).

Nach den düsteren Gedanken an blutige Darbietungen ein friedlicher Ausklang: Die neben dem Amphitheater plazierte **Große Palästra** 66 bot der männlichen Jugend Pompejis jede nur

denkbare Möglichkeit, sich auszutoben. Der 141 m x 107 m große Sportplatz war auf drei Seiten mit einem Portikus umgeben – 48 Säulen an den Längs- und 35 auf den Schmalseiten. Dahinter erhob sich eine dichte Doppelreihe schattenspendender Platanen, wie die noch vorhandenen Wurzelabdrücke beweisen. Für den Wassersport diente ein 35 m x 22 m großes Schwimmbecken in der Platzmitte.

Herculaneum: Magie der Zeitlosigkeit

■ (S. 295) Eine feierliche Zypressenallee, von keinen Souvenir- oder Getränkeständen ihres ernsten, strengen Aussehens beraubt, führt zu den Ausgrabungen von Herculaneum, dem zweiten Opfer des wütenden Vesuv. Daß beide Städte an ein und demselben Tag starben, ist aber so ungefähr die einzige Gemeinsamkeit. Denn während Pompeji langsam unter einem alles erstickenden Regen aus Asche und Lapilli versank, wurde die »Stadt des Herkules« von einer Lavaschicht buchstäblich niedergewalzt. Die antike Ansiedlung – eine Gründung aus dem 6. Jh. v. Chr. – liegt 20 m tiefer als das moderne Resina, heute ein häßlicher, gesichtsloser Vorort Neapels, dessen schäbige Bauten des 20. Jh. sich auf den ersten Blick nur unwesentlich von ihren 2000 Jahre älteren Vorgängern unterscheiden. Das gleiche Graugelb der Fassaden, die gleichen grob gepflasterten Straßen finden sich hier wie dort, nahezu nahtlos ist der Übergang von einst auf heute.

Vielleicht ist es dieses Nebeneinander von Heute und Gestern, das Herculaneum weniger tot erscheinen läßt als Pompeji. Möglicherweise ist auch die Kompaktheit und Abgeschlossenheit der Ausgrabung verantwortlich dafür, daß viele sich von der weit weniger berühmten Schicksalsschwester mehr angezogen fühlen.

Entdeckt wurde Herculaneum von dem österreichischen Marquis d'Elbœuf im Jahr 1709, als der Fürst einen Brunnen schlagen ließ. Ohne Rücksicht auf Verluste barg er, was leicht herauszuholen war. Er hatte das Theater gefunden, für dessen Statuen und Teile von Marmorverkleidungen er ein recht stattliches Sümmchen einstreichen konnte. Die eigentlichen Ausgrabungen erfolgten ab 1738 unter Karl III., bis 1765 trieb man jedoch nur Stollen in den harten Boden, um dem dunklen Gestein Gemälde und Plastiken, Gold und Edelsteine abzuringen.

Den Einwohnern von Resina blieben selbst spektakuläre Entdeckungen wie die Bibliothek in der *Villa dei Papiri* in Wahrheit gleichgültig. Mit Zähnen und Klauen verteidigen sie bis heute ihre Häuser, die sie für keine noch so bedeutende archäologische Sensation zu räumen gewillt waren und sind. Was jedoch bisher allen Widerständen zum Trotz ans Tageslicht kam, fasziniert selbst Kultururlauber wider Willen. In Herculaneum gilt die Ausrede, »alte Steine sind eben alte Steine«, einfach nicht. Die Häuser mit ihren Holzverschalungen und Stiegenaufgängen, mit ihren Einrichtungsgegenständen wie im »Haus mit den verkohlten Möbeln« und Mosaiken wirken so gut erhalten, als wären sie sofort wieder bewohnbar.

Dieses antike Fischerstädtchen, in dem Handwerker und Bauern neben wohlhabenden Pensionisten weit friedlicher als im betriebsamen Pompeji lebten, strahlt eine Magie der Zeitlosigkeit aus. Wie auf einem Immobilienmarkt könnte jeder etwas Geeignetes finden, je nach Geschmack und Brieftasche. Ist einem das »Haus mit dem schönen Hof« zu teuer, wie wäre es mit dem weit bescheideneren »Fachwerkhaus«, wo der Fassade ein kleiner Laubengang und eine Loggia vorgelagert sind? Vielleicht

Blick über das Ausgrabungsgelände von Herculaneum

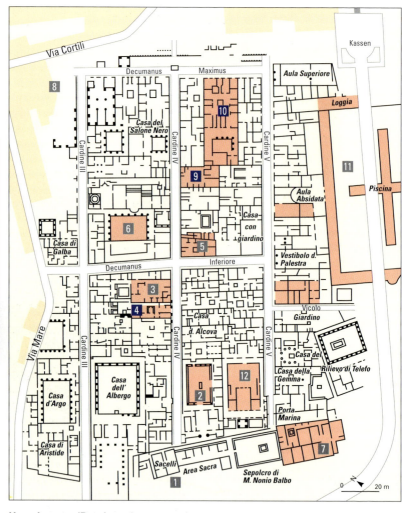

Herculaneum (Rundgang)

1 Eingang
2 Haus mit dem Mosaik-Atrium (Casa dell'Atrio Mosaico)
3 Haus mit dem Holzbalken (Casa del Tramezzo di Legno)
4 Fachwerkhaus (Casa a Graticcio)
5 Samnitisches Haus (Casa Sannitica)
6 Thermen (Terme del Foro)
7 Suburbane Thermen
8 Theater
9 Haus des Neptun und der Amphitrite (Casa del Mosaico di Nettuno e Anfitrite)
10 Haus der Zweihundertjahrfeier (Casa del Bicentenario)
11 Palästra
12 Haus der Hirsche (Casa dei Cervi)

Hinweis: Bitte beachten Sie die etwas außerhalb und derzeit (11/98) in Restauration befindlichen Objekte 7 (Suburbane Thermen) und 8 (Theater)

möchte man die Weinhandlung im
»Haus des Neptun-Mosaiks« übernehmen?
Auch wäre zu bedenken, ob man
sich am *Decumanus Maximus,* der westöstlich
verlaufenden Hauptstraße, ansiedeln
und dort einen Laden betreiben
oder aber lieber in der Nähe der Thermen
des Forums logieren möchte. Und
da bleibt wiederum die Möglichkeit, das
öffentliche Bad im Zentrum zu wählen
oder die Thermen der Vorstadt, die nicht
so weitläufig, dafür aber jüngeren Datums,
also moderner ausgestattet sind.

Ein Spaziergang auf dem holprigen
Pflaster der Gassen und Straßen, vorbei
an prunkvollen Säulen, bescheidenen
Quartieren, kleinen Gärten und prächtigen
Innenhöfen ist gespenstisch und bedrückend,
aber auch verzaubernd berührend.
Menschen waren es, die dort
lebten, Menschen mit den gleichen
Sehnsüchten und Wünschen, Hoffnungen
und Enttäuschungen wie heute,
nicht farblose Wesen, deren kulturelles
Erbe es zu erforschen gilt. An diesem
Brunnen wurde geschwatzt, gelacht, gelästert,
in dieser Laube verliebt getuschelt,
gescherzt, gekost. Nirgendwo
sind uns die Alten näher, nicht in ihren
Tempeln und auch nicht in ihren Amphitheatern
oder sonstigen Monumentalbauten,
sondern ausgerechnet dort, wo
sie weder siegten noch Niederlagen erlitten,
weder dem Reich noch einer Idee
dienten, sondern nichts anderes taten
als leben.

Rundgang

Umfaßt 10 Objekte, Mindestdauer: 2 Std.
Aufgrund der mitunter verwirrenden
Benennungen bzw. unterschiedlichen
Übersetzungen ins Deutsche werden
auch die italienischen Bezeichnungen
angeführt.

Zum Zeitpunkt der Katastrophe zählte
die Römerstadt 5000 Einwohner, etwa
ein Viertel von Pompeji. An Größe
konnte Herculaneum also nicht mit dem
späteren Schicksalsgefährten mithalten
– und wollte es vermutlich auch gar
nicht. Denn das zum Nobelort römischer
Patrizier avancierte Fischerdorf fühlte
sich der »neureichen Krämerstadt« ohnedies
in jeder Hinsicht überlegen. Qualität
statt Quantität, statt Prunk und Protz
erlesener Geschmack – das Motto des
eleganten Herculaneum überdauerte
die Jahrtausende. Wer den hochkultivierten
Lebensstil der Antike bewundern
möchte, muß keine langen Fußmärsche
auf sich nehmen: Die schönsten Architekturbeispiele
finden sich hier nämlich
auf Schritt und Tritt.

Schon die Ouvertüre vermittelt erste
Impressionen aus der Vogelperspektive.
In großzügigem Schwung führt ein
schattiger Spazierweg hoch über der
ausgegrabenen Stadt von den Kassen
zum tatsächlichen **Eingang** 1 in die antike
Stadt. Gleich an der ersten Hauptstraße,
der Cardine IV, ein erster Stopp
im **Haus mit dem Mosaik-Atrium** 2,
(*Casa dell'Atrio a Mosaico*): Unter dem
enormen Gewicht des versteinerten Vesuvschlamms
hat sich der in geometrischem
Schwarz-Weiß-Muster gestaltete
Mosaikfußboden des weitläufigen Atriums
geworfen, doch gebrochen ist er
nicht. Von der verglasten (!) Gartenveranda
hingegen fanden die Archäologen
nur noch Scherben. Hochinteressant ist
auch das Gebäude schräg gegenüber.
Das **Haus mit dem Holzbalken** 3
(*Casa del Tramezzo di Legno*) gehört
nicht nur zu den ältesten der Stadt, es
enthält die einzige noch erhaltene hölzerne
Trennwand der Antike. Sie ist
etwa mannshoch, entspricht in Aussehen
und Funktion einem Paravent und
trennt das Atrium vom Tablinum. In un-

mittelbarer Nachbarschaft verdient das etwas zurückversetzte **Fachwerkhaus** 4 *(Casa a Graticcio)* Aufmerksamkeit. Das einstige Mietshaus für mehrere Familien, das mit simpelsten Mitteln immer wieder aufgestockt wurde, zählt heute zu den beliebtesten Fotomotiven der Stadt.

Nach der großen Kreuzung mit dem *Decumano Inferiore* erhebt sich rechter Hand das **Samnitische Haus** 5 *(Casa Samnitica)*, ein einfacher Bau aus vorrömischer Zeit mit einem besonders hübschen Atrium. Nur wenige Schritte weiter befindet sich linker Hand der Damen-Eingang in die **Thermen** 6 *(Terme del Foro)*. Die Herren betraten die Bäder hingegen eine Gasse weiter – und zwar von der Cardine III aus. Streng getrennt wie die Entrees waren auch die Badeeinrichtungen, die es – wie zu erwarten – an nichts fehlen ließen. Herculaneum konnte sich noch einer zweiten öffentlichen Badeanstalt rühmen, die allerdings außerhalb der Stadtmauern lag: Die sogenannten **Suburbanen Thermen** 7 werden aus Restaurierungsgründen – ebenso wie das noch immer nicht vollständig ausgegrabene **Theater** 8 – in absehbarer Zeit nicht zu besichtigen sein.

Der Cardine IV bleibt weiterhin Leitpfad, bis an der rechten Straßenseite das **Haus des Neptun und der Amphitrite** 9 *(Casa del Mosaico di Nettuno e Anfitrite)* auftaucht. Das zweistöckige Bauwerk zeigt das am besten erhaltene Geschäftslokal der Antike, in dem man u. a. zahlreiche Weinamphoren in den dazugehörigen Holzregalen gefunden hat. Auf dem Ladentisch lagen noch Waren zum Verkauf bereit: Saubohnen und Kichererbsen in Tonkrügen. Im Hof bezaubert ein Nymphäum mit leuchtenden Mosaiken (Jagdszenen, Weintrauben und Neptun mit seiner Gemahlin).

Ungewöhnlich erscheint die Bezeichnung für den nächsten Besichtigungspunkt: Das **Haus der Zweihundertjahrfeier** 10 *(Casa del Bicentenario)* verdankt seinen Namen der Tatsache, das man es 1938, 200 Jahre nach Beginn der Ausgrabungen von Herculaneum, freigelegt hat. Das aus gelbem Tuffstein errichtete Gebäude, das man vom *Decumanus maximus* aus betritt, weist bemerkenswerte Bodenmosaike und Fresken auf. Für einen Gelehrtenstreit sorgt ein im Obergeschoß aufgefundenes Kreuzzeichen an der Wand: Während die einen daraus einen Beweis für die frühe Christianisierung der Vesuv-Region ableiten wollen, argumentiert die Gegenseite, daß das Kreuz im Jahr 79 noch gar nicht Symbol der Christenheit gewesen sei.

Nur zum Teil hat man bis heute die **Palästra** 11, den für eine Römerstadt obligaten Sportplatz für die Jugend, ausgegraben. Vermutlich stammt die großzügige Anlage bereits aus dem 1. Jh. v. Chr. Am zentralen Brunnen wurde u. a. eine fünfköpfige Hydra aus Bronze gefunden (Nationalmuseum Neapel).

Ein Höhepunkt zum Abschluß: Das **Haus der Hirsche** 12 *(Casa dei Cervi)*, ein Neubau nach dem Erdbeben von 62, demonstriert wie kein anderes Eleganz und Wohnkomfort in der 2. Hälfte des 1. Jh. Exquisit war allein schon die exponierte Hanglage hoch über dem Meer, der eine weitläufige Terrassenloggia raffiniert Rechnung trug. Ausgesucht und exquisit wie die Innenausstattung sind auch die zwei berühmtesten Gartenskulpturen des Hauses: Die von Hunden gehetzten Hirsche zählen heute zu den größten Schätzen des an Kostbarkeiten wahrlich nicht armen Archäologischen Nationalmuseums von Neapel.

Die Villa von Oplontis: Luxus der Superlative

■ Keinem der lateinischen Schriftsteller war sie eine Zeile wert, weder Plinius noch Seneca erwähnten sie. Wäre Oplontis, die geheimnisvolle Nobelsiedlung im heutigen (ansonsten unattraktiven) **Torre Annunziata** (S. 307), nicht auf einer Art Straßenkarte des 4. Jh. n. Chr. verzeichnet, niemand wüßte Genaueres über eine der beeindruckendsten Ausgrabungen am Golf von Neapel. Doch auf einem Pergament aus dem Mittelalter, der sogenannten *Tabula Peutingeriana,* auf dem die spätantike Welt vom Ganges bis zum Atlantik dargestellt wurde, entdeckt man – drei römische Meilen von Pompeji und sechs von Herculaneum entfernt – den Ort Oplontis. Spekulationen aller Art knüpften sich an das nunmehr im Besitz der Österreichischen Nationalbibliothek in Wien befindliche Dokument, doch seit den Ausgrabungen des Jahres 1964 sind sich die Gelehrten ziemlich einig: Oplontis dürfte weder der Seehafen Pompejis noch eine eigene Stadt, sondern vielmehr ein luxuriöses Wohnviertel reicher Bürger gewesen sein.

Auch bei den Deutungsversuchen des Namens bewiesen die Wissenschaftler viel Phantasie. Dieser könne sich von dem griechischen *oplon* (»Schiffstau«), *plaion* (»Handelsschiff«) oder dem lateinischen *opulus* (»Rebenstütze«) ableiten, doch vermögen all diese Varianten nicht so recht zu überzeugen. Am plausibelsten klingt die Interpretation, die Bezeichnung stamme von *ad opulentos,* was soviel wie »zu den Reichen« bedeutet. Dafür spricht auch das Symbol, unter dem die Ansiedlung in der *Tabula Peutingeriana* verzeichnet wurde: ein Haus mit zwei Türmen, das auf die Exi-

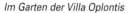

Im Garten der Villa Oplontis

Römische Landhäuser
Villen mit jeglichem Komfort

Wie eindrucksvoll auch immer die Überreste antiker Tempel und Theater sein mögen, von den Menschen und ihrem Leben berichten die toten Steine nur wenig. Ganz anders ergeht es uns Heutigen mit einem Wohnhaus des Altertums. Staunend stehen wir vor den Zeugnissen von verschwenderischem Luxus und technischer Raffinesse. Gerührt betrachten wir verspielte Wandmalereien und farbenprächtige Mosaikböden, die uns einiges von den Vorlieben und Träumen der einstigen Bewohner verraten. Und fassungslos bewundern wir eine bald zwei Jahrtausende alte Architektur, die es so meisterhaft verstanden hat, ästhetischen und praktischen Ansprüchen gleichermaßen gerecht zu werden.

Freilich darf man nicht vergessen, daß sich nur eine kleine Oberschicht einen solchen Lebensstil leisten konnte. Das Gros der Bevölkerung hauste entweder gemeinsam mit dem Vieh in primitiven Hütten oder in den alles andere als gesunden, mehrstöckigen Mietshäusern der Großstädte. Die Oberen Zehntausend hingegen wechselten die Wohnsitze mit den Jahreszeiten: Im Winter logierte man im eleganten Stadthaus *(Domus)*, im Sommer im nicht minder noblen Landhaus *(Villa)*.

Prinzipiell sind römische Privatbauten, egal ob Nobelresidenz oder bescheidenes Bürgerhaus, nach einem einfachen System angelegt: Das auf einer schnurgeraden Achse liegende Zentrum trennt das Gebäude in zwei voneinander unabhängige Bereiche. Auf der einen Seite befinden sich die üppig ausgeschmückten Herrschafts-, Repräsentations- und Gästeräume, im anderen die kaum dekorierten Dienerzimmer sowie Küchen und Vorratskammern.

Ab dem 2. Jh. v. Chr. kam es in Mode, dem rückwärtigen Teil des zentralen Innenhofs, dem relativ dunklen **Atrium,** einen von Säulen umgebenen, blumengeschmückten Garten nach dem Vorbild griechischer Wohnhäuser anzugliedern. Um dieses **Peristyl,** das sich immer mehr zum Zentrum des Hauses entwickelte, gruppierten sich zusätzliche Empfangs-, Speise-, Schlaf- und Gesellschaftszimmer sowie ein Kultraum für die Hausgötter und der Thermalbereich.

Dabei darf man sich keineswegs mehr oder minder winzige Naßzellen im Maßstab unserer Tage vorstellen. Zur Normausstattung eines römischen Bades gehörten unabdingbar ein Kaltbaderaum *(Frigidarium)*, ein Lauwarmbad *(Tepidarium)* sowie ein heißes Bad *(Caldarium)*. Von außen beheizbare Öfen – *Praefurniae* – erzeugten die nötige Heißluft.

Um die ebenso großzügige wie aufwendige Ausstattung der für mehrere Personen gleichzeitig benutzbaren Toiletten zu verstehen, muß man sich vor

Augen halten, daß die ›stillen Örtchen‹ im Altertum alles andere als still waren. Nach Geschlechtern getrennt, saß man dort oft stundenlang, um wichtige Gespräche zu führen oder einfach nur zu plaudern. Damit man dabei keine kalten Füße bekam, floß ständig Warmwasser in einer schmalen Rinne, während ein kalter Wasserstrom in einem tiefliegenden Kanal für die nötige Hygiene sorgte.

liert wurde. Das System war ebenso einfach wie genial: Massive, auf den Unterboden aufgemauerte Stützen von etwa 20 cm Durchmesser und 50 bis 120 cm Höhe trugen einen zweiten Boden aus Steinplatten. In diesen Hohlraum strömte die mit Holzfeuern erhitzte Luft, die nicht nur die Böden heizte, sondern durch Tonröhren in den Wänden für zusätzliche Wärme sorgte. Und damit auch die Frischluft angenehm temperiert war, leitete man sie in eigenen Kanälen ebenfalls durch das Hypokaustum.

Wandmalerei in der Villa Oplontis

Heizung und Beleuchtung

Noch um die Zeitenwende stellten kleine Öfen und Holzkohlebecken die einzige Wärmequelle in den Wohnräumen dar. Nicht einmal im Kaiserpalast konnte es damals gemütlich warm gewesen sein, wie die verbriefte Gewohnheit des Augustus, im Winter vier Tuniken und zwei Umhänge übereinander zu tragen, beweist.

Gemütlich wurde es erst mit der Erfindung der sogenannten »Hypokaustenheizung« (griech. *hypokauston* = von unten geheizt), die in den nur im Sommer genutzten Landsitzen lediglich in den Bädern, in den Stadthäusern hingegen auch in den Wohnräumen instal-

Weniger innovativ erwiesen sich die Römer bei der Beleuchtung. Um Licht ins Dunkel zu bringen, verwendeten sie auch in der Spätzeit lediglich tönerne oder bronzene Öllämpchen, die man zu Leuchtern zusammenstellte oder in kunstvoll geschmiedeten Ständern von der Decke hängen ließ. Nur die wenigsten konnten sich zusätzlich die ziemlich teuren Wachs- oder Talgkerzen leisten. Im Freien verwendete man neben Fackeln und Kienspänen sogar Laternen, deren Flammen nicht mit Glaszylindern, sondern durch dünne Schweinsblasen oder Hornplättchen vor dem Erlöschen geschützt waren.

stenz von Luxusvillen und Thermen hinweist.

Ein Anwesen von nie zuvor gesehener Pracht kam auch tatsächlich zum Vorschein, als sich die Archäologen zu Beginn der 60er Jahre daran machten, in Torre Annunziata zwischen dem Fluß Sarno, der Via Sepolcri und der Via Margherita di Savoia – eine Gegend, die heute *Mascatelle* genannt wird – die mehr als ein Jahrhundert vernachlässigten Ausgrabungen fortzusetzen. Schon in der Bourbonenzeit hatten Schatzgräber hier ein wenig herumgebuddelt. Sie waren auch fündig geworden, doch die Bürokratie erstickte ab 1840 sämtliche Ambitionen im Keim. 1964 stieß man dann schließlich unter einer 6 m dicken Schicht aus Lapilli, Asche und Schlamm auf ein Wunderwerk römischer Architektur aus dem 1. Jh. v. Chr. Der Länge nach, von Ost nach West, mißt der Bau gut 60 m, der Breite nach mehr als 50 m. Rundherum ist er von weiten Gartenanlagen umgeben, die ihrerseits wiederum von prachtvollen Säulengängen eingefaßt sind.

Zweifellos gehörte die Villa von Anbeginn an einer sehr reichen Familie oder einer berühmten Persönlichkeit. Konkrete Schlüsse lassen sich jedoch erst auf Besitzer im nachchristlichen Jahrhundert ziehen. Auf einer Amphore entzifferte man nämlich die Inschrift SECUNDO POPPAEAE, was bedeutet: »Gesandt an Secundus, einen Freigelassenen der Poppäa«. Der luxuriöse Landsitz befand sich also offenbar in den Händen einer Frau – keiner Geringeren als der Gemahlin Neros.

Als *La villa di Poppea ad Oplontis* beziehungsweise *La villa imperiale Oplonti* ging das wohl raffinierteste Architekturbeispiel eines römischen Hauses nicht nur in die Geschichte der Archäologie ein. Es läßt uns Heutige starr werden vor Staunen, was Wohnqualität vor 2000 Jahren wirklich bedeuten konnte. In keinem der 37 Räume, das Atrium, die Gärten und Innenhöfe nicht eingerechnet, sparte man an Marmor und Fresken. Das von Statuen flankierte Schwimmbad im Freien – 17 m breit, 60 m lang – übertrifft sogar olympische Maße. In der Thermenanlage der Villa, selbstverständlich mit Warm- und Kaltwasserbecken ausgestattet, wetteiferten die besten Maler ihrer Zeit. Da reiten Neptun und sein Gefolge auf Seepferdchen und anderem Meeresgetier, während ein Jüngling dazu auf der Leier spielt. Herkules dringt in den Garten der Hesperiden ein, um die berühmten goldenen Äpfel zu rauben, Pfauen schlagen dekorativ Räder, Bäume wachsen in den Himmel.

Vorzugsweise in Pompejanisch-Rot und Neapel-Gelb, aber auch in vielen anderen Tönen leuchten die Farben in allen Gemächern, als wären sie erst gestern und nicht vor bald 20 Jahrhunderten aufgetragen worden. Die Fresken unterstreichen in den szenischen Darstellungen ebenso wie in dekorativen Details die Funktion jedes einzelnen Zimmers und zeugen von erlesenem Geschmack, der sich in perspektivischer Architektur, im raffinierten Spiel zwischen Überfluß und Leere offenbart. Lange Säulenreihen vergrößern optisch die Säle, gemalte Theatermasken, Vögel, Sphingen, Weinreben oder ein Korb voll Feigen schaffen Behaglichkeit. Diesem Luxus der Superlative mußten auch die Götter ihren Segen geben. Zwischen optischen Spielereien prangt das Apollo geweihte Heiligtum von Delphi und Aphrodite lächelt milde.

Als die Villa beim Vesuvausbruch verschüttet wurde, war sie vermutlich wegen umfangreicher Restaurierungsarbeiten gerade unbewohnt. Bisher entdeckte man nämlich weder die Spur eines Opfers noch hastig zusammengerafften und dann zurückgelassenen Hausrat, dafür aber jede Menge Baumaterial. Wer den Herrschaftssitz damals besaß, wird sich wohl niemals mehr feststellen lassen. Die prominenteste Hausherrin erlebte die Katastrophe des Jahres 79 jedenfalls nicht mehr: Kaiserin Poppäa war dreizehn Jahre zuvor an den Folgen der Fußtritte, die ihr der ›göttliche‹ Nero versetzt hatte, gestorben.

Die Villen von Stabiae: Geheimtip mit Ablaufdatum

■ Anderswo besitzt man Kunstschätze allererster Güte – und alles, was danach vielleicht noch zutage kommt, kann bestenfalls zweite Kategorie sein. Nicht so am Golf von Neapel, und das, obgleich es natürlich kein zweites Pompeji, kein zweites Herculaneum und auch keine zweite Villa von Oplontis mehr geben wird. Oder vielleicht doch? Wer die beiden erst 1997 zur Besichtigung freigegebenen römischen Villen in **Castellammare di Stabia** (S. 294) gesehen hat, hält alles für möglich. Unfaßbar, daß solche Juwele so lange unter der Erde schlummern durften, unglaublich, daß nach ihrer Entdeckung nicht sogleich ein Ansturm von Touristen aus aller Welt eingesetzt hat! Also vielleicht doch nur zweite Kategorie? Mitnichten!

Die Ausgrabungen von Stabiae, die sich inmitten einer ländlichen Idylle vor dem Betrachter ausbreiten, sind nicht nur aus kunsthistorischer Sicht allererste Qualität. Wüßte man es nicht besser, so hielte man die buntbemalten Wände, die wohlproportionierten Zimmerfluchten und Terrassen, die Kemenaten, Höfe und Gärten der antiken Herrschaftssitze gar für das gelungene Werk eines genialen Filmausstatters. Tatsächlich liest sich die Vergangenheit, aber auch die Wiederentdeckung des uralten Ortes Stabiae wie ein spannendes Drehbuch.

Bereits in der Eisenzeit siedelten Italiker auf dem strategisch günstigen Hügel 50 m über dem Meer. Im Lauf der Jahrhunderte entwickelte sich die Ortschaft zu einer blühenden Handelsniederlassung, die 82 v. Chr. von Sulla zerstört und als römisches Stabiae wiedererrichtet wurde. Die herrliche Lage hoch über dem Golf von Neapel, die Nähe zu Pompeji, das fruchtbare Hinterland mit seinen Weingärten, die gesunden Milchprodukte aus den nahen Lattari-Bergen (*lactaris* = Milch) und nicht zuletzt die heißen, radioaktiven Heilquellen ließen das Vesuvstädtchen rasch wieder prosperieren.

Kaum mehr als ein Jahrhundert währte die glückliche Epoche, dann begrub der verhängnisvolle Augusttag des Jahres 79 den beliebten Kurort unter einem Regen aus Asche und Steinen. Das prominenteste Opfer war Plinius d. Ältere: Der römische Schriftsteller und Befehlshaber der kaiserlichen Flotte in Misenum fand damals am Strand von Stabiae den Tod. Von der Vulkankatastrophe sollte sich die Stadt, deren heutiger Name Castellammare di Stabia auf einen Festungsbau in der Langobardenzeit (9. Jh.) zurückgeht, niemals mehr wirklich erholen. Die heilkräftigen

Interieur à la Romana

Abgesehen von großen Gedanken und zeitgenössischer Geschichtsschreibung verdankt die Nachwelt antiken Schriftstellern auch die Kenntnis von Alltäglichem. So wissen wir, denen wenig mehr als geschmückte Mauern aus der Römerzeit erhalten blieben, heute ziemlich genau über das Interieur griechischer und römischer Häuser Bescheid.

Im griechischen Altertum muß die Ausstattung der Häuser verblüffend schlicht gewesen sein. Farben, Stuck und Vergoldungen blieben ebenso den Heiligtümern vorbehalten wie Statuen oder Bilder. Ästhetischer Genuß war keine Privatsache, sondern öffentlich, denn jedermann konnte sich an den bunten Tempeln und Skulpturen erfreuen. Als sich der exzentrische Athener Heerführer und Staatsmann Alkibiades von Zeuxis, dem berühmtesten Maler des 5. Jh. v. Chr., ein Gemälde für seinen Wohnsitz hatte anfertigen lassen, erschien dies derart skandalös, daß der große Geschichts-schreiber Thukydides sogar darüber berichtete.

Erst in römischer Zeit leistete man sich auch daheim Farben und Wandschmuck, das Mobiliar hingegen blieb weiterhin spartanisch. Niemand kam auf die Idee, Möbel als Selbstzweck aufzustellen. Tische, Speisesofas, Bänke, Stühle, Schränke, Truhen und Betten genügten vollauf, eine Konsole für Nippes oder gar ein Blumentisch-

Quellen sprudelten weiterhin, aber mehr als lokale Bedeutung kam ihnen bis zum heutigen Tag nicht zu. Zwar wurden die Bäder um die letzte Jahrhundertwende vom vornehmen Publikum der Belle Epoque, das sich im nahen Sorrent ein Stelldichein gab, bisweilen noch besucht. Nach 1950 tobte jedoch die Verkehrshölle, die mit zunehmender Motorisierung die gesamte Golfregion heimsuchte, in Castellammare besonders schlimm und ließ die Bezeichnung »Kurort« nur noch als blanken Hohn erscheinen.

Doch unmittelbar vor dem endgültigen Kollaps geschah, was niemand mehr für möglich hielt: Seit Beginn der 90er Jahre fließt dank einer Umfahrungsstraße nun der Durchzugs- und Schwerverkehr endlich an dem kleinen Vesuvstädtchen vorbei. Und die Tristesse der Hoffnungslosigkeit macht allmählich einer spürbaren Aufbruchsstimmung Platz, wie sie sich an der Fülle neuer Bars, Trattorien und Restaurants entlang der hübschen Hafenpromenade bemerkbar macht. Zwar sind eine Renaissance als internationales Heilbad oder gar eine neue Karriere als Ferienort derzeit noch ferne Zukunftsmusik, doch als unabdingbares Ziel für Kulturtouristen könnte Castellammare tatsächlich bald in großem Stil reüssieren. Es besitzt nämlich einen unglaublichen – und

Fresko in der Villa San Marco

chen wären einem alten Römer absurd vorgekommen.

Ähnliches gilt für Textilien. Selbst die kostbarsten Stoffe dienten stets einem Zweck und wurden nicht zu Rüschen, Bordüren, Quasten oder ähnlichem Schnickschnack mißbraucht. Niemals war der Geschmack der Neuzeit weiter von der luftigen Freiheit eines antiken Raumes entfernt als im 19. Jahrhundert, das sich in der erstickenden Schwülstigkeit eines Makart-Zimmers gefiel.

Die Vesuv-Villen

erst zu einem Bruchteil gehobenen – Schatz von nicht weniger als 16 (!) antiken Wohnsitzen und Landgütern.

Erst vier davon sind ausgegraben und nur zwei vollständig restauriert, doch allein schon diese beiden – die **Villa der Ariadne** und die **Villa von San Marco** – stellen mit ihren prachtvoll erhaltenen Fresken eine kulturhistorische Sensation ersten Ranges dar. »Weil wir nun die Malereien von Stabiae kennen, wird man ein ganzes Kapitel der klassischen Kunst noch einmal schreiben müssen«, ließ bereits 1956 der weltberühmte italienische Archäologe Amedeo Maiuri, Ausgräber von Herculaneum und Entdecker der Sibyllengrotte in Cuma, die internationale Fachwelt mit seinem Kommentar über die grandiosen Funde zu Füßen des Vesuv aufhorchen.

Hingerissen von einem antiken Kunststil, wie ihn die Welt noch nie zuvor gesehen hat, sprach Maiuri damals jedoch stellvertretend für jenen kurz zuvor verstorbenen Mann, dem einzig und allein die Wiederentdeckung der Stabianer Villen zu verdanken war: Libero d'Orsi, ein Gymnasialdirektor aus Castellammare, hatte es sich zur Lebensaufgabe gemacht, die große Vergangenheit seiner Heimatstadt ans Tageslicht zu bringen. Ein Schliemann war der Schulmeister zwar nicht, von der Existenz des antiken Stabiae wußte man schließlich bereits

Strand bei Stabiae

seit der Bourbonenzeit. Nur hatte sich zwei Jahrhunderte lang unverständlicherweise niemand dafür interessiert. In seiner Hartnäckigkeit kann man jedoch den süditalienischen Autodidakten durchaus mit dem Troja-Entdecker vergleichen, den ebenfalls nichts und niemand von seinem Vorhaben abbringen konnte. Wie vorherzusehen, stieß d'Orsi mit seinen Plänen bei Behörden und Politikern anfänglich auf Mißtrauen, dann auf Verzögerungstaktik und schließlich auf endgültige Ablehnung. Doch wie Schliemann gab auch er nicht auf.

Seine einzige Chance war es, das Interesse des bedeutendsten Archäologen seiner Zeit zu wecken. Und so traf der unbekannte Schuldirektor an einem Januarmorgen des Jahres 1950 in Begleitung seines Hausmeisters und eines ehemaligen Schülers mit Spaten bewaffnet in Pompeji ein, wo der Stararchäologe Maiuri als Ausgrabungsleiter über ein Heer von Mitarbeitern und dementsprechend großzügig dotierte Forschungsmittel verfügte. »Das ist mein Grabungsteam. Erst helfen wir Ihnen, dann helfen Sie uns! Einverstanden?« Sei es aus Respekt vor so viel Kühnheit, sei es aus Rührung über so viel Engagement, Amedeo Maiuri war einverstanden – und er sollte es nie bereuen.

»Hier geschah eine Revolution in der pompejanischen Malerei. Die vorgezeichnete Linie gibt es nicht mehr, der scharfe Umriß der Figuren fehlt, der deutliche Hell-Dunkel-Kontrast verblaßt, und an seine Stelle treten eine schnelle und drängende Linienführung und scharfe Lichtkontraste. So entstehen Gestalten von eindrucksvoller Wirkung, die ihre Geschichten und Gefühle zu vermitteln fähig sind. Dieser kampanische Künstler hat den Impressionismus um zweitausend Jahre vorweggenommen«, notierte der gebürtige Neapolitaner Maiuri voll Enthusiasmus in seinen Schriften über die Wandmalereien in der Villa der Ariadne. Und über die Deckenfresken in der an Größe noch beeindruckenderen Villa von San Marco schrieb er: »Die mythischen Szenen öffnen die Raumdecke zum Himmel und erinnern damit an ein Werk von Tiepolo.«

War es ein einziger Maler, der diese Meisterwerke schuf, oder war es die gänzlich neue Kunstauffassung einer ganzen Malerschule, die sich hier angebahnt hatte? Mehr als vier Jahrzehnte nach der Entdeckung gibt es darüber

noch immer keine schlüssigen Aussagen. Doch vielleicht macht die Tatsache, daß diese hinreißenden Fresken bisher nicht zu Tode diskutiert, katalogisiert und analysiert wurden, einen Teil ihres unwiderstehlichen Reizes aus. Noch ist man ihrer Reproduktionen nämlich nicht überdrüssig, noch überschlagen sich nicht Reiseführer in immer neuen Interpretationen, noch *muß* man sie nicht kennen – und darf sie deswegen um so mehr lieben. Darf als Laie gänzlich unbefangen die verspielten Nymphen und zierlichen Vögel, die musizierenden Mädchen und tanzenden Liebespärchen betrachten, die wie hingehaucht die Wände und Decken zieren. Und sich an den eleganten Proportionen der Räumlichkeiten, an ihren gefälligen Nischen und Erkern, Loggien und Wandelgängen erfreuen, ohne über deren einstige Funktion nachzudenken.

Ein Dornröschenschlaf hält die beiden Villen von Stabiae nach wie vor umfangen, auch wenn sie seit 1997 statt einer Dornenhecke die für archäologische Zonen typische Umzäunung umgibt. Ein Grund mehr, vor dem endgültigen Erwachen, das nur allzu bald erfolgen wird, rasch ein wenig mitzuträumen. Denn Castellammare und sein Schatz sind ein Geheimtip mit nahem Ablaufdatum.

Der Hafen von Positano, Amalfiküste ▷

Die Halbinsel von Sorrent und die Amalfiküste

Sorrent oder: Wo die Sirenen Tarantella tanzten

1 (S. 307) Große Namen verpflichten nicht immer, vor allem dann nicht, wenn man einen Ruf seit der römischen Kaiserzeit zu verteidigen hat. Das antike *Surrentum*, einst eine ideale Sommerfrische der Begüterten eines Weltreichs, konnte seinen Zauber immerhin bis ins 20. Jh. herüberretten. Wilde Bauspekulationen und ein mörderischer Verkehr aber machten dem einst als malerisch gepriesenen Ort so ziemlich den Garaus. Weder die unvorstellbar schöne Lage im Schutz eines Kalkgebirges auf einer Tuffsteinterrasse, deren blendend weiße Ränder steil in ein dunkelblaues Meer hinabfallen, noch eine große Vergangenheit konnten verhindern, daß der Wohnort der Sirenen – der lateinische Name *Surrentum* kommt vom griechischen *Sireon* – heute eine laute, von Auspuffgasen geschwängerte Stadt ist, in der sich kleine, ausgesparte Oasen der Stille nur noch in den Luxushotels, im Klostergarten oder im Orangenhain des Museo Correale finden.

Wer einen Badeurlaub in einem der zahlreichen, durchaus wohlfeilen Quartiere bucht, muß damit rechnen, ein Zimmer mit Balkon auf eine Durchgangsstraße zu beziehen, durch die sich Tag und Nacht hupende Autokolonnen wälzen. Auch die Hotels und Pensionen im Zentrum garantieren nur selten erquickende Ruhe, spuckt doch die *Circumvesuviana*, jene direkte Eisenbahnverbindung von und nach Neapel, vor allem an Wochenenden Tausende von Erholungssuchenden aus, die sich dann

Übersichtskarte Halbinsel von Sorrent und Amalfiküste

Von der Tarantel gestochen

Die Tarantella, ein typisch süditalienischer Volkstanz im 3/8 oder 6/8-Takt, ist im Raum von Sorrent beliebt und wird heute noch von vielen Folkloregruppen gepflegt. Eine Spinne – die Tarantel – gab ihr den Namen. Stundenlange hektische Bewegungen – nicht selten bis zum totalen Zusammenbruch – gelten seit jeher als bestes Mittel, das Gift nach dem Biß einer *Tarantola* aus dem Körper zu treiben. Zum daraus entwickelten Tanz wird mit Mandoline, Gitarre und Akkordeon aufgespielt, die Tänzer selbst unterstreichen den Rhythmus mit Schellentamburinen.

Paar beim Tarantellatanz

um jede Handtuchbreite Sand am ohnedies spärlich bemessenen öffentlichen Strand raufen.

Freilich, wem ein entsprechendes Urlaubsbudget zur Verfügung steht, dem wird Sorrent seine blühenden Gärten und Privatstrände öffnen. Verborgen hinter hohen Mauern, verdeckt von üppiger Vegetation, läßt sich heute noch genießen, was vor rund hundert Jahren wohlhabende russische Weltenbummler oder die englische Oberschicht am südlichen Ende des Golfs von Neapel gesucht und auch gefunden haben. Man residierte in eleganten Villen, die sich nun als Nobelhotels präsentieren. Und ließ sich vom Duft der Orangenblüten, vom Sonnenuntergang vor einer prachtvollen Kulisse die Sinne verwirren: den Vesuv und die Lichter Neapels zur Rechten, den eleganten Schwung einer bizarren Küste mit der Silhouette Capris zur Linken, und weit draußen im Dunst wie eine Fata Morgana die Inseln Procida und Ischia.

An die Prominenz aus Rußland erinnern noch so manche Hausnamen, wie etwa die »Villa Cortchacow« mit ihrem 27 000 m² großen Park, in dem acht Gärtner das ganze Jahr über beschäftigt sind, einen Dschungel zu zähmen. Unter Palmen und Bananenstauden, zwischen Lianen und Bougainvillea lustwandelt längst keine russische Gräfin mit ihren adeligen Galanen mehr, heutzutage vergnügen sich dort Pauschaltouristen der gehobenen Preisklasse, die im Hotel »Parco dei Principi« komfortable Zimmer in einem modernen Gebäude vorfinden. Die alte Villa selbst hält nämlich ihre stilvollen Pforten geschlossen, die Gäste wohnen in einem luxuriösen Neubau, planschen in einem großzügigen Swimmingpool oder schweben per Aufzug bequem hinab zum exquisiten Strand.

Des russischen Schriftstellers Maxim Gorki, von 1924 bis 1933 Dauergast in der Villa »Il Sorito«, gedenken die Einheimischen mit einer schlichten Tafel; mehr Aufhebens braucht man um den Freund Lenins nicht zu machen. Immerhin kann ja Sorrent selbst auf einen großen Dichter stolz sein: **Torquato Tasso**, dessen **Denkmal** auf dem nach ihm benannten Hauptplatz steht, erblickte am 11. März 1544 als Sohn des Adeligen Bernardo di Camerata Cornello aus Bergamo und dessen ebenso blaublütiger Frau Porzia di Rossi aus Neapel das Licht der Welt. Einige Räume des Geburtshauses des Schöpfers der **Gerusalemme Liberata** (»Das befreite Jerusalem«), die **Villa Mastrogiudice** in der Via Vittorio Veneto – jetzt mit dem »Albergo Imperial Tramontano« verbunden –, stehen zur Besichtigung frei. Besucher mit großen Namen haben sich in das Gästebuch dieses Hotels eingetragen: Goethe, Lamartine und Ibsen logierten neben dem Elternhaus von Torquato Tasso, Milton, Byron, Shelley und Keats stiegen dort ab.

Nicht nur Englands Künstler und Adelige hielten Sorrent seit Ende des 18. Jh. fest in ihrer Hand, die Briten stellen auch jetzt noch das Hauptkontingent der Besucher, eine Tatsache, der die Sorrentiner unübersehbar Rechnung tragen. Englische Geschäftsaufschriften finden sich in den engen Gassen der Altstadt ebenso wie so mancher Pub, der *draught beer* ausschenkt. Von britischer Noblesse inmitten von *hot dogs*-Buden und *ice cream*-Ständen zeugt ein kleiner Laden, auf dessen Portal in verblichenen goldenen Lettern auf schwarzem Grund *handkerchiefs* zu lesen steht. Doch nur noch wenige Kunden verirren sich heutzutage in das Geschäft, in dem Taschentücher, mit Spitzen und Monogramm verziert, genäht und bestickt werden.

Die Quantität der Gäste ging, wie in so vielen gediegenen Nobelorten von der Cote d'Azur bis Taormina, auf Kosten der Qualität. Masse und nicht Klasse bringt jetzt das Geld. Teure Handwerksprodukte wie Stickereien, Intarsienarbeiten, Korallenschmuck und gute Keramiken haben weitgehend billigen Allerweltssouvenirs Platz gemacht. Doch wer suchet, der entdeckt auch noch in Sorrent Echtes zwischen all dem Talmi, sei es zum Mitnehmen oder als kunsthistorische Kostbarkeit.

An dem Ort, der im 7. Jh. v. Chr. von den hellenistischen Kolonisten Ischias, Cumas und Neapels gegründet und 600 Jahre später römisches *Municipium* wurde, hat so manches – und seien es vielfach auch nur Namen – dem Zahn der Zeit standgehalten. Die griechisch-römische Stadt lag zwischen der heutigen Piazza Tasso und dem Westteil Sorrents. Das Forum begann am Anfang der Via Fuoro und befand sich auf dem Platz der Villa Correale. Die Stadtmauer, von den Griechen errichtet und von den Römern zum Schutz von Surrentum verstärkt, öffnete sich an drei Stellen: durch zwei Pforten zum Meer und durch eine an der südlichen Spitze in Richtung Festland, von der noch der **Arco romano** als Rest der Stützbogen über die Via Sersale hinter dem Dom erhalten ist.

Massive Verteidigungsmauern sollte Sorrent auch in der weiteren Folge seiner bewegten Geschichte bitterlich benötigen. Goten, Byzantiner, Langobar-

Torquato Tasso

Ludwig Ganghofer erzählte im kleinen Kreis gern eine Anekdote über eine Reise nach Kampanien, bei der er sich einmal verirrt hatte: Als er hungrig und durstig zu einem Bauernhaus kam und dort großzügig bewirtet wurde, wollte die Bäuerin kein Geld für Speis und Trank annehmen, sondern erklärte: »Zahlen Sie mit ein paar Versen von Tasso.« Tatsächlich waren die Gedichte des unglücklichen italienischen Poeten – er lebte von 1544 bis 1595 – bis vor kurzem noch in weiten Kreisen des Volkes so lebendig, wie sie es auch für die deutschen Romantiker waren. Torquato Tasso, Sohn eines Dichters, dessen Ritterepos »Floridante« er vollendete, schrieb schon als Student das Epos »Rinaldo«. Mit 21 Jahren kam er als Gefolgsmann des Kardinals Luigi d'Este nach Ferrara und gehörte fortan zum Hofstaat des Herzogs Alfonso II. Sein erster Biograph Manso behauptet, er habe sich in die Fürstin Leonore verliebt und dadurch den Haß einiger Höflinge erregt. Diese Legende diente Goethe als Vorlage für sein Drama »Torquato Tasso«.

In Ferrara verfaßte der gebürtige Sorrentiner das Schäferspiel »Aminta«. Dort plante Tasso auch ein Epos, das Vergils »Aeneis« übertreffen sollte, und begann mit der Darstellung des ersten Kreuzzugs unter dem Titel »Das befreite Jerusalem« (La Gerusalemme liberata), womit er Weltruhm erlangte (1575). Ein Jahr später wurde sein Verstand durch eine Geisteskrankheit getrübt. Er mußte zeitweise in einem Irrenhaus untergebracht werden, schuf aber in lichten Stunden seine geistvollen philosophischen Zwiegespräche »I dialoghi«. Papst Clemens VIII. wollte ihn zum Dichterfürsten krönen, doch Tasso starb kurz davor im Kloster San Onofrio bei Rom.

Denkmal des Dichters in Sorrent

den, Sarazenen, Normannen, Amalfitaner, Franzosen, Spanier und Türken bedrohten und eroberten Sorrent oder scheiterten an der schroffen Küste. Gar oft nützte selbst der erbittertste Widerstand nichts, und es entschied ein Federstrich an einem Verhandlungstisch über die neuen Herren der Stadt.

Die Überbleibsel römischer Ruinen aus der Zeit des Tiberius holen in Anbetracht der Nähe von Herculaneum und Pompeji kaum einen Kulturtouristen aus Bus oder Auto. Sehenswert ist vielleicht noch das **Bad der Königin Johanna.** Jenen von der Natur geschaffenen Swimmingpool, von steilen Klippen umgeben und durch einen Felsspalt mit dem Meer verbunden, nutzten sicherlich nicht nur die Bewohner jenes unweit gelegenen römischen Hauses, das als **Villa des Pollius Felix** bekannt ist, sondern vermutlich auch zahllose Privilegierte späterer Zeiten. Johanna I. von Anjou, Gräfin der Provinz und Königin von Neapel, deren ebenso exzentrisches wie ausschweifendes Privatleben selbst Katharina die Große von Rußland hätte vor Neid erblassen lassen, dürfte sich mit so manchem ihrer Liebhaber in dem geschützten, smaragdfarbenen Wasser vergnügt haben. Im Volksmund jedenfalls heißt dieses architektonische Meisterwerk, das vom Meer im Laufe von Jahrtausenden geschaffen wurde, seit den Tagen der lebenslustigen Französin *Il bagno della regina Giovanna.*

Im ›königlichen Bad‹ kann sich heute jedermann vergnügen. Und wo in Sorrent einst der Adel tagte, um über das Gemeinwohl zu diskutieren, versammeln sich seit rund hundert Jahren die Mitglieder eines Arbeitervereins. Der **Sedile Dominova,** eine Loggia aus dem 15. Jh. mit Majolikakuppel in der Via S. Cesareo – unweit vom leider allzu oft umgebauten und zwischen Barock und Neugotik stilistisch neu gestalteten **Dom SS. Filippo e Giacomo,** in dem ein aus antiken Bauteilen zusammengesetzter Bischofsthron und eine Kanzel, beide von 1573, zu sehen sind – bietet ein ungewöhnliches Bild. Unter Fresken aus dem 18. Jh. und den Wappen der Nobili sitzen hemdsärmelige Männer, Hut oder Kappe auf dem Kopf, und spielen Karten. Versammlungsorte wie dieser existierten einst in Neapel und Umgebung in großer Zahl, aber nur jener von Sorrent blieb erhalten – als Treffpunkt des einfachen Volkes.

Von Autolärm, Tamburin- und Kastagnettengeklapper der zahllosen Folkloredarbietungen, mit denen Tarantella-Tänzer in der Hauptsaison in nahezu jedem Lokal die Touristen unterhalten, ist nichts mehr zu hören, sobald man den Orangengarten des **Museo Correale di Terranova** betritt. Die Exponate – archäologische Funde, Gemälde des 17. und 18. Jh., Kristall- und Porzellanarbeiten aus verschiedenen Epochen und Ländern sowie Erinnerungen an Torquato Tasso – lohnen zwar einen Besuch, doch erst der stille, kühle Park, in den durch das dunkelgrüne Blätterdach der Bäume kaum ein Lichtstrahl dringt, beschwört jenen Reiz Sorrents, den man auf den sonnendurchfluteten Plätzen im Menschengewühl kaum mehr erahnen kann.

Die im 15. Jh. erbaute Loggia Sedile Dominova: Nach dem Adel kamen die Arbeiter

Die Halbinsel von Sorrent

Karte s. S. 238

Orangen-, Zitronen- und Mandarinenpflanzungen im großen Stil gibt es auf der Halbinsel von Sorrent erst seit dem vergangenen Jahrhundert, nachdem die Reblaus die Weingärten vernichtet hatte. Um die Früchte vor Wind und Temperaturschwankungen zu schützen, errichten die Bauern Palisadenzäune, umgeben sie wie Käfige mit feinmaschigen Netzen und decken die Säume im Winter nach der Ernte mit Strohmatten ab. Sobald die Sonne wieder kräftig wärmt, schichten sie die *pagliarelle* auf den Baumkronen auf. Der Effekt ist ebenso pittoresk wie typisch: Spielzeugdörfer, exotischen Pagodenstädten gleich, erheben sich über den goldenen Früchten entlang der Straße, die von dem lebhaften Küstenstädtchen Vico Equense (S. 308) über Meta di Sorrento und Piano di Sorrento, die zugehörigen Gemeinden der Sirenenstadt, bis weit hinein ins Landesinnere, in das liebliche **Sant'Agata sui due Golfi** (eine Feinschmecker-Adresse ersten Ranges, s. S. 246) an die Amalfitanische Küste führt.

Die Umgebung Sorrents mit ihren kleinen Hafenstädtchen und Bergdörfern hat der weltberühmten Stadt an Ruhe und Erholungswert längst den Rang abgelaufen. In **Massa Lubrense** 2 mit dem Wallfahrtskirchlein **Santa Maria della Lobra**, das auf den Ruinen eines heidnischen Tempels steht, oder in dem Badeort **Marina di Cantone** 3 mit seinen urwüchsigen Fischlokalen bleibt man vom Massentourismus noch weitgehend verschont. Versteckte, nur mit dem Boot oder erst nach einer längeren Wanderung (die Spitze der Halbinsel ist mit einer Reihe gut markierter Wanderrouten erschlossen) erreichbare Buchten, silbrige Olivenhaine und duftende Macchia, die sich auf schroffen Felsen bis hinunter zu einem zumindest optisch sauberen Meer erstrecken, lassen Umweltsünden und hektisches Getriebe vergessen.

Der Ort Vico Equense an der Westküste der Sorrentinischen Halbinsel

An der **Punta Campanella** 4, die die Golfe von Neapel und Salerno trennt, zeigen sich nun auch endlich jene drei mächtigen Felsen namens Galli-Inseln, in der Antike *Sirenum petrae* oder *Sirenuse* genannt. Seit Jahrtausenden erzählt man sich an dieser Küste die Geschichte von den drei Sirenen, die einstmals dort wohnten, wo Sorrent liegt. Die wunderschönen Mädchen tanzten die Tarantella so gut, daß die Grazien sie darum beneideten und ihre Beine in Fischschwänze verwandelten. So mußten sie nun im Meer zwischen Capri und der Felsenspitze der Halbinsel leben. Mit ihrem süßen Gesang lockten sie die Schiffer an, um sie zu töten. Ein Orakel hatte ihnen nämlich verheißen, daß sie selbst den Tod finden würden, sollte ein Seemann von ihren Stimmen nicht bezaubert sein und weiterfahren. Eines Tages segelte Odysseus vorbei, der seinen Männern die Ohren mit Wachs verstopfen und sich selbst am Mast festbinden ließ. Ungerührt von den Verführungskünsten der drei Schönen fuhren die Abenteurer weiter – und die Weissagung erfüllte sich. Die Sirenen stürzten sich von den Klippen ins Meer, ihre Leiber wurden in drei Felsen verwandelt, die man von Stund an *Sirenuse* nannte. Die Tarantella freilich ist unsterblich – auch wenn sie heute weder von Sirenen noch von Grazien mehr getanzt wird.

Feinschmecker-Dorado
»Don Alfonso«

Don Alfonso und seine Frau Livia in ihrer ›Schatzkammer‹

Zwanzig Meter unter der Erde liegt eine Sibyllen-Grotte ganz besonderer Art. Eine dicke Staubschicht bedeckt die sorgfältig in Nischen gelagerten Schätze, über die Livia Iaccarino als Hohepriesterin wacht. Ihr rotes, halblanges Haar gerät immer wieder ein wenig durcheinander, wenn sie ihr Urteil spricht. Die Weissagungen gelten freilich nur einem Thema – dem Wein. Temperamentvoll wirft sie ihre ganze Persönlichkeit in die Überzeugungsschlacht, um eine bestimmte Flasche zu empfehlen. Ihre Hände beschreiben die Qualität des edlen Tropfens, ihre Augen können die Begeisterung nicht verbergen, auf ihrer Zunge läßt sie Namen und Jahrgang der angepriesenen Marke gleichsam zergehen. Ein Besuch im Weinkeller der ersten *femme sommelier* Süditaliens, in dem einst Christen Schutz vor der Verfolgung gesucht hatten, wird zum Ritual, das bei aller Euphorie über die Winzerkunst niemals die Demut vor den Gaben der Natur vergißt.

Gediegene Atmosphäre dagegen im dazugehörigen **»Ristorante Don Alfonso«** in **Sant'Agata sui due Golfi** 5 (S. 305): Livia und Alfonso Iaccarino haben in vier Generationen eine Gastgewerbe-Tradition in höchste kulinarische Höhen geführt, die ihnen in der Hitparade der Restaurants einen Platz unter den ›Top 12‹ Italiens bescherte. Gastronomiekritiker des In- und Auslands feiern Küche und Keller des Lokals als Feinschmecker-Avantgarde, wie man sie im Süden der Apenninenhalbinsel sonst nicht mehr findet.

Ein touristischer Vorreiter in Sant' Agata war bereits der gleichnamige Großvater Alfonso Iaccarinos gewesen, nach dem der Enkel sein Restaurant benannt hat. Um die Jahrhundertwende verpflichtete er nicht nur Köche und Kellner aus Frankreich in sein Hotel, in dem der internationale Hochadel abzusteigen pflegte, sondern ließ auch den ersten Tennisplatz südlich von Rom anlegen und das erste Kino erbauen. Der alte Don Alfonso muß ein wunderbarer Exzentriker gewesen sein. So besaß er einen besonderen Pinsel, mit dem er über die Pfirsiche strich, damit diese die Härchen in nur einer Richtung aufstellten ...

Zehn Jahre führten Livia und Alfonso ihr Lokal als gehobenes Landgasthaus, ehe sie 1983 Qualität vor Quantität den Vorzug gaben und mit wissenschaftlicher Akribie eine »Neue Küche« entwickelten, die fast ausschließlich auf frischen Produkten des Südens basiert. »Wir haben damals viele Gäste verloren, man hat uns nicht verstanden«, erinnert sich das Ehepaar an die schwierigen Anfangszeiten seines Experiments. »Das war ein Lernprozeß, für uns und auch für unsere Kunden.« Heute nehmen Feinschmecker selbst mehrstündige Autofahrten auf sich, um bei Don Alfonso zu tafeln.

»Wer bloß seinen Hunger stillen möchte, sollte sich Brot, Käse und Mortadella kaufen. Wir wollen mit dem Teller auch Kunst servieren«, umreißen die Iaccarinos ihre Philosophie. »Wir kochen mit der Sonne, mit den Jahreszeiten. Alles muß stimmen, muß sich zu einem harmonischen Ensemble zusammenfügen. Was nützen die schönsten und besten Rohstoffe, wenn sie nicht zusammenpassen?« Obst und Gemüse werden im eigenen Garten biologisch gezogen, aus eigener Zucht stammt auch das Geflügel, aus eigener Produktion kommen Essig und Öl. Eine Tiefkühltruhe gibt es im Haus nicht. Der Fisch wird täglich frisch geliefert. »Wenn die Gäste ausbleiben, essen wir ihn selbst oder verschenken ihn«, versichern die Spitzengastronomen, die in ihren Winterferien alljährlich im Ausland – meist Japan oder USA – mit ihren Künsten begeistern.

»Bewahren, was uns die Natur gibt«, lautet ihr Credo. »Die traditionelle französische Küche mit ihren herrlichen Saucen und allerlei anderem Schnickschnack vertuscht sehr viel. Wir aber glauben, daß man Fisch, Fleisch oder Gemüse in seiner ursprünglichen Art schmecken und riechen und nicht verfälschen sollte. Sonne und Meer müssen immer mit auf dem Teller sein«, predigen Livia und Alfonso. »Die in unseren Breiten noch so verbreitete ›aggressive‹ Küche mit ihren scharf gewürzten Speisen reicht in die Zeiten zurück, in denen die Rohstoffe mit Salz oder durch Pökeln konserviert wurden. Das hat den Geschmack der Leute geprägt. Heutzutage kann man – je nach Jahreszeit – alles frisch erwerben, Lebensmittel müssen nicht tiefgefroren aufbewahrt werden und sollten auch im Kühlschrank nur wenige Stunden lagern«, versucht das Ehepaar mit den Küchensünden der Vergangenheit aufzuräumen. Ganz ohne Kompromisse geht es allerdings auch im »Don Al-

»Don Alfonso«

247

fonso« nicht: »Wir halten es zwar für blanken Unsinn, wenn sich ein Neapolitaner im November weiße Trüffel aus Alba einbildet, müssen aber diesen Wünschen Rechnung tragen.« So fährt der Hausherr eben alle paar Monate in den Norden, um solch kostbare Spezialitäten einzukaufen. Am Fuß der Alpen und gerne in die Tausende gehenden Flaschen über Italien weit hinaus bis nach Frankreich, Spanien und Kalifornien. »Wein ist ein lebendiges Wesen, er kommt zur Welt und er stirbt«, ertönt es in Livias Sibyllengrotte. »Wenn ich ihn koste, dann sagt er mir, wie er gelebt hat.« Die erste Kellermeisterin des

Auch für die Fischgerichte kommt selbstverständlich nur frischeste Ware auf den Teller

lassen sich die Iaccarinos auch ihren eigenen Grappa machen – mit Trebern des heimischen Greco di Tufo. »Bei uns gibt es noch keine Schnapskultur, daher nehmen wir diese Mühe auf uns, auch aus Liebe zum Süden. Wir wollten beweisen, daß unser Grundmaterial nicht schlechter ist, nur die Verarbeitung versteht man bei uns nicht so gut«, erklärt Alfonso seine ›Schnapsidee‹, die 1985 als inzwischen vielbegehrte Marke – »Grappa des Südens« – registriert wurde.

Der Lokalpatriotismus in der Küche spiegelt sich im Keller nicht so deutlich wider, reicht doch die Auswahl der gut

Mezzogiorno, die ihr Handwerk bei Italiens Weinpapst Veronelli gelernt hat, ist davon überzeugt, daß Frauen für diesen Beruf besser geeignet sind als Männer. »Wir verfügen einfach über mehr Geschmackssinn. In Frankreich hat man das längst erkannt«, verteidigt sie ihre im Süden immer noch mit Mißtrauen betrachtete Position. Einen 1000-Mark-Wein – davon lagern einige in ihrem Keller – würde sie auch dem reichsten Gast nicht servieren, wenn dieser in ihren Augen nicht als Kenner und Genießer bestehen könnte.

Künstler wollen bekanntlich gebeten sein.

Amalfitana:
Straße zwischen Himmel und Meer

Karte s. S. 238

Es war einmal vor langer, langer Zeit, da lebten nur zwei Familien am südlichen Hang der Lattari-Berge, die eine im Westen, die andere im Osten der Küste. Sie ernährten sich vom Fischfang, und alle, auch Frauen und Kinder, wagten sich in kleinen Booten aufs Meer hinaus. Bei einem heftigen Sturm erlitten die Barken Schiffbruch, und zwar genau in der Mitte zwischen den beiden bescheidenen Hütten. Vietri, die wunderschöne Tochter der einen, und Positano, der älteste Sohn der anderen Familie, wurden eng umschlungen ans Ufer gespült und verliebten sich ineinander. Doch als das Unwetter sich legte, da mußten sie wieder zu den Ihren heimkehren.

Von diesem Tag an stiegen die beiden jungen Leute an jedem Morgen, jedem Mittag und zu jedem Sonnenuntergang auf die hohen Klippen, die sich jeweils am Ende der Küste erhoben, und riefen einander beim Namen. Da hörte das Meer auf zu rauschen und der Wind schwieg, damit ihre Stimmen an jenem Ort zusammentreffen konnten, wo ihre Liebe begonnen hatte. Fortan blieb die See ruhig, nur eine sanfte Brise wehte, es herrschte ewiger Frühling. Zitronen, Wein, Oliven, Feigenkakteen und allerlei andere Früchte wuchsen in dem milden Klima, Rosen und Jasmin verströmten betörende Düfte. Eines Tages näherten sich die Liebenden bei Sonnenaufgang mit ihren Booten just jener Stelle, wo sie einander das erste Mal begegnet waren. Hand in Hand gingen sie an Land und vereinten sich. So wurde ihr erstes Kind gezeugt, das sie Amalfi nannten, weitere Söhne und Töchter folgten. Ihre Erstgeborene aber war so schön, daß Herkules ohne sie nicht mehr leben wollte. Ihr zu Ehren gründete der griechische Held eine Stadt, der er den Namen der Geliebten gab.

Nur ein Märchen wie dieses kann einer der traumhaftesten Küsten dieser Welt gerecht werden. Die Amalfitana, eine Straße zwischen Himmel und Meer, verbindet die Städte **Positano** und **Vietri sul Mare**. Und in ihrer Mitte liegt Amalfi, die einstmals so mächtige und einflußreiche Seerepublik, die erste Italiens.

Jedes einzelne Dorf an der rund 40 km langen, 1857 eröffneten Strecke, die sich in engen, kühnen Kurven an das schroffe Kalkgestein schmiegt, hat nicht nur seine eigene Geschichte, auch Mythen und Legenden ranken sich um die an steilen Felsen klebenden Schwalbennester. Allein bei der Herkunft des Namens **Positano** 6 (S. 303) kann man unter drei verschiedenen Varianten wählen. Manche Historiker sagen, der Ort sei von den Einwohnern Paestums gegründet worden, die sich auf der Flucht vor den sarazenischen Seeräubern an den Abhängen des Monte Comune und des Monte Sant'Angelo a Tre Pizzi verschanzt hatten. Daher stamme auch die Bezeichnung *Pestano* oder *Pesitano* für eine Siedlung an einer Stelle, an der schon vor dem 10. Jh. eine dem hl. Vitus geweihte Benediktinerabtei stand. Nach einer anderen, ebenso we-

Positano im Abendlicht ▷

nig bestätigten Theorie kommt der Name von den *Posidii,* wie man zur Zeit des römischen Kaisers Claudius freigelassene Sklaven bezeichnete, die sich in dieser unwegsamen Gegend niederließen.

Die wohl hübscheste Erklärung rankt sich um ein Marienbild, das im 13. Jh. auf der Schiffsreise von Byzanz nach Neapel den Seeleuten mit einem Mal mit lauter Stimme befohlen hatte: *Posa!* – »Setzt mich hier ab!« Die Männer taten, wie ihnen geheißen, und ruderten die Muttergottes an Land. Betrachtet man die selbstbewußte kleine Madonna in der Kirche **Santa Maria Assunta** etwas genauer, dann lassen ihre energischen Züge, ihr stolzer Blick erkennen, daß sie damals wie heute keinen Widerspruch duldet. Ihre Heimstatt unter einer jener grün-gelben Majolikakuppeln, die an der gesamten Amalfitana flimmernde Farbakzente zwischen dem Blau des Himmels und des Meeres setzen, liegt unweit vom Strand. Die Kirche selbst mußte seit dem Mittelalter so manchen Umbau, so manch fragwürdige Verschönerung über sich ergehen lassen. Ihre häßliche Zementfassade – die Stiftung eines in den USA reich gewordenen Positanesen – ist kaum ein Foto wert. Als kunsthistorische Rarität aber gilt das Relief eines fischschwänzigen Drachen am alten **Campanile**, vermutlich eine langobardische Arbeit.

Wie von einer Riesenfaust hingeschleudert und anschließend mit zarten Fingern geformt und gefärbt, stellen die Häuser von Positano perfekte Beispiele für eine Architektur dar, die der bekannte Italienkenner Eckart Peterich »Inselstil« taufte: »Weiße Kuben und weiße Kuppeln, das ist es, was uns zunächst auffällt. Nie ein Steildach,

darum keine Dachziegel. Entweder die Wölbung oder das Flachdach; dieses freilich ist nicht so flach wie in der modernen Architektur, in der die Dächer mit den Wänden einen scharfen rechten Winkel bilden, sondern stets mit wohliger Rundung in die Wände übergehend. Überhaupt sehr viel Rundes, Schwellendes. Ich möchte sagen: kissenhaft. Auf jeden Neuling wirken diese Bauten zunächst morgenländisch, tausendundeinenachthaft; doch damit ist wenig ausgesagt. Es handelt sich auch darum um keinen dörflichen Stil, weil schon

Terrassencafé hoch über dem Golf

eine kleine Anzahl von Bauten dieser Art sich immer zu einem städtisch geschlossenen Ganzen zusammenfügt. Sehr große Bauwerke hat der Inselstil nirgends hervorgebracht, sondern eigentlich nur Wohnhäuser: meist Fischerwohnhäuser, die sich am Ufer, am Hafenquai zu Marinen gruppieren.«

Der weltberühmte Architekt und Designer Le Corbusier ließ sich zweifellos vom Inselstil inspirieren. Ihn hatte dieser Teil Süditaliens ebenso verzaubert wie eine Reihe von Künstlern, die seit dem vergangenen Jahrhundert an der *Costiera Amalfitana,* so der gebräuchliche Name im kampanischen Dialekt, überwintert. »Die Dichter und Maler kommen erst im Herbst und verlassen uns wieder im Spätfrühling, sobald die Touristen herbeiströmen«, erzählt der gebürtige Positanese Luigi Bozza, Direktor des Hotel »Le Sirenuse«. Die elegante Villa aus dem 18. Jh., die acht Stockwerke tief entlang der Felsen hinunter abfällt, befindet sich seit Anbeginn im Besitz ein und derselben neapolitanischen Aristokratenfamilie, die ihr luxuriöses Domizil mit den kostbaren Gemäl-

den, Teppichen und Möbeln schon vor mehr als hundert Jahren in eine ebenso komfortable Nobelherberge hat umbauen lassen.

Nobelpreisträger John Steinbeck trank auf einer der von Bougainvillea überwucherten Terrassen ebenso den würzigen Wein der umliegenden Hänge wie sein deutscher Schriftstellerkollege Stefan Andres, der in seinen Erzählungen »Sehnsucht nach Italien« schrieb: »Viele hundert Male habe ich den Namen dieser Stadt über den Briefbogen gesetzt und bemerkte schließlich, daß die Feder dies ›Positano‹ immer mehr stilisierte und zu einer Arabeske machte: im ›P‹ wölbt sich die sarazenische Kuppel seiner Häuser, im ganz allein stehenden und rundgezogenen geschlossenen ›o‹ öffnet sich der dunkle, kühle Zisternenmund im Höfchen, im scharfgekurvten ›s‹ zog die Feder – wie gesagt ohne Absicht und ganz auf eigene Faust! – die Schlange des Asphaltweges nach, der den Ort, buchtausbuchtein laufend, verbindet. Das kleine ›i‹ mit dem einsamen Punkt könnte etwas von der Sonne über dem mageren Kalkstein, der Hitze und der Trockenheit der Luft aussagen.«

Nur schwer kann man sich von den zahllosen Treppen und Gäßchen, dem Winkelwerk aus weißen, rosafarbenen, rostroten oder himmelblauen Häusern mit den gemütlichen Tavernen und geschmackvollen Boutiquen losreißen. Wenn schließlich nach einem strahlenden Sonnentag am goldfarbenen Sandstrand die Schatten länger werden, die Kurzbesucher längst wieder in ihren Autos oder Bussen sitzen und man in Positano endlich unter sich ist, dann verwandeln die ersten Lichter die kleine Stadt in dem Felsentrichter fast in eine

Majolikakuppel in Positano

neapolitanische Weihnachtskrippe, mit der sie Fremdenführer in ihrer blumigen Sprache so gerne vergleichen.

Spätestens jetzt sollten sich Reisende, die im eigenen Wagen unterwegs sind, darüber einigen, wer das Steuer übernimmt. Mitfahrende ziehen das große Los, Chauffeure erhalten den Schwarzen Peter. Hinter jeder Kurve wartet nämlich ein Wunder an Formen und Farben, nach jeder Wegbiegung zeigt diese unvergleichliche Landschaft jedesmal aufs neue, welche Symphonien Himmel, Erde und Meer komponieren können. Schneeweiße Spitzenränder hoch aufspritzender Gischt säumen tief unten das Dunkelblau und Türkis des **Mare Tirreno,** das sich an schiefergrauen Klippen bricht. Fjorde, düster und geheimnisvoll wie im hohen Norden, schneiden weit hinein ins nahezu senkrecht emporragende dunkle Gestein, aus dem flammend gelb der Ginster leuchtet. Selbst wenn sich ein Himmel aus Seide über diese Küste spannt und Unwetter wie Winterstürme kaum vorstellbar sind, hat man es nicht mit einer lieblichen, zarten oder anmutigen Schönheit zu tun. Wild ist das Land, ungebärdig und im wahrsten Sinn des Wortes atemberaubend.

Hinter Positano führt die Strecke über das Fischerdorf Vettica Maggiore am Capo Settile vorbei nach **Praiano** 7 (S. 304), zur Zeit der Republik Amalfi die Sommerresidenz der Dogen der damals reichsten Stadt des Südens. Rund einen Kilometer später überquert eine Brücke das **Vallone di Furore,** das Tal des Zorns. In diese schaurige Felsschlucht stießen nach der Überlieferung einst voll Wut die Sarazenen jene Unglücklichen unter ihren Entführungsopfern, für die niemand Lösegeld zu zahlen bereit war. Tatsächlich versteckt sich unweit des Furore-Fjords die sogenannte **Grotta dei Briganti,** eine Räuberhöhle, die schon arabische Piraten gekannt und als Unterschlupf benutzt haben dürften.

Räuber ganz anderer Art bevölkern heute die Amalfitana. Seitdem Fremdenverkehr und Motorisierung gnadenloser als sämtliche Eroberer zuvor Kampaniens schönstem Flecken Gewalt antun, wälzen sich tagaus, tagein Tausende von Fahrzeugen durch die engen Kurven. Sogar für die größten Reisebusse herrscht unbegreiflicherweise immer noch kein Fahrverbot, sie dürfen allerdings zu gewissen Stunden nur in einer Richtung fahren (nähere Informationen im Touristenbüro in Vietri, s. S. 309). Entnervt von Auspuffgasen, Hupkonzerten und Staus folgt so mancher leichtsinnig dem einladenden Winken eines der vielen Restaurantschlepper, die rechts und links der Küstenstraße die raren, bisweilen sogar auf Hausdächern untergebrachten Parkplätze bewachen. Einmal ausgestiegen, schnappt die Touristenfalle unbarmherzig zu. Um teures Geld bieten die meisten dieser Lokale bloß Mittelmäßiges, seinen Hunger hätte man sich besser für eine Stärkung in einer der kleineren Ortschaften aufgehoben, wo es sich ganz ausgezeichnet speisen läßt, sofern man sich von Tafeln mit deutschen oder englischen Menüvorschlägen fernhält. Doch kann man sich ohne weiteres in jeder Bar bei einem Campari oder Orangensaft erholen, die umwerfende Aussicht genießen und erfrischt Bewunderung statt Ärger über die artistischen Leistungen der Buschauffeure empfinden, die zwischen schwindelerregendem Abgrund und überhängenden Felsen Präzisionsarbeit vollbringen.

Die Verführung, verweilen zu wollen, weil jeder Augenblick so schön ist, lockt an der *Costiera Amalfitana* allgegenwärtig. Wenn einem Autolenker, der ja sein gesamtes fahrerisches Können aufbieten muß, die begeisterten Ausbrüche seiner Beifahrer zuviel werden, dann steuere er den Parkplatz an der **Grotta di Smeraldo** 8 vor dem Capo di Conca an. Die erst 1932 zufällig entdeckte »Smaragdgrotte« steht der weitaus berühmteren »Blauen Grotte« von Capri im Spiel des Lichtes mit der Farbskala des Meeres um nichts nach. Unwirklich grün schimmert das Wasser in der Tropfsteinhöhle, die Stalagmiten und Felssäulen wie eine zu Stein gewordene Leibgarde bewachen. Weil aber offenbar selbst die berückendsten Naturschauspiele als Anziehungspunkt nicht mehr zu genügen scheinen, ließ die staatliche italienische Fernsehanstalt RAI im Jahr 1960 auf dem felsigen Grund in 4 m Tiefe eine Krippe aus Keramikfiguren aufstellen, um die nun die Ausflugsboote kreisen.

Friedlich dümpeln elegante Jachten neben buntbemalten Fischerkähnen vor der gepflegten Uferpromenade von **Amalfi** 9 (S. 290). Wer von diesen Freizeitkapitänen ahnt schon, daß er mit seinem Schiff in jenem Hafen ankert, der einmal zu einer der mächtigsten Seerepubliken Italiens, ja des gesamten mediterranen Raumes gehört hat? Die glanzvollen Tage, als die durch den Orienthandel wohlhabend gewordene Stadt mehr als 50 000 Bürger zählte, liegen schon allzu lange zurück. Im Vergleich zu den uralten Griechensiedlungen machte die vermutlich erst im 4. Jh. n. Chr. gegründete römische Niederlassung freilich die Karriere einer Neureichen, die buchstäblich aus dem Nichts Macht und Einfluß des Geldes hervorzauberte. Nachdem die Welt nahezu ein halbes Jahrtausend kaum etwas von Amalfi vernommen hatte – vom 6. bis 8. Jh. gehörte es zum Byzantinischen Reich, anschließend zum langobardischen Herzogtum Benevent –, errang es 838 seine Unabhängigkeit, die es verzweifelt gegen den Normannen Robert Guiscard verteidigte. Zweimal, 1073 und 1077, plünderten die Männer aus dem Norden die Stadt, doch erst die Pisaner, denen die süditalienische Konkurrenz im Kampf um die kommerzielle Vorherrschaft im Mittelmeer längst ein Dorn im Auge war, konnten 1137 nach langen, schweren Gefechten Amalfi in die Knie zwingen. Auf 300 Jahre Glanz, Ruhm und Reichtum folgte eine lange Zeit der Bedeutungslosigkeit und Armut. Doch-

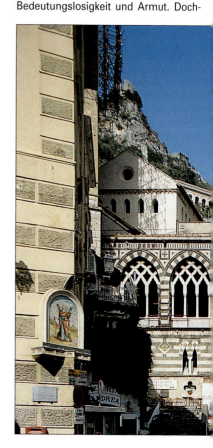

Der Dom in Amalfi

dank der romantischen Aussteiger des 19. Jh., die diese vergessene Küste wiederentdeckten, erwachte Amalfi aus seinem Dornröschenschlaf, aber es zählt heute kaum mehr als 6500 ständige Einwohner.

So viele Menschen wie einst hätten allerdings in den engen Gassen und Gäßchen zwischen den Bergen Punta d'Aglio und Molignano kaum mehr Platz. In den Sturmfluten von 1013 und vor allem von 1343 versanken große Teile der Ansiedlung, die fast doppelt so groß gewesen sein muß, im Meer. Gegen solche Naturkatastrophen konnte selbst der Schutzpatron, niemand Geringerer als der Apostel Andreas, Bruder des Petrus, nichts ausrichten. Dabei hatten sich die Amalfitaner ihren Heiligen, beziehungsweise dessen kopflosen Leichnam, im 13. Jh. in einem spektakulären, aber damals keineswegs außergewöhnlichen Raubzug eigens aus Konstantinopel geholt, damit er sie vor Unbill und Invasionen beschütze. Die Reliquien des Märtyrers ruhen noch immer in der Krypta des aus dem 9. Jh. stammenden **Duomo di Sant'Andrea,** der 1203 im arabisch-normannischen Stil umgebaut wurde. Auf dem Platz davor fließt frisches Gebirgswasser aus den Brüsten fischschwänziger Wasserweibchen, die einen Barockbrunnen mit der lebensgroßen Andreas-Statue schmükken. Im Anblick der grandiosen Frei-

Edle Lumpen

Als eine der ersten Städte Europas verlegte sich Amalfi bereits im 11. Jh. auf die Papierherstellung, eine Kunst, die in China schon 200 Jahre vor Christus bekannt war. Da sowohl Papyrus als auch Pergament um die Jahrtausendwende in Europa für den täglichen Gebrauch fast unerschwinglich wurden, sahen sich die findigen Geschäftsleute Süditaliens nach einer Alternative um. Sie fanden diese dank ihrer Handelsbeziehungen in Kleinasien und an der afrikanischen Küste, wo sich die Araber längst des praktischen, preiswerten Schreibmaterials bedienten. Das importierte Knowhow der Verwandlung von Lumpen in feinstes Bütten ließ an der Amalfitana einen eigenen Industriezweig entstehen, der bis heute existiert. Nicht nur im Valle dei Mulini von Amalfi selbst rotierten die Papiermühlen, sondern auch in Tramonti, Maiori, Minori und Ravello. Sehr zum Mißfallen von Kaiser Friedrich II., dem die wachsende Verdrängung des traditionellen Pergaments ein Dorn im Auge war. 1220 ließ er sogar die Ausstellung öffentlicher Dokumente auf Bambacina-Papier – benannt nach der für besonders kunstvolles Bütten bekannt gewordenen arabischen Stadt Bambyche – ausdrücklich verbieten.

Im **Museo della Carta,** einem Privatmuseum in Amalfi, können Interessenten Pressen, Antriebsräder, Hämmer, Netze und noch so manch andere Geräte besichtigen, mit denen die Lumpen in den Mühlen zerstückelt und in Steinbehältern bis zur kompletten Entfaserung zerstampft wurden. Die Masse schüttete man in Rührbütten – daher der Name –, spannte feine Metallsiebe, verteilte auf diesen eine gewisse Menge der Rohsubstanz, fügte Wasser hinzu und preßte schließlich die Brühe zwischen zwei Filzschichten. Das so gewonnene Blatt wurde dann in der Sonne getrocknet. Damit aber war der komplizierte Vorgang noch keineswegs beendet. In mühseliger Arbeit mußte nun das Papier mehrfach mit Tierleim behandelt, geglättet und ausgebügelt werden.

Seit dem 13. Jh. garantiert das Wappen von Amalfi Echtheit und Güte des edlen »Lumpenpapiers«, das sich – nach wie vor nach traditionellem Verfahren in einigen Betrieben gefertigt – ideal als handliches, exquisites Mitbringsel eignet.

---

treppe, der leider allzu bunten, mosaikverzierten Fassade, an der sich venezianische Künstler des 19. Jh. mit viel Blitzblau und Gold ausgetobt haben, und dem verhältnismäßig moderaten Verkehr ist es nun höchste Zeit für einen Espresso, bei dem man das eben Bestaunte Revue passieren läßt: das prachtvolle **Bronzetor des Hauptportals** der Kathedrale, ein byzantinisches Kunstwerk, 1066 von Simone aus Syrien gegossen; der Kreuzgang **Chiostro del Pa-**

radiso, erreichbar durch ein Atrium neben dem Dom, wo unter zierlichen Spitzbogen auf Doppelsäulchen seit dem 13. Jh. die Vornehmsten der Stadt ihre letzte Ruhestätte fanden und nun unter dem mystisch anmutenden Flechtwerk arabisch-byzantinischer Kunst römische Sarkophage, behauene Marmorteile und Fresken aus dem Mittelalter ausgestellt sind; oder das **Arsenal,** in dem in zwei riesigen Räumen unter Spitzbogen, einer unterirdischen gotischen Kirche ähnlich, die Galeeren der Seerepublik gezimmert wurden.

Wie viele Säcke voll Geld mußte wohl der Doge von Amalfi vor mehr als tausend Jahren aufgewendet haben, um die Flotte stets auf dem neuesten Stand der Technik zu halten? *Tari* nannte man nach arabischem Vorbild um die Jahrtausendwende die Goldtaler aus den Prägeanstalten der Republik, eine stabile Währung, die in allen Häfen und Städten des Mittelmeerraumes Kaufkraft besaß. Aber nicht nur die eigenen, bis zu den Küsten Afrikas und Asiens gern gesehenen Münzen dokumentieren im **Museo Civico** im Rathaus die einstige Vorrangstellung vor allen anderen Handelszentren des Südens. Noch weit eindrucksvoller und einflußreicher erwiesen sich die von der Regierung erlassenen Gesetze, die in der sogenannten *Tavola amalfitana* gesammelt wurden. Durch Zufall entdeckte man diesen Kodex im 18. Jh. in einer Wiener Bibliothek, 1929 gaben ihn die Österreicher an Italien zurück. Der in 66 Kapitel aufgeteilte Text – 21 in Latein und 45 in der Umgangssprache des 14. Jh. – enthält die schon zur Zeit der Normanneninvasion gültigen Verordnungen über die Beziehungen zwischen Schiffseignern, Kaufleuten und Matrosen, über die Verteilung von Gewinn und Verlust, über die Art und Weise, Waren entweder aufzubewahren oder wegzuwerfen. Selbst nach dem Untergang der Republik galt die *Tavola amalfitana* vielen anderen Städten als das einzige wirklich kompetente See- und Handelsgesetzbuch.

Wie modern und beispielgebend die Amalfitaner im Mittelalter auch gewesen sein mögen, ein Patentamt oder zumindest ein Geburtenregister kannten sie jedenfalls nicht. Letzteres hätte ihnen viel Ärger mit **Flavio Gioia** erspart, ihrem größten Sohn, dem die Welt angeblich eine der wichtigsten nautischen Errungenschaften, den Kompaß, verdankt. So aber müssen sie sich noch mehr als ein halbes Jahrtausend später und vermutlich bis in alle Ewigkeit mit den Positanesen herumärgern, die den epochemachenden Seefahrer absolut energisch für sich in Anspruch nehmen. Ganz rein aber scheint ihr Gewissen dabei nicht zu sein, wie Eckart Peterich zu berichten wußte: »Amalfi rühmt sich, die Heimat des Flavio Gioia zu sein. Man wollte ihm ein Denkmal errichten, der Bildhauer hatte seine Arbeit schon vollendet, aber da brachten die Gelehrten Zweifel vor, ob der Erfinder des Kompasses überhaupt gelebt habe. So verzichtete man darauf, die Statue eines Mannes aufzustellen, von dem man nicht sicher sagen konnte, ob es ihn überhaupt gegeben hat; als ob Flavio Gioia, selbst wenn er nicht gelebt hätte, nicht in der Legende Leben genug besäße, um ihm ein Denkmal zu setzen! Die Positanesen waren, wie wir sahen, mutiger, benannten einen Platz nach ihm und widmeten ihm eine Gedenktafel; was dafür spricht, daß er doch Positanese gewesen ist.«

Die Skrupel hat man in Amalfi mittlerweile über Bord geworfen. Weithin sicht-

Blick auf das wunderschön oberhalb von Amalfi gelegene Dorf Atrani ▷

bar weist ein mit kurzem Rock und faltenreichem Umhang bekleideter Gioia mit seinem rechten Zeigefinger aufs Meer, in der Linken die Magnetnadel haltend. Keinen Blick verschwendet er auf die Scharen fotografierender Touristen, die sich auf der nun doch nach ihm getauften Piazza drängen. Nachdenklich sieht er den Kompaß in seiner Hand an, den er, wenn er ihn schon nicht selbst erfunden hatte, vielleicht einem unbekannten arabischen Matrosen um wenige Tari abgekauft hatte, genial erkennend, welchen Schatz er damit erwarb.

Nur einmal alle vier Jahre, und zwar am dritten Sonntag im Juni, zeigt sich Amalfi so, wie es in den Tagen eines Flavio Gioia ausgesehen haben mag. Unter Beteiligung der Mannschaften aus Pisa, Genua und Venedig kämpfen die Nachkommen der großen Seefahrer in der **»Regatta der alten Republiken«** um den Sieg. Von Neapel bis Salerno ist alles auf den Beinen, um den Umzug der in Schwarz-Weiß oder Blutrot gekleideten Männer zu sehen, die ihre in Samt und Seide gehüllten Damen vom Dom hinunter zum Hafen geleiten.

Kein Balkon mit Meerblick bleibt an diesem Tag leer, kein Aussichtsplatz, keine noch so kleine Felsenklippe. Zu den wenigen Privilegierten, die das traditionelle Gefecht der Galeeren weit draußen auf dem Meer ohne Gedränge genießen können, gehören die Gäste der zwei Nobelherbergen an den beiden Enden der Stadt. Im **»Hotel Luna Convento«,** ursprünglich eine Klostergründung auf Wunsch des heiligen Franz von Assisi aus dem Jahr 1220, stiegen schon Wagner und Ibsen (er schrieb hier seine »Nora«), Bismarck und Mussolini ab. Auf genauso prominente Namen – von Victor Hugo über Puccini bis d'Annunzio und wiederum Wagner – kann sich das **»Hotel dei Cappuccini«** berufen, ebenfalls ein ehemaliges, nur wenig später errichtetes Kapuzinerkloster mit einem verträumten Kreuzgang, in dem sich einmal mehr gotische, byzantinische und arabische Stileinflüsse auf harmonische Weise mischen.

Einer der interessantesten Bewohner des »Cappuccini« war bis vor wenigen Jahren der Hausherr selbst, dessen Lebensstil auch nach seinem Tod weiterhin für ein beliebtes Gesprächsthema in den Gassen von Amalfi sorgt. Don Alfredo, letzter Repräsentant der Familie Vozzi, zu deren Besitz das Kloster über viele Generationen gehörte, muß ein bemerkenswerter Mann gewesen sein. Schlank, blond und stets elegant vom Scheitel bis zur Zehenspitze, eine Mischung aus Lawrence von Arabien und Kaiser Franz Joseph, wich er von seinen Gewohnheiten auch im Alter nicht ab. Selbst als er schon im Rollstuhl saß, begrüßte er alle Ankommenden persönlich. Flankiert von Dienern in dunkelblauer Livree, erwartete Don Alfredo, einen purpurnen Schal um die Schultern, auf den Treppen seines Hauses die Sänften, in denen sich ältere Gäste den steilen Weg herauftragen ließen, bevor ein Lift diesen Service erübrigte. Die letzten 30 Jahre seines Lebens setzte er seinen Fuß nicht ein einziges Mal in die Stadt. Und drei Jahrzehnte lang sandte er jeden Abend dem Kommandanten des Linienschiffes, das am anderen Morgen nach Neapel auslaufen sollte, einen speziellen Leckerbissen, damit der Kapitän still und ohne Signal aus dem Hafen navigierte. Der ungestörte Schlaf aller, die unter seinem Dach wohnten, galt ihm als heilig; getreu dem Motto, das sich im »Cappuccini« auf der ersten Seite des goldenen Gästebuches findet: *Amalfi ama il forestiero* – »Amalfi liebt seine Besucher«.

Ein Drache wacht seit jeher über die Einwohner des kleinen Landstädtchens

Ravello 10 (S. 305), das 350 m über dem Meer auf einem Felssporn thront, der schon den Römern Zuflucht vor den anstürmenden Goten geboten hatte. *Rebellum*, wie das in den letzten Zügen liegende römische Reich diesen Adlerhorst mit gutem Grund nannte, konnte nur jener bezwingen, der sich durch das Valle del Dragone, das »Drachental«, kämpfte. Als *Rebello* erhob sich der so oft bedrängte und kurz zuvor von den Sarazenen belagerte, stets aufmüpfige Ort um die erste Jahrtausendwende sogar gegen das mächtige Amalfi, verbündete sich mit den Normannen und stellte sich schließlich unter den Schutz Rogers I. von Sizilien. Diese Patronanz brachte Ravello Glück, es wurde reich und so groß, daß 36 000 Menschen, dreizehn Pfarreien, vier Klöster und ein großes Hospital innerhalb seiner Mauern Platz finden mußten. Doch die wohlhabenden Patrizierfamilien und königlichen Kaufleute, die ihr Vermögen einem florierenden Orienthandel verdankten, starben im 14. und 15. Jh. aus. Und Ravello wurde wieder zu dem, was es einst gewesen war: zur versteckten, unbedeutenden Provinzstadt, die heute kaum mehr als 2000 Köpfe zählt.

In großzügig ausgebauten Serpentinen windet sich die Straße von dem Bilderbuch-Dörfchen **Atrani** (s. Abb. S. 260/261), vorbei an Wein- und Obstkulturen, hinauf zu dem verschlafenen Nest. Angesichts des friedlichen, schattigen Tals könnte man meinen, daß selbst der berüchtigte Drache ein Jahrhunderte währendes Nickerchen hält, weil ihn ja doch keiner mehr benötigt. Seinen heißen Atem haucht er nur noch dem bekannten Wein ein, der weit und breit als feurigster der Gegend gilt.

Ein großer Parkplatz unterhalb des Zentrums sorgt dafür, daß kaum Motorenlärm die verwunschene Stimmung Ravellos stört, die den Besucher – fast möchte man sagen Eindringling – umfangen hält. Träg gurren die Tauben auf der Piazza Vescovado, ohne Hast trinken Männer ihren Espresso in einem der zwei Cafés vor dem Dom, von denen sich eines besonders berühmter Gäste rühmen kann, unter anderem des jungen Ehepaares Jacqueline und John F. Kennedy, dessen Foto mit persönlicher Widmung leicht vergilbt an der Wand hinter der Kasse hängt.

Neben der kleinen Kirche **Santa Maria a Gradillo** mit ihrem arabo-sizilianischen Campanile erhebt sich die schlichte weiße Fassade der **Kathedrale San Pantaleon,** deren schönster Schmuck die Bronzetüren des Apuliers Barisanus von Trani aus dem Jahr 1179 sind. Wer die berühmten Basiliken von Trani (Apulien) und Monreale (Sizilien) kennt, wird Bekanntes wiederfinden, denn der Künstler verwendete dieselben Guß-Modeln für alle drei Gotteshäuser. Der klassizistischen Verschandelung seit Beginn der 80er Jahre glücklicherweise inzwischen wieder entkleidet, präsentiert sich das Innere des Doms in seiner ursprünglichen romanischen Klarheit. Die Kanzel ist ebenfalls das Meisterwerk eines Mannes aus Apulien. Nicola di Bartolomeo aus Foggia schuf sie 1272 im Auftrag des Nicola Rufolo und dessen Frau Sigilgaita. Auf sechs höchst lebendig wirkenden Löwen, den Symbolen Christi und der Macht des Glaubens, ruhen gedrehte, mit Mosaiken und Skulpturen verzierte Säulen, die wiederum die ebenso reich geschmückte Empore tragen. In der Mitte breitet ein Adler aus Basalt seine Schwingen aus, in seinen Krallen hält er die Inschrift: *In principio erat verbum* – »Am Anfang war das Wort«. Auf dem gegenüberliegenden Ambo, einem erhöhten steinernen Lesepult aus dem

Jahr 1130, wird auf einem grün-gold glitzernden Mosaik Jonas von einem recht seltsam anmutenden Wal auf spektakuläre Weise verschlungen.

Ein Ölgemälde in der linken Seitenkapelle vor dem Hochaltar zeigt schließlich sowohl eine bildliche Darstellung aus dem 17. Jh. als auch die Reliquien jenes Heiligen, dem der Dom gewidmet ist: San Pantaleon. Er zählt übrigens zum umfangreichen Kreis der Konkurrenten von San Gennaro, auch sein Blut verflüssigt sich, wobei er mehr Durchhaltevermögen beweist als der Schutzpatron Neapels. Wenn sich alljährlich an seinem Todestag, dem 27. Juli, das Wunder vollzieht und es in dem Glaskolben zu brodeln beginnt, dann kann man die rostroten Tropfen bis zum 14. September bestaunen. So lange nämlich trocknet das Blut des Märtyrers, der Kaiser Maximilian einst als Leibarzt diente, nicht ein.

Der **Palazzo Rufolo,** Palast jener Adelsfamilie, der das Gotteshaus und mit ihm ganz Ravello so viel verdanken, steht nur wenige Schritte vom Domplatz entfernt. Aber nicht nur die musealen Überreste des einstmals so prachtvollen, in arabisch-sizilianischem Stil errichteten Besitzes aus dem 13. Jh. locken Besucher aus aller Welt an, sondern vor allem der Park mit seinen Terrassen, Blumen und Bäumen. Richard Wagner fand dort, betört vom Duft unzähliger Blüten, angesichts eines unfaßbar schönen Ausblicks auf die sich in sanftem Schwung hinziehende Küste und das azurblaue Meer, das zwischen Pinienstämmen heraufleuchtet, endlich Klingsors Zaubergarten, nach dem er so lange gesucht hatte. Dem deutschen Komponisten huldigt man alljährlich in einer Konzertreihe inmitten berauschender Blumendüfte auf der großen Terrasse des Gartens.

Etwas mehr Mühsal muß man für den Besuch einer weiteren Sehenswürdigkeit auf sich nehmen. Gut zwanzig Minuten Fußmarsch weit liegt die **Villa Cimbrone,** der architektonische Alptraum eines Neureichen, ob seiner Skurrilität und der unvergleichlichen Aussicht aber ein ›Muß‹ jedes Kulturtouristen. Auf dem Weg zwischen alten Häusern, hohen Mauern und saftig grünen Wiesen, begleitet vom Zirpen der Zikaden, zaubert die Phantasie unschwer das alte Ravello herbei. Dies muß auch dem reichen Engländer Ernest William Beckett vor Augen gestanden haben, als er, zurück in London, einen Mann namens Nicola Mansi beauftragte, auf dem schönsten Flecken Ravellos ein mittelalterliches Schloß zu errichten. Mansi, gelernter Schneider und Sohn eines Maurers aus dem Ort, hatte um die Jahrhundertwende in Großbritannien sein Glück machen wollen. Das Schicksal in der Person des spleenigen Briten sandte ihn jedoch zurück in seine Heimat, wo er, der kleine Positanese, angesehen und schließlich doch erfolgreich, als Baumeister mit Generalvollmacht mit fremdem Vermögen schalten und walten durfte, wie er wollte.

Auf einem Landgut mit Weinbergen, Nußbäumen und Wald fand der solcherart zum Architekten Avancierte den idealen Platz, an dem er auftragsgemäß einen Palast errichtete. Diesen lasse man ruhig links liegen, die vor dem Ersten Weltkrieg erbaute Imitation einer klosterähnlichen Anlage bietet wenig Interessantes. Doch der weitgestreckte Park entpuppt sich als Lustgarten, wie er sich verträumter nicht denken läßt. Lichtflecken tanzen auf Kamelien und Rosen, überwachsene Seitenpfade verführen zu romantischen Abwegen,

Im Arkadenhof des Palazzo Rufolo in Ravello

Eselritt in den Zaubergarten

Der kränkelnde Meister steckte mit seinen Arbeiten an der Oper »Parsifal« in einer schöpferischen Krise, als er sich Anfang Januar 1880 mit seiner Familie in der Villa Angri am Posillipo niederließ. Das geräumige Haus inmitten eines prächtigen Gartens und die Aussicht auf den Golf von Neapel stimmten Richard Wagner fröhlich. So verzichtete er diesmal darauf, die Villa neu einzurichten, und begnügte sich damit, das Mobiliar unter seiner Anleitung umstellen zu lassen. Es sollten glückliche sieben Monate für den Künstler werden, auch wenn ihn sein Herzleiden oft tagelang ans Bett fesselte. Seiner Phantasie aber verhalf der Aufenthalt in Süditalien kräftig auf die Sprünge.

Ehe Richard Wagner Ende Mai mit seiner acht bis neun Personen – Familienmitglieder und Freunde – umfassenden Gefolgschaft zu einem mehrtägigen Ausflug nach Amalfi aufbrach, feierte er in der Villa Angri seinen 67. Geburtstag. Der große Saal des Gebäudes war mit Blumen und kunstvoll drapierten Stoffen geschmückt. Tochter Isolde brachte Szenen aus dem Leben ihres Vaters zur Aufführung. Zum Schluß sang die ganze Gesellschaft die bereits fertiggestellten Chöre aus »Parsifal«.

Im Salonwagen reisten die Wagners nach Amalfi, wo im »Hotel dei Cappuccini« Quartier bezogen wurde. Vom nahegelegenen Ravello und seiner verwunschenen Villa Rufolo als mutmaßlicher Schauplatz von Boccaccios »Decamerone« hatte der Künstler sicherlich schon gehört und sich wahrscheinlich für den zweiten Akt seines »Parsifal« einige Anregungen erhofft. Andernfalls hätte er, dem selbst die Stufen zum Dom von Amalfi zu beschwerlich waren, kaum die Mühe eines einstündigen Eselritts auf sich genommen.

Seine geheimen Vorstellungen erfüllten sich. »Wir haben in Ravello Klingsors Garten gefunden«, jubelte Cosima am 26. Mai 1880 in ihrem Tagebuch. Die Realität wurde zur Szene, die Szene zur Realität. Die Skizzen, die der vorsorglich mitgenommene Zeichner Paul Joukowsky von den verfallenen Mauern und Türmen, von den blühenden Terrassengärten und pittoresken Höfen anfertigte, waren nahtlos auf die Bühne des Bayreuther Festspielhauses übertragbar, die Ortsbeschreibungen Wagners in einem Brief an Bayernkönig Ludwig II. als szenische Anweisungen zu gebrauchen.

bevor das Belvedere mit einem kitschigen Tempelchen erreicht wird. Auf dem ausladenden Balkon *dell'infinito* – »der Unendlichkeit« – endet jegliche Lieblichkeit und macht wilder Schönheit Platz.

Jäh stürzen die Felsen hinab und gehen in Kaskaden weinbewachsener Terrassen über. Selbst Schwindelfreie meinen, über dem Abgrund zu schweben, schwerelos getragen von der glasklaren

Luft unter einem unendlich weit erscheinenden Himmel.

Mächtige Palmen säumen die Uferpromenade der beiden Nachbarortschaften **Minori** 11 (S. 299) und **Maiori** 12 (S. 298), in denen bis zum Spätherbst Sonnenhungrige die breiten Sandstrände bevölkern. Die einstmals für ihre Papierindustrie berühmten Städtchen haben sich längst dem totalen Tourismus verschrieben. Eine Reihe häßlicher Hotels säumt die Straße mit den schweren, schmiedeeisernen Kandelabern, die von stilvolleren Tagen und einem exklusiveren Publikum zeugen.

Hinter dem Capo d'Orso aber verbirgt sich ein Ort, der keineswegs um Fremde buhlt. In **Cetara** 13 (S. 295) bleibt man lieber unter sich, baut keine riesigen Herbergen und vermietet bestenfalls Privatzimmer, wenn ein Reisender hartnäckig genug ist, einen der wenigen Vermieter auszukundschaften. Nach wie vor leben viele der Bewohner von der Hochseefischerei, der ihre Stadt möglicherweise den Namen verdankt: *Cetara*, das römische Wort für »Thunfischfangnetz«, ist aber nur eine der etymologischen Deutungen. Weniger prosaisch klingt die Erklärung, daß sich die Bezeichnung vom griechischen *Kythereia*, dem Beinamen Aphrodites, herleitet. Dann nämlich hätte die Göttin der Schönheit höchstpersönlich für den eigenwilligen und von vielen Schicksalsschlägen heimgesuchten Ort Pate gestanden.

Niemand Geringerer als Petrus, der Seelenfischer selbst, gilt den örtlichen Seeleuten als Schutzpatron, den sie an seinem Festtag, dem 29. Juni, begeistert feiern. Aus allen Teilen des Mittelmeeres steuern zu dieser Zeit Kapitäne aus Cetara den Heimathafen an, um dabeizusein, wenn die Gläubigen die Statue Petri weit hinaus ins Meer tragen. Ausgerechnet die anfeuernden Rhythmen des Radetzkymarsches von Johann Strauß Vater untermalen die Zeremonie, die bei Einbruch der Dunkelheit beginnt und in einem krachenden bunten Feuerwerk ebensowenig frömmlerisch endet.

In dem schon von den Etruskern im 7. Jh. v. Chr. gegründeten **Vietri sul Mare** 14 (S. 309) endet die Amalfitana mit einem letzten Höhepunkt. Das in der Antike *Marcina* genannte und nach der Zerstörung durch die Vandalen als *Vetere* – »alt« – wieder auferstandene Städtchen begründete seinen Ruhm als Keramikzentrum bereits im Mittelalter. Die Flotten der hoch oben in den Bergen liegenden, aus dem Jahr 1011 stammenden Benediktinerabtei **Abbazia della Cava** – für Süditalien einst so bedeutend wie Cluny in Burgund – transportierten Krüge, Schalen, Teller, Votivkacheln und Fliesen in alle Welt. Nach den byzantinischen und arabischen Einflüssen gaben Handwerker aus den Abruzzen, die sich im 17. Jh. in Vietri niederließen, den kunstvollen Erzeugnissen neue Impulse.

In den 30er Jahren des 20. Jh. entdeckten Aussteiger aus Deutschland, Österreich und Polen das ein wenig in Vergessenheit geratene Vietri aufs neue und gründeten eine Künstlerkolonie, der Keramiker, Maler, Schriftsteller und Kunststudenten angehörten. Der führende Kopf dieser an kreativen und innovativen Ansätzen überaus reichen Periode war Richard Dölker, ehemals Lehrer an der Stuttgarter Kunstgewerbeschule, der Tassen, Teller, Krüge und Fliesen mit phantasievollen und fröhlichen Motiven schmückte. Andere wieder, wie beispielsweise Irene Kowaliska, Guido Gambone, Max Melamerson und Margarethe Thewalt, schufen keramische Arbeiten mit poetischem Inhalt. Mit Ausbruch des Zweiten Weltkriegs fiel die Gruppe auseinander, einige wenige ihrer noch erhal-

Vietri sul Mare: Eine ganze Stadt lebt vom Keramik-Kunsthandwerk

tenen Werke sind im **Museo della Ceramica** von Vietri zu sehen.

Mittlerweile aber macht die Konkurrenz aus Norditalien, die in weit größeren Mengen und ungleich preiswerter produziert, der Keramikindustrie im Golf von Salerno schwer zu schaffen. Nicht bloß die Fabriken stecken in einer Krise, auch nur noch wenige ernst zu nehmende Künstler halten heute die Tradition hoch. Die unzähligen Läden verkaufen fast ausschließlich grellbunte, wenig geschmackvolle Ware, die sich aber offensichtlich großer Beliebtheit bei kritiklosen Souvenirjägern erfreut.

Wen der Abschied von der Amalfitana allzu traurig stimmt, der tröste sich noch einmal mit einem uralten Märchen von Liebe und Leid. Denn auch um die spitzen Felsenriffe von Vietri, *I due fratelli,*

rankt sich eine Legende, die viel Wahres über die Bewohner der »göttlichen Küste« verrät. *An einem Maientag führten zwei Brüder ihre Schafherden an einen kleinen Strand. Dort entdeckten sie ein von Wellen umspültes, schlafendes Mädchen. Mit einem Mal verfinsterte sich der Himmel, Sturm kam auf, und die Wogen rissen die Schöne ins Meer. Von Mitleid mit der Ertrinkenden ergriffen, stürzten sich die Männer ohne zu zögern in die Fluten, in denen sie schließlich selbst mit all ihren Schafen umkamen. Sie konnten ja nicht wissen, daß sie ausgerechnet für die unsterbliche Tochter des Meereskönigs, der mit seinem Kind in einem goldenen Palast in den dunklen Tiefen wohnt, ihr Leben opferten. Gerührt von der todesmutigen Hilfsbereitschaft, verwandelte der König das Brüderpaar samt seiner Herde in Klippen, die für alle Zeiten Zeugnis ablegen sollen für die Gutherzigkeit der Menschen dieses Landes.*

Hinterland mit Geschichte

Caserta und Capua

Karte: s. vordere Umschlagklappe

Auf den Spuren der Geschichte von der Antike bis zu den Bourbonen wandelt man im Hinterland des Golfs von Neapel bei einem Besuch von Caserta und Capua, den man allerdings besser auf zwei Tage aufteilen sollte. Denn trotz aller Vorbehalte gegen das »Versailles des Südens« lassen sich Schloß und Park von Caserta (in dem es sonst nichts Interessantes zu sehen gibt) und das zauberhafte mittelalterliche Caserta Vecchia nicht im Laufschritt und in wenigen Stunden absolvieren. Verwirrung könnten die zwei Capuas stiften: Die höchst lebendige Stadt mit diesem Namen war in römischer Zeit der Hafen von Capua, während das Capua der Antike heute ein eher heruntergekommener Ort namens Santa Maria Capua Vetere ist, der aber vor allem wegen seines gewaltigen Amphitheaters ein touristisches Fünf-Sterne-Ziel darstellt.

Caserta – Das kalte Versailles des Südens

Staub liegt auf den Statuen antiker Göttinnen, ein wenig stumpf glänzen die kristallenen Lüster, auch die Politur der Möbel bedürfte wieder einmal einer Auffrischung. Als Stolz einer peniblen Hausfrau präsentiert sich das Prunkschloß der Bourbonen, der Könige beider Sizilien, jedenfalls nicht mehr. Doch daran kann es nicht liegen, daß im **Palazzo Reale** von **Caserta** (S. 294), 26 km nördlich von Neapel, dem hochgerühmten »Versailles des Südens«, kaum wehmütige Erinnerungen an verblichenen Glanz aufkommen. Unpersönliche Kälte schlägt dem Besucher dieser Residenz entgegen, kein Raum strahlt Atmosphäre aus, von Liebenswertem keine Spur. Die Olympier auf den Deckenfresken der hohen Salons dürften wohl nie in homerisches Gelächter ausgebrochen sein. Starr und stumm blicken sie von Anbeginn an auf die Menschen innerhalb der bis zu fünfeinhalb Meter dicken Mauern, denen trotz all ihres Reichtums selbst nur wenig Fröhlichkeit beschieden war.

Eine Kaserne zur Repräsentation, nicht ein verspieltes Lustschloß schwebte Karl III. vor, als er, nach langer Suche nach einem geeigneten Architekten, 1751 Luigi Vanvitelli, den Sohn des holländischen Malers Van Vittel und einer Römerin, nach Caserta berief. Was dieser, einer der berühmtesten Baumeister seiner Zeit, schließlich schuf, war ein Kompromiß. Ursprünglich wollte Karl nämlich aus Caserta eine neue Hauptstadt machen, prunkvoller und prächtiger als Neapel. So wie Versailles einstmals Paris ersetzte, sollten am Rande der fruchtbaren kampanischen Ebene alle Ministerien und Ämter in einem einzigen riesigen Palast neben den Gemächern der Königsfamilie untergebracht werden. Eine Universität stellte sich der König ebenso vor wie ein Priesterseminar, ein Theater, eine Bibliothek und eine Kathe-

◁ *Das Amphitheater von Capua Vetere ist nach dem von Rom das zweitgrößte Italiens*

Im Palazzo Reale von Caserta, dem ›Versailles des Südens‹

drale. Doch bald nach der Grundsteinlegung am 20. Januar 1752, seinem 36. Geburtstag, mußte der König seine hochgespannten Pläne begraben, nur das Schloß selbst konnte erbaut werden. Die feierliche Zeremonie, die später in einem Fresko im Thronsaal festgehalten wurde, spiegelte noch einmal seine Idee wider: Je zwei Linienregimenter und Schwadronen Kavallerie mußten sich aufstellen, um den gewaltigen Grundriß des Schlosses – 247 m x 184 m – zu markieren.

Als das Schloß von Caserta schließlich nach mehr als zwanzigjähriger Bauzeit bezugsfertig, wenn auch noch nicht vollendet war, lebte Karl III. längst in Madrid, vor dessen Toren er den Prado errichtete. Im Alter von 43 Jahren war ihm, dem Sohn des ersten spanischen Bourbonenkönigs Philipp V. und dessen zweiter Frau Elisabeth Farnese von Parma, der Thron eines Weltreichs zugefallen, gegen das sich das Königreich Neapel recht unbedeutend ausnahm. Nicht zuletzt deswegen umgaben sich die Regenten in Süditalien gern mit einem Luxus, der umgekehrt proportional zum tatsächlichen Einfluß ihres Herrschaftsgebietes stand.

Wer im Schloß von Caserta den Ausdruck eines gewissen Minderwertigkeitskomplexes sieht, wird vielleicht mehr Verständnis für die enormen Baukosten von 8 711 000 Dukaten aufbringen, die das Gebäude mit den 1200 Zimmern und 1790 Fenstern schließlich verschlang – eine ungeheure Summe in einem Land, in dem außerhalb der Palastmauern bittere Armut regierte. Aber nicht nur das unvollendete Projekt und viele andere, nie zu realisierende Pläne mußten Karl III. seinen Abschied von Neapel, das er weit mehr liebte als das strenge Madrid, sehr schwer gemacht haben. Vor seiner Abreise erklärte ein Ärztegremium seinen damals zwölfjährigen Erstgeborenen für hoffnungslos geisteskrank. Prinz Philipp würde niemals irgendeinen Thron besteigen können, lautete das unbarmherzige Urteil der Mediziner. Eine dezimierte Königsfamilie verließ mit ihrem Zweitältesten, der später als Karl IV. Herrscher über Spanien werden sollte, Italien. Ihren schwachsinnigen Sohn mußte sie ebenso zurücklassen wie ihren jüngsten, den späteren Ferdinand IV. (als König beider Sizilien Ferdinand I.). Um diesem das Schicksal seines Bruders zu ersparen, erließ sein Vater den strikten Befehl, ihm keinerlei geistige Strapazen – und somit allerdings auch keinerlei Erziehung – zuzumuten.

So wuchs Ferdinand völlig verwildert auf. Ausgerechnet ihm, den außer der Jagd eigentlich so gut wie nichts interessierte, wurde eine der kultivierten Töchter Maria Theresias, Maria Caroline, Schwester der Marie Antoinette, angetraut – ein weiterer Schachzug der ehrgeizigen Heiratspolitik des Hofes in Wien. Glücklich wurde auch diese Habsburgerin nicht, auch wenn sie ihrem Mann 18 Kinder schenken sollte. »Er ist ein recht guter Narr«, schrieb Caroline ihrem Bruder, Kaiser Joseph II., über den grobschlächtigen, vom Pöbel mit dem Spottnamen »König Nase« bedachten Monarchen.

Politisch geschult und von tiefem Haß auf die Franzosen durchdrungen, leitete in Wahrheit sie, die Habsburgerin, die Geschicke des Herrscherhauses. Ihre höchst ungewöhnliche Freundschaft mit Lady Hamilton, der aus kleinsten Verhältnissen stammenden Frau des britischen Gesandten Sir William Hamilton und späteren Geliebten Admiral Nelsons, machte sich bei der überstürzten Flucht vor Napoleons Armeen bezahlt. Überzeugt, daß auch ihr, wie ihrer

Schwester, die Guillotine drohe, segelte die königliche Familie unter dem Kommando des größten Seehelden seiner Zeit auf dem Flaggschiff »Vanguard« während eines wütenden Dezembersturms 1798 nach Palermo. Dank Nelson überlebten Caroline und Ferdinand die Überfahrt, und nur dem Schutz der Engländer war es zuzuschreiben, daß man sie auf Sizilien nicht sofort mit Schimpf und Schande davonjagte. Bei Volk und Adel gleichermaßen unbeliebt, wartete das Paar den Niedergang der von den Franzosen im Januar 1799 in Neapel ausgerufenen »Parthenopäischen Republik« ab, bis es zurückkehren konnte und – trotz zugesicherter Amnestie – unter den Revolutionsführern ein Blutbad anrichtete (s. S. 29).

Nach Napoleons Sieg bei Austerlitz 1805 eroberte dessen Bruder Joseph erneut Neapel. Die Bourbonen mußten abermals nach Palermo fliehen, wo man sie ebensowenig willkommen hieß wie beim ersten Mal. 1808 setzte sich der Schwager des Franzosenkaisers, Joachim Murat, auf den süditalienischen Königsthron. Für Ferdinand gerade noch rechtzeitig – er und vor allem seine Frau besaßen in Sizilien wegen ihrer Arroganz und Ignoranz nur noch Todfeinde – brach 1815 das napoleonische Reich endgültig zusammen.

»Das Schloß, wahrhaft königlich, schien mir nicht genug belebt, und unsereinem können die ungeheuren leeren Räume nicht behaglich vorkommen. Der König mag ein ähnliches Gefühl haben, denn es ist im Gebirge für eine Anlage gesorgt, die, enger an den Menschen sich anschließend, zur Jagd- und Lebenslust geeignet ist.« Diese wenig schmeichelhaften Worte fand Goethe auf seiner Italienischen Reise im Frühjahr 1787. Gemütlich oder gar heimelig kann es in Caserta wirklich nicht zugegangen sein. Unter den strengen Augen Carolines, von deren Charakter einige Portraits und Büsten beredtes Zeugnis ablegen, kam kaum jemandem ein Scherzwort über die Lippen. Selbst nach der strengen Etikette des spanischen Hofzeremoniells erzogen, duldete die Königin weder Spaß noch Fröhlichkeit. Zwar geistert sie heute nicht als »Weiße Frau« durch die endlosen Säle und Gänge, doch irgendwie scheint sie noch immer die unerfreuliche Atmosphäre dieses Bauwerks zu bestimmen, als hätten Mobiliar, Tapeten, Gemälde und Skulpturen etwas von ihrer Persönlichkeit in sich aufgenommen.

So richtig wohl wird sich in diesen Mauern auch Joachim Murat nicht gefühlt haben. Mit eigenen Empiremöbeln, zeitgenössischen französischen Malereien und Deckenleuchtern aus Deutschland versuchte der glücklose Bürgerliche immerhin, zumindest ein wenig Behaglichkeit um sich zu schaffen. Caroline wäre sicherlich wenig erfreut, wüßte sie, daß heute weder ihr **Thronsaal** noch die **Bibliothek,** nicht die königlichen **Badegemächer** und auch nicht der **Ratssaal,** sondern ausgerechnet **Murats Schlafzimmer** am häufigsten als Kulisse für Film- und Fernsehaufnahmen dient.

Ausgewogene Proportionen, martialische Strenge und eine feierlich anmutende Gliederung verleihen dem Königspalast in seiner Gesamtheit dennoch jene Würde, die ihm sämtlicher Schnickschnack und Firlefanz nicht nehmen konnten, sieht man von der lächerlichen ›Bahnhofsuhr‹ ab, die seine Fassade unnötigerweise ziert. Den deutschen Truppen mag diese im April 1945 allerdings symbolisch erschienen sein, als ihnen in Kampanien die Stunde schlug. Im einstigen Bourbonenschloß nahm der britische Heerführer Lord

Alexander die Kapitulation der Deutschen Wehrmacht entgegen.

Heute kapitulieren in Caserta an manchen Sonn- und Feiertagen bloß noch die Verkäufer der Eintrittskarten vor den anstürmenden Heeren der Touristen. 1,5 Mio. Besucher – ebenso viele wie die Uffizien in Florenz – verzeichnet die offizielle Statistik. Diesen Spitzenplatz in der Hitparade italienischer Sehenswürdigkeiten verdankt der Palast aber nicht seinen **Prunkgemächern** oder gar dem leider häufig geschlossenen **Hoftheater,** sondern zweifellos seinem 3 km langen, 120 ha großen **Schloßpark.** Bis hinauf zu den Hügeln zieht sich, vorbei an mächtigen Bäumen, sattgrünen Wiesen und blühenden Sträuchern, ein endlos scheinender Kanal, wie ihn nur ein aus den Niederlanden stammender Architekt ersinnen konnte. Zur Bewässerung der kaskadenartig aneinandergereihten Brunnen und Becken mußte Vanvitelli ein Aquädukt zu den mehr als 40 km entfernten Quellen in den Bergen legen – ein unvorstellbarer Luxus in einem Land, dem Wasser damals als größte Kostbarkeit galt.

Mit dem begehrten Naß gehen die heutigen ›Schloßherren‹, Beamte der staatlichen Denkmalverwaltung, nun zurückhaltender als nötig um, was dem Teint der griechischen Götter, Helden und Zentauren beträchtlich schadet. Die zu Brunnenfiguren degradierten Olympier sitzen dank des Sparprogramms meistens buchstäblich auf dem Trockenen. Seit glitzernde Fontänen nur noch zu besonderen Anlässen in ihren Locken spielen und selten ihre rissig gewordenen Wangen streicheln, blickt die zu Stein gewordene Mythologie mit toten Augen auf brackiges Wasser oder gar staubige, trockene Becken, in denen nackte Schöne vergebens ihr Spiegelbild suchen – wie die Göttin Diana und ihre lieblichen Nymphen, bevor sie vom Jäger Aktaion beim Bad überrascht werden und diesen zur Strafe in einen Hirsch verwandeln, den seine eigenen Hunde zerfleischen.

Für Touristen mit Zeitmangel stehen Autobusse bereit, die unentwegt zwischen dem Palast und dem höchsten Punkt des Parks in den schnurgeraden Alleen verkehren. Solch ein Blitzprogramm hat Caserta trotz allem nicht verdient. An einem heißen Sommertag auf schattigen Seitenpfaden zu wandeln, ist eine wahre Lust. In Carolines »Englischem Garten« mit seinem poetischen Schwanensee, künstlichen Ruinen und den dort 1880 erstmals in Europa ge-

Caserta Vecchia: Juwel im Verborgenen

pflanzten Kamelienbäumen aus Japan kann man noch einmal über jene seltsame Frau mit den harten Gesichtszügen nachdenken, der wenig Romantik in ihrem Leben beschieden war. Man kann auch unweit des Schlosses *La Casteluccia,* die **»Kleine Burg«,** mit ihrer Zugbrücke und den einst hochmodernen Verteidigungsanlagen bestaunen, in der die kleinen Prinzen das Kriegshandwerk zu Lande ebenso erlernen sollten wie die Kunst der Seeschlacht in einem riesigen, eigens zu diesem Zweck angelegten Wasserbecken.

Ein Paradies hätte es werden sollen, dieses Caserta, die Verwirklichung des ewigen Menschheitstraums einer schönen neuen und gleichzeitig uralten Welt. Arkadien aber haben die Bourbonen nie gefunden.

Mittelalterliches Caserta Vecchia

■ (S. 294) In sanften Kurven schlängelt sich die Straße durch ein stilles, friedliches Land. Mohnblumen an Wegrainen, goldfarbene Felder, dunkelgrüne Wäldchen, silbrige Olivenhaine, Weinstöcke, Obstgärten und einsame, auf Hügeln Wind und Wetter trotzende Pinien – toskanische Impressionen so nahe bei Neapel. Nicht weithin sichtbar, sondern verborgen liegt in 400 m Höhe jenes mittelalterliche, im 18. und 19. Jh. fast zur Gänze verlassene Städtchen, das der großen Schwester Caserta, einstmals »La Torre«, seinen stolzen Namen – *La Casa irta,* »hohes Haus« – überließ. Zum Glück steht der seither ein wenig mitleidig als **Caserta Vec-**

chia bezeichnete Ort nach wie vor im Schatten der nur 10 km entfernten Touristenattraktion. Für einen heuschreckenartigen Überfall sind die schmalen, buckeligen Gassen, engen Durchgänge und kleinen, urgemütlichen Trattorien wahrlich nicht gerüstet.

Um kein Mißverständnis aufkommen zu lassen: Auf Fremde ist man selbstredend eingestellt, schließlich bringen sie Geld und damit Wohlstand, doch es findet kein Ausverkauf der Identität statt. Häßliche Spekulationsbauten haben in Caserta Vecchia ebensowenig etwas verloren wie nervtötender Verkehr. Für viele Stunden des Tages müssen Autos und Mofas auf dem großen Parkplatz vor den Toren der Stadt bleiben, ob es den Einwohnern, die wie alle Süditaliener an ihren Fahrzeugen hängen, nun paßt oder nicht.

Durchsetzungskraft der Verantwortlichen ist dort allerdings Tradition, sonst wäre die von den Langobarden gegründete Siedlung nicht im Mittelalter zu einer bedeutenden Grafschaft und später gar zum Bischofssitz aufgestiegen. Eine der schönsten Kirchen Kampaniens ist das Erbe dieser großen Zeit. Auf der von niedrigen Patrizierhäusern umgebenen Piazza del Vescovado erhebt sich die 1112 begonnene und schon 1153 geweihte **Kathedrale San Michele,** in der romanische, arabische und normannische Stilrichtungen zu einem harmonischen Gesamtkunstwerk zusammenfließen. Die strenge Symmetrie des Schlosses von Caserta in seiner kühlen Distanziertheit wirkt angesichts der Ausstrahlung dieses dreischiffigen, holzgedeckten Gotteshauses unter der mächtigen, mit grauem und gelbem Tuffstein verzierten Kuppel wie ein seelenloser Bau, dem selbst die größte Kunst eines Architekten keine Persönlichkeit zu verleihen vermochte. Daß die antiken Säulen des Mittelschiffs der Kirche ungleich lang gerieten, was durch einen ansteigenden Boden ebenso einfach wie genial wieder ausgeglichen wurde, soll nur als ein Beispiel dafür gelten, daß Perfektion nicht alles ist und das Liebenswerte oft in der Improvisation liegt. So führt unter dem 32 m hohen Spitzbogen des Campanile (1234) eine Straße hindurch – sicherlich keine alltägliche architektonische Lösung. Unweit der Kathedrale erhebt sich die kleine gotische **Kirche Annunziata** mit einem barocken Marmorportal. Im Ostteil des Städtchens fin-

Amphitheater von Capua Vetere: Hier begann der Spartakus-Sklavenaufstand

den sich die Reste eines **Kastells** aus dem 13. Jh.

Wenige Schritte vom Domplatz entfernt erlaubt ein Durchgang den freien Blick auf die kampanische Ebene, beherrscht vom Kegel des Vesuv. Während weit unten in der Millionenmetropole am Golf bereits die ersten Lichter aufleuchten, genießen alte Frauen auf ihren Stühlen vor den Haustüren noch die letzten Sonnenstrahlen, ehe auch auf den Hügeln die Dämmerung hereinbricht. Ein weiterer Tag neigt sich dem Ende zu, doch was will das schon in Caserta Vecchia besagen? Dort verrinnt doch die Zeit schon seit Jahrhunderten nach ganz anderen Gesetzen.

Antikes Capua: Kurzes Gastspiel auf der Weltbühne

■ (S. 293) Das offizielle Briefpapier der Stadt trägt die Initialen S. P. C. Nicht viel mehr als die Abkürzung für *Senatus populusque Capuanus* blieb der Hauptstadt der römischen Campania, mit deren Namen – Capua – sich nun ihr ehemaliger Hafen am Fluß Volturno schmückt. Auf den Landkarten ist der Sitz von »Senat und Volk Capuas« bloß noch als **Santa Maria Capua Vetere** zu finden, eine Degradierung, mit der sich die geschichtsbewußten Bewohner gar nicht gern abfinden. »Signori, nur

wir sind die Erben der großen Vergangenheit«, wirft sich mit einem nach mehr als 2000 Jahren ungebrochenen Lokalpatriotismus der Aufseher des zweitgrößten **Amphitheaters** Italiens – erbaut an der Wende vom 2. zum 1. vorchristlichen Jahrhundert und unter Hadrian nach 119 wesentlich erweitert – stolz in die Brust. »Wir besaßen die wichtigste Gladiatorenschule der Antike. Nur das Kolosseum in Rom konnte uns an Größe, aber nicht an Bedeutung den Rang ablaufen. Bei uns wurden die besten Kämpfer ausgebildet, zu uns kam man von weit her, wenn man wirklich gute Spiele sehen wollte.«

50 000 Zuschauer faßte der vierstökkige, 169 m lange und 139 m breite Zirkus, in dem nach dem Bau eines Aquädukts unter Kaiser Augustus sogar Vorführungen von Seeschlachten stattfanden. Deutlicher aber als jeder noch so beredte Cicerone, dem nur die glänzende Seite der Medaille wichtig erscheint, erzählen die exzellent erhaltenen Ruinen mit ihren Tribünen und unterirdischen Gefängnissen von unmenschlichen Gemetzeln, vom Brüllen der wilden Tiere, von der Sensationslust des Publikums und der Verzweiflung der Gladiatoren. Mit 70 Männern, die gleich ihm nichts mehr zu verlieren hatten, brach 73 v. Chr. der Thraker Spartacus aus diesen Mauern aus – und lehrte für zwei Jahre das Römische Reich das Fürchten. Auf den Hängen des Vesuv lieferte eine kleine Schar Entrechteter der Staatsmacht, die den Aufstand vorerst unterschätzt hatte, das erste Gefecht. 70 000, nach manchen Chroniken sogar 120 000 Sklaven, schlossen sich schon bald Spartacus an, kreuz und quer zog dieser durch Süditalien, um noch mehr Menschen die Freiheit zu bringen. Das Ende war schrecklich: Eine Übermacht von sechs römischen Legionen schlug die Rebellion schließlich nieder, 6000 Überlebende des Blutbades starben an Kreuzen, die alle 30 m die Via Appia von Capua nach Rom säumten.

Auf dem nachmittäglich leeren Parkplatz vor dem Amphitheater spielt der Wind mit sorglos weggeworfenen Papierfetzen und Plastiktüten, ein schäbiger, trauriger Anblick. Überall im Süden bringen die Stunden der Siesta, wenn sich kaum jemand auf den sonnendurchglühten Straßen zeigt, das häßlichste Antlitz einer Stadt zum Vorschein. So manchem Ort, der am Morgen und wieder in den Abendstunden seinen ganzen Charme versprüht, wenn die Piazza von diskutierenden, lachenden, schwatzenden Menschen überquillt, geschieht in der Beurteilung der Reisenden zu Mittag bitter Unrecht. In Capua Vetere ist die Wahl der falschen Tageszeit besonders fatal. Wie soll man sich auch in diesem ausgestorbenen, langweiligen Kaff vorstellen, daß es einst als »Sybaris der Campania«, als eine Art sündiges Paris mit den freizügigsten Bordellen galt? Capuas Frauen wurden ob ihrer Schönheit besungen, jeder verstand sich auf die Kunst des Genießens. Ein ganzer Straßenzug, berichtete Titus Livius entrüstet, sei allein mit dem Parfumhandel beschäftigt gewesen. Und recht sauertöpfisch kritisierte er auch die »Zügellosigkeit des gemeinen Volkes, das sich unbegrenzter Freiheit erfreut«.

Der römische Geschichtsschreiber konnte sich dieses strenge Urteil bedenkenlos leisten. Denn zu seinen Lebzeiten (59 v. Chr. bis 17 n. Chr.) war die leichtblütige Stadt längst in Ungnade gefallen. In Fehleinschätzung der Situation nach der legendären Niederlage der Römer in der Schlacht von Cannae im Zweiten Punischen Krieg hatte sie dem karthagischen Heer unter Hannibal im

Winter 215 v. Chr. die Tore geöffnet. Die Rache für diesen Verrat sollte nicht ausbleiben. Nach dem endgültigen Sieg der Großmacht am Tiber über die Usurpatoren aus Afrika durfte sich das reiche Capua nicht mehr länger Hauptstadt nennen. Zwar in Luxus, doch ohne politische Bedeutung, lebte es dahin, dekadent und frustriert, verbannt von der Bühne des großen Welttheaters.

»Wenn die Sonne einer Kultur niedrig steht«, formulierte so treffend der brillante Wiener Literat Karl Kraus, »werfen selbst Zwerge große Schatten.« Im Vergleich mit dem verfolgten, aber nicht mehr aufzuhaltenden Christentum war der im 2. und 3. Jh. überall verbreitete Kult um den iranischen Lichtgott Mithras wohl der größte ›Zwerg‹ unter all den importierten Religionen. In einem Reich, das seine Zukunft längst hinter sich hatte, gefiel man sich in der Anbetung des Symbols von Keuschheit und Reinheit. Unter dem Soldatenkaiser Aurelian (270 bis 275 n. Chr.) konnte der Mithraskult sogar zur Staatsreligion avancieren. Kein Wunder, daß gerade in einer morbiden Atmosphäre wie im spätantiken Capua die Verehrung des Kämpfers gegen die finsteren Mächte zu besonderer Blüte gelangte. Und es ist auch kein Zufall, daß man ausgerechnet in dieser Stadt ein unterirdisches **Mithras-Heiligtum** entdeckt hat. 1800 Jahre bewahrte der 1922 freigelegte Tempel das Geheimnis der Mysterien, über die sich selbst Fachleute noch immer nicht bis ins letzte Detail im klaren sind.

Eilfertig zückt der Aufseher vor dem Amphitheater die Schlüssel zum sorgsam versperrten, nur wenige hundert Meter entfernten *Mitreo*. Nicht allzu viele Fremde bitten ihn um diesen – trinkgeldträchtigen – Dienst, denn aus gutem Grund macht das Kulturamt keine Werbung mit dem sensationellen Fund, der offensichtlich dem Verfall preisgegeben wird. Eine wahre Kulturschande: Bisher einzigartige Fresken, noch vor einem Jahrzehnt in leuchtenden Farben, verblassen bis zur Unkenntlichkeit oder sind aufgrund der Feuchtigkeit bereits zur Gänze von Schimmel überzogen.

In solch einem bedauernswerten Zustand gewährt der Sonnengott in seiner tiefen Höhle vermutlich auch höchst ungern Audienz, kann er doch unter dem mit winzigen blauen und roten Sternen übersäten Gewölbe längst nicht mehr alle Register seines Mythos ziehen. Nur noch in Schemen darf er als Herr des Lichts auf einem Wandgemälde über einem steinernen Altar den Urstier überwinden, ihm gegenüber zeigt sich lediglich eine Andeutung der Mondgöttin in ihrer kühlen Schönheit. Bei jedem Stieropfer verwandelten einst Hunderte von streichholzdünnen Fackeln ihr zu Ehren die gemalten Sternchen in einen strahlenden Nachthimmel. Das Blut wie vieler Tiere mag hier durch die eigens dafür geschaffenen Rinnen geflossen sein? Welche Beschwörungsformeln murmelten die Gläubigen in diesen Mauern, was erhofften sie sich von den fremden Göttern, nachdem ihre eigenen verstummt waren? Heute möchte man lieber die für den Denkmalschutz verantwortlichen Behörden der Stadt, der Provinz, der Region oder des Staates beschwören, ein einzigartiges, unwiederbringliches Monument doch nicht derart verkommen zu lassen!

Der prachtvolle Freskenzyklus in Sant'Angelo in Formis in Capua Vetere ▷

Neues Capua: Brücke zwischen Nord und Süd

■ (S. 293) Das neue Capua, im 9. Jh. anstelle des antiken Hafens *Casilinum* entstanden, schmiegt sich in eine Schleife des Volturno. Schon bald übernahm die Grenzstadt eine Brückenfunktion zwischen Nord und Süd, zwischen dem Kirchenstaat und dem Südreich der Staufer, symbolisiert durch das mächtige, doppeltürmige Tor, das Friedrich II. hier an einer aus römischer Zeit stammenden Brücke hatte errichten lassen. Davon blieben nur noch Ruinen übrig. Wie viele Monumente der Stadt fiel auch die alte Brücke dem Bombenhagel des Zweiten Weltkriegs zum Opfer, wurde später aber rekonstruiert.

Portal von Sant'Angelo in Formis

Sehenswert in dem lebhaften, mit schönen Palazzi aus Renaissance und Barock geschmückten Städtchen ist vor allem der **Dom SS. Stefano e Agata,** im 9. Jh. gegründet, als romanischer Bau 1120 erneuert, im 18. Jh. barockisiert und aufgrund der Zerstörungen durch einen Bombenangriff 1942 nach dem Krieg weitgehend in seinen romanischen Formen wiederaufgebaut. Erhalten blieben die 20 korinthischen Granitsäulen des Atriums, die aus dem antiken Capua stammen. Die Geschichte des kampanischen Hinterlandes dokumentiert das **Museo Campano** im Palazzo Antignano (15. Jh.). Prunkstücke der Sammlungen von der Antike bis zum Mittelalter sind Statuen einer vorchristlichen Muttergottheit sowie die Fragmente von Friedrichs Brückentor.

5 km östlich – jenseits der Autobahn – liegt am Fuße des Monte Tifata die **Basilika Sant'Angelo in Formis,** eine der bemerkenswertesten mittelalterlichen Kirchen Süditaliens. Der ursprüngliche Bau wurde im 6. Jh. von einer Mönchsgemeinde auf den Ruinen eines Tempels der Diana Tifatina errichtet, das dreischiffige Gotteshaus in seiner heutigen Form stammt aus dem Jahr 1073, wobei ein Teil des Fußbodens, Inschriften, Säulen und Mosaiken des vorchristlichen Tempels erhalten blieben. Szenen aus dem Alten und Neuen Testament stellt der einzigartige Freskenschmuck dar, der unter Abt Desiderius von Montecassino zur Bauzeit der Kirche entstand. Zweifellos handelt es sich dabei um den sowohl in Umfang als auch Vollendung bedeutendsten Freskenzyklus Italiens aus dem 11. Jh., noch von Byzanz beeinflußt, der sich aber bereits bodenständiger Traditionen besinnt und damit in gewisser Weise einen eigenständigen Weg einschlägt (s. dazu Abb. S. 282/283).

Abbildungs- und Quellennachweis

Archiv für Kunst und Geschichte, Berlin
S. 65 (beide), 71, 73, 74, 146, 195
dpa Bildarchiv, Frankfurt S. 33, 34
Rainer Hackenberg, Köln S. 2 (o.),
3 (u.), 5 (u.), 16, 49, 107, 115, 151, 202,
204/205, 213, 241, 256/257,
Stephanie Henseler, Köln S. 4 (u.), 15,
18, 130, 168, 169, 170/171
Markus Kirchgeßner, Frankfurt S. 7
(u.),11, 17, 32, 57, 63, 98, 127, 161,
286
Laif Bildagentur, Köln (Celentano:
S. 58/59, 198/199, 244/245); (Ogando:
2 (u.),12/13, 41, 44, 45, 77, 93, 103,
113, 118, 147),
Heinz Tomek, Giardini Naxos (Sizilien)
Titel, hintere Umschlagklappe, Rückseite, S. 4 (o.), 6 (o.), 9, 14, 19, 20, 21,
22, 23, 26, 27,28, 42, 44, 52, 55, 59, 68,
78, 83, 84, 85, 86, 95, 100/101, 104,
123, 131, 133, 134, 136, 140, 141, 144,
145, 159, 162/163, 180, 182, 201,
210/211, 212, 217, 218, 219, 221, 229,
233, 239, 246, 250/251, 254, 268/269,
278/279

Fulvio Zanettini, Köln S. 3 (o.), 5 (o.),
6 (u.), 7 (o.), 8, 38/39, 62/63, 80/81, 91,
108, 121, 124, 126, 128, 148/149, 152,
153, 154, 158, 174, 177, 178/179, 184,
188, 190/191, 193, 196, 209, 223, 227,
234/235, 236/237, 243, 248, 252/253,
260/261, 264, 266, 271, 276/277,
282/283, 284

Alle übrigen Aufnahmen stammen aus dem Archiv der Autoren.

Karten und Pläne
artic, Duisburg/Karlsruhe; © DuMont Buchverlag, Köln

Quellennachweis
Das Zitat auf S. 254 wurde entnommen aus: Stefan Andres, Sehnsucht nach Italien, Langen Müller Verlag, München/Wien
Die Zitate auf den Seiten 41, 42 und 83 wurden entnommen aus: Curzio Malaparte, Die Haut, Fischer/Frankfurt M.

Frömmigkeit und Kitsch leben in Neapel in einer Art Symbiose zusammen ▷

Information

 Unterkunft

 Sehenswert

 Restaurants

 Einkaufen

 Thermalanlagen

 Feste

 Bus

 Flugverbindung

Serviceteil

Serviceteil

So nutzen Sie den Serviceteil richtig

▼ Das erste Kapitel, **Adressen und Tips von Ort zu Ort**, listet die im Reiseteil beschriebenen Orte in alphabetischer Reihenfolge auf. Zu jedem Ort finden Sie hier Empfehlungen für Unterkünfte und Restaurants sowie Hinweise zu den Öffnungszeiten von Museen und anderen Sehenswürdigkeiten, zu Festen, Unterhaltungsangeboten etc. Piktogramme helfen Ihnen bei der raschen Orientierung.

▼ Die **Reiseinformationen von A bis Z** bieten von A wie ›Anreise‹ bis Z wie ›Zeitungen‹ eine Fülle an nützlichen Hinweisen – Antworten auf Fragen, die sich vor und während der Reise stellen.

Bitte schreiben Sie uns, wenn sich etwas geändert hat!
Alle in diesem Buch enthaltenen Angaben wurden von den Autoren nach bestem Wissen erstellt und von ihnen und dem Verlag mit größtmöglicher Sorgfalt überprüft. Gleichwohl sind – wie wir im Sinne des Produkthaftungsrechts betonen müssen – inhaltliche Fehler nicht vollständig auszuschließen. Daher erfolgen die Angaben ohne jegliche Verpflichtung oder Garantie des Verlages oder der Autoren. Beide übernehmen keinerlei Verantwortung und Haftung für etwaige inhaltliche Unstimmigkeiten. Wir bitten dafür um Verständnis und werden Korrekturhinweise gerne aufgreifen:
DuMont Buchverlag, Postfach 10 10 45, 50450 Köln
E-Mail: reise.dumont@t-online.de

Inhalt

Adressen und Tips von Ort zu Ort (in alphabetischer Reihenfolge) 290

Reiseinformationen von A bis Z
Anreise 310
... mit dem Auto 310
... mit dem Flugzeug 310
... mit der Bahn 310
Weiterreise von Neapel
... zu den Inseln 310
... auf die sorrentinische Halbinsel und zur Amalfitana 311
... nach Herculaneum und Pompeji 311
... auf und rund um den Vesuv . . . 311
... zu den Phlegräischen Feldern . . 311
... nach Caserta und Capua 312
Auskünfte 312
Autofahren 312
    Benzin 312
    Leihwagen 313
    Pannenhilfe 313
    Straßen und Autobahnen 313
Tempolimit 314
Versicherung 314
Behinderte 314
Camping 314
Diplomatische Vertretungen 314
Einkaufen 314
Feiertage 315
Feste 315
Geld und Banken 316
Gesundheit 316
Hotels 317
Internet 317
Kinder 317
Kriminalität 317
Literatur 318
Notrufnummern 319
Öffnungszeiten 319
Post und Telefon 319
Souvenirs 320
Sprache 320
Verhalten 320

Register 321
Impressum 336

Adressen und Tips von Ort zu Ort

Abkürzungen
NA (Provinz Neapel), SA (Provinz Salerno), CE (Provinz Caserta).
AA (Azienda Autonoma di Cura, Soggiorno e Turismo/Lokale Fremdenverkehrs- und Kurverwaltung)
Pro Loco (Örtliches Fremdenverkehrsbüro)
S. S. (Strada Statale – Staatsstraße)

Amalfi (SA)

Berühmter Ort mit großer Vergangenheit an der gleichnamigen Küste; 6000 Ew., PLZ 84011

AA, Corso Roma 19/21, ✆ 0 89 87 11 07, Fax 0 89 87 26 19

 *****Santa Caterina, SS Amalfitana 9, ✆ 0 89 87 10 12, Fax 0 89 87 13 51, Haus der Luxusklasse mit entsprechenden Preisen
***La Bussola, Lungomare dei Cavalieri 1, ✆ 0 89 87 15 33, Fax 0 89 87 13 69, familiäres Hotel mit einfachen Zimmern in einer ehemaligen Mühle

 La Caravella, Via M. Camera 12, ✆ 0 89 87 10 29, außer im August Di sowie im Nov. geschl., raffinierte Küche auf Meeresfrüchte-Basis
Da Gemma, Via Frau Gerardo Sasso 9, ✆ 0 89 87 13 45, Mi Ruhetag, seit mehr als einem Jahrhundert wird in diesem Traditions-Lokal ausgezeichnet gekocht
Tari, Via Capuano 9/11, ✆ 0 89 87 18 32, außerhalb der Saison Di Ruhetag, amalfitanische Meeresspezialitäten

Café-Konditorei: Andrea Pansa, Piazza Duomo 40, seit 1830 eine kalorienreiche Garantie für süße Sünden, speziell Zitronen-Naschwerk

 Dom aus dem 9. Jh., 1203 im arabisch-normannischen Stil umgebaut, Portal mit Bronzetüre aus Konstantinopel (1066), das angeschlossene **Chiostro del Paradiso** (9–21 Uhr) wurde 1266 als Friedhof für Adel und reiche Bürger errichtet.
Museo Civico, Stadtmuseum, Piazza Municipio, ✆ 0 89 87 10 66, tgl. außer Sa und So 8–13 Uhr
Museo della Carta, Papiermuseum, Valle dei Mulini, 87 26 10, tgl. außer Mo 9–13 Uhr

Regata Storica delle Antiche Repubbliche Marinare: Die spektakuläre historische Regatta der alten Seerepubliken findet in Amalfi alle vier Jahre – im Turnus mit Venedig, Pisa und Genua – statt, das nächste Mal 2001. Eine ausführliche Dokumentation darüber im Museo Civico.

Cartiera Amatruda, Via Fiume, im ältesten Papiergeschäft Italiens (seit 1200) gibt es erlesenes Büttenpapier.

Bacoli/Baia (NA)

Städtchen an der südwestlichen Spitze des Golfes von Pozzuoli. Zur Gemeinde gehört auch Baia, in der Antike als *Baiae* mondänster Badeort (Thermen) des alten Rom; 26 000 Ew., PLZ 80070.

c/o Municipio, Via Risorgimento 36, ✆ 08 15 23 45 83-4 93

 ***Cala Moresca Hotel Club,** Capo Miseno, Via Faro 44, ✆ 08 15 23 55 95, Fax 08 15 23 55 57, komfortables kleines Haus in Grünlage und mit eigenem Zugang zum Meer

Dal Tedesco, Baia, Via Temporini 12, ✆ 08 18 68 71 75, Di Ruhetag, traditionsreicher Familienbetrieb, Fleisch- und Fischspezialitäten, auch Hotel
A'Ridosso, Via Mercato di Sabato 300, ✆ 08 18 68 92 33, Mi und So abends geschl., lokale Küche
La Misinetta, Via Lungolago 2, ✆ .08 15 23 41 69, außerhalb der Saison Mo Ruhetag, klassische Meeresküche

 Parco Archeologico di Baia, Via Fusaro 35, ✆ 08 18 68 75 92, tgl. 9 Uhr bis eine Stunde vor Sonnenuntergang
Museo Archeologico dei Campi Flegrei, Via Castello, ✆ 08 15 23 37 97, an Werktagen außer Mo 9 Uhr bis eine Stunde vor Sonnenuntergang, So 9–14 Uhr
Piscinia Mirabilis, Via A. Greco, Pförtnerin Ida Basile auf Nummer 10, tgl. 9 Uhr bis eine Stunde vor Sonnenuntergang
Cento Camerelle, Via Cento Camerelle 165, ✆ 08 15 23 36 90, Pförtner Scotto di Vetta auf Nummer 161, tgl. 9 Uhr bis eine Stunde vor Sonnenuntergang
Sepolcro di Agrippina, Via Agrippina, Auskunft im Ristorante Garibaldi gegenüber

Barano (Ischia, NA)

Ruhige Inselgemeinde zwischen Hügeln und Meer; 6900 Ew., PLZ 80070

 siehe unter Ischia

****Parco Smeraldo Terme,** Lido dei Maronti, Via Maronti 21, ✆ 0 81 99 01 27, Fax 0 81 90 50 22, Ende März–Okt., schöne Strandlage, Thermalkuren im Haus, Sportmöglichkeiten
***St. Raphael Terme,** Testaccio, Via Maronti 5, ✆ 0 81 99 05 08, Fax 0 81 99 09 22, Mitte März–Nov., Panoramalage in grüner Umgebung nahe Marontistrand
Parco Florio (Agroturismo), Via Candiano, Rosa de Simone, ✆ 0 81 99 06 37, nette Zimmer in einem landwirtschaftlichen Betrieb in den Hügeln

Cantina, Via Nitrodi 6, ✆ 0 81 90 57 89, Okt.–März geschl., urige Trattoria mit guter lokaler Küche und süffigem Wein

 'Ndrezzata, Ostermontag und in der Nacht auf den 24. Juni, farbenfrohes Folklore-Tanzfest im Ortsteil Buonopane

Jeden Mittwoch **Wochenmarkt** im Ortsteil Fiaiano

Capri, Isola di (Insel Capri, NA)

Berühmteste der drei Inseln im Golf von Neapel, schon im 19. Jh. Pflichtstation auf der großen Tour aller Bildungsreisenden. 10,36 km^2, 12 500 Ew., PLZ 80073 (Capri Ort), 80071 (Anacapri)

AA Capri, Piazzetta Cerio 11, ✆ 08 18 37 53 08, Fax 08 18 37 09 18. **Informationsbüros:** Marina Grande, Bianchina del Porto, ✆ 08 18 37 09 18; Capri, Piazza Umberto I, 1. ✆ 08 18 37 06 86; Capri, Via Padre Cimmino, ✆ 08 18 37 04 24; Anacapri, Via G. Orlandi 19, ✆ 08 18 37 15 24

 <u>Anacapri</u>
*****San Michele,** Via G. Orlandi 1, ✆ 08 18 37 14 27, Fax 08 18 37 14 20, Nov.–März geschl., gepflegtes Haus mit viel Vergangenheit
****Bellavista,** Via G. Orlandi 10, ✆ 08 18 37 14 63, Fax 08 18 37 09 57, Nov. bis März geschl., kleines Familienhotel, 15 einfache Zimmer

<u>Capri</u>
*******Quisisana,** Via Camerelle 2, ✆ 08 18 37 07 88, Fax 08 18 37 60 80, Nov. bis eine Woche vor Ostern geschl., Mitte des 19. Jh. als Sanatorium gegründet, zählt das Haus heute zu den zehn besten Hotels der Welt – mit entsprechenden Preisen, versteht sich!
******La Pazziella,** Via P. Reginaldo Giuliani 4, ✆ 08 18 37 00 44, Fax 08 18 37 00 85, ganzjährig geöffnet, kleines, gemütliches Hotel (20 Zimmer) in ruhiger Grünlage
******La Palma,** Via V. Emanuele 39, ✆ 0 81 8 37 01 33, Fax 0 81 8 37 69 66, ganzjähriger Betrieb, ältestes Hotel der Insel, geschmackvoll eingerichtete Zimmer, nahe Piazzetta
*****Gatto Bianco,** Via V. Emanuele 32, ✆ 08 18 37 04 46, Fax 08 18 37 80 60, Nov. bis vor Ostern (außer Weihnachten/Neujahr) geschl., Capris Hotel-Klassiker in zentraler *und* ruhiger Lage
****Florida,** Via Fuorlovado 34, ✆ 08 18 37 07 10, Fax 08 18 37 00 42, Jan./Febr. geschl., einfache Zimmer, Pool und Tennisplatz

<u>Anacapri</u>
Add'o Riccio, Via Grotta Azzurra 11, ✆ 08 18 37 13 80, abends (außer Fr/Sa) sowie Nov. bis März geschl., die Traumlage oberhalb der Blauen Grotte macht fehlende Raffinessen der Küche spielend wett
Da Gelsomina, Via Migliara 6, ✆ 08 18 37 14 99, Di Ruhetag, rustikale Küche, schöner Garten

<u>Marina Piccola</u>
La Canzone del Mare, Via Marina Piccola 93, ✆ 08 18 37 01 04, abends sowie Nov. bis März geschl., exklusives Restaurant in ebenso exklusiver Badeanstalt, Tummelplatz der Leute vom Showbusiness, Meeresspezialitäten

<u>Capri</u>
Faraglioni, Via Camerelle 75, ✆ 08 18 37 03 20, Mo sowie Okt.–April geschl., perfekte Mischung von capresischer und internationaler Küche
Capannina, Via delle Botteghe 12, ✆ 08 18 37 07 32, Mi (außer Aug.) sowie Mitte Nov.–Mitte März geschl., Spezialitäten aus Meer und Garten
Da Gemma, Via Madre Serafina 6, ✆ 08 18 37 04 61, Mo sowie im Januar geschl., Restaurant und Pizzeria mit Tradition und erschwinglichen Preisen
La Savardina, Via Lo Capo 8, ✆ 08 18 37 63 00, Di (außer im Sommer) sowie Jan./Febr. geschl., einfache Trattoria mit schmackhafter Küche, schöner Garten

Café-Konditorei: Alberto, Via Roma 9–11, hier gibt es die besten Torten der Insel

 <u>Anacapri</u>
Chiesa San Michele
Villa San Michele, Axel Munthes Traumhaus, Via Capodimonte 34, ✆ 08 18 37 14 01, tgl. Nov.–Febr.

10.30–15.30 Uhr, März 9.30–16.30 Uhr, Apr. und Okt. 9.30–17 Uhr, Mai–Sept. 9–18 Uhr
Monte Solaro, Seilbahn, ✆ 08 18 37 14 28, Betrieb je nach Wetter tgl. von Juni–Okt. zwischen 9.30 und 17.30 Uhr, die übrige Jahreszeit zwischen 11.30 und 15 Uhr
Grotta Azzurra, je nach Wetter tgl. von 9 bis eine Stunde vor Sonnenuntergang

Capri
Piazza Umberto I. mit der Kirche **San Stefano**
Certosa di San Giacomo, Museo Diefenbach, Kloster und Kirche, Viale della Certosa, ✆ 08 18 37 62 18, werktags 9–14, So und Feiertage 9–13 Uhr, Mo geschl.
Villa Jovis, Ruinen des Tiberius-Palastes, Via A. Maiuri, ✆ 08 18 37 53 08, tgl. 9 Uhr bis eine Stunde vor Sonnenuntergang

Feste der Schutzpatrone San Costanzo (14. Mai) in Capri und San Antonio da Padova (13. Juni) in Anacapri

Limoncello di Capri, Capri, Via Roma 79, Zitronenlikör und andere Produkte der Insel
Carthusia, Capri, Via Camerelle 10, Parfums aus Capri, die herb-süßen Düfte einer Sonneninsel
La Conchiglia, Capri, Via delle Botteghe 12, Bücher, alte Drucke und Zeichnungen

Capua (CE)

Hübsches Provinzstädtchen anstelle des Hafens des antiken *Capua* (dieses siehe unter Santa Maria Capua Vetere) in einer Schleife des Flusses Volturno; 18 000 Ew., PLZ 81043

 c/o Municipio, Piazza dei Giudici, ✆ 08 23 96 13 22

 *****Capys,** Via S. Maria La Fossa 24, ✆/Fax 08 23 96 12 99, jüngst renoviertes Haus in schöner Wohngegend
*****Mediterraneo,** Via G. C. Falco 26, ✆ 08 23 96 15 75, Fax 08 23 62 26 11, preisgünstiges Mittelklassehotel für Durchreisende

Romano, Coso Appio 34/36, ✆ 08 23 96 17 26, Di Ruhetag, solides Lokal mit Familientradition, abends gibt's auch Pizza

Piazza dei Giudici, Stadtzentrum aus der Renaissancezeit mit Rathaus und Palazzo Fieramosca
Dom mit **Diözesanmuseum,** Mi–Sa 9.30–12, Sa/So 16.30–18.30 Uhr, Mo/Di geschl.
Museo Campano im Palazzo Antignano (15. Jh.), Via Roma, Exponate von der Frühzeit bis zum Barock, werktags tgl. außer Mo 9–14, So 9–13 Uhr
Torri di Federico II., Reste eines von Friedrich II. errichteten Brückentors
Sant'Angelo in Formis, 5 km nordöstlich der Stadt, bedeutende mittelalterliche Kirche, tgl. 9–16 Uhr

Casamicciola Terme (Ischia, NA)

Thermalkurort auf der Insel Ischia; 6500 Ew., PLZ 80074

 siehe unter Ischia

 ******Elma Park Hotel Terme,** Corso Vittorio Emanuele 57,

⌀ 0 81 99 41 22, Fax 08 199 42 53, ganzjähriger Betrieb, grüne Panoramalage, jeglicher Komfort, behindertengerechte Ausstattung
***Gran Paradiso,** Via Principessa Margherita 20, ⌀ 0 81 99 40 03, Fax 0 81 99 43, 11. April–Okt., bequeme Zimmer, Thermalwasserbecken, zauberhafter Meerblick
Monti, Calata S. Antonio 7, ⌀ 0 81 99 40 74, Fax 0 81 90 06 30, Apr.–Okt., familiäres Hotel in ruhiger Hügellage

IL Focolare, Via Cretaio 68, ⌀ 0 81 98 06 04, Mi und im Nov. geschl., Mo, Di, Do nur Abendbetrieb, kräftige lokale Küche in rustikalem Ambiente

Parco Terminale Castiglione, Staatsstraße 270, ⌀ 0 81 98 25 51, schöner Strand, acht Thermalbecken, Restaurants

Jeden Dienstag **Wochenmarkt**

Caserta (CE)

Langweilige Provinzhauptstadt, Bischofssitz, berühmt nur wegen des königlichen Schlosses und Parks. Interessanter ist das 10 km entfernte mittelalterliche Caserta Vecchia; 70 000 Ew., PLZ 81100

EPT, Palazzo Reale, ⌀ 08 23 32 22 33, Fax 08 23 32 63 00. **Informationsbüro:** Corso Trieste, Ecke Piazza Dante, ⌀ 08 23 32 11 37

 ****Jolly,** Viale Vittorio Veneto 9, ⌀ 08 23 32 52 22, Fax 08 23 35 45 22, üblicher Standard der bekannten Hotelkette
****Europa,** Via Roma 19, ⌀ 08 23 32 54 00, Fax 08 23 24 58 05, modernes Hotel im Geschäftszentrum
***Centrale,** Via Roma 122, ⌀ 08 23 32 18 55, Fax 08 23 32 65 57, funktionell eingerichtetes Haus in zentraler Lage

Ciacco, Via Majelli 37, ⌀ 08 23 32 75 05, So Ruhetag, gute lokale Küche nahe dem Königspalast
Adam Bistrot, Via Mazzini 51, ⌀ 08 23 32 31 10, Mo Ruhetag, traditionelle Gerichte in modernem Ambiente
La Castellana, Caserta Vecchia, Via Torre 4, ⌀ 08 23 37 12 30, Do Ruhetag, solider Familienbetrieb, bodenständige Speisen
Leucio, Loc. San Lucio, Strada Panoramica, ⌀ 08 23 30 12 41, So abends und Mo geschl., klassische kampanische Küche

Palazzo Reale, Piazza Carlo III, ⌀ 08 23 27 74 33, Besichtigung der Räumlichkeiten tgl. 9–13 Uhr, Park 9–18 Uhr
Caserta Vecchia, mittelalterliches Städtchen: Kathedrale, gotische Kirche Annunziata, kleine Gäßchen, Stadtmauern und -tore, Festungsruinen

Castellammare di Stabia (NA)

Hafenstadt, Industriezentrum und Thermalkurort mit römischer Vergangenheit am Beginn der sorrentinischen Halbinsel; 69 000 Ew., PLZ 80053

 AA, Piazza Matteotti 58, ⌀ 08 18 71 13 34

***La Medusa,** Via Passeggiata Archeologica 5, ⌀ 08 18 72 33 83, Fax 08 18 71 70 09, konnte den Charme einer Landvilla des 19. Jh. bis in unsere Zeit bewahren
****Stabia,** Corso Vittorio Emanuele 101, ⌀/Fax 08 18 72 25 77, zentrale Lage am Meer, moderne Ausstattung
***Dei Congressi,** Viale Puglie 45, ⌀/Fax 08 18 72 22 77, Grünlage nahe den Neuen Thermen, behindertengerechte Ausstattung

Tolino, Lungomare Garibaldi 10, ⌀ 08 18 71 16 07, außerhalb der Saison Sa Ruhetag, Fischspezialitäten

Piazza Giovanni XXIII, Herz der Stadt mit **Dom** aus dem 16.–19. Jh. und **Chiesa del Gesù** von 1615
Antiquarium Stabiano, Fundstücke aus dem antiken *Stabiae,* tgl. außer Mo 9–18 Uhr
Scavi di Stabiae, Ausgrabungen der römischen Landvillen **Villa di Arianna** (Ariadne) und **Villa San Marco,** beide im Nordosten der Stadt an der Via Passeggiata Archeologica am Varano-Hügel, tgl. 9 Uhr bis eine Stunde vor Sonnenuntergang
Monte Faito, 1131 m, von Kastanien, Eichen, Buchen und anderen Pflanzen vielfältig und dicht bewachsen, Seilbahn ab Station der Circumvesuviana von April–Okt. in Betrieb, 16 km lange Bergstraße

Cetara

Liebliches Fischerdorf an der Costiera Amalfitana; 900 Ew., PLZ 84010

 Pro Loco, Via San Francesco 15, ⌀ 0 89 26 14 74

Acqua Pazza, Corso Garibaldi 38, ⌀ 0 89 26 16 06, Di Ruhetag (außerhalb der Saison). In diesem Lokal von Wohnzimmergröße pflegen junge Leute eine phantastisch-phantasievolle Küche.
Al Convento, Piazza S. Francesco, ⌀ 0 89 26 10 39, Mo Ruhetag, einfaches Landgasthaus mit schönen Plätzen unter freiem Himmel, hervorragende Hausmannskost

 Pittoresker **Hafen,** alte **Gäßchen**

 Bootsprozession zu Ehren des hl. Petrus (29. Juni)

Conca dei Marini (SA)

Fischerdorf antiken Ursprungs an der Costiera Amalfitana; 700 Ew., PLZ 84010

 Pro Loco, c/o Municipio, Via Roma 35, ⌀ 0 89 83 13 01

 ****Belvedere,** Via Smeraldo 19, ⌀ 0 89 83 12 82, Fax 0 89 83 14 39, April–Mitte Okt., stilvoll möblierte alte Adelsvilla in prachtvoller Lage über dem Meer

 Grotta di Smeraldo, an der Staatsstraße Richtung Praiano, tgl. 9 Uhr bis zwei Stunden vor Sonnenuntergang, bei starkem Seegang nicht zugänglich

Ercolano (NA)

Dicht bevölkerte Stadt am Golf von Neapel, berühmt für ihre Ausgrabungen des antiken *Herculaneum,* Ausgangspunkt für Fahrten auf den Vesuv; 62 000 Ew., PLZ 80056

Ufficio Informazioni Turistiche, Via IV Novembre 82, ✆ 08 17 88 12 43

****Punta Quattroventi,** Via Marittima 59, ✆ 08 17 77 30 41, Fax 08 17 77 37 57, modernes, kleines Haus (37 Zimmer) am Meer

Piadina, Via S. B. Cozzolino 10, ✆ 08 17 77 71 41, Di Ruhetag, neapolitanische Küche, Gartenbetrieb, klimatisiertes Lokal

Ausgrabungen von Herculaneum, *Scavi di Ercolano,* Piazza Museo 1, ✆ 08 17 39 09 63, tgl. 9 Uhr bis eine Stunde vor Sonnenuntergang
Villa Campolieto, Corso Resina 283, ✆ 08 17 32 21 34, tgl. außer Mo 10–13 Uhr
Vesuv, Straße bis 1158 m, dann weiter zu Fuß bis zum Kraterrand; geführte Wanderungen veranstaltet der WWF, Delegazione Campana, ✆ 08 15 60 10 04

Forio (Ischia, NA)

Größte Gemeinde Ischias, sowohl was die Fläche (12,85 km²) als auch die Einwohnerzahl (20 000) betrifft. Sie erstreckt sich vom Meer bis auf 721 m Seehöhe; PLZ 80075

c/o Municipio, ✆ 0 81 99 89 86, siehe auch unter Ischia

******Mezzatorre,** Loc. San Montano, Via Mezzatorre 23, ✆ 0 81 98 61 11, Fax 0 81 98 60 15, April–Okt., Luxushotel in einem ehemaligen Sarazenenturm inmitten eines Pinienwäldchens in Meeresnähe
*****Paradiso Terme,** Via S. Giuseppe 10, ✆ 0 81 90 90 44, Fax 0 81 90 79 13, April–Okt., Haus in mediterranem Stil mit vielen Sporteinrichtungen
****La Bagattella,** Loc. San Francesco, Via T. Cigliano 8, ✆ 0 81 98 60 72, Fax 0 81 98 96 37, Mitte April–Okt., stilvolle Gartenvilla aus dem 19. Jh., für Thermalbäder ausgerüstet

Il Melograno, Via Giovanni Mazzella 110, ✆ 0 81 99 84 50, Nov.–März geschl. In einer Villa unweit der Poseidon-Gärten erwartet den Gast ein kulinarisches Fest.
Da Peppina di Renato, Via Bocca 23, ✆ 0 81 99 83 12, Dez.–Ende Febr. geschl., sonst nur Abendbetrieb, rustikale Trattoria, Fleischspezialitäten, hausgemachte Süßspeisen
La Romantica, Via Marina 46, ✆ 0 81 99 73 45, außerhalb der Saison Mi Ruhetag, Betriebsferien im Januar, beliebtes Lokal in zentraler Lage, feine Mittelmeerküche
Café-Konditorei: Da Elio, Via G. Castellaccio 5, einer der populärsten Eissalons der Insel, vor allem von der Jugend stark frequentiert

Romantisches Kirchlein **Santa Maria del Soccorso;** mächtiger Sarazenenturm **Il Torrione** (1480) mit kleinem **Museum,** Sammlung von Bildern Giovanni Malteses, nur fallweise nachmittags geöffnet; **Höhlenwohnungen** an der kleinen Straße auf den **Monte Epomeo** (788 m)

Parco Termale Giardini Poseidon, Spiaggia Citara, ✆ 0 81 90 71 22, akkurat gepflegte Anlage mit mehr als 20 Thermalbecken – Wassertemperaturen bis zu 40 °C

Jeden Freitag **Wochenmarkt**

Umzug **Corsa dell'Angelo** (Ostern), Fest des **San Francesco di Paola** (3. Mai)

Ischia, Isola di (Insel Ischia)

46,3 km², 46 000 Ew., nähere Details siehe unter den Orten Barano, Casamicciola Terme, Forio, Ischia, Lacco Ameno und Serrara Fontana

Ischia (Ischia, NA)

Hauptort der gleichnamigen Insel, setzt sich aus **Ischia Porto** und **Ischia Ponte** zusammen; 17 500 Ew., PLZ 80077

AA, 80077 Ischia, Via Vittoria Colonna 116, ✆ 08 15 07 42 11, Fax 0 81 98 19 04. **Informationsbüro:** Via Iasolino, ✆ 0 81 99 11 46, Hotelreservierungen unter der gebührenfreien ✆ 1 67-25 53 43 (*numero verde,* nur von Italien aus)

*****Punta Molino Terme, Lungomare C. Colombo 23, ✆ 0 81 99 15 44, Fax 99 15 62, April–Mitte Okt., Luxus-Kurhotel in einem Garten am Meer
****Excelsior e Terme, Via E. Gianturco 19, ✆ 0 81 99 15 22, Fax 0 81 98 41 00, Ende April–Anfang Nov., elegantes Haus in ruhiger Lage mit allen Kureinrichtungen
****Regina Palace Terme, Via E. Cortese 18, ✆ 0 81 99 13 44, Fax 0 81 98 35 97, April–Okt. sowie Weihnachten/Neujahr, gehobene Mittelklasse mit Stil
***Bristol Hotel Terme, Via V. Marone 10, ✆ 0 81 99 21 81, Fax 0 81 99 32 01, April–Okt., solider Familienbetrieb mit klassischem Komfort

Damiano, Nuova Circonvallazione 270, ✆ 0 81 98 30 32, außer So nur abends geöffnet, mit Traumblick auf den Ort speist man kampanische Spezialitäten vom Feinsten
Purticciull, Via Porto 42, ✆ 0 81 99 32 22, außer im Sommer Di Ruhetag, eines der vielen kleinen Lokale an der rechten Hafenseite, in denen das Meer die Basis für die Küche liefert.
Giardini Eden, Ischia Ponte, Via Nuova Cartaromana, ✆ 0 81 98 50 15, Mai–Sept. ohne Ruhetag, im Schatten des Aragonesen-Kastells werden – nicht nur – Fischspezialitäten serviert.
Café-Konditorei: Calise, Via A. Sogliuzzo, ein Paradies für Naschkatzen, süß und kalorienschwer

Castello Aragonese in Ischia Ponte, März–Nov. tgl. 9 Uhr bis eine Stunde vor Sonnenuntergang;
Via Roma, Corso Vittoria Colonna (Einkaufsstraßen) und **Chiesa del Purgatorio** (1781) in Ischia Porto

Parco Termale Giardini Eden, Via Cartaromana, ✆ 0 81 99 39 09, eine vergleichsweise kleine, aber exklusive Thermenanlage in zauberhaftem Ambiente

Festa di Sant'Anna mit Bootsprozession (26. Juli)

Ischia Sapori, Via Gianturco 2, duftende Mitbringsel, vom Parfum bis zur Mandeltorte, vom Limoncello bis zum Wein

Ischia Profumi, Via E. Gianturco 14, Parfums und Kosmetika, alles aus der Natur und eigener Produktion
Enoteca Rive-Droite, Via Porto 36, die besten Tropfen aus dem renommierten Weingut Perrazzo, auch Degustationsmöglichkeit

Lacco Ameno (Ischia, NA)

Eleganter Thermalkurort an der Nordküste Ischias in einer kleinen Bucht am Fuße des Monte Epomeo; 3800 Ew., PLZ 80076

 Siehe unter Ischia

 ****Terme di Augusto, Viale Campo 128, ✆ 0 81 99 49 44, Fax 0 81 98 02 44, Betriebsferien einige Wochen im Nov. und Dez., Hotel und sämtliche Kureinrichtungen unter einem Dach
***Grazia Terme, Via Borbonica 2, ✆ 0 81 99 43 33, Fax 99 41 53, April–Okt., schöne Grünlage am Fuß des Monte Epomeo
***Villa Angelica, Via IV Novembre 28, ✆ 0 81 99 45 24, Fax 0 81 98 01 84, Mitte Nov.–Ende Feb. (außer Weihnachten/Neujahr) geschl., kleines, komfortables Haus im Grünen

La Briciola, Via Provinciale Fango, ✆ 0 81 99 60 60, Di und Dez.–Ende Feb. geschl., verfeinerte Inselküche mit einem Hauch der weiten Welt

Santa Restituta, Kirche und Museum, Piazzetta S. Restituta, ✆ 0 81 98 07 06, tgl. 9–12 und 16.30–18 Uhr
Museo Archeologico e Parco di Villa Arbusto, Corso Rizzoli, ✆ 0 81 98 62 88, tgl. außer So nachmittag 8–18 Uhr
Fungo, pilzförmiger Tuffsteinfelsen vor dem Strand, Wahrzeichen des Ortes
La Mortella, wunderschöner, exotischtropischer Garten mit mehr als 300 verschiedenen Pflanzenarten, wenige Kilometer westlich von Lacco Ameno, an einem rechts an der Hauptstraße zur Punta Carusa führenden Abzweig, Di, Do, Sa und So 9–19 Uhr

 Parco Negombo, Baie de S. Montano, ✆ 0 81 98 61 52, zweifellos schönste Thermenanlage der Insel (s. S. 168)

 Fest der Schutzheiligen des Ortes, Santa Restituta, mit nächtlichem **Bootskorso** (16.–19. Mai)

 Jeden Dienstag und Donnerstag **Wochenmarkt**

Maiori (SA)

Beliebter Ferienort mit feinem Sandstrand an der Costiera Amalfitana; 6000 Ew., PLZ 84010

 AA, Viale Capone, ✆ 0 89 87 74 52

 ****Panorama, Via S. Tecla 8, ✆ 0 89 87 72 02, Fax 0 89 87 79 98, April–Okt., behindertengerechtes, modernes Haus mit schönem Blick von der Dachterrasse
***San Francesco, Via S. Tecla 54, ✆/Fax 0 89 87 70 70, Mitte März–Mitte Okt., gutes Mittelklassehaus in ruhiger Lage

 Mammato, Via Arsenale 6, ✆ 0 89 87 70 36, Mi Ruhetag

(außer im Sommer), ältestes Restaurant des Ortes (1890), amalfitanische Fischküche

 Chiesa Santa Maria a Mare mit weithin leuchtender Majolikakuppel und kleinem **Museum** in der Sakristei, tgl. 9–12 und 16.30–19.30 Uhr

Minori (SA)

Kleiner Ferienort an der Costiera Amalfitana; 3200 Ew., PLZ 84010

 Pro Loco, Piazza Umberto 16, ℂ 0 89 87 70 87

 ****Villa Romana,** Corso Vittorio Emanuele 90, ℂ 0 89 87 72 37, Fax 0 89 87 73 02, komfortables Haus mit Garten und Pool

Arsenale, Via S. Giovanni a Mare 20, ℂ 0 89 85 14 18, Do sowie Jan./Febr. geschl. Die Gebrüder Proto gelten als die vielversprechendsten kulinarischen *newcomer* der Amalfitana.
Giardinello, Corso Vittorio Emanuele 17, ℂ 0 89 87 70 50, Mi und im Januar geschl., Meeresspezialitäten in gepflegtem Garten-Ambiente

An der Ortsausfahrt Richtung Amalfi Reste einer **römischen Villa** mit angeschlossenem **Antiquarium,** tgl. 9 Uhr bis eine Stunde vor Sonnenuntergang

Napoli (Neapel, NA)

Hauptstadt der Region Kampanien und der Provinz Neapel; 1,3 Mio. Ew., PLZ 80100.

 AA, Palazzo Reale, Piazza Plebiscito, ℂ 08 12 52 57 11, Fax 0 81 41 86 19. **Informationsbüros:** Piazza del Gesù Nuovo, ℂ 08 15 51 27 01 sowie am Flughafen und am Hauptbahnhof. Aktuelle Informationen (Diskotheken, Jazzklubs, Veranstaltungen, Öffnungszeiten von Museen, Einkaufstips, Verkehr etc.) vermittelt das allmonatlich in italienischer und englischer Sprache erscheinende Touristenmagazin **»Qui Napoli«,** gratis erhältlich bei den Fremdenverkehrsstellen und in den Hotels. Karten für Theater, Konzerte und andere Veranstaltungen: **Box office,** Galleria Umberto I 16, ℂ 08 15 51 91 88.

 Das äußerst dichte Netz **öffentlicher Verkehrsmittel** setzt sich zusammen aus zwei **U-Bahn-Linien** *(Metropolitana delle Ferrovie dello Stato* von Gianturco über Piazza Garibaldi und Montesanto nach Pozzuoli; *Metropolitana Collinare* zwischen Vomero und den Vierteln Chiaiano und Secondigliano), vier **Standseilbahnen** *(funicolare,* davon drei auf den Vomero und eine auf den Posillipo), einer uralten **Straßenbahnlinie** am Hafen sowie **Buslinien,** die praktisch auch die entlegenste Gegend erreichen. Pläne der ›Öffentlichen‹ erhält man bei den Verkehrsbetrieben **ANM** (Azienda Napoletana Mobilita, Via G. Marino 1, ℂ 08 17 63 11 11) sowie in den Informationsbüros, Fahrscheine *(biglietti* »Giranapoli« für 90 Minuten gültige Einzelfahrten, Tages- und Monatskarten) in Zeitungs- und Tabakläden.

 Napoli-Capodichino (Fluginformationen ℂ 08 17 89 63 85) liegt etwa 7 km nördlich des Stadtzentrums und wird von Bussen der Gesellschaft

C. I. P. angesteuert. Abfahrten stündlich zwischen 6.30 und 23.30 Uhr ab Flughafen und zwischen 7 und 24 Uhr ab Piazza Municipio. **Taxis** sind unverschämt teuer und auch nicht viel schneller unterwegs.

Historisches Zentrum

****Oriente, Via A. Diaz 44,
✆ 08 15 51 21 33,
Fax 08 15 51 49 15, komfortable Zimmer in zentraler Lage, günstige Wochenend-Tarife
***Executive, Via del Carriglio 10,
✆ 08 15 52 06 11, gemütliches kleines Hotel in einem ehemaligen Kloster
***Palace, Piazza Garibaldi 9,
✆ 0 81 26 70 44, Fax 0 81 26 43 06, traditionsreiches Haus in Bahnhofsnähe

Restaurants:
Ciro a Santa Brigida, Via Santa Brigida 71–73, ✆ 08 15 52 40 72, So und 2. Augusthälfte geschl., hervorragende neapolitanische Küche, ohne Tischbestellung geht hier nichts.
Mimì alla Ferrovia, Via Alfonso d'Aragona 21, ✆ 08 15 53 85 25, So und Mitte August geschl., seit Jahrzehnten eine Institution
San Carlo, Via Cesario Console 15–19, ✆ 08 17 64 97 57, So und im August geschl. Hier speist man nach dem Opernbesuch klassisch italienisch.

Pizzerien:
Bellini, Via Santa Maria di Costantinopoli 80
Lombardi a Santa Chiara, Via Benedetto Croce 59
Di Matteo, Via dei Tribunali zwischen Dom und S. Lorenzo Maggiore

Café-Konditoreien:
Gambrinus, Piazza Trieste e Trento 38 (s. S. 127)
Gay Odin, Via Toledo 427 und Corso Garibaldi 87, Neapels Schokoparadies mit Schweizer Wurzeln
Scaturchio, Piazza S. Domenico Maggiore 19, bester Espresso der Stadt

Museo di Capodimonte, Parco di Capodimonte,
✆ 08 17 44 13 07, Di–Sa 10–22 Uhr, So und Feiertage 10–20 Uhr
Museo Archeologico Nazionale, Piazza Museo 19, ✆ 0 81 44 01 66, an Werktagen außer Di 10–22 Uhr, an So und Feiertagen 9–20 Uhr
Museo Civico Filangieri, Via Duomo 288, ✆ 0 81 20 31 75, Di–Sa 9.30–14 und 15.30–19 Uhr, So und Feiertage 9–14 Uhr
Palazzo Reale, Museum und historische Gemächer, Piazza del Plebiscito, ✆ 08 15 80 81 11, werktags außer Mi 9.30–22 Uhr, So und Feiertage 9.30–20 Uhr
Museo Civico di Castel Nuovo, Piazza Municipio, ✆ 08 17 95 20 03, Mo–Sa 9–19 Uhr, So und Feiertage 9–13 Uhr
Cappella Sansevero, Via De Sanctis 19, ✆ 08 15 51 84 70, werktags außer Di 10–17 Uhr, So und Feiertage 10–13.30 Uhr
Museo dell'Opera di Santa Chiara, Via Benedetto Croce, ✆ 08 17 97 12 56, werktags außer Mi 9.30–13 und 15.30–17.30 Uhr, So und Feiertage nur 9.30–13 Uhr
Scavi del Duomo, Archäologische Ausgrabungen unter dem Dom, Via Duomo, ✆ 0 81 44 90 97, werktags 9–12 und 16.30–19 Uhr, So und Feiertage 9–12 Uhr
Scavi di San Lorenzo Maggiore, Reste aus griechisch-römischer Zeit und dem Mittelalter, Piazza San Gaetano, ✆ 0 81 45 49 48, werktags außer Di 9–13 und 16–18.30 Uhr, So und Feiertage 9–13.30 Uhr

Catacombe di San Gennaro, Via di Capodimonte 13, ☏ 08 17 41 10 71, Führungen nur Fr, Sa, So um 9.30, 10.15, 11 und 11.45 Uhr
Napoli Sotterranea, Führungen durch das unterirdische Neapel nach Vereinbarung, Piazza S. Gaetano 68, ☏ 0 81 44 98 21

Festa di Sant'Antonio, in den Gäßchen und auf den Plätzen der Altstadt, 17. Januar
Festa di San Gennaro, Blutwunder im Dom, 1. Wochenende im Mai und 19. September
Festa della Madonna del Carmine, Kirche Santa Maria del Carmine, 15. Juli
Natale e San Gregorio Armeno, große Krippenausstellungen, Dez.–Mitte Jan.
Teatro San Carlo, Opernsaison von Dez.–Juli, Via San Carlo 93, ☏ 08 17 97 23 70
Teatro Bellini, Musik, Tanz, Theater, Via Conte di Ruvo 14, ☏ 08 15 49 96 88

 Mercato di Porta Nolana, Via Carmignano, Lebensmittel, vor allem Fisch, werktags 9–18, So und Feiertag 9–14 Uhr
Mercato del Ponte di Casanova, nahe Porta Capuana, Textilien, neu und gebraucht, werktags bis kurz vor Sonnenuntergang
Mercatino della Pignasecca, bei der Piazza Carità, vorwiegend Lebensmittel, werktags bis zum späten Nachmittag geöffnet

Vomero, Santa Lucia, Mergellina, Posillipo

****Britannique,** Corso Vittorio Emanuele 133, ☏ 08 17 61 41 45, Fax 0 81 66 04 57, sympathisches Stadthotel mit Garten und gutem Restaurant
*****Excelsior,** Via Partenope 48, ☏ 08 17 64 01 11, Fax 08 17 64 97 43, erstklassiges Haus mit Blick über den Golf von Neapel
*****Royal,** Via Partenope 38, ☏ 08 17 64 48 00, Fax 08 17 64 57 07, komfortables Hotel gegenüber dem Castel dell'Ovo
****Splendid,** Via A. Manzoni 96, ☏ 08 17 14 56 30, Fax 08 17 14 64 31, Behinderteneinrichtungen, schöne Lage am Posillipo, 200 m von der Standseilbahn entfernt

Restaurants:
Cantina di Triunfo, Riviera di Chiaia 64, ☏ 0 81 66 81 01, So und im August geschl., Familienbetrieb mit einfacher Hausmannskost und ausgezeichnetem Wein
La Cantinella, Via Cuma 42, ☏ 08 17 64 88 38, So und eine Augustwoche geschl., elegantes Lokal an der Hafenpromenade von Santa Lucia
Sacrestia, Via Orazio 116, ☏ 0 81 66 41 86, Mo (im Sommer So) und drei Augustwochen geschl., kulinarische Institution in einem tropischen Garten, oberste Preisklasse
Vini e Cucina, Corso V Emanuele 762, ☏ 0 81 66 03 02, So und zwei Augustwochen geschl., preisgünstige Osteria gegenüber dem Bahnhof von Mergellina

Pizzerien:
Alba, Piazza Immacolata 14/a
Ettore, Via Santa Lucia 56
Salvatore, Via Riviera di Chiaia 91

Café-Konditoreien:
La Caffettiera, Piazza dei Martiri 25, eines der schönsten Straßencafés von Neapel
Chalet Ciro, Via F. Caracciolo gegenüber Via Orazio, beliebter Treff junger Leute

Daniele, Via Scarlatti 104, süßer Sündenfall am Vomero

 Acquario Dohrn, Villa Comunale, ✆ 08 15 83 32 63, im Sommer Di–Sa 9–18, So und Feiertage 9.30–19 Uhr, im Winter 9–14 Uhr, Mo geschl.
Castel Sant'Elmo, Largo A. Martino, ✆ 08 15 78 40 30, Di–So 9–20 Uhr
Museo Nazionale della Ceramica »Duca di Martina«, Museum und Park Villa Floridiana, Eingänge Via Aniello Falcone oder Via Cimarosa 77, ✆ 08 15 78 84 18, Di–So 9–14 Uhr, Sa bis 19 Uhr, Mo geschl.
Museo Nazionale di San Martino, Museum und Klostergärten, Largo S. Martino 5, ✆ 08 15 78 17 69, Di–So 9–14 Uhr, Sa bis 19 Uhr, Mo geschl.
Museo Pignatelli, Villa Pignatelli, Riviera di Chiaia 200, ✆ 0 81 66 96 75, tgl. außer Mo 9–14 Uhr
Castel dell'Ovo, Santa Lucia, nur bei Ausstellungen zu besichtigen
Parco Virgiliano, Salita Grotta 20, ✆ 0 81 66 93 90, tgl. 9 Uhr bis eine Stunde vor Sonnenuntergang
Edenlandia, Vergnügungspark, Viale Kennedy, ✆ 08 12 39 11 82, Sa, So und Feiertage 10–24 Uhr, April–Sept. auch an den übrigen Tagen von 15–24 Uhr geöffnet, im Winter fallweise

 Märkte: Antignano, im Herzen des Vomero-Viertels, Lebensmittel, Textilien, Lederwaren, an allen Werktagen
Mergellina, Lebensmittel, an allen Werktagen
Villa Comunale, Stadtpark, Antiquitäten- und Flohmarkt, jedes 2. und 3. Wochenende im Monat

Pompeji (NA)

Moderne, typisch süditalienische Stadt neben dem großen Archäologischen Park; 22 000 Ew., PLZ 80045.

AA, Via Sacra 1, ✆ 08 18 50 72 55. **Informationsbüros:** Piazza Porta Marina Inferiore 11, ✆ 08 18 61 09 13 und Via Colle S. Bartolomeo 10, ✆ 08 18 50 32 32

 ***Bristol, Piazza Vittorio Veneto 1/3, ✆ 08 18 50 30 05, Fax 08 18 63 16 25, sympathisches Familienhotel zu vernünftigen Preisen
***Forum, Via Roma 99, ✆ 08 18 50 11 70, Fax 08 18 50 61 32, modernes kleines Haus (19 Zimmer) zwischen Wallfahrtskirche und Ausgrabungen
***Vittoria, Piazza Porta Marina, ✆ 08 15 36 90 16, Fax 08 18 62 35 77, Hotel mit Tradition gegenüber dem Eingang zur antiken Stadt

Principe, Piazza Longo 8, ✆ 08 18 50 55 66, So abend, Mo (außerhalb der Saison) und eine Augustwoche geschl., Spitzen-Gastronomie im Schatten der Basilika, Qualität, die ihren Preis hat.
Zi'Caterina, Via Roma 20, ✆ 08 18 50 74 47, Di Ruhetag, gute bodenständige Küche, abends auch Pizza
Da Andrea, Via Plinio 52, ✆ 08 15 36 34 98, außerhalb der Saison Mo Ruhetag, neapolitanische Hausmannskost, auch Pizzeria

 Archäologische Zone Pompeji Scavi, ✆ 08 18 61 07 44, tgl. 9 Uhr bis eine Stunde vor Sonnenuntergang, Weihnachten, Neujahr geschl.
Santuario della Madonna del Rosario, ✆ 08 18 50 70 00

Museo Vesuviano, Via Colle S. Bartolomeo 10, Villino B. Longo, ✆ 08 18 50 32 32, tgl. außer So 9–13 Uhr
Antiquario di Boscoreale, Boscoreale, Loc. Villa Regina, Via Settetermini 15, tgl. 9–19 Uhr, am 1. 1., 1. 5. und 25. 12. geschl.

 Festa della Madonna del Rosario, 8. Mai und 1. Sonntag im August
Festival im Teatro Antico, Theater, Musik, Tanz, Juli/August,
✆ 08 18 50 72 55

 Cellini, Piazza Porta Marina 2, große, seriöse Auswahl an Kameen, Gemmen und Korallen (s. S. 220)

Positano (SA)

Einer der elegantesten und berühmtesten Badeorte an der Amalfitana; 3500 Ew., PLZ 84017

 AA, Via Saracino 2,
✆ 0 89 87 50 67

*****Le Sirenuse,** Via C. Colombo 30, ✆ 0 89 87 50 66, Fax 0 89 81 17 98, stilvolles Haus der Luxusklasse – hier residiert man wie ein Fürst, ausgezeichnetes Restaurant »La Sponda«.
****Poseidon,** Via Pasitea 148,
✆ 0 89 81 11 11, Fax 0 89 87 58 33, Anfang April–Mitte Nov., Romantikhotel in traumhafter Panoramalage
***Casa Albertina,** Via della Tavolozza 3, ✆ 0 89 87 51 43,
Fax 0 89 81 15 40, gepflegtes Haus im Mittelmeerstil
***Pupetto,** Via Formillo 37,
✆ 0 89 87 50 87, Fax 0 89 81 15 17,
April–Okt., schöne Lage an einem der ruhigsten Strände der Amalfitana

 Capitano, Via Pasitea 119,
✆ 0 89 81 13 51, außerhalb der Saison Do Ruhetag, Panorama wie Küche – einfach überwältigend, leider auch die Rechnung
Cambusa, Piazza Amerigo Vespucci 4, ✆ 0 89 87 54 32, Nov.–März geschl., die feinen neapolitanischen Gerichte haben ihren Preis.
Le Tre Sorelle, Via del Brigantino 23/25, ✆ 0 89 87 54 52, Anfang Jan.–Mitte Feb. geschl., traditionsreiches Lokal am Hafen
Café-Konditorei: La Zagara, Via Mulini 6, mehr als 40 verschiedene Süßigkeiten, unter ihnen die Schokotorte »La Positanese«

 Chiesa di Santa Maria Assunta (mit byzantinischem Madonnenbild) samt **Campanile**
Piazza Flavio Gioia (mit Denkmal des Kompaß-Erfinders); malerische **Altstadtgäßchen**

 Constanzo Avitabile, Piazza A. Vespucci 1–5, hier erhält man innerhalb kürzester Zeit die berühmten Positano-Sandalen – nach Maß gefertigt.

Pozzuoli (NA)

Geschichtsträchtige Hafenstadt und Fischereizentrum am gleichnamigen Golf; 75 000 Ew., PLZ 80078

AA, Via Campi Flegrei 9,
✆ 08 15 26 14 81

***Santa Marta,** Ad Arco Felice, Via Licola Patria 28,

✆ 08 18 04 24 04, Fax 08 18 04 24 06, Behinderteneinrichtungen, kleines Haus (34 Zimmer) im Herzen der Phlegräischen Felder, mit Restaurant und Pizzeria
***Solfatara, Via Solfatara 163, ✆ 08 15 26 26 66, Fax 08 15 26 33 65, ruhige Lage am Golf von Pozzuoli
**Mini Hotel, S. S. Domiziana, bei km 61 700, ✆/Fax 08 15 26 32 23, kleines familiäres Haus mit schönem Meerblick

Cucina Flegrea, Via Monteruscello 20, ✆ 08 15 24 74 81, Mo und im Aug. geschl., Qualität bringt Gäste, daher Tischbestellung erforderlich
Ninfea, Via Italia 1, ✆ 08 18 66 13 26, außerhalb der Hochsaison Di Ruhetag, beliebtes Fischlokal mit großer Terrasse und Garten
Castello dei Barbari, Via Fascione 4, ✆ 08 15 26 60 14, Mi Ruhetag, klassische neapolitanische Küche
Michelemmà, Via C. Rosini 27, ✆ 08 15 26 27 49, Di, Mi, im Sommer auch Mo Ruhetage, reichhaltige Auswahl vom kleinen Imbiß bis zum großen Fischmenü, manchmal Live-Musik

 Fischmarkt, an Wochentagen vormittags
Altstadt Rione Terra mit Dom und Resten antiker Tempelanlagen
Anfiteatro Flavio, tgl. 9 Uhr bis eine Stunde vor Sonnenuntergang
Tempio di Serapide, immer von außen zu besichtigen
Solfatara, Krater mit vulkanischer Aktivität, Via Solfatara 161, ✆ 08 15 26 23 41, tgl. 9 Uhr bis eine Stunde vor Sonnenuntergang
Parco Archeologico Cuma, Via Acropoli, ✆ 08 18 54 30 60, tgl. 9 Uhr bis eine Stunde vor Sonnenuntergang
Lago di Averno, malerischer See nordwestlich von Pozzuoli

Praiano (SA)

Fischerdorf an der Costiera Amalfitana am Fuß des Monte Sant'Angelo; 1900 Ew., PLZ 84010

c/o Municipio, Via Umberto I, ✆ 0 89 87 40 26

 ****Tritone, Loc. Vettica Maggiore, Via Nazionale, ✆ 0 89 87 43 33, Fax 0 89 87 43 74, Mitte April–Mitte Okt., komfortables Haus, Lift zum Privatstrand
***Margherita, Via Umberto I 70, ✆ 0 89 87 42 27, Fax 0 89 87 46 28, kleines, familienfreundliches Urlaubshotel in schöner Lage
**Sirene, Via S. Nicola 10, ✆/Fax 0 89 87 40 13, April–Anfang Nov., einfaches, preiswertes Haus in Meeresnähe

 Brace, Loc. Vettica Maggiore, Via Capriglione 146, ✆ 0 89 87 42 26, außerhalb der Saison Mi Ruhetag, klassische Meeresspezialitäten, im Sommer Terrassenbetrieb
Open Gate, Via Roma 38, ✆ 0 89 87 41 48, außerhalb der Saison Di Ruhetag, kampanische Küche, auch gute Fleischspeisen

Procida, Isola di (Insel Procida, NA)

Kleinste der drei Inseln im Golf von Neapel (3,75 km²); 10 500 Ew., PLZ 80079

 AA, Via Roma, Stazione Marittima, ✆ 08 18 10 19 68

 ***Da Crescenzo, Marina della Chiaiolella, ✆ 08 18 96 72 55, Fax 08 18 10 12 60, kleines, einfaches

Haus (10 Zimmer) mit einem der besten Fischrestaurants der Insel
***ETP Residence, ⌀ 08 18 96 90 67, Fax 08 18 96 00 66, mehr als 50 Ferienapartments verschiedener Größen, verstreut auf der ganzen Insel
**Pensione Gentili, Marina Corricella 88, ⌀ 08 18 96 77 99, Fax 08 18 96 90 11, winziges Haus (6 Zimmer) im alten Fischerviertel

Gorgonia, Marina Corricella 50, ⌀ 08 18 10 10 60, Nov.–Febr. geschl., März, April und Okt. nur an Wochenenden Betrieb, ausschließlich Meeresspezialitäten
Sent'Co, Via Roma 167, ⌀ 08 18 10 11 20, außerhalb der Saison Mo Ruhetag, Fischrestaurant am romantischen Hafen
La Medusa, Marina Grande, ⌀ 08 18 96 74 81, Mo Ruhetag, ältestes Restaurant der Insel, frischer Fisch, süffiger Wein

Abbazia di San Michele, Via Terra Murata, ⌀ 08 18 96 76 12, tgl. 9–12.30 und 15.30–19 Uhr
Parco naturale di Vivara, Besichtigung des Naturschutzgebietes auf dem Inselchen Vivara auf Anfrage, ⌀ 08 18 96 74 00

Ravello (SA)

Bezaubernder Ort auf einem 370 m hohen Felssattel über der Costiera Amalfitana; 2300 Ew., PLZ 84010

AA, Piazza Duomo 10, ⌀ 0 89 85 70 96

****Rufolo, Via S. Francesco 1, ⌀ 0 89 85 71 33, Fax 0 89 85 79 35, Betriebsferien im Februar, komfortable Zimmer, zentrale Panoramalage
****Caruso Belvedere, Viale S. Giovanni del Toro 2, ⌀ 0 89 85 71 11, Fax 0 89 85 73 72, Traditionshotel in einem mittelalterlichen Palazzo, stilvoll möbliert, ausgezeichnetes Terrassen-Restaurant
***Graal, Via della Repubblica 8, ⌀ 0 89 85 72 22, Fax 0 89 85 75 51, bequeme Zimmer mit schönem Blick, ruhige Lage

Salvatore, Via Boccaccio 2, ⌀ 0 89 85 72 27, Nov.–März Mo Ruhetag, Panorama-Restaurant mit feiner kampanischer Küche
Cumpa' Cosimo, Via Roma 44/46, ⌀ 0 89 85 71 56, außerhalb der Saison Mo Ruhetag, typische Trattoria-Pizzeria neapolitanischen Stils

 Dom, Bronzetor, Kanzel, Ambo, St. Pantaleons-Kapelle
Villa Rufolo, Via Cimbrone, ⌀ 0 89 85 78 66, tgl. 9–20, Winter 9–17 Uhr
Villa Cimbrone, Via S. Chiara 26, ⌀ 0 89 85 71 38, tgl. 9 Uhr bis eine Stunde vor Sonnenuntergang
Chiesa San Francesco

Festival Internazionale di Ravello, internationales Musikfestival mit Schwerpunkt Richard Wagner im Garten der Villa Rufolo, Juni–Okt.

 Gran Caruso, Strada Provinciale, Verkauf und Verkostung von Weinen und Likören eigener Produktion

Sant'Agata sui Due Golfi (NA)

Liebliche Ortschaft in 390 m Seehöhe auf der sorrentinischen Halbinsel; 2000 Ew., PLZ 80064

Massa Lubrense, c/o Municipio, Piazza Vescovado 2,
✆ 08 18 78 90 83

***Due Golfi, Via Nastro Azzurro 1, ✆/Fax 08 18 78 00 04, April–Okt., bequeme Zimmer, Garten mit Pool und Tennisplatz
***Sant'Agata, Via dei Campi 8/A, ✆ 08 18 08 03 63, Fax 08 18 08 08 00, März–Okt., einfaches Familienhotel in mediterranem Stil

Don Alfonso 1890, Corso S. Agata 11, ✆ 08 18 78 00 26, Fax 08 15 33 02 26, vom 1. 6.–30. 9. Mo Ruhetag, sonst auch Di, Betriebsferien vom 10. 1.–25. 2., Süditaliens Spitzenrestaurant, unter den »Top 12« ganz Italiens, frische Produkte aus der eigenen Landwirtschaft *Le Peracciole* (s. S. 246)

Pfarrkirche Santa Maria delle Grazie (17. Jh.) mit prachtvollem florentinischen Marmoraltar

Sant'Angelo (Insel Ischia, Na)

Ischia-Fischerdörfchen wie aus dem Bilderbuch, im Hochsommer Schickimicki-Tummelplatz; 900 Ew., PLZ 80070

Ufficio Informazioni, Via Chiaia delle Rose,
✆ 0 81 99 91 39 (nur in der Saison, sonst siehe Ischia).

****Park Hotel Miramare, Via C. Maddalena 29, ✆ 0 81 99 92 19, Fax 0 81 99 93 25, Ende März–Okt., Gartenhotel mit langer Tradition in schöner Lage am Meer
****San Michel Terme, Via Sant' Angelo 60, ✆ 0 81 99 92 76, Fax 0 81 99 14 49, Mitte April–Mitte Okt., gemütliches Mittelklassehaus mit Thermaleinrichtungen
**Casa Celestino, Via Chiaia delle Rose, ✆ 0 81 99 92 13, Fax 0 81 99 98 05, April–Okt., einfaches Hotel, alle Zimmer mit Meerblick

Dal Pescatore, Piazza O. Troia 5, ✆ 0 81 99 92 06, Di (außer in Hochsaison) und Feb. geschl., sympathischer Familienbetrieb am Hafen, Fischspezialitäten
Pirata, Via Sant' Angelo 77,
✆ 0 81 99 92 51, So, mittags und Jan./Feb. geschl. Traumhaft gelegenes Abendrestaurant am Hafen mit hervorragender Küche, doch schlägt sich das romantische Ambiente auch im Preis nieder.

Doppelthermal-Anlage Aphrodite und Apollon (über dem Marontistrand)

Santa Maria Capua Vetere (CE)

Kampanische Kleinstadt mit großer römischer Vergangenheit und wenig einladender Atmosphäre; 31 000 Ew., PLZ 81055

c/o Polizia Municipale, Via Mazzocchi, ✆ 08 23 84 64 55

***Milano, Viale De Gasperi 102, ✆ 08 23 84 39 50, Fax 08 23 84 33 23, ruhige Lage, schöne, neu möblierte Zimmer

Anfiteatro Campano, tgl. 9 Uhr bis eine Stunde vor Sonnenuntergang
Antiquarium, Öffnungszeiten wie Amphitheater
Mitreo, Mithras-Heiligtum, Schlüssel beim Aufseher des Amphitheaters

Museo Archeologico dell'Antica Capua, tgl. außer Mo 9–19 Uhr

Sorrento (Sorrent, NA)

Einst hocheleganter Badeort am Golf von Neapel, heute überlaufen; 16 500 Ew., PLZ 80067

AA, Via De Maio 35, ✆ 08 18 07 40 33, Fax 08 18 77 33 97

*****Cocumella, Loc. Sant'Agnello, Via Cocumella 7, ✆ 08 18 78 29 33, Fax 08 18 78 37 12, April–Okt., Luxushotel in einem ehemaligen Kloster aus dem 16. Jh.
****Excelsior Vittoria, Piazza Tasso 34, ✆ 08 18 07 10 44, Fax 08 18 77 12 06, stilvoll eingerichtete Zimmer in vier alten Villen inmitten eines exotischen Gartens, Lift zum Privatstrand
****Imperial Tramontano, Via Vittorio Veneto 1, ✆ 08 18 78 19 40, Fax 08 18 07 23 44, höchster Komfort in einem Haus aus dem 16. Jh., in dem einst die Wiege des Dichters Tasso gestanden haben soll.
***Rivage, Via del Capo 11, ✆ 08 18 78 18 73, Fax 08 18 07 12 53, modernes Haus, ruhige Zimmer mit Meerblick
**La Minervetta, Via del Capo 25, ✆ 08 18 07 30 69, Fax 08 18 77 30 33, kleines, einfaches Hotel mit schönem Panoramablick

Caruso, Via S. Antonio 12, ✆ 08 18 07 31 56, außerhalb der Saison Mo Ruhetag, die Speisenkarte trägt das Motto »Phantasien aus Neapel und Sorrent«.
'O Parrucchiano, Corso Italia 71, ✆ 08 18 78 13 21, außerhalb der Saison Mi Ruhetag, seit einem Jahrhundert ein Klassiker der sorrentinischen Küche
Emilia, Marina Grande, ✆ 08 18 07 27 20, Di und im Nov. geschl., uriges Fischlokal am Hafen
L'Antica Trattoria, Via Padre R. Giuliani 33, ✆ 08 18 07 10 82, Mo sowie Jan./Feb. geschl, in rustikalem Ambiente werden auch deftige Fleischspeisen serviert

Café-Konditoreien:
Fauno, Piazza Tasso 1, beliebter Treff der Jugend
Piemme, Corso Italia 161, Konfekt und Liköre nach Großmutters Rezepten hergestellt

Museo Correale di Terranova, Via Correale 48, ✆ 08 18 78 18 46, tgl. außer Di 9–14 Uhr
Dom, Via S. Maria della Pietà 44
Sedile Dominova, Piazza R. Giuliani
Piazza Tasso; Marina Piccola; Marina Grande; Bagno della Regina Giovanna

Di Maio, Via degli Archi 14, die schönsten Holzintarsien-Objekte
Luigi Coppola, Vicolo 3, Rota 13, traditionsreicher Kupferschmied
Ruoppo, Piazza Tasso 18, kleine Kunstwerke aus Pflanzen aller Arten

Torre Annunziata (NA)

Dicht besiedelte Industriestadt an den Hängen des Vesuv; 53 000 Ew., PLZ 80058

Pro Loco, Via Sepolcri 16, ✆ 08 18 62 31 63

***Motel Pavesi, Area di Servizio Torre Annunziata Est,

✆ 08 18 61 14 01, kleines Motel (17 Zimmer) an der Autobahn-Raststätte

 Scavi di Oplonti, Villa Imperiale di Oplonti, Via Sepolcri 1, ✆ 08 18 62 17 55, tgl. 9 Uhr bis eine Stunde vor Sonnenuntergang

 Festa della Madonna della Neve (22. Oktober) mit Bootsprozession

Torre del Greco (NA)

Hektische Großstadt am Fuße des Vesuv; 104 000 Ew., PLZ 80059

 Pro Loco, Via Salvatore Noto 2, ✆ 08 18 81 46 76

 ****Sakura, Via E. De Nicola 26, ✆ 08 18 49 31 44, Fax 08 18 49 11 22, Behinderteneinrichtungen, liebevoll geführtes Gartenhotel in ruhiger Lage
***Marad, Via S. Sebastiano 24, ✆ 08 18 49 21 68, Fax 08 18 82 87 16, neues Haus zwischen Meer und Vesuv inmitten eines schönen Gartens

🍴 **Settebello,** Loc. Santa Maria la Bruna, Via Litoranea 13, ✆ 08 18 83 18 93, Di Ruhetag, klassische Land- und Meeresgerichte
Morisco, Via A. De Gasperi 127, ✆ 08 18 47 37 91, Di Ruhetag, eine der besten Adressen für Fischliebhaber rund um Neapel

 Museo del Corallo, Piazza Luigi Palomba 6, Mo–Sa 9–12 Uhr, So und im Aug. geschl.
Museo Liverino del Corallo e dei Cammei, Via Montedoro 61, Besichtigung auf Anfrage, ✆ 08 18 81 00 93

🎉 **Festa dei quattro altari** (27.–30. Juni) mit farbenprächtigen Umzügen zur Erinnerung an die Befreiung aus der Lehensherrschaft
Festa dell'Immacolata (8. Dezember) zum Gedenken an den Vesuvausbruch von 1861: 100 Männer tragen eine riesige Madonnenstatue durch die Stadt.

Vico Equense (NA)

Lebhaftes Städtchen an der Küste der sorrentinischen Halbinsel; 19 000 Ew., PLZ 80069

ℹ️ **AA,** Via S. Ciro 15, ✆ 08 18 79 83 43

 ****Capo La Gala, Loc. Scraio, Via L. Serio 8, ✆ 08 18 01 57 58, Fax 08 18 79 87 47, Anfang Nov.–Ostern geschl., gediegenes Haus in ruhiger Meerlage etwas außerhalb des Ortes
***Aequa, Via Filangieri 46, ✆ 08 18 01 53 31, Fax 08 18 01 50 71, Familienbetrieb in 3. Generation, ruhige Gartenlage, Pool

🍴 **Pizza a Metro,** Via Nicotera 15, ✆ 08 18 79 83 09, kein Ruhetag, berühmteste und phantasiereichste Pizzeria Süditaliens (mit Ablegern in New York), leider in eher häßlichem Ambiente. Unbedingt probieren!
Torre del Saracino, Loc. Seiano, Via Torretta 9, ✆ 08 18 02 85 55, Mo Ruhetag, junge, kreative italienische Küche

 Kathedrale SS. Annunziata, gotisch, mit Barockfassade
Antiquarium, mit Funden einer im Gemeindegebiet entdeckten vorchristlichen Nekropole, Via Vescovado, Mo–Fr 9.30–13 Uhr

Museo Mineralogico, mit mehr als 5000 Mineralien aus aller Welt, Via S. Ciro 2, ⌀ 08 18 01 56 68, tgl. außer Mo 9–13 Uhr, Di–Sa auch 16–19 Uhr

Le Pacchianelle, Kostümprozession, 6. Januar
Festa di San Antonio, 13. Juni

Vietri sul Mare (SA)

Anfangs- bzw. Endpunkt der Costiera Amalfitana am Golf von Salerno, Zentrum der Keramikproduktion; 9500 Ew., PLZ 84019

Centro Turistico CTA, Piazza Matteotti, ⌀/Fax 0 89 21 12 85, Zimmervermittlung für die gesamte Amalfiküste, Infos über Verkehrsbeschränkungen für Busse auf der Küstenstraße; man spricht deutsch.

******Lloyd's Baia,** Via De Marinis 2, ⌀ 0 89 21 01 45, Fax 0 89 21 01 86, komfortables Großhotel 80 m über dem Meer, Lifte zum Privatstrand
******Raito,** Loc. Raito, Via Nuova Raito, ⌀ 0 89 21 00 33, Fax 0 89 21 14 34, modernes Haus in ruhiger Lage und mit schöner Aussicht aufs Meer
*****Bristol,** Via C. Colombo 2, ⌀ 0 89 21 08 00, Fax 0 89 76 11 70, familienfreundliches Haus im historischen Zentrum
*****La Lucertola,** Via C. Colombo 29, ⌀ 0 89 21 08 37, Fax 0 89 21 02 55, gemütliches Mittelklassehotel in Panoramalage

Sapore di Mare, Via G. Pellegrino 104, ⌀ 0 89 21 00 41, Do und im Dezember geschl., ausgezeichnetes Fischrestaurant mit guten Weinen
La Sosta, Via Costiera 6, ⌀ 0 89 21 17 90, Mi Ruhetag, gutbürgerliches Lokal mit großer Speisenauswahl, abends auch Pizza

Museo della Ceramica Vietrese, Raito, Torretta di Villa Guariglia, ⌀ 0 89 21 18 35, tgl. außer Mo 9–13 Uhr

Ceramica Artistica Solimene, Via Madonna degli Angeli 7, Riesenauswahl an recht geschmackvoller Keramik

Reiseinformationen von A bis Z

Anreise

... mit dem Auto

Durchgehende Autobahnverbindung von der italienischen Grenze über Rom bis Neapel (gebührenpflichtig!). Entfernungen: Von München (über Brenner) 1130 km, von Basel (über St. Gotthard, Mailand, Bologna) 1115 km, von Wien (über Graz, Klagenfurt, Tarvis, Udine, Bologna) 1365 km. Südlich von Salerno werden keine Autobahngebühren erhoben.

... mit dem Flugzeug

Der internationale Flughafen von Napoli-Capodichino wird von zahlreichen Chartermaschinen täglich angeflogen: Lufthansa (München), Crossair (Lugano), British Airways (London), Air France (Paris) und Sabena (Brüssel). Zahlreiche ALITALIA-Flüge täglich von allen wichtigen europäischen Städten: Düsseldorf (über Mailand, Rom oder Turin), Frankfurt (über Bologna, Genua, Mailand, Pisa, Rom oder Turin), Hamburg (über Mailand oder Rom), Hannover (über Mailand), Luxemburg (über Mailand), München (über Mailand oder Rom), Nürnberg (über Mailand), Stuttgart (über Mailand, Rom oder Turin), Wien (über Mailand oder Rom) und Zürich (über Mailand, Rom oder Turin). Inneritalinische Flugverbindungen mit Bari, Bologna, Brindisi, Cagliari, Catania, Florenz, Genua, Lampedusa, Mailand, Olbia, Palermo, Pantelleria, Pisa, Rom, Triest, Turin, Venedig und Verona.

... mit der Bahn

Kurswagen fahren von Düsseldorf, Frankfurt, Stuttgart und München, sonst heißt es umsteigen in Rom, Bologna oder Mailand. Entfernung: Ab Brenner etwa 1000 km. Die Fahrzeit ab München oder Wien beträgt zwischen 12 und 15 Stunden. Ankunft in Neapel **Stazione Centrale** (Piazza Garibaldi), **Napoli-Mergellina** oder **Napoli Campi Flegrei** (etwas außerhalb der Stadt, Metro-Verbindung zum Zentralbahnhof). Von Rom fast stündliche Zugverbindung nach Neapel (Fahrzeit zwischen zwei und dreieinhalb Stunden).

Fahrplan-Informationen der staatlichen Eisenbahnen (FS) erhält man unter der Rufnummer 1 47 88 80 88 (zwischen 7 und 21 Uhr).

Weiterreise von Neapel

... zu den Inseln

Tragflügelboote *(aliscafi)* und Autofähren *(traghetti)* der Gesellschaften **Caremar** (Auskunft: ✆ 08 15 51 38 82) und **LMV** (Linee Marittime Veloci, Auskunft ✆ 08 15 52 72 09 und 08 15 52 28 38) verbinden Neapel tagsüber beinahe stündlich mit den Inseln im Golf, und zwar von der **Molo Beverello** gegenüber der Piazza Municipio oder von **Mergellina** (nur Tragflügelboote) aus. Schnellboote verkehren auch zwischen **Sorrent** und den Inseln Capri und Ischia, zwischen **Capri** und **Ischia** selbst sowie zwischen **Pozzuoli** und **Procida** bzw. Ischia (auf dieser Strecke auch die preisgünstigste Autofähre).

Die aktuellen **Fahrpläne** finden Sie in der Tageszeitung »Il Mattino«.

... auf die sorrentinische Halbinsel von und zur Amalfitana

Von Neapel, **Molo Beverello,** laufen ganzjährig mehrmals täglich **Tragflügelboote** nach Sorrent aus. Insbesondere bei rauher See empfehlenswerter ist aber die Benützung der **Circumvesuviana** (Auskunft ✆ 08 17 79 14 44), einer Schmalspurbahn, die zwischen 5 Uhr und Mitternacht durchschnittlich zweimal pro Stunde die kampanische Metropole über Ercolano, Pompeji und Castellammare mit Sorrent verbindet (Fahrzeit je nach Zugtyp zwischen 45 Minuten und einer guten Stunde). Abfahrt von der **Stazione Circumvesuviana** (Corso Garibaldi) oder der **Stazione Centrale** (Hauptbahnhof, Piazza Garibaldi). Vorsicht: Nicht die Züge nach Poggiomarino, Ottaviano-Sarno oder Nola-Baiano nehmen! Viermal pro Tag bedient wird eine direkte **Buslinie** zwischen dem **Flughafen Capodichino** und **Sorrent,** Auskunft bei Firma Curreri, ✆ 08 18 01 54 20.

Salerno und die Orte an der Costiera Amalfitana erreicht man von Neapel mit den **Bussen der Gesellschaft SITA**. Abfahrt alle 30 Minuten an Werktagen und alle 2 Stunden an Sonn- und Feiertagen von der Via Pisanelli 3–7, nahe der Piazza Municipio, Auskunft ✆ 08 15 52 21 76.

... nach Herculaneum und Pompeji

Zu den großen archäologischen Stätten gelangt man am bequemsten mit der **Circumvesuviana**. Die Ausgrabungen von Herculaneum liegen nur wenige hundert Meter von der Station **Ercolano** (vom Bahnhof immer geradeaus und bergab) entfernt, die römischen Ruinen von Pompeji nahe der Station **Pompeji Scavi**. Motorisierte erreichen die antike Stätte über die Autobahn Napoli-Salerno (A 3).

... auf und rund um den Vesuv

Mit der **Circumvesuviana** bis **Ercolano**. Vom Bahnhof verkehren mehrmals täglich Linienbusse bis zum Parkplatz (mit Schutzhaus). Sollten Sie den Bus versäumen, so schlägt auch eine Taxifahrt bis zum höchsten Punkt der Straße (rund 13 km) nicht allzu sehr zu Buche. Mit dem Auto geht es von Ercolano, Torre del Greco, San Sebastiano oder Boscotrecase Richtung Gipfel. Vom Parkplatz rund eine halbe Stunde Aufstieg zum Kraterrand (festes Schuhwerk, zumindest Sportschuhe mit Gummisohlen, erforderlich).

Die Orte rund um den Vesuv, **Boscoreale, Ottaviano, Somma, Sant' Anastasia** und den ob seiner riesigen Kollektion von Votivgaben und naiven Bildern interessanten Marien-Wallfahrtsort **Madonna dell'Arco** am Rande Neapels, erreicht man mit der **Circumvesuviana** (Achtung: nicht die Züge nach Castellammare und Sorrent nehmen!) oder mit den Bussen der Gesellschaft **ACTP,** ab Piazza Garibaldi, ✆ 08 17 00 11 11.

... zu den Phlegräischen Feldern

Mit der **U-Bahnlinie Metropolitana FS** alle acht Minuten ab Innenstadt nach Bagnoli und Pozzuoli, mit den **Bahnlinien Ferrovia Cumana** und

Circumflegrea vom Bahnhof auf der Piazza Montesanto (℡ 08 15 51 33 28) oder mit den **Bussen** der Gesellschaft **SEPSA** (℡ 08 17 35 41 97) von der Piazza Garibaldi nach Pozzuoli, Baia, Bacoli und Cuma. Autofahrer nehmen die Tangenziale bzw. die durch die Galleria di Posillipo führende Straße nach Fuorigrotta und Pozzuoli.

... nach Caserta und Capua

Mit dem Autobus der Gesellschaft **ACTP** (℡ 08 17 00 11 11) ab Piazza Garibaldi an Werktagen alle 20, an Sonn- und Feiertagen alle 40 Minuten, mit dem Auto über die Autobahn A 1 Richtung Rom.

Auskünfte

In den Auslandsbüros des schwerfällig-bürokratischen Staatlichen Italienischen Fremdenverkehrsamtes ENIT wird man leider nicht immer gut bedient. Dennoch kann man sein Glück versuchen:

D-10178 **Berlin**
Karl-Liebknecht-Straße 34
℡ 030/2 47 83 97 oder -98
Fax: 030/2 47 83 99

D-60329 **Frankfurt**
Kaiserstraße 65
℡ 069/23 74 34
Fax: 069/23 28 94

D-80336 **München**
Goethestraße 20
℡ 089/53 13 17
Fax: 089/53 45 27

A-1010 **Wien**
Kärntnerring 4
℡ 015/05 16 39 oder 5 05 43 74
Fax: 015/05 02 48

CH 8001 **Zürich**
Uraniastraße 32
℡ 01/2 11 36 33 oder 2 11 97 17
Fax: 01/2 11 38 85

Prospektbestellungen in Deutschland unter der gebührenpflichtigen Servicenummer 01 90 79 90 90.

Detailinformationen erhält man besser direkt beim
Provinz-Fremdenverkehrsamt EPT
80121 **Napoli,**
Piazza dei Martiri 58,
℡ 0 81 40 53 11
Fax: 0 81 40 19 61
Internet: www.na.flashnet.it/prov.htm
bzw. bei den jeweiligen städtischen oder lokalen Fremdenverkehrsämtern (s. dazu auch S. 317).

Neapel und Umgebung im Internet
Wissenswertes und Aktuelles über die Stadt und die Region bieten die folgenden Adressen (in Englisch bzw. Italienisch):
http://www.comune.napoli.it
http://www.caprinet.it
http://www.ischiaonline.it

Weitere aktuelle und ausgewählte Online-Adressen zu Neapel und Umgebung finden Sie auch unter den Reise-Links des DuMont Buchverlages:
http://www.dumontverlag.de.

Autofahren

Benzin

... ist in Italien ein teurer Saft, die verbilligten Benzingutscheine für Touristen wurden schon Mitte der 90er Jahre abgeschafft, jetzt zahlen alle gleich viel. Tankstellen haben meist an sechs Tagen in der Woche von 8–20 Uhr – mit einer langen Mittagspause zwischen 12.30 und 16.30 Uhr – geöffnet, einige Großtankstellen sowie die Zapfsäulen an den Autobahnen stehen rund um die Uhr zur Verfügung. Bleifreies Benzin *(senza piombo)* ist überall erhältlich.

Leihwagen

Die internationalen Firmen (Avis, Hertz, Interrent, Europcar) sind auf dem Flughafen Napoli-Capodichino sowie mit Stadtbüros in Neapel vertreten. Kleinere Unternehmen finden sich in Amalfi, Sorrent und auf Ischia. In der Hochsaison ist eine Vorbestellung empfehlenswert. Sonderangebote beachten!

Neapel
Europcar: Flughafen, ✆ 08 17 80 56 43; Via Scarfoglio 10, ✆ 08 15 70 84 26
Eurodollar, Flughafen,
✆ 08 17 80 29 63; Via Partenope 13,
✆ 08 17 64 63 64

Sorrent
Ciro's, auch Mofa- und Motorrollerverleih, Via degli Aranci 93 und Via degli Aranci 138, ✆ 08 18 78 25 22 oder 08 18 78 11 66

Ischia
Mazzella, Ischia Porto, Via Ferrante d'Avalos 14, ✆ 0 81 99 11 41
Di Meglio, Ischia Porto, Corso Vittoria Colonna, ✆ 0 81 99 12 75; Casamicciola, Via Morgera 5, ✆ 0 81 99 52 22

Pannenhilfe

In ganz Italien unter der Telefonnummer **116** (Pannendienst des Automobile Club d'Italia – ACI) erreichbar und für Ausländer nur gratis, wenn man die Mitgliedskarte oder den Schutzbrief eines heimischen Autoclubs vorweisen kann. In der gesamten Golfregion gibt es genügend Autowerkstätten, deren Mechaniker wahre Meister im Improvisieren sind.

Bei Unfällen sollte unbedingt die Polizei zu Hilfe geholt werden (einheitliche Rufnummer in ganz Italien: **112**), weil sonst Schadensersatzansprüche problematisch werden.

Straßen und Autobahnen

Das Netz von Straßen und Autobahnen rund um Neapel ist sehr dicht, ebenso allerdings auch der Verkehr. In der Stadt selbst herrscht an Werktagen ein permanentes Verkehrschaos, Parkplätze sind äußerst rar. Es empfiehlt sich daher, in Neapel auf den eigenen Wagen zu verzichten und auf öffentliche Verkehrsmittel umzusteigen bzw. im Zentrum überhaupt zu Fuß zu gehen. Bewachte und gebührenpflichtige Parkplätze und Garagen (auch für Capri- und Ischia-Urlauber) finden sich am Hafen bei der Piazza Municipio, am Hafen von Mergellina und beim Hauptbahnhof (Achtung: keine Gegenstände im Wagen zurücklassen, trotz Bewachung besteht Einbruch- und Diebstahlgefahr!).

Wer von Rom kommend in Richtung Amalfitana Neapel großräumig umfahren will, benützt die bei Caserta abzweigende Autobahn nach Salerno, die besser ausgebaut und nicht so stark frequentiert ist wie die Autobahn.

Neapel–Salerno. Zwischen 1. März und 31. Oktober dürfen keine Fahrzeuge (ausgenommen jene der Bewohner) nach Capri gebracht werden, auch Urlauber müssen in der Zeit ihre Autos auf dem Festland abstellen. Von Ischia verbannt sind während der Monate Juli und August Fahrzeuge mit neapolitanischem Kennzeichen, deren Besitzer nicht auf der Insel leben.

Tempolimit

In Ortsgebieten gilt im allgemeinen Tempo 50, auf Staats-, Regional- und Gemeindestraßen liegt die Geschwindigkeitsbegrenzung bei 90 km/h, auf Schnellstraßen bei 100 km/h, auf Autobahnen bei 130 km/h, an Wochenenden, Feiertagen und in der Ferienzeit (Juli/August) allerdings nur bei 110 km/h. Achtung: Die Einhaltung des Tempolimits wird neuerdings streng kontrolliert. Raser müssen mit saftigen Geldbußen rechnen. Davon bleiben Ausländer nicht verschont. Auch in Italien besteht gesetzliche Gurtpflicht.

Versicherung

Ausreichender Versicherungsschutz (auch gegen Diebstahl) sei jedem motorisierten Italienbesucher empfohlen. Auch mit dem Leihwagen fährt es sich vollkaskoversichert besser.

Behinderte

Nur vereinzelt findet man in den Hotelverzeichnissen Hinweise auf behindertengerechte Einrichtungen. Bei Bedarf sollte man daher die Kataloge großer Reiseveranstalter zu Rate ziehen. Probleme ergeben sich in allen archäologischen Zonen (Pompeji, Herculaneum etc.) sowie in Bergstädtchen, in denen es praktisch nirgends Treppen mit Rollstuhlrampen gibt. Sieht man von einigen eigens gekennzeichneten Parkplätzen ab, hat man in Süditalien bisher noch kaum etwas getan, um Behinderten das Leben zu erleichtern.

Camping

Im gesamten Gebiet des Golfs von Neapel, speziell an den Küsten und auf der Insel Ischia, gibt es ein dichtes Netz von Campingplätzen. Auf der Insel Capri allerdings ist Camping generell verboten. Gegen ›wilde Camper‹ wird seit einigen Jahren rigoros vorgegangen, auch Übernachtungen in Wohnwagen direkt vor Sehenswürdigkeiten sind strengstens untersagt. Entsprechende Verbotstafeln sollte man beachten.

Diplomatische Vertretungen
(Konsulate in Neapel)

Deutschland
Via Crispi 69
✆ 08 17 61 33 93

Österreich
Corso Umberto I 275
✆ 0 81 28 77 24

Schweiz
Via Pergolesi 1
✆ 08 17 61 43 90

Einkaufen

Offiziell haben Geschäfte von Montag bis Samstag zwischen 9 und 12.30 oder

13 Uhr und zwischen 15.30 und 19.30 Uhr geöffnet. Die Ladenschlußzeiten werden aber sehr individuell gehalten. Vor allem in Neapel bemühen sich die Behörden zur Entflechtung des Verkehrs um durchgehend geöffnete Geschäfte, allerdings wird dies bisher von der Bevölkerung kaum angenommen. Manche Läden und Kaufhäuser haben auch an Sonntagen offen, sind dafür jedoch an einem Wochentag geschlossen. In eleganten Geschäften und in Kaufhäusern (die bekanntesten Ketten sind Upim, Standa und Rinascente) gibt es fixe Preise, in kleineren Läden und auf Märkten sollte man das übliche Handeln nicht vergessen.

Die pittoreskesten **Märkte** Neapels mit Waren, deren Herkunft oft dubios ist, befinden sich im Viertel zwischen Corso Umberto und Corso Garibaldi, in der Forcella hinter dem Dom und in der Via della Sanità. Einen **Flohmarkt** gibt es jeden Sonntagvormittag in der Via Foria in der Nähe des Nationalmuseums.

Achtung: Die italienischen Finanzgesetze schreiben für jeden Einkauf (auch auf Märkten) sowie für die Dienstleistung beim Friseur und die Konsumation im Restaurant zwingend die Ausstellung einer Quittung vor, die man nicht sofort wegwerfen darf. Kontrollen bis einige hundert Meter vom Geschäft, Restaurant etc. entfernt werden stichprobenartig durchgeführt. Wer ohne Quittung ertappt wird, muß Bußgeld zahlen.

Feiertage

1. Januar: *Capodanno*/Neujahr
Ostermontag
25. April: *La Resistenza*/Tag der Befreiung
1. Mai: *Festa del lavoro*/Tag der Arbeit
15. August: *Ferragosto*/Mariä Himmelfahrt
19. September: *San Gennaro*/Fest des hl. Januarius, nur in Neapel
1. November: *Ognissanti*/Allerheiligen
8. Dezember: *L'Immacolata*/Mariä Empfängnis
25. Dezember: *Natale*/Weihnachten
26. Dezember: *Santo Stefano*/Tag des hl. Stefan

Feste

Jedes Dorf feiert das Fest seines Schutzpatrons mit großem Aufwand. Schon Tage zuvor werden die Straßen mit elektrischen Lichtgirlanden prächtig geschmückt. Am Festtag selbst gibt es Jahrmarktbuden, Umzüge, Platzkonzerte und – sofern es die Gemeindekasse erlaubt – ein Feuerwerk. Grund zum Feiern bieten aber auch durchaus profane Anlässe wie Jagd, Fischfang oder Ernte. Viel Phantasie entwickelt man auch im Karneval. Hier nur eine kleine Auswahl der spektakulärsten Festivitäten:

17. Januar: Karnevalsbeginn bei der Kirche Sant'Antonio Abate in Neapel, Umzüge in Amalfi und Maiori
Settimana Santa (Karwoche): Karfreitagsprozessionen – besonders beeindruckend auf Procida sowie in Sorrent und Ischia Ponte
1. Wochenende im Mai: Fest des San Gennaro (Blutwunder) im Dom von Neapel
14. Mai: Fest des San Constanzo in der Marina Grande, Capri
17. bis 19. Mai: Fest der Santa Restituta mit Bootsprozession, Jahrmarkt und Feuerwerk in Lacco Ameno, Ischia
Acht Tage nach Fronleichnam: *Feste dei Quattro Altari* (Fest der vier

Altäre) mit prachtvollen Umzügen in Torre del Greco

13. Juni: Fest des San Antonio (Ischia und Anacapri)

20. bis 23. Juni: *Festa de'Gigli* (Lilienfest) in Nola (nördlich des Vesuv)

24. Juni: Tanz der *'ndrezzata* (Figurentanz in Kostümen) in Buonopane, Ischia

27. Juni: Fest des San Andrea mit Bootsprozession in Amalfi

29. Juni: Fest des San Pietro in Cetara (Amalfitana), bei dem die Statue des Apostels unter den Klängen des Radetzkymarsches ins Meer getragen wird.

1. Sonntag im Juli: Bootsprozession in Sorrent

15./16. Juli: Fest der Madonna del Carmine in Neapel, bei dem Lichteffekte einen Brand des Turms der Kirche Santa Maria del Carmine vortäuschen

26. Juli: Fest der Santa Anna in Sorrent und Fiaiano, Ischia

15. August (Mariä Himmelfahrt): »Sarazenenschlacht« mit Feuerwerk in Positano

Erster Sonntag im September: Fest des San Giovanni Giuseppe della Croce mit Bootsprozession von Ischia Ponte nach Ischia Porto, Fest der Madonna della Libertà in Capri

12. September: Wallfahrt zur weißen Kirche am Berg, Santa Maria del Monte in Forio, Ischia

17. September: Fest der Santa Maria in Sorrent

19. September: Blutwunder des San Gennaro im Dom von Neapel

22. Oktober: Fest der Madonna della Neve in Torre Annunziata

30. November: Fest des San Andrea in Amalfi, bei dem eine überlebensgroße Büste des Heiligen im Laufschritt durch die Stadt getragen wird.

Geld und Banken

Die Zeiten der Millionen Millionäre gehen in Italien zu Ende, das – zuletzt recht stabile – ›Operettengeld‹ mit den vielen Nullen wird im neuen Jahrtausend durch den Euro ersetzt. Noch aber gilt die Lira-Währung, ab 1. 1. 99 im Rahmen der Euro-Vereinbarungen mit fixem Wechselkurs gegenüber Mark und Schilling. Es gibt Münzen zu 50, 100, 200 und 500 Lire und Scheine zu 1000, 2000, 5000, 10 000, 50 000, 100 000 und 500 000 Lire. Eine Mark entspricht rund 985 Lire, ein Schilling 140 Lire und ein Schweizer Franken 1170 Lire. 1000 Lire sind also knapp mehr als eine Mark, 7 Schilling sowie etwas weniger als 90 Rappen.

Banken haben Montag bis Freitag von 8.30 bis 13 Uhr geöffnet, einige auch von 15 bis 16 Uhr. Beim Geldwechsel und beim Einlösen von Reise- und Euroschecks wird die Vorlage eines Personalausweises verlangt. In fast allen größeren Ortschaften gibt es inzwischen internationale Bankomaten, bei denen man pro Tag bis zu 500 000 Lire abheben kann. Kreditkarten (Visa, Mastercard, AmEx, Diners) werden in allen besseren Restaurants und Hotels sowie in eleganten Läden und großen Kaufhäusern akzeptiert.

Gesundheit

Die medizinische Versorgung entspricht dem europäischen Standard. Ein Arzt muß in Italien nur 177 Einwohner betreuen (Stand 1998), was die weitaus höchste Ärztedichte Europas (durchschnittlich 350 Menschen pro Mediziner) darstellt. Internationale Krankenscheine von Mitgliedern gesetzlicher Krankenkassen aus EU-Ländern und der Schweiz werden anerkannt, müssen jedoch vor dem Arztbesuch bei der lokalen Krankenkassenfiliale in einen Behandlungsschein umgetauscht werden, was eine recht mühsame Prozedur ist. Viele Touristenorte sorgen daher in den Sommermonaten für eine kostenlose ärztliche Betreuung der Urlauber und lindern damit zugleich auch das Problem der Mediziner-Arbeitslosigkeit. Notfallbehandlungen in Spitälern *(pronto soccorso)* werden ebenfalls gratis durchgeführt.

Die Apotheken sind gut sortiert und zum Teil preiswerter als in Deutschland, Österreich oder der Schweiz. Außerdem wird die Rezeptpflicht eher locker gehandhabt.

Hotels

In der gesamten Golf-Region stehen den Reisenden Hotels und Pensionen aller Kategorien zur Verfügung, von der absoluten Luxusklasse (Fünf-Sterne-Häuser) bis zu einfachsten Quartieren. Für die Hauptreisezeiten sollten unbedingt Reservierungen vorgenommen werden; Hotelempfehlungen s. »Adressen und Tips von Ort zu Ort«.

Ein Rat für alle, denen Hotelbetten zu weich sind und zu stark durchhängen, was in Italien leider häufig der Fall ist: Alle guten Hotels haben Bretter *(tavole)* vorrätig, die zwischen Lattenrost und Matratze geschoben werden.

Internet

Wer im Internet surfen will, kann dies in zwei Lokalen in Neapel tun: in der **Internet Bar** (Piazza V Bellini 74) und im **City Hall Café** (Corso V Emanuele 137a).

Internet-Auskünfte zu Neapel und Umgebung s. S. 312.

Kinder

Das kinderfreundliche Italien kennt leider relativ wenig spezielle Einrichtungen für den Nachwuchs. Um so begeisterter sind Jung und Alt über einen Besuch des neapolitanischen Freizeitparks **Edenlandia** (Viale Kennedy nahe Messegelände Mostra d'oltremare, ✆ 08 12 39 11 82, ganzjährig geöffnet). Das Vergnügungszentrum nach dem Vorbild von Disneyland bietet mehr als 200 verschiedene Attraktionen. An heißen Tagen empfehlen sich die – natürlich nur im Sommer geöffneten – Wasserparks **Acqua Flash** (Licola, Ausfahrt von Neapels Tangenziale, ✆ 08 18 04 71 22) und **Valle dell'orso** (Torre del Greco, Via Giovanni XXIII, ✆ 08 18 47 39 42). Für Kinder interessant ist auch die **Riserva naturale degli Astroni,** eines der wenigen Landschaftsschutzgebiete im Raum Neapel, einst königliches Jagdrevier. Geführte Spaziergänge durch den alten Krater veranstaltet der WWF Napoli (Information und Anmeldungen, ✆ 08 15 88 37 20). Viel Interessantes über Vulkanismus wissen die Bergführer zu erzählen, die Gruppen durch den **Parco del Vesuvio** begleiten (✆ 08 17 77 57 20 oder 08 17 86 71 11).

Kriminalität

Rund um den Golf von Neapel muß man damit rechnen, daß innerhalb von wenigen Sekunden alles aus dem Auto verschwindet, was darin zurückgelassen wurde (inklusive eingebautem Radio). Türen und vor allem Kofferraum sollten auch während der Fahrt immer versperrt sein. Nichts auf dem Rücksitz oder auf der Heckablage verstauen, denn Scheiben sind im Nu eingeschlagen, Gegenstände wie Fotoapparate und Taschen werden selbst aus fahrenden Autos blitzschnell geklaut.

Fußgänger sollten am Flughafen, auf Bahnhöfen, vor Hotels und in der Umgebung von Sehenswürdigkeiten besonders vorsichtig sein, Handtaschen- und Kameradiebstähle sind bei Sorglosigkeit fast obligat, doch braucht man selbst in den finstersten Gassen Neapels kaum um Leib und Leben zu bangen, da Eigentumsdelikte als (meist lebensnotwendige) Einnahmequelle von mörderischen Aggressionen weitgehend frei bleiben. Wer unbelastet durch die Straßen spazieren will, läßt Fotoausrüstung und Handtasche im Hotel und signalisiert auch durch seine Kleidung, daß bei ihm nichts zu holen ist. Urlaubsgeld und Wertsachen – samt Personalausweis, Bahn- oder Flugkarten und anderen Reisedokumenten – sind am besten im Hotelsafe aufgehoben. Für alle Fälle sollten wichtige Unterlagen in Fotokopie getrennt aufbewahrt werden.

Im Falle eines Falles nutzt dem Opfer eines Diebstahl der Weg zur Polizei so gut wie nichts und ist nur sinnvoll, wenn man eine Bestätigung für die Versicherung benötigt. Geld und Wertsachen sind ohnehin auf Nimmerwiedersehen verschwunden, bei persönlichen Gegenständen (Pässe, Fotos, Briefen etc.) besteht mit entsprechend eindringlicher Klage in der dem Tatort nächstliegenden Bar (»Die einzige Erinnerung an meine verstorbene Mama«, »Das liebste Spielzeug meiner Kinder« und dergleichen) eine gewisse Chance, diese zurückzuerhalten.

In ländlichen Gegenden und auf den Inseln ist die Kriminalitätsrate wesentlich niedriger, doch sollte man auch dort stets Vorsicht walten lassen.

Literatur

Andres, Stefan: Sehnsucht nach Italien (Langen Müller Verlag, München/Wien)

Braudel/Dubyl/Aymard: Die Welt des Mittelmeeres (S. Fischer Verlag, Frankfurt)

Bulwer-Lytton, Edward George: Die letzten Tage von Pompeji (Insel Taschenbuch)

De Crescenzo, Luciano: Also sprach Bellavista; Oi Dialogoi (alle Diogenes Verlag, Zürich); Im Bauch der Kuh (Albrecht Knaus Verlag, München)

Etienne, Robert: Pompeji – Das Leben in einer antiken Stadt (Verlag Philipp Reclam jun., Stuttgart)

Goethe, Johann Wolfgang von: Italienische Reise (Goldmann Taschenbuch)

Gorki, Maxim: Italienische Märchen (Fischer Taschenbuch)

Gregorovius, Ferdinand: Wanderjahre in Italien (Beck Verlag, München)

Gründel, Eva/Tomek, Heinz: Richtig Reisen Süditalien (DuMont Buchverlag, Köln)

Legler, Rolf: Kunst-Reiseführer Golf von Neapel (DuMont Buchverlag, Köln)

Malaparte, Curzio: Die Haut (Fischer Verlag, Frankfurt)

Morante, Elsa: Arturos Insel (Fischer Taschenbuch)

Munthe, Axel: Das Buch von San Michele (dtv, München)

Nenzel, Nana Claudia: Ischia, Capri, Procida, Reise-Taschenbuch (DuMont Buchverlag)

Peterich, Eckart: Italien, zweiter Band (Prestel Verlag, München)

Stendhal: Rom, Neapel und Florenz im Jahre 1817 (Insel Taschenbuch)

Sammelbände

Capri – Dichter besingen die magische Insel (Bucher Verlag, München)
Capri – Ein Lesebuch (Insel Taschenbuch)
Kennst du das Land, wo die Zitronen blühn – Italien im deutschen Gedicht (Insel Taschenbuch)

Notrufnummern

Polizei: 112
Rettungs-Notdienst: 113
Feuerwehr: 115
Pannendienst des ACI: 116 (kostenlos nur für Mitglieder bzw. für Inhaber eines Schutzbriefs)

Öffnungszeiten

Diese sind in Italien bei Sehenswürdigkeiten ein Lotteriespiel, generelle Angaben lassen sich daher nicht machen. Die meisten Museen (mit Ausnahme des Archäologischen Nationalmuseums in Neapel und einiger Privatmuseen) sind montags geschlossen. An den übrigen Werktagen sind sie im allgemeinen zwischen 9 und 14 Uhr, an Sonn- und Feiertagen von 9 bis 13 Uhr geöffnet, die großen staatlichen Sammlungen in Neapel (Archäologisches Nationalmuseum, Museum Capodimonte) haben neuerdings abends **bis 22 Uhr** geöffnet (bei einem Ruhetag pro Woche).

Kirchenbesichtigungen empfehlen sich gleichfalls an Vormittagen, über Mittag schließen alle Gotteshäuser für einige Stunden. Die Ausgrabungsstätten Pompeji und Herculaneum sind täglich von 9 Uhr bis eine Stunde vor Sonnenuntergang (eine äußerst vage Zeitangabe) für Besucher zugänglich.

Achtung: EU-Bürger (nicht Schweizer!) unter 18 und ab dem 60. Lebensjahr genießen in allen staatlichen – leider nicht kirchlichen oder privaten – Einrichtungen (Museen, Ausgrabungen etc.) freien Eintritt (immer einen Ausweis mitnehmen!).

Tip: In der Tageszeitung **»Il Mattino«** findet man die aktuellen Öffnungszeiten der Museen und archäologischen Zonen.

Post und Telefon

Postsendungen können zuweilen viele Wochen unterwegs sein. Schneller und sicherer geht es nur mit privaten Kurierdiensten, die freilich recht teuer sind. Wichtige Nachrichten übermittelt man am besten per Fax oder Telefon. Italien hat die Landesvorwahl 00 39, wobei man auch vom Ausland aus **die Null** der Ortskennzahl **mitwählen** muß. Auch für Gespräche im Festnetz ist innerhalb einer Ortszone – wie bei einem Handy – stets die Vorwahlnummer einzugeben, also 0 81 in der Provinz Neapel (samt den Inseln und Sorrent) sowie 0 89 an der Amalfitana. Die Versorgung im Mobilfunknetz ist flächendeckend. Von Italien aus erreicht man Deutschland unter der Vorwahl 00 49, Österreich unter 00 43 und die Schweiz unter 00 41.

Da Gespräche vom Hotel aus meist ein Vielfaches des offiziellen Tarifs kosten, telefoniert man am billigsten von öffentlichen Fernsprechern aus, die alle mit Telefonwertkarten (*scheda telefonica,* erhältlich in Postämtern und vielen Tabakläden) bedient werden können.

Souvenirs

Zentrum des **Keramikhandwerks** (und industrieller Produkte) ist Vietri sul Mare an der Amalfitana. **Korallenschmuck, Gemmen** und **Kameen** werden in der Gegend von Torre del Greco (s. S.308) hergestellt. In Sorrent findet man hübsche **Holzgegenstände** (Intarsienarbeiten, Kästchen, Kleinmöbel, Bilderrahmen), in Amalfi kostbares **Büttenpapier** (s. S. 290), auf Ischia Souvenirs aus **Bast** und **Stroh**. **Textilien** und **Lederwaren** aller Preislagen werden in Neapel angeboten. Als kulinarische Mitbringsel empfehlen sich vor allem **Wein** und der köstliche **Zitronenlikör** *(limoncello)* von der Amalfitana und den Inseln Capri und Ischia.

Kitsch und schlechtem Geschmack sind freilich nirgends Grenzen gesetzt, und manch billiges Allerwelts-Souvenir ist ein Import aus dem Fernen Osten. Einige besondere Empfehlungen siehe »Adressen und Tips von Ort zu Ort«.

Sprache

Offiziell Italienisch. Gesprochen werden aber zahlreiche Dialekte, die ein Römer geschweige denn ein Mailänder kaum mehr versteht. Fremden gegenüber bemüht man sich jedoch um eine deutliche Aussprache, notfalls gibt es eine Verständigung mit Gesten und Gebärden (s. S. 46). In den Touristenzentren stehen Deutsch (Ischia) und Englisch (Capri, Sorrent) an der Spitze der Fremdsprachen.

Verhalten

Kein Italienbesucher sollte vergessen, daß er Gast in einem Land mit anderen Sitten und Gebräuchen ist, auf die er Rücksicht zu nehmen hat. Gar nicht ausstehen können vor allem Neapolitaner jene ›Hoppla-jetzt-komm-ich-Typen‹, die glauben, mit ein bißchen Geld die große, weite Welt kaufen zu können. Mit Höflichkeit und einem freundlichen Lächeln kommt man stets besser zurecht als mit dem Kopf durch die Wand.

Jeder Neapel-Neuling sollte sich hüten, die Zeichen- und Gebärdensprache der Einheimischen nachzuahmen, es könnte sonst peinliche Mißverständnisse geben (s. S. 46). Man prostet sich ausnahmslos mit der rechten Hand zu, mit der Linken würde man seinem Gegenüber Unglück wünschen. Speziell ältere Frauen scheuen die neugierige Linse eines Fotografen wie der Teufel das Weihwasser. Knipser und Filmer, die es trotzdem nicht lassen können, sollten daher zumindest höflich um Erlaubnis fragen – mangels Sprachkenntnissen tun es auch entsprechende Andeutungen.

Kirchen sind in erster Linie Orte des Glaubens und nicht bloß Kunstdenkmäler, entsprechend dezente Kleidung sollte daher eine Selbstverständlichkeit sein. Und eine Meßfeier ist eine sakrale Handlung, die nicht durch Umhergehen gestört werden darf. Kurzum: Bitte benehmen Sie sich so, wie Sie es zu Hause bei ausländischen Gästen voraussetzen.

Register

Personen- und Sachregister

Adonis 11
Africano, Franco 220
Agrippina, Mutter Neros 192
Alarich, König der Westgoten 23
Alexander, Lord 276
Alfano, Carlo 69, 76
Alfons I. von Aragon 36, 124, 125, 164
Alfonso II., Herzog von Ferrara 241
Alkibiades 232
Almamegretta 73
Amalfitana 249ff., 267, 268f.
Amelio, Lucio 66, 69, 70
Andersen, Hans Christian 153
Andres, Stefan 254
Äneas 189, 194
Aniello, Tommaso (Masaniello) 28, 36, 110, 138
Anjou, franz. Herrscherhaus 63, 108, 111, 124, 173
Annunzio, Gabriele d' 262
Anzinger, Siegfried 70
Aphrodite 11, 44
Apollo 186
Aquin, Thomas von 110, 112
Aquino, Maria von (Fiametta) 119
Ares 44
Asinius Pollio, röm. Konsul 146
Augustus, röm. Kaiser 120, 145, 146, 150, 157, 196, 229, 280
Aurelian, röm. Kaiser 281
Avalos, Ferrante d' 165
Avino, Michele di 91

Baboccio, Antonio 117, 139
Bachmann, Ingeborg 184
Baker, Josephine 71
Barbaja, Domenico 76
Barbarossa, Pirat 152
Barisanus von Trani 263
Barletta, Giovanni Pipino da 123
Bartolomeo, Nicola di 263
Bassolino, Antonio **33**, 35, 37, 51, 55, 56, 60, 70
Beckett, Ernest William 265
Belisar, oström. Feldherr 23, 35
Bellini, Vincenzo 76, 123
Bernini, Giovanni Lorenzo 141
Bernini, Pietro 114, 141
Beuys, Joseph 68ff.
Beyle, Henri (Stendhal) 74
Bismarck, Otto Fürst von 262
Boccaccio, Giovanni 27, 119, 144
Bonaparte, Joseph 29, 30, 36, 275
Bossi, Umberto 85
Botticelli, Sandro 221
Bourbon, franz. Herrscherhaus 108, 272
Bozza, Luigi 253
Bradisismus 185
Brancaccio, Rinaldo 114
Brecht, Bertolt 155
Breughel, Pieter 133
Brown, James 70
Bruni, Sergio 73
Bruno, Giordano 22, 109
Bunin, Iwan 154
Byron, Lord 240

Caesar, Gaius Julius 190
Camaino, Tino di 103, 117
Camerata Cornello, Bernardo di 240
Camerini, Luigi Silvestro 168
Camorra 11, 32, **51ff.**, 60, 70, 89, 196
Canevari, Antonio 182
Capote, Truman 155
Capri, Peppino di 73
Capua, Eduardo di 71
Capurro, Giovanni 71
Caracciolo, Giambattista (Battistello) 67
Caracciolo, Sergianni 137
Caravaggio, Michelangelo da 66, 67, 87, 165, 167

Carreras, José 71
Caruso, Enrico 71, 73 , **75**, 76
Caruso, Enrico, Arzt 75
Casasco, Ermanno 168
Cassiodorus 22
Castro, Fernandez Ruiz de, Vizekönig 125
Cavallino, Bernardo 67
Cederna, Camilla 42
Cesarini, Gianni 72
Chinelli, Mimmo 53
Churchill, Winston 155
Cicero 190, 191, 209
Cilea, Francesco 76
Cimarosa, Domenico 76
Claudius, röm. Kaiser 192
Clemens IV., Papst 35
Clemens VIII., Papst 241
Coelestin V. (Pietro Angelario) 123
Colombo, Giacomo 119
Colonna, Vittoria 111, 165
Columbus, Christoph 90
Constanza Piccolomini da Aragona 86
Corradini, Antonio 113
Correggio, Antonio 133
Costanzo, Salvatore Di 163
Crescenzo, Luciano de 11, **33**, 90, 94
Croce, Benedetto 22, 106, 109, **110**
Curtis, Ernesto de 73
Cutolo, Raffaele 55, 89

Dante 129, 146
Daun, General 29, 36
Demeter 91
Denza, Luigi 72, 73
Desiderius von Montecassino, Abt 284
Diana Tifatina 284
Diefenbach, Karl Wilhelm 159
Diokletian, röm. Kaiser 77
Dionysos 203
Dohrn, Anton 144
Dölker, Richard 267
Domenicis, Gino de 69
Domingo, Placido 71
Donatello 114
Donizetti, Gaetano 76

Donzelli, Giuseppe (Fra Nuvolo) 137
Dosio, Giovanni 118
Dumas, Alexandre 155

Economia del vicolo 40ff.
Elboeuf, Marquis d' 222
Elisabeth Farnese von Parma 130, 274
Elisabeth von Bayern 27
Erasmo, hl. (Sant'Elmo) 103
Eros 44f.
Esposito, Raffaele 92
Esposito, Toni 73
Este, Luigi d', Kardinal 241
Etrusker 93
Euripides 11

Fanzago, Cosimo 103, 117, 123
Faruk, ägypt. König 155
Ferdinand I. von Aragon 123
Ferdinand I. von Bourbon 29, 36, 74, 105, 126, 130, 274, 275
Ferdinand II. von Bourbon 116, 139, 164, 180
Ferdinand IV. von Bourbon 36, 67, 144
Filangieri, Gaetano, Fürst 117
Filippo Caraea, Fürst von Correto 136
Filippo Neri, hl. 118
Filippo, Eduardo de 46, 105
Fiorelli, Giuseppe 200
Fontana, Domenico 125
Fontana, Giulio Cesare 130
Fontane, Theodor 154
Fracanzano, Francesco 67
Franz II. von Bourbon 30
Franz von Assisi 86
Friedrich II., dt. Kaiser 26, 35, 63, 116, 125, 140, 258, 284
Fuga, Ferdinando 183
Funicolari 72, 103

Gagarin, Juri 74
Galli, Camillo 92
Gambardella, Salvatore 73
Gambone, Guido 267
Ganghofer, Ludwig 241
Garibaldi, Giuseppe 10, 30, 36, 108, 130

Gaudiosus, Settimo Celio 137
Gaulle, Charles de 89
Giambattista 73
Gigante, Giacinto 67
Gioia, Flavio 259, 262
Giordano, Leoncavallo 76
Giordano, Luca 67, 120, 129, 177
Giotto 27, 124
Goethe, Johann Wolfgang von 13, 54, 67, 90, 145, 240, 275
Gorki, Maxim 154, 240
Goya, Francisco José de 133
Grassi, Gino 114
Greene, Graham 155
Gregorovius, Ferdinand 50, 52, 153
Griechen 10, 12, 13, 21, 22, 61, 104, 118, 119, 172, 186, 189, 194, 240, 256

Hackert, Philipp 67
Hadrian, röm. Kaiser 280
Hamilton, Lady und Sir William 274
Hannibal, karth. Feldherr 280
Hauptmann, Gerhart 155
Heinrich von Hohenstaufen 26
Heller, André 112
Hephaistos 196
Hera 120
Hermes 20, 32
Hildebrandt, Adolf von 144
Hindenburg, Paul von 155
Homer 171
Horaz 191
Hortensius 190
Hugo, Victor 262

Iaccarino, Livia und Alfonso 246f.
Ibsen, Henrik 240, 262

Januarius, hl. (San Gennaro) 62, **77ff.**, 112, 117, 118, 134, 195
Johanna I. von Anjou 27, 137, 242
Johanna II. von Anjou 27, 137
Joseph II. von Habsburg 274
Joseph, hl. 80
Joukowsky, Paul 266
Juan d'Austria, Don 145

Juno 120
Justinian I., röm. Kaiser 35

Karl I. von Anjou 26, 27, 35, 117, 120, 124, 125, 139
Karl II. von Anjou 117
Karl III. von Bourbon 29, 36, 64, 76, 125, 126, 129, 130, 131, 132, 182, 200, 222, 272, 274
Karl IV., span. König 274
Karl V. von Habsburg 125
Karl VI. von Habsburg 29, 36
Katajew, Valentin 154
Kauffmann, Angelika 68
Keats, John 240
Kennedy, Jacqueline und John F. 263
Kinderarbeit 41f.
Kniep, Christoph Heinrich 68
Kohout, Pavel 155
Konrad IV. von Staufen 26
Konradin von Schwaben 26, 27, 35, 138
Konstantin der Große 62
Konstanze, Tochter Rogers II. 26
Kopisch, August 153
Kowaliska, Irene 267
Kraus, Karl 280
Krupp, Friedrich Alfred 155

Ladislaus I. von Anjou-Durazzo 137
Lamartine, Alphonse de 240
Langobarden 23
Laurana, Francesco 124
Lauro, Achille **31**, 35, 37
Le Corbusier 253
Lebro, Fratelli 119
Lenin, Wladimir Iljitsch 154, 240
Leone, Giovanni 89
Leonore, Gemahlin Alfonsos II. 241
Leopardi, Giacomo 147
Libera, Adalberto 160
Longo, Bartolo 81ff.
Longobardi, Nino 70
Loren, Sophia 155, 196
Lucius Cocceius, röm. Architekt 189
Lucullus 140, 142, 190, 194

Ludwig II., bayer. König 266
Ludwig IX., franz. König 26, 35

Maecenas 146
Mafia 55
Maiano, Giuliano da 116
Maiuri, Amedeo 160, 186, 233, 234
Malaparte, Curzio 41, 43, 83, 155, 160
Mancini, Antonio 67
Mansi, Nicola 265
Manso, Johann Kaspar Friedrich 241
Manzù, Giacomo 154
Marcus Tullius 209
Marées, Hans von 144
Maresca, Pupetta 55
Margherita von Savoyen 92, 220
Maria Amalia von Sachsen 109, 133
Maria Caroline, Gemahlin Ferdinands I. 29, 105, 274, 275
Maria Theresia von Habsburg 29, 274
Marie Antoinette, franz. Königin 29, 274
Marius, röm. Feldherr 190
Marontistrand 171
Marotti, Padre Pio 118, 119
Masaccio 133
Masaniello-Aufstand 28, 36
Mattioli, Gianni 59
Maupassant, Guy de 127
Maximilian II., bayer. König 27, 139, 265
Mayr, Johann Simon 74
Mazzoni, Guido 129
Medrano, Antonio 132, 182
Melamerson, Max 267
Mendelssohn-Bartholdy, Felix 154
Mercalli, Giuseppe 181
Merz, Mario 69
Michelangelo s. Caravaggio, Michelangelo da
Michelozzo 114
Michetti, Francesco Paolo 67
Migliaccio Partanna, Lucia, Herzogin von Floridia 105
Mignonette, Gilda 73
Milton, John 240
Minervini, Roberto 92ff.

Mithras 281
Moravia, Alberto 155
Morelli, Domenico 67
Morra, Giuseppe 68, 70
Morton, H. V. 50
Moscati, Giuseppe 107
Munthe, Axel 154, 155, 160
Murat, Joachim 30, 36, 125, 275
Murolo, Roberto 73
Mussolini, Benito 30, 37, 127, 155, 262

Naccherino, Michelangelo 114
Napoleon 29, 36, 126, 275
Nelson, Admiral 29, 165, 175, 274, 275
Nero, röm. Kaiser 190, 192, 193, 195, 230
Neruda, Pablo 154
Niccolini, Antonio 105
Nitsch, Hermann 69
Nola, Giovanni da 139
Normannen 23, 35, 62

Oberhuber, Oswald 70
Odoaker 23
Odysseus 11, 192
Olymp 10
Orsi, Libero d' 233

Paisiello, Giovanni 76
Paladino, Mimmo 70
Pallizzi, Filippo 67
Pantaleon, hl. 265
Parthenopäische Republik 29, 36, 275
Parthenope 11, **21**, 90
Paulus, Apostel 196
Pavarotti, Luciano 71
Pecoraro, Gerardo 155
Penia, Göttin der Armut 44
Pergolesi, Giovan Battista 76
Peter III. von Aragon 27, 36
Peterich, Eckart 203, 252, 259
Petrarca 27, 119, 145
Peyrefitte, Roger 155
Phidias 70
Philipp V. von Bourbon 274
Pignatelli-Cortes, Fam. 144

Pisani, Gianni 66, 70, 71
Pistoletto, Michelangelo 70
Platen, August von 154
Platon 44
Plinius d. Ä. 192, 193, 231
Plinius d. J. 164
Polo, Marco 93
Polykrates 194
Pompeius 190
Pontano, Giovanni 123
Poppäa, Gemahlin Neros 230
Poros, Schutzpatron 44
Preti, Mattia 67, 123
Primiceri, Antonio 93
Procida, Giovanni da 173
Procida, Roberto, Ing. 75
Procida, Saverio 75
Puccini, Giacomo 73, 76, 262
Pulcinella **46 f.**, 88, 114

Raffael 133
Raith, Werner 55
Rastatt, Friedensschluß von 29
Rea, Domenico 72
Ribera, Juseppe de 67, 135
Richter, Gerhard 70
Ricordi 72
Rilke, Rainer Maria 154
Riu, Giancarlo de 57
Robert Guiscard, norm. Eroberer 27, 256
Roger I. von Sizilien 23, 263
Roger II. von Sizilien 26, 125
Römer 20, 118, 119, 172, 186, 187, 189, 195, 197
Romulus Augustulus 35
Rosa, Salvatore 67
Rossellino, Antonio 129
Rossi, Angelo 86, 87
Rossi, Porzia di 240
Rossini, Gioacchino 76
Rothschild, Fam. 144
Rubens, Peter Paul 67
Ruffo, Kardinal 29
Rufolo, Nicola 263
Rumma, Lia 69
Ruviales, Pedro de 117

Sacchetti, Anna 78
Sammartino, Giuseppe 87, 112
Samniten 22, 35, 195
San Gennaro s. hl. Januarius
Sanfelice, Ferdinando 122, 137, 183
Sangro, Don Placido de, Herzog von Martina 105
Sangro, Don Raimondo di 112, 114
Scarlatti, Alessandro 76
Scarpetta, Eduardo 105
Schliemann, Heinrich 186, 233
Schreber, Daniel Gottlob Moritz 169
Scirocco 58
Seneca 216
Shelley, Percy, Bisshe 240
Simone, Roberto de 74
Sokrates 11, 44, 45
Solimena, Francesco 67
Spartacus 280
Stefanile, Mario 91
Steinbeck, John 254
Stendhal 76
Strabon 196
Strauss, Johann 267
Strauss, Richard 72
Sueton 150
Sulla 190, 231

Tacitus 152
Tankred von Hauteville 23
Tanucci 29
Tarantella 239
Tarquinius Superbus, röm. König 187
Tasso, Torquato 240, **241**
Tavola amalfitana 259
Theoderich, Gotenkönig 181
Thewalt, Margarethe 267
Thorwaldsen, Bertel 139
Thukydides 232
Tiberius Claudius Anicetus 193
Tiberius, röm. Kaiser 152, 157, 158, 160, 190, 242
Tifeo 172
Tischbein, Wilhelm 68
Titus Livius 280
Tizian 133

Toledo, Don Pedro de 28, 36, 64, 103, 116, 129, 191
Totò 46
Tramontana 56
Turco, Peppino 72
Turgenjew, Iwan 154

Umberto I., ital. König 92
Utrecht, Friedensschluß von 29

Vaccaro, Domenico Antonio 183
Van Vittel 272
Vanvitelli, Carlo 141, 144, 183
Vanvitelli, Luigi 66, 125, 129, 141, 183, 272
Venus 172
Venus Kallipygos 89
Verdi, Giuseppe 76
Vergil 140, 145, **146**, 186, 187, 189
Veronelli, Weinpapst 248
Viktor Emanuel II. von Sardinien-Piemont 30, 125
Visconti, Luchino 168
Vita, Francesco di 103
Vozzi, Don Alfredo 262

Wagner, Cosima 154, 266
Wagner, Richard 262, 265, **266**
Warhol, Andy 69, 70
Wilde, Oscar 127, 154
Wilhelm, der Eroberer 23
Wojtyla, Papst 74
Woodrow, Bill 70

Zeus 172
Zeuxis 232

Ortsregister

Amalfi 20, 23, 62, 83, 86, **256ff.**, 263, 266
– Chiostro del Paradiso 258f.
– Dom 257, 258
– Hotel dei Cappuccini 262, 266
– Hotel »Luna Convento« 262
– Museo Civico 259
– Valle dei Mulini 258
Amalfiküste 16, 17, 18, 60, 244, **236 ff.**, 253
Anacapri 158, 160
– Chiesa San Michele 160
– Santa Maria Cetrella 160
– Villa San Michele 147, 154, 155, **160**
Antwerpen 72
Apulien 62
Atrani 263
Avellino 55

Bacoli 193
Bagnoli 17, 60
Baia (Baiae) **190ff.**
– Dianatempel 192
– Museo Archeologico dei Campi Flegrei 191
– Parco Archeologico 190ff.
– Venustempel 192
Bambyche 258
Barano 162, 172
Bari 83
Battipaglia 55
Benevent 23
Berlin 75
Blaue Grotte s. Capri, Grotta Azzurra
Boscoreale 61
Brindisi 81
Buonopane 172
Byzanz 62

Campi Flegrei s. Phlegräische Felder
Capo d'Orso 267
Capo di Miseno 16, 193
Capri 14, 18, 56, 60, 90, **150ff.**, 173
– Arco Naturale 160

– Faraglioni 154, 159, 160
– Grotta Azzurra (Blaue Grotte) **153f.**, 158, 160
– Grotta delle Felci 150
– Villa Damecuta 160
– Villa Jovis 160
– Villa Malaparte 155, 160
Capri-Stadt 158f.
– Certosa di San Giacomo 158f.
– Museo Diefenbach 159
– Palazzo Cerio 158
– Parco Augusto 159
– San Stefano 150, 158
– Torre Saracena 159
– Via Krupp 159
Capua 23, **284**
Casamicciola Terme 162, 167
Caserta 29, 55, 66, **272ff.**
Caserta Vecchia 277ff.
Castellammare di Stabia 15, 61, 231
– Villa der Ariadne 233ff.
– Villa von San Marco 233ff.
Cefalù 26
Cetara 267
Chalkis 21, 186
Corricella (Insel Procida) 175
Costiera Amalfitana s. Amalfiküste
Cuma (Cumae) 21, 35, **186ff.**
– Sybillengrotte 186 ff.

Delphi 186
Dresden 75

Ercolano 72, 183
Eretria 21, 186

Faiano 172
Florenz 13, 276
Fontana 171
Forio 162, 169

Gaeta 23, 30
Genua 20
Greccio 86
Grotta dei Briganti 255
Grotta di Smeraldo 256

Halbinsel von Sorrent s. Sorrentinische Halbinsel
Hamburg 75
Herakleion 169
Herculaneum 18, 22, 35, 36, 66, 90, 126, 131, 181, 182, 200, **222ff.**
– Haus des Neptun und der Amphitrite 226
– Haus der Zweihundertjahrfeier 226

Ischia 14, 16, 18, 21, 56, 60, 80, 156, **161ff.**, 173, 185, 239
Ischia-Stadt **164**
– Ischia Porto 162, 164
– Ischia Ponte 164
– Castello Aragonese 165

Kampanien 15, 17, 22, 23, 62, 90, 96, 181, 275, 279
Konstantinopel 257

La Colombaia 168
Lacco Ameno 21, 162, 167ff.
Lago d'Averno 185, **189**
Leipzig 75
London 75
Los Angeles 14

Madrid 29, 274
Mailand 15, 126
Maiori 258, **267**
Marina di Cantone 97, 244
Marina di Sancio Cattolico 175
Marina Grande (Capri) 150, 153, 157
– Bagni di Tiberio 157
– Palazzo a Mare 157
– San Costanzo 157
– Scala Fenicia 157f.
Marina Piccola (Capri) 152, 155
Marsala 30
Massa 183
Massa Lubrense 244
Meta di Sorrento 244
Mexiko-Stadt 75
Minori 258, **267**
Monreale (Sizilien) 26, 263

Monte Epomeo 16, 169, 171
Monte Nuovo 185
Monte Solaro 150, 160
Monte Somma 181
Monte Vico 21, 168, 169
Monti Lattari 16, 249
München 75

Neapel 104
- Accademia di Belle Arti 129
- Acquario 144
- Avvocata Montecalvario San
- Giuseppe 15
- Barra 56
- Borgo Marinara 142
- Capodimonte 29, 36, 64, 67, 69, 71, 92, 109, 130, **132f.**
- Cappella della Pietà 114
- Cappella Pontano 123
- Cappella Sansevero 87, 112ff.
- Castel Capuano 116
- Castel dell'Ovo 14, 22, 35, 104, **140f.**, 144, 146
- Castel Nuovo 64, **124f.**
- Castel Sant'Elmo 14, 56, 64, 103
- Catacombe di San Gennaro 133f.
- Certosa di San Martino 103
- Chiaia 15, 140
- Chiesa Gesù Nuovo 107
- Chiesa Girolamini 118
- Chiesa Santa Chiara 107ff.
- Cimitero delle Fontanelle 134, **135f.**
- Dom 117, 134
- Fontana dell'Immacolata 141
- Fontanelle 132
- Forcella 115
- Fuorigrotta 15
- Galleria Umberto I. 127f.
- Guglia di San Gennaro 117
- Mergellina 147
- Museo Archeologico Nazionale 129, **130f.**
- Museo Civico 125
- Museo Civico Filangieri 117
- Museo Nazionale della Ceramica 105
- Museo di Capodimonte 133
- Museo Nazionale di San Martino 103f.
- Ospedale delle Bambole 114
- Palazzo Calabritto 141
- Palazzo Carafa Santangelo 114
- Palazzo dello Spagnolo 137
- Palazzo Filomarino 110, 111
- Palazzo Gravina 64
- Palazzo Monte di Pietà 114
- Palazzo Reale 64, 66, **125f.**, 129
- Palazzo San Felice 137
- Palazzo Spinelli di Laurino 122
- Palazzo Vecchio 64
- Parco Margherita 103
- Parco Virgiliano 145f.
- Pendino Mercato 15
- Piazza Bellini 123
- Piazza Dante 129
- Piazza dei Martiri 141
- Piazza del Plebiscito 126
- Pio Monte della Misericordia 117
- Poggioreale 56
- Ponticelli 56
- Porta Capuana 116
- San Domenico Maggiore 110ff.
- San Fernando 15
- San Filippo Neri 64
- San Francesco di Paola 108, 126
- San Gennaro extra moenia 134
- San Giorgio Maggiore 117
- San Giovanni 56
- San Giovanni a Carbonara 137
- San Giovanni dei Pappacoda 139
- San Gregorio Armeno 120
- San Lorenzo Maggiore 118ff.
- San Martino 64, 67, 87
- San Paolo Maggiore 120f.
- San Pietro a Maiella 123
- San Severo 137
- Sanità 132
- Santa Brigida 129
- Santa Lucia 14, 15, 71, 73, 104, **140ff.**, 143
- Santa Maria del Carmine 138f.
- Santa Maria della Sanità 137
- Santa Maria delle Anime del Purgatorio ad Arco 122

- Santa Maria di Piedigrotta 144f.
- Santa Maria La Nova 139
- Santa Maria Maggiore della Pietrasanta 123
- Sant'Angelo a Nilo 114
- Sant'Anna dei Lombardi 129
- Santa Restituta 80
- Santi Severino e Sossio 139
- Spaccanapoli 14, 105, **106ff.**
- Staatsarchiv 139
- Teatro San Carlo 30, 66, **74ff.**, 126f.
- Universität 139
- Vergini 132
- Via Toledo 64, 103, **129**
- Vicaia-San Lorenzo 15
- Villa Comunale 144
- Villa La Floridiana 105
- Villa Pignatelli 144, 145

Negombo, Thermalpark 168
New York 14, 75, 87
Nil 21
Nisida, Insel 194

Ostia 195
Ottaviano 181

Palermo 13, 23, 26, 29, 35, 126, 275
Paris 29, 75
Phlegräische Felder 16, 21, **184ff.**
Piano di Sorrento 244
Piedigrotta 72
Piedimonte 172
Pithecusa (Pithekoussai) 21, 164, 186
Pizzofalcone 21, 35, 102, 104, 140
Pompeji 18, 22, 35, 61, 66, 81, 83, 90, 131, 181, **200ff.**
- Amphitheater 220
- Apollotempel 205
- Basilika 205
- Bordell 210
- Forum 205
- Forum Triangulare 211
- Forumsthermen 209
- Garten der Fliehenden 219
- Gebäude der Eumachia 208
- Große Palästra 221
- Großes Theater 211
- Haus der Julia Felix 218
- Haus der Venus 218
- Haus der Vettier 210
- Haus des Fauns 209
- Haus des Menander 212
- Haus des Tragödiendichters 209
- Haus mit dem Kryptoporticus 212
- Heiligtum der öffentlichen Laren 208
- Isistempel 211
- Jupitertempel 208
- Macellum 208
- Nekropole Porta Nocera 219
- Odeon 212
- Stabianer Thermen 216
- Vespasiantempel 208
- Villa der Mysterien 214
- Villa des Diomedes 214

Porta Medina 83
Portici 66, 182
Poseidon-Gärten 169
Posillipo 15, 56, 66, 104, 266
Positano 60, **249ff.**
Pozzuoli (Dikaiarchia) 15, 21, 77, 145, 185, 186, **194ff.**, 239
Praiano 255
Procida 14, 16, 56, 156, 164, **173ff.**
- San Michele Archangelo 175ff.
- Vivara 175

Punta Campanella 245

Ravello 62, **263ff.**, 258
- Kathedrale San Pantaleon 263
- Palazzo Rufolo 265, 266
- Santa Maria a Gradillo 263
- Villa Cimbrone 265

Ravenna 118
Resina 222
Rhône 21
Rom 10, 13, 15, 22, 27, 30, 35, 62, 67, 130, 195 280

Salerno 23, 55
San Francisco 75
San Giuseppe 181
San Michele s. Anacapri

San Montano 168
San Sebastiano 183
Sant'Agata sui due Golfi 244
Sant'Angelo 170
Santa Maria Capua Vetere 279ff.
– Amphitheater 280
– Mithras-Heiligtum 281
Schwarzes Meer 21
Serrara Fontana 162
Sizilien 26, 30, 62
Solfatara 196f.
Sorrent 73, 232, **238ff.**, 245
– Bagno della Regina Giovanna 242
– Dom 242
– Museo Correale 238, 242
– Sedile Dominova 242
– Villa Mastrogiudice 240
Sorrentinische Halbinsel 15, 17, 56, 97, **244 ff.**
Spiaggia dei Maronti s. Marontistrand
Spiaggia di Citara 169
St. Petersburg 75
Stabiae 35, **231ff.**
Sydney 14

Tagliacozzo 27
Testaccio 172
Tiber 10
Torre Annunziata 227
Torre del Greco 181, 220
Tramonti 258
Trani 263
Troja 186

Valle del Dragone 263
Valle del Gigante 184
Valle dell'Inferno 184
Vallone di Furore 255
Venedig 13, 20
Vesuv 10, 15, 22, 56, 90, **180ff.**
Vico Equense 244
Vietri sul Mare 249, **267f.**
Villa der Ariadne 233ff.
Villa von Oplontis 227 ff.
Villa von San Marco 233ff.
Vivara 175
Volturno 279, 284
Vomero 15, 66, 102, 103, 104
Wien 29, 75

DUMONT EXTRA

Die neuen Reiseführer mit dem gewissen Extra

DM 12.90

»Große Klasse zum kleinen Preis: schnelle Infos, tolle Fotos, fünf Touren, moderne Grafik und Extrakarte. Ein kompletter Reiseführer für junge Leute und Junggebliebene. Mit Insidertips, die jede Reise zu einem wahren Vergnügen machen.«
buch aktuell

»Der lockere Schreibstil, gepaart mit fundiertem Wissen und den guten Szeneinfos, machen diese Reiseführer zum Idealbegleiter für Junge und Junggebliebene.«
Mitteldeutsche Zeitung

Weitere Informationen über die Titel der Reihe DUMONT EXTRA erhalten Sie bei Ihrem Buchhändler oder beim DUMONT Buchverlag • Postfach 10 10 45 • 50450 Köln • http://www.dumontverlag.de

Jetzt zu über 40 Reisezielen in aller Welt!

DUMONT
RICHTIG REISEN

»Den äußerst attraktiven Mittelweg zwischen kunsthistorisch orientiertem Sightseeing und touristischem Freilauf geht die inzwischen sehr umfangreich gewordene, blendend bebilderte Reihe ›Richtig Reisen‹. Die Bücher haben fast schon Bildbandqualität, sind nicht nur zum Nachschlagen, sondern auch zum Durchlesen konzipiert. Meist vorbildlich der Versuch, auch jenseits der ›Drei-Sterne-Attraktionen‹ auf versteckte Sehenswürdigkeiten hinzuweisen, die zum eigenständigen Entdecken abseits der ausgetrampelten Touristenpfade anregen.«

Abendzeitung, München

»Zum einen bieten die Bände der Reihe ›Richtig Reisen‹. dem Leser eine vorzügliche Einstimmung, zum anderen eignen sie sich in hohem Maß als Wegweiser, die den Touristen auf der Reise selbst begleiten.«

Neue Zürcher Zeitung

Weitere Informationen über die Titel der Reihe DUMONT Richtig Reisen erhalten Sie bei Ihrem Buchhändler oder beim DUMONT Buchverlag • Postfach 10 10 45 • 50450 Köln • http://www.dumontverlag.de

DUMONT
REISE-TASCHENBÜCHER

»Was den DUMONT-Leuten gelungen ist: Trotz der Kürze steckt in diesen Büchern genügend Würze. Immer wieder sind unerwartete Informationen zu finden, nicht trocken eingestreut, sondern lebhaft geschrieben... Diese Mischung aus journalistisch aufgearbeiteten Hintergrundinformationen, Erzählung und die ungewöhnlichen Blickwinkel, die nicht nur bei den Farb- und Schwarzweißfotos gewählt wurden – diese Mischung macht's. Eine sympathische Reiseführer-Reihe.«
Südwestfunk

»Zur Konzeption der Reise-Taschenbücher gehören zahlreiche, lebendig beschriebene Exkurse im allgemeinen landeskundlichen Teil wie im praktischen Reiseteil. Diese Exkurse vertiefen zentrale Themen der Geschichte, Kunst und des sozialen Lebens und sollen so zu einem abgerundeten Verständnis des Reiselandes führen.« *Main Echo*

Weitere Informationen über die Reihe der DUMONT Reise-Taschenbücher erhalten Sie bei Ihrem Buchhändler oder beim DUMONT Buchverlag · Postfach 10 10 45 · 50450 Köln · http://www.dumontverlag.de

DUMONT
KUNST-REISEFÜHRER

Der Klassiker – neu in Form: »Man sieht nur, was man weiß« – wer gründlich informiert reisen will, greift seit Jahren aus gutem Grund zu den DUMONT Kunst-Reiseführern. Seit 1968 setzen die DUMONT Kunst-Reiseführer Maßstäbe mit sorgfältig recherchierten Informationen von erfahrenen Autoren. Die neue Gestaltung ist übersichtlicher – die Qualität ist geblieben.

»…brillante Fotografien, detaillierte Zeichnungen und farbige Karten machen den neuen zu einem würdigen Nachfolger des alten Kunst-Reiseführers. Wer ihn benutzt, wird keinen zusätzlichen Museumsführer oder Ortsplan brauchen. Der gelbe Teil mit reisepraktischen Tips wurde ausgeweitet.« Die Zeit

»Die neu gestaltete Reihe ist auch für Laien leicht lesbar.«
Süddeutsche Zeitung

»…besser kann ein Kunst-Reiseführer heute nicht sein.« FAZ

Weitere Informationen über die Titel der Reihe DUMONT Kunst-Reiseführer erhalten Sie bei Ihrem Buchhändler oder beim DUMONT Buchverlag · Postfach 10 10 45 · 50450 Köln · http://www.dumontverlag.de

DUMONT
VISUELL-REISEFÜHRER

»Wer einen der atemberaubenden Reiseführer aus der neuen Reihe ›DUMONT *visuell*‹ wie unsere Rezensentin in der Badewanne aufschlägt, der sollte sich vorsichtshalber am Rand festhalten, denn was einem in diesen Bänden geboten wird, verführt den Leser geradezu, in das Land seiner Träume einzutauchen.«
Kölner Illustrierte

»Sehfreude wird provoziert, Neugierde geweckt, Leselust angeheizt...«
Rheinischer Merkur

»Faszinierend sind die detailgetreu gezeichneten Ansichten aus der Vogelperspektive, die Form, Konstruktion und Struktur von Stadtlandschaften und architektonischen Ensembles auf einzigartige Weise vor Augen führen.«
Hamburger Abendblatt

»DUMONT *visuell* bei Besichtigungen stets bei sich zu haben, bedeutet stets gut informiert zu sein.« *Der Tagesspiegel*

Weitere Informationen über die Titel der Reihe DUMONT *visuell*-Reiseführer erhalten Sie bei Ihrem Buchhändler oder beim DUMONT Buchverlag · Postfach 10 10 45 · 50450 Köln · http://www.dumontverlag.de

Titelbild: Blick von der Villa Rufolo auf Ravello
Umschlaginnenklappe hinten: Klostergarten von Santa Chiara in Neapel
Umschlagrückseite: Straßenverkäuferinnen an der amalfitanischen Küste
Abbildung S. 8: Morgenstimmung bei Amalfi
Abbildung S. 9: Pulcinella, Neapels Symbolfigur

Über die Autoren: Eva Gründel, geboren 1948 in Wien, Promotion in Publizistik und Kunstgeschichte. Heinz Tomek, geboren 1939 in Wien, Studium der Rechts- und Staatswissenschaften. Die Autoren leben als freie Journalisten und Fotografen in Wien und auf Sizilien und publizierten bei DuMont bereits mehrere ›Richtig Reisen‹-Bände: Süditalien, Sizilien, Prag und Tschechien.

Für Peter Willburger – unvergessen.

Die Deutsche Bibliothek – CIP-Einheitsaufnahme

Gründel, Eva/Tomek, Heinz:
Golf von Neapel: die Küsten, Ischia, Capri;
Eva Gründel/Heinz Tomek. – Köln: DuMont, 1998
(Richtig Reisen)
ISBN 3-7701-4733-2

© 1998 DuMont Buchverlag
Alle Rechte vorbehalten
Satz und Druck: Rasch, Bramsche
Buchbinderische Verarbeitung: Bramscher Buchbinder Betriebe

Printed in Germany   ISBN 3-7701-4733-2